동북아역사
자료총서 33

宋史 外國傳 譯註·2
―外國傳·下―

譯註 中國 正史 外國傳 13

동북아역사재단
NORTHEAST ASIAN HISTORY FOUNDATION

宋史 外國傳 譯註

차 례

- 외국 6 천축·우전·고창·회골·대식·층단·구자·사주·불름전

    해제 / 381

    〈천축(天竺)〉 / 389

    송 이전 중국과의 교류 / 389

    송대 천축 승려들의 내조 / 392

    〈우전(于闐)〉 / 403

    우전의 위치와 자연, 풍속 / 403

    북송대 조공관계 / 407

    〈고창(高昌)〉 / 418

    고창의 지리 / 418

    북송대 조공관계 / 420

    왕연덕(王延德)의 사행기(使行記) / 421

    〈회골(回鶻)〉 / 432

    송 이전 중국과의 관계 / 432

북송대 조공관계 / 435

신종조 감주회골과 당항의 교전 / 439

〈대식(大食)〉 / 446

대식의 개황 / 446

태조 시기의 송·대식 관계 / 447

태종 시기의 교류 / 447

진종 시기의 송·대식 관계 / 453

신종·철종 시기 / 457

대식의 위치와 습속 / 459

남송 시대의 교류 / 460

〈층단(層檀)〉 / 460

〈구자(龜玆)〉 / 462

〈사주(沙州)〉 / 465

〈불름(拂菻)〉 / 467

참고문헌 / 471

- 외국 7 유구국·정안국·발해국·일본국·당항전
    해제 / 479
    〈유구국(流求國)〉 / 484
    〈일본국(日本國)〉 / 486
    일본의 개황 / 486
    역대 천황의 계보 / 489
    일본의 지리 / 497
    수·당 시대의 조공 / 499
    일본 승려 조연(奝然)의 입송(入宋) 활동 / 501
    일본 승려 희인(喜因)의 입송 / 502
    진종·인종 시기의 교류 / 506
    신종 시기의 송·일본 관계 / 507
    남송 시대의 송·일본 관계 / 508

〈당항(党項)〉 / 510

당항의 역사적 내원 / 510

태조·태종 시기의 송·당항 관계 / 514

진종 시기의 송·당항 관계 / 535

　참고문헌 / 555

- 외국 8 토번·곡시라·동전·아리골·할정·조사충전

　해제 / 565

〈토번(吐蕃)〉 / 569

토번의 연원과 송 이전 시기의 성쇠 / 569

양주(涼州) 토번 제 부족과의 관계 / 574

진주(秦州) 토번 제 부족과의 관계 / 581

육곡(六谷) 도수령 반라지(潘羅支)의 내조와 서하 협공 / 589

자룡(者龍) 13부족과의 관계 / 595

〈곡시라(哷廝囉)〉 / 605

〈동전(董氊)〉 / 614

〈아리골(阿里骨)〉 / 621

〈할정(瞎征)〉 / 625

〈조사충(趙思忠)〉 / 630

참고문헌 / 634

세계표 ································· 638

연표 ···································· 643

지도 ···································· 662

색인 ···································· 670

[상권 차례]

- 송사 외국전 해제

- 외국 1 · 2 하국전 상 · 하
  해제

- 외국 1 하국전 상
  서문
  이이흥(李彝興), 이극예(李克睿), 이계균(李繼筠), 이계봉(李繼捧)
  이계천(李繼遷) 태조(太祖)
  이덕명(李德明) 태종(太宗)
  이원호(李元昊) 경종(景宗)
  이양조(李諒祚) 의종(毅宗)

- 외국 2 하국전 하
  이병상(李秉常) 혜종(惠宗)
  이건순(李乾順) 숭종(崇宗)
  이인효(李仁孝) 인종(仁宗)
  이순우(李純佑) 환종(桓宗)
  이안전(李安全) 양종(襄宗)
  이준욱(李遵頊) 신종(神宗)
  이덕왕(李德旺) 헌종(獻宗)
  이현(李晛) 말제(末帝)
  하국의 역사적 특징

논찬
  참고문헌

- 외국 4 교지 · 대리전
  해제
  〈교지(交阯)〉
  교지의 역사적 변천
  곡승미(曲承美)와 양정예(楊廷藝), 오(吳) 왕조
  정(丁) 왕조
  여환(黎桓) 통치의 전기
  송호(宋鎬) 등의 교지 실태 보고서
  여환 통치의 후기
  여용정(黎龍廷)
  이공온(李公蘊, 太祖)의 이(李) 왕조 건국
  이덕정(李德政, 太宗)
  이일존(李日尊, 聖宗)
  이건덕(李乾德, 仁宗)
  이양환(李陽煥, 神宗)과 이천조(李天祚, 英宗)
  이용한(李龍翰)과 이호참(李昊旵), 소성(昭聖)
  진(陳) 왕조의 건국
  〈대리(大理)〉
  참고문헌

- 외국 5 점성 · 진랍 · 포감 · 막려 · 삼불제 · 사파 · 남비 · 발니 · 주련 · 단미류전

　해제
　〈점성(占城)〉
　위치와 교통
　토산, 복장
　왕정, 풍속, 형법
　북송 초기 입공
　교지(交阯)와의 갈등
　태종대 점성왕의 표문
　진종대 점성왕의 표문
　포단국(蒲端國)의 조공
　점성과 교지의 전쟁
　송의 교지 원정
　남송대 조공
　점성과 진랍의 전쟁
　〈진랍(眞臘)〉
　위치와 특징
　휘종대 조공
　속읍 진리부(眞里富)
　〈포감(蒲甘)〉
　〈막려(邈黎)〉
　〈삼불제(三佛齊)〉
　〈사파(闍婆)〉
　〈남비(南毗)〉
　〈발니(勃泥)〉
　〈주련(注輦)〉
　〈단미류(丹眉流)〉
　참고문헌

천축·우전·고창·회골·대식·
층단·구자·사주·불름전
(天竺·于闐·高昌·回鶻·大食·
層檀·龜茲·沙州·拂菻傳)

송사(宋史) 권490 외국(外國) 6

● 역주: 육정임, 이석현
● 교열: 박지훈

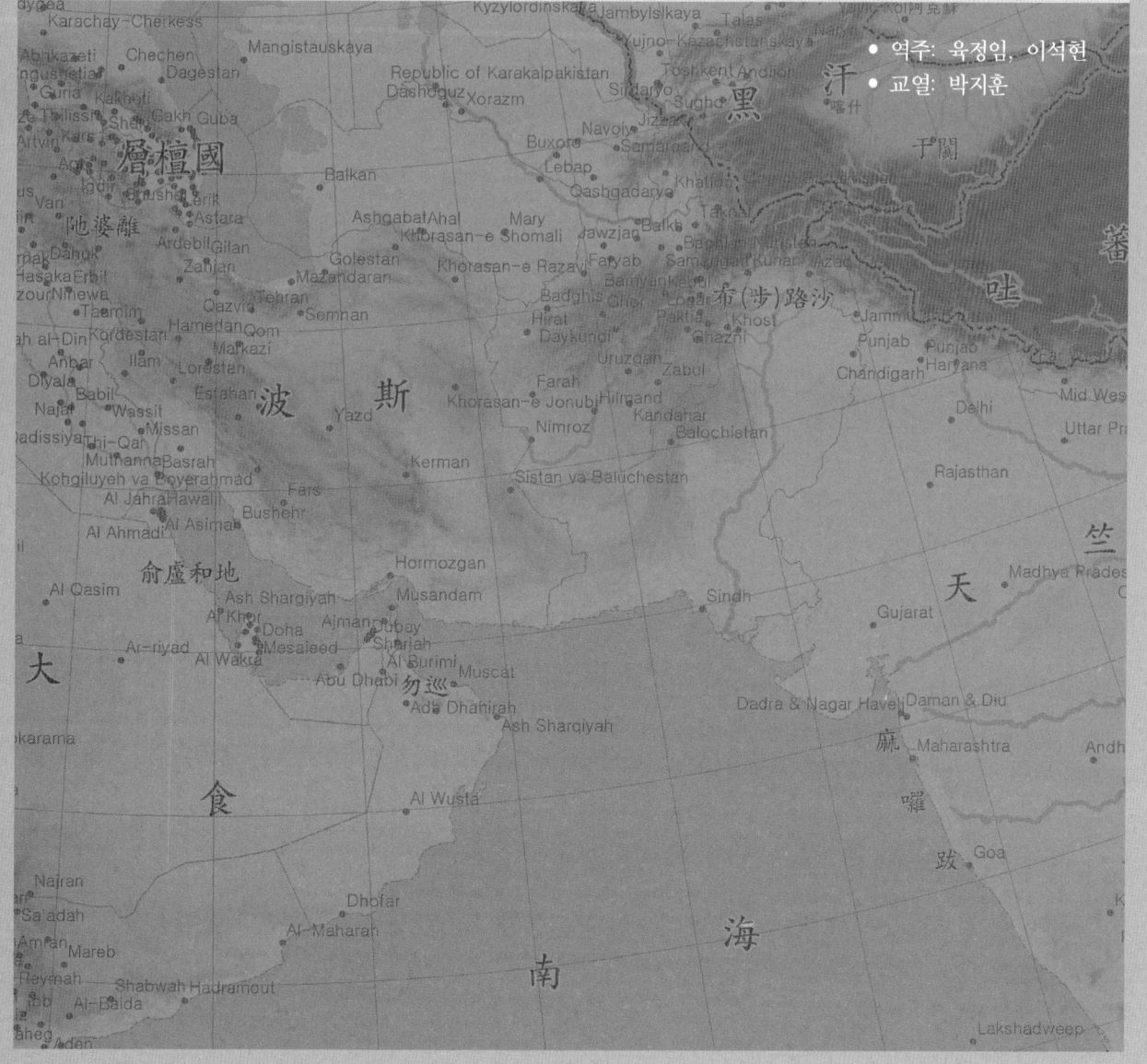

> 宋史 外國傳 譯註

「천축·우전·고창·회골·대식·층단·구자·사주·불름전(天竺·于闐·高昌·回鶻·大食·層檀·龜茲·沙州·拂菻傳)」 해제

『송사』 권490 「외국전」 6에는 천축(天竺), 우전(于闐), 고창(高昌), 회골(回鶻), 대식(大食), 층단(層檀), 구자(龜茲), 사주(沙州), 불름(拂菻) 등이 수록되어 있다. 『송사』 편찬자는 본권에 특정한 명칭을 붙이지 않았지만, 한대(漢代) 이후 서역(西域)으로 알려진 지역에 해당하는 나라들을 모아 구성한 것은 분명하다. 이 나라들은 『구당서』와 『신당서』의 경우 각각 「서융전」과 「서역전」 내에 주로 편성되어 있다.

외국 열전에 기록된 범위, 분량 등이 당시 중국 정권의 해당 지역에 대한 관심과 정보의 정도, 다양한 통로의 교류와 밀접성을 일정 정도 반영한다고 볼 때, 『송사』에 반영된 송대 중국인의 '서역세계'는 당대인의 그것에 비해 위축되고 소원하며 공백이 많다. 『구당서』 「서융전」은 회골을 빼고도 14개국이, 『신당서』에는 파미르 고원 주변의 나라들과 파사와 대식 서쪽의 소국들까지 30여 개국이 추가로 소개되어 있지만, 『송사』의 '서역전'이라고 할 수 있는 본전에는 회골까지 합해서 9개국이 있을 뿐이다. 물론 여기서 천축과 대식 등은 그 실체가 단일한 정권이나 국가를 지칭한 것이 아니라 불특정 다수를 가리키는 포괄적 의미라고 할 수 있다.

각 항목의 내용을 살펴보면, 우선 송조 이전 중국과의 교류를 간략히 소개한 다음에 해당 국가의 입공(入貢) 사례를 위주로 송조와의 접촉과 교섭 사례를 연대순으로 그러나 단편적으로 찬술하였다. 또한 남송 이후로 이들 서역 국가 중 대부분이 중국 정부와 교류가 단절되었기 때문에 연대기적인 서술도 거의 북송대로 그친다. 송 시대 서역국들에 관한 자료로서의 가치도 반감된다고 할 수 있다. 『송사』 다른 지역 외국전과 마찬가지로 「외국전」 6의 경우에도 대체로 중국과의 관계사 서술에 중점을 두고 있긴 하지만, 천편일률적인 송조와의 외교관계

기록만은 아니다. 경우에 따라 공식적인 정부 간의 외교관계가 아닌, 종교인 등의 인적교류를 소개하는 경우도 있고, 혹은 그 국가의 문화와 상황을 묘사하는 데에 치중하기도 하였다.

우선 <천축전>은 후한 명제(明帝) 때 불교가 전파된 이후 남북조, 수당대까지 중국과의 교류를 개괄적으로 소개하고 나서 송조의 천축과 관련된 기사를 시대 순서로 서술하였다. 하지만 '천축'의 범위에 속하는 정권과 송조의 공식적이며 정치적인 외교 관계 자료는 거의 없고, 양측 불교 승려들이 왕래한 사례나 천축의 지리·문화에 관한 내용이 많다. 그러한 정보도 천축에서 공적으로 온 조공 사자가 아니라 천축의 승려들이나 중국 출신으로 천축에 다녀온 승려들의 보고를 통해 전달된 것이었다. 대표적으로, 천축에 다녀온 중국 승려는 태조(太祖) 때 도원(道圓)과 태종(太宗) 때 광원(光遠), 법우(法遇), 사한(辭澣) 등이 있고, 태종 때 중국에 온 천축 승려 시호(施護)와 영세(永世)가 있다. 천축 관련 기록이 소략하고 또 정치 외교적 내용이 없는 것은 송대 불교가 이전처럼 번성하지 못하였고 송의 정치적 위세도 서역으로 미치지 못했던 상황을 간접적으로 반영하고 있는 셈이다.

다음은 <우전전>인데, 우전은 한대 이후 당대까지 중국의 서역에 대한 지배가 확대될 때에는 늘 중국에 조공을 하였다. 당 후기 정원(貞元) 6년(790) 토번(吐蕃)에게 점령되어 그 지배를 받다가 9세기 중엽에 토번의 쇠퇴를 기회로 독립하여 돈황(敦煌)의 사주(沙州) 귀의군(歸義軍) 정권과 교류하였다. 후진(後晉) 때 우전왕 이성천(李聖天)이 책봉을 받았으며, 송이 건국하자 즉각 조공을 보냈다.『송사』<우전전>은 먼저 그 사신이 올린 보고의 형식을 통해 우전의 위치와 자연 특징을 소개하고 있다. 태조와 태종대 우전의 조공이 적극적으로 이루어진 것으로 보이는데, 특징은 승려를 통한 조공이 많고 옥의 산지답게 조공품 역시 옥 제품이나 거대한 옥 원석이었다. 11세기에 들어 우전은 이슬람계 투르크족 왕조인 카라한 왕조, 즉 흑한(黑韓) 왕조에게 정복되는 역사적 변동을 겪게 된다.『송사』<우전전>에는 그런 변화에 대한 직접적 서술은 없지만 당시 송 조정에서 그와 같은 상황변화에 대한 정보가 없었던 것은 아니었을 것이다. 진종(眞宗)대 기사에 카라한 왕이 사절 나시온(羅廝溫)을 보내 조공한 사실과, 나시온의 보고를 빌어 우전과 중국 사이의 교통 상황 등을 새삼스럽게 기록한 것에서 짐작할 수 있다.

카라한 왕조의 통치하에서도 우전은 송조와의 조공책봉에 적극적이었고 조공 사절단도 좀 더 조직화된 것 같다. 인종(仁宗) 가우(嘉祐) 연간(1056～1063)에는 우전국왕이 요청하는 대로 봉호를 하사하였다. 그러나 우전 측의 조공 목적은 경제적인 면에 있었고 그 적극성이 송조에게는 부담으로 작용했다. 예를 들어 인종 때 헌물에 대한 하사금이 적다고 받지 않고, 심지어 바쳤던 낙타를 반환해달라고까지 하였다. 신종(神宗)대 이후로는 길어도 1~2년마다, 짧게는 한 해에 두 번씩 왔으며, 황제에게 올리는 표장(表章)을 소지하지 않았다고 전하고 있다. 철종(哲宗)대에는 우전 사절단에게 희하로(熙河路)에 머무는 것은 허락하되 조정에 입공하는 것은 2년에 한 번으로 제한해야 하는 상황이었다. 이 때 11세기 중기는 바로 카라한 왕조가 동서로 양분되어 전쟁을 벌인 때였다. 동부 카라한 왕조는 서쪽으로 향하는 통상로가 막혀 동방으로의 통상에 전력을 기울였고, 그러한 상황을 『송사』의 기록이 간접적으로 보여주고 있는 것이다.

그러나 송 측에서는 우전 카라한 세력의 조공을 빙자한 통상 노력을 저지할 수만은 없었다. 저본 철종 연간의 기록에서 전하듯, 서하(西夏)에 대응하여 우전 카라한과 송조는 같은 입장에서 공동 전선을 펼 수 있었기 때문이다. 우전의 사절단이 하서(河西) 지역에 머물며 민간무역을 행하는데 서하가 자주 이곳을 공격했기 때문이었다. 우전의 카라한 군대가 감주(甘州), 사주, 숙주(肅州)를 공격하고 철종은 후히 보답하였다는 내용이 이 같은 상황의 일단을 전하고 있다. 이러한 정치 군사적 관계로 인해 송조는 결국 2년에 한 번이라는 입공 제한조차 해제하였고, 북송 시대 내내 우전의 조공이 이어졌다. <우전전>은 우전 정권과 송조의 관계사를 직설적으로 서술하고 있지는 않더라도, 그 역동적인 변화와 주변 상황을 비교적 잘 반영하고 있다고 생각된다.

세 번째로 <고창전>은 자료의 구성면에서 독특하다. 고창국의 역사, 특히 송 이전 중국과의 간략한 관계사로 시작한 것은 비슷하지만, 나머지 분량은 소위 「서역사정기(西域使程記)」 또는 「왕연덕사고창기(王延德使高昌記)」로 알려진 한 사람의 사행기로 채워져 있다. 이것은 태종의 명령으로 태평흥국(太平興國) 6년(981) 5월 고창에 사절로 가서 옹희(雍熙) 원년(984) 4월에 돌아온 왕연덕이 써 올린 장문의 여행 기록이다. 따라서 본 <고창전>은 여느 외국전과 달리 그 내용이 중국과의 조공관계가 아니라 거의 전적으로 해당 국가에 관한 상세한 정보, 그것도 정치 지배층에 관해서가 아니라 그 지역의 풍토와 환경 등을 담고 있다. 고창으로 가면서 거쳐 간 수많은 종족들의 거주지 하나하나에 대해 그 위치, 지리환경, 특산품, 의식주 생활, 풍속과 관습, 중국과 관련된 역사적 일화, 그리고 고창의 수장인 '사자왕(師子王)'과의 만남까지 직접 보고 들은 내용들을 상세하게 전하고 있다. 거론된 수많은 지명들을 현재 확인하기 어려운 것이 아쉽지만, 10세기 후기 서주(西州, 투르판)까지 또 거기서 북정(北庭,

천산 북쪽 신강 吉木薩爾縣)에 이르는 영역에 관한 자연·인문지리서로서 가치가 크다고 할 수 있다.

하지만 왕연덕의 사행기만으로 구성된 <고창전>에서 당시 고창의 정치, 또 북송과의 정치적 관계에 대한 내용은 거의 엿볼 수가 없다. 이때 고창은 9세기 키르키즈에게 멸망하여 서쪽으로 흩어진 회골의 한 갈래가 정착하여 지배하고 있었다. 그 수부(首府)가 고창에 있어서 중국에서는 주로 고창회골 또는 서주회골이라고 칭했다. 최대로 강성했을 때는 관할 영역이 동으로 합밀(哈密)까지 서로는 구자, 남으로 우전, 북으로 천산 너머까지 미쳤다. 국왕을 사자왕이라는 뜻인 아살란한(阿薩蘭汗)이라 칭했는데 겨울에 고창에 머물고, 여름에는 북정에 거주했다. 10~11세기 오대, 북송과 밀접한 관계를 맺었고 12세기에 서요(西遼)에게 예속되었다.

네 번째로 <회골전>인데, 사실『송사』「외국전」편성에서 <회골전>은 그 분류가 적절하지 않은 면이 있다. 다른 항목들 즉 천축, 우전, 고창, 구자, 사주 등 모두가 특정한 지역을 가리키는 명칭인 데 비해서 <회골전>은 종족의 명칭을 내세웠기 때문이다. 여기 <회골전>은 당시 감주(甘州)에 중심을 두었던 회골정권을 다루고 있는데, 더욱이 회골종족이 지배하는 정권은 감주 외에도 고창, 사주, 구자 등에도 있었기 때문에, <회골전>은 엄밀히 말해 '감주전'이라고 한다면 균형이 맞는다. 당대 후기 '안사의 난' 이후 발전하여 9세기 초 강대한 제국으로 발전했던 회골은 830년대에 들어 키르키즈의 공격으로 붕괴되면서 몽골 초원을 떠나 각지로 흩어져 여러 곳에 국가를 건설했으나 그 세력은 분산되어 있었다. <회골전> 본문에서도 "일찍이 회골이 서쪽으로 달아나면서 종족이 흩어져 거처하였다. 그러므로 감주에 가한왕(可汗王)이 있고, 서주에는 극한왕(克韓王)이 있으며 신복주(新復州)에 흑한왕(黑韓王)이 있는데 모두가 그 후예이다"라고 설명하지만, 정작 <회골전>에서 전하는 대상은 이 세 정권 중 감주 세력뿐이다.

그래도 <회골전>은 크게 두 가지 면에서 그 사료적 가치를 주목할 만하다. 하나는 감주를 비롯한 그 주변 여러 지역의 회골 세력과 송조와의 관계이고, 다른 하나는 송과 당항족 세력이 대치하고 있던 국제정치 상황에서 송과 회골의 전략적 외교관계의 성립과 변화이다. 조공책봉 관계는 중국에 지정학적으로 가까이 있던 감주회골과 가장 활발했던 것으로 나타난다. '하서회골'로도 알려진 이 세력은 이 지역으로 이주한 초기에는 토번과 당의 귀의군 장의조(張儀潮)에게 복속되어 있다가 10세기 초 감주성을 점령해 정권을 수립하고 동쪽 하주(河州)와 난주

(蘭州) 등을 지배하면서 동서교역로를 확보하였다. 주요 범위는 감주를 그 중심으로 하여 사주, 양주(涼州), 하란산(賀蘭山), 진주(秦州), 합라주(合羅川), 숙주 등지까지 포괄하였다. 그러나 중국과의 외교 교섭이 중앙 정권의 통제하에 이루어지지는 않았다. 감주의 가한 뿐 아니라 그 영역에 속한 각 부족이 별도로 송조에 대한 조공을 수행하였다. 감주회골 관련 내용이 단연코 많은 부분을 차지하는 중에, 구자국(龜玆國) 가한정권의 조공도 <회골전>에 약간 언급되어 있다.

하주(夏州)를 중심으로 강성해지고 있던 당항족은 송과 감주회골의 교통을 방해하고 이에 대해 송과 감주회골은 자연스럽게 군사적 협조관계를 취하게 되었다. 본격적으로 군사적 관계를 맺은 것은 진종대에 들어서이지만, 그 이전 이미 태종대에도 하서회골에게 말과 옥을 바치도록 하였다. 진종대에 감주회골이 당항 이계천(李繼遷)에 대한 전쟁을 약속하고 진종은 그를 치하하였으며, 당항 군대와의 교전에서 공훈을 세운 감주회골 장군들에게 고신(告身)을 내리기도 하였다. 그러나 회골은 집권력 부재 및 할거세력의 강화로 가한 정권이 쇠약해져 결국 천성(天聖) 6년(1028) 서하의 공격을 받아 멸망하였다. 그런데 <회골전>에서 감주 가한의 몰락은 언급되지 않았다. 신종은 가한의 멸망 이후로도 조공을 계속한 것으로 보이는 지방 회골세력과의 군사적 연맹을 시도했으나 결국 크게 성공하지 못하였다. 그 후 휘종(徽宗) 대에 가서는 회골이 송에 왕래하면서 서하로 기밀을 유출할 수 있다는 이유로 그들의 무역을 금지시키는 등 회골과의 관계는 소원해졌다.

<회골전>은 감주회골을 제외하면, 위구르제국 붕괴 이후 서방이나 동부로 이주한 회골에 대한 기록은 거의 없다. 때문에 회골의 멸망 이후 전반적인 동향을 이해하는 데 어려움이 있다. 『송사』 <회골전>이 『구당서』와 『신당서』에 단독 입전된 <회흘전(回紇傳)>과 <회골전(回鶻傳)>의 상세한 정보를 이어 그와 같은 자료의 공백을 메워주기에는 물론 부족하지만, 적어도 하서 지역에서의 동향을 보여준다는 데에 자못 의의가 크다.

다섯 번째로 대식은 이슬람 제국을 가리킨다. <대식전>은 이슬람 제국의 연원과 역사에 대해 간략히 소개한 다음, 대식 측으로부터 도래한 조공 사절에 관한 내용을 연대순으로 정리하고 있다. 하지만 여기서 대식국으로부터 온 '사신'이라든가 '조공'은 일부 불분명한 존재를 제외한다면 거의 대부분 상인, 혹은 상인 집단의 사적인 접촉일 뿐이었다. '판관(判官)'이라든가 '[공적인] 사신'이라 칭해지는 경우도, '조공'이라 기록된 것은 철저히 중국 측의 판단에 의거한 것일 뿐이다. 송조 혹은 중국 측은 개인적 차원의 예물 헌상이라는 것을 인지하면서도,

상인들의 접근을 '조공'이라 왜곡하였다.

송조와 대식국의 관계는 966년 송 측이 서역으로 가는 승려를 통해 국서를 전달하면서 처음 시작되었다. 이후 대식 측으로부터 끊임없이 중국에 사신이 파견되어 '조공'을 바친 것으로 되어 있다. 이러한 사신 왕래 및 조공 헌상의 기록 가운데 특별히 상술되고 있는 인물이 선주(船主)인 포희밀(蒲希密)이다. 그는 태종 순화(淳化) 4년(993) 광주에 도착한 다음 토산품을 조공하고 표장(表章)을 올렸다. 그런데 그의 표장은 송 황제의 성덕(聖德)과 왕화(王化)를 찬양하는 내용으로 채워져 있다. 포희밀이 진상하는 조공물의 품목도 황실이나 일부 고관대작에게 소용이 되는 사치품일 뿐이다. 포희밀의 상주문이나 조공물은 그가 중국에 두래한 이후 송 조정의 관심과 인식을 파악한 연후에 그것에 따라 올린 것이었음을 강력히 시사한다. 송조가 포희밀의 신분을 정확히 인지하면서도 그의 조공을 받아들이며 취하는 태도는, 송조가 제(諸) 외국의 조공을 받으며 얻고자 하는 외교적 수사, 그리고 외국의 조공을 이용한 상징 조작의 정황을 잘 보여주는 것이라 하겠다.

<대식전>의 후반은 광주(廣州)를 통한 해외무역의 실태가 어떠하였는가를 보여주는 좋은 자료이다. 송대의 해외무역은 시박사(市舶司)의 철저한 통제 아래 놓여있었다. 시박사 관원은 대외무역의 전반을 관장하며 국가 재정을 조달하였다. 시박사 체제 아래 외국 상인들은 '번장사(蕃長司)'라는 자치 구조를 이루며 시박사 및 송조와 접촉하였다. 번장사의 이권은 외국 상인들에게 상당한 이해가 걸린 요소였고, '번장(蕃長)'의 지위를 둘러싼 모색과 운동이 조공의 형태로 송조를 향해 취해지고 있었다. <대식전>에 등장하는 상인들의 조공 가운데 적지 않은 사례가 이러한 송대 광주 무역의 구조를 반영하는 것이었다.

여섯 번째로 층단국(層檀國)은 셀주크투르크인들이 건국한 나라로 알려져 있다. 현재의 아제르바이잔 공화국 일대에 있었으며, 도읍지는 라이(Rai)였다. 당시에 수령이 아라비아로부터 왕호를 받았는데, 층단은 바로 알 술탄(al-Sultan)의 음사이며, 왕(王)이라는 의미라고 한다. 외국전에 의하면 남해(南海)의 근처에 있으며, 그 성(城)은 바다로부터 20리 거리에 있었다. 신종 희녕(熙寧) 4년(1071) 처음으로 송에 입공하였다고 하며 바닷길로 160일이 걸리는 곳이라고 되어 있다. 언어와 용모는 대식 즉 아라비아와 비슷하다고 되어 있다. 곡식은 벼, 조(粟), 밀(麥)이 있고, 물고기를 먹으며, 면양(綿羊), 산양(山羊), 누렁소, 물소, 낙타, 말, 코뿔소, 코끼리 등을 사육하였다. 약으로는 목향(木香), 혈갈(血竭), 몰약(沒藥), 붕사(鵬砂), 아괴(阿魏), 훈육(薰陸)이 있으며, 진주, 유리와 밀주(密酒) 사주(沙酒) 화주(華酒)의 세

가지 술이 산출된다. 원풍(元豊) 6년(1083) 층가니(層伽尼)가 두 번째로 파견되어 오자 신종은 먼 곳에서 온 것을 생각하여 고사에 따라 백금(白金) 2천 량을 하사하였다고 한다.

일곱 번째로 구자는 오늘날의 고차(高車)이며, 송대에는 회골의 별종(別種) 즉 오늘날의 위구르인들이 거주하였다. 당시 이 나라의 임금은 스스로 사자왕이라 칭하였는데 황의(黃衣)를 입고 보관(寶冠)을 썼으며, 재상 아홉 명과 함께 나라의 일을 다스렸다. 그 나라의 도성에는 시장은 있지만 화폐가 없어서 화예포(花蕊布)를 가지고 널리 교환하였다. 서쪽으로 대식국으로 가는데 60일이 걸리며, 동쪽으로 하주(夏州)로 이르는데 90일이 걸린다. 어떤 경우에는 서주회골(西州回鶻)이라 칭하기도 하고 서주구자(西州龜玆)라기도 하며, 또한 구자회골(龜玆回鶻)이라고 하기도 한다.

여덟 번째로 사주는 오늘날의 돈황이다. 송대 진종 천성(天聖) 연간(1023~1031)부터 인종 경우(景祐) 4년(1037)까지 다섯 번 입공하였으며, 마지막에는 불경(佛經) 1장(藏)을 하사해 주었다고 한다. 특히 철종 소성(紹聖) 3년(1096) 사신으로 대수령(大首領)인 아련살라(阿連撒羅) 등 세 명이 표장과 옥불(玉佛)을 가지고 조서(洮西)에 이르러서 희하경략사(熙河經略使)가 수매하도록 청하자 그것에 따랐다고 한다. 당 대중(大中) 연간(847~859)에 장의조(張義潮)가 처음으로 입조하였고, 이후 그의 아들을 거쳐 오대시대에 조의금(曹義金)이 수장으로 되었다. 이후 계속 조의금의 아들 내지는 조카들이 계승하였는데, 인종 경우 연간까지 모두 일곱 차례의 공물을 바치고 송으로부터 절도사의 칭호를 하사받았다.

끝으로 불름은 동로마제국(비잔틴제국)을 말한다. 한대·위대·진대에는 대진(大秦)이라 불렸다. 일설에는 소아시아에 있었던 셀주크투르크의 영지라고도 한다. 외국전에는 동쪽으로부터 서대식(西大食) 즉 서아라비아와 우전, 회홀, 청당(青唐)을 거쳐 중국에 이른다고 되어 있으며, 조공한 적이 없다가 원풍 4년(1081) 10월 그 왕인 멸력이개살(滅力伊靈改撒)이 처음으로 대수령인 이시도령시맹판(你廝都令廝孟判)을 파견하여 말, 도검(刀劍), 진주(眞珠)를 바쳤다고 한다. 금, 은, 진주, 소, 양, 말, 단봉낙타, 배, 살구나무, 천년조(千年棗), 파람(巴欖), 조, 밀이 생산되고 포도주를 담갔으며, 공후(箜篌), 호금(壺琴), 소필률(小篳篥), 편고(偏鼓) 등의 악기가 있다고 한다. 철종 원우(元祐) 6년(1091) 사신이 두 번째로 오자 그 왕에게 비단 200필, 백금병(白金瓶), 습의(襲衣), 금속대(金束帶)를 하사하였다고 전한다.

서역 국가들에 관한 역사기록인 「외국전」 6은 『송사』의 다른 외국전들과 비교할 때, 자료적인 가치라는 면에서 오히려 앞 시대의 사서에 비해 퇴보하였다고 평가된다. 예를 들어 『송사』

의 남방 국가들에 대한 기록이 분량이나 그 범위에서 크게 발전한 것과도 대비된다. 또『구당서』<회흘전>과『신당서』<회골전>이 각각「서융전」,「서역전」과 별도로 입전된 것과 달리,『송사』의 경우「외국전」6에 <회골전>으로 편입되어 있는데 이는 회골 세력의 축소라는 시대적 변화를 반영하는 면이 있기는 하다. 그러나 사실상 감주 또는 하서의 회골정권만을 수록하면서 '회골전'으로 명명한 것은 당시 역사적 맥락에도, 또「외국전」분류 항목으로도 적합하지 않아 보인다.『신·구당서』의 전례를 따라 <회골전> 항목을 두면서, 송 정부와 가장 교류가 밀접했던 감주 정권을 대표적인 회골정권으로 간주한 것으로 생각된다.

宋史 外國傳 譯註

「천축·우전·고창·회골·대식·층단·구자·사주·불름전(天竺·于闐·高昌·回鶻·大食·層檀·龜茲·沙州·拂菻傳)」 역주

天竺國舊名身毒, 亦曰摩伽陀, 復曰婆羅門. 俗宗浮圖道, 不飲酒食肉. 漢武帝遣使十餘輩間出西南, 指求身毒, 爲昆明所閉, 莫能通. 至漢明帝夢金人, 於是遣使天竺問佛道法, 由是其敎傳於中國. 梁武帝·後魏宣武時, 皆來貢獻. 隋煬帝志通西域, 諸國多有至者, 唯天竺不通. 唐貞觀以後, 朝貢相繼. 則天天授中, 五天竺王並來朝獻. 乾元末, 河隴陷沒, 遂不復至. 周廣順三年, 西天竺僧薩滿多等十六族來貢名馬.

천축국(天竺國)[1]의 옛 이름은 신독(身毒),[2] 마가타(摩伽陀),[3] 또는 바라문[婆羅門][4]이라

---

[1] 天竺國: 고대 중국과 동아시아 국가에서 印度와 인도 아대륙의 기타 국가들에 대해 사용하던 통칭이었다. 인도에 대한 중국의 最古 기록인 『史記』「大宛傳」에는 身毒으로 기재되었다. 『한서』, 『후한서』 등에서도 그대로 따르다가, 唐 초기에 天竺이 통칭이 되었다. 玄奘이 서역을 다녀온 후 처음으로 'Indu'의 독음에 근거해 정식 이름을 印度로 하게 되었으나, 계속 天竺과 혼용되었다.

[2] 身毒: 인도에 대한 중국의 당대 이전의 통칭이다. 『후한서』「서역전」에 "天竺國一名身毒"이라고 하였다. 이는 인더스강의 산스크리트어 이름인 Sindhu의 음역이며, 『山海經』에서는 天毒國으로 칭하였다.

[3] 摩伽陀: 인도 갠지스 남쪽 비하르 지역의 고대 마가다(Magadha) 왕국의 중국 음역이며 그 외에 摩羯陀, 摩竭提, 默竭提 등 異譯도 있다. 마가다 왕국은 석가모니 재세 중 16국 가운데 하나로 기원전 6세기에서 기원전 1세기까지 존재했지만, 그 후로도 마가다에서 마우리아 제국, 굽타 제국 등을 비롯한 인도의 수많은 왕조들이 건국하였다.

[4] 婆羅門: 본래 뜻은 인도 카스트 최고 계층인 브라만(Brahman)과 그들이 성직자로서 제사, 誦經, 傳敎를 담당했던 종교 즉 브라만교를 의미하기도 했으며, 전하여 본문에서와 같이 고대 인도의 별칭으로 사용되기도 했다. 唐 玄奘의 『大唐西域記』에서도 "印度種姓族類羣分, 而婆羅門特爲淸貴, 從其雅稱, 傳以成俗, 無雲經界之別, 總謂婆羅門國焉"이라 하였다. 중국의 다른 음역에는 婆囉賀磨拏, 婆羅欱末拏도 있었고, 淨行,

고 불렀다. 민간에서는 불교[浮圖道]5)를 신봉하여 술을 마시거나 고기를 먹지 않는다. 한무제(漢武帝)6) 때 10여 무리 정도의 사절단을 보내 서남쪽으로 나가서 신독을 찾아가려 했지만 곤명(昆明)7)에 막혀 통하지 못하였다.8) 한(漢) 명제(明帝)9)가 꿈에서 금인(金人)을 보았기에, 사람을 파견해 천축에 가서 불도의 법을 알아보게 하였고 이로부터 불교가 중국에 전해졌다. 양(梁) 무제(武帝)10)와 북위[後魏]11)의 선무제(宣武帝)12) 때 모두 [중국에] 와서 조공을

梵行, 梵志 등의 意譯을 쓰기도 하였다.
5) 浮圖道: 浮圖는 산스크리트어 붓다(Buddha)의 음역이다. 『후한서』「서역전」<天竺>에서 "其人弱於月氏, 修浮圖道, 不殺伐, 遂以成俗."이라 하였다. 이에 대해 李賢의 註는 "浮屠, 即佛也."라고 하였다. 袁宏의 『後漢紀』「明帝紀」에서도 "浮屠者, 佛也. 西域 天竺 有佛道焉."이라 설명하고 있다.
6) 漢武帝(劉徹, 전156~전87; 재위 전141~전87): 묘호는 世宗, 시호가 孝武皇帝이다. 전한 景帝의 열 번째 아들로 태어나 16세에 漢의 7대 황제에 올라 54년간 통치하며 한조 전성기를 이끌었다. 董仲舒의 건의를 채택하여 五經博士를 설치하고 명당과 태학을 건립하는 등 유교를 중국의 국교로 만드는 길을 열었다. 외치에서도 흉노에게 수세 입장에 있던 상황을 타개하여 흉노를 공격해 고비 사막 너머로 쫓아내고, 서역 나라들과 동맹을 맺기 위해 장건을 파견했던 것을 계기로 결국 서역 지역을 중국의 세력권에 포함시켰다. 동으로 고조선을, 남쪽으로 남월을 멸망시켰다. 활발한 정복전쟁에 따른 재정 부족을 해결하고자 소금, 철 등 전매제 등 국가 수익사업의 시행과 궁전과 능묘 등 대규모 건축사업 및 봉선 의식 등의 낭비로 백성에게 부담을 주었고, 옥좌를 둘러싼 음모와 유혈사태도 그치지 않았다.
7) 昆明: 현재는 중국 雲南省의 省都이자 최대 도시의 지명이기도 하지만, 여기서는 고대부터 중국에 昆明夷로 알려진 종족을 가리킨다. 漢代 西南夷 중 한 갈래로 이해되었다. 漢代에서 唐代에 이르기까지 곤명이의 주요 세력은 지금 雲南 서부와 중부에 분포하였다. 오대시기 중국 내지와 관계를 긴밀히 하여 後唐 天成 2년(927) 사신을 파견해 조공하였다.
8) 『史記』「西南夷傳」, 『漢書』「西南夷兩粤朝鮮傳」<西南夷>에 이 내용이 있다. 기원전 122년 장건이 서역출사에서 돌아온 후 大夏에서 본 蜀布와 邛竹杖이 신독에서 온다는 것을 알았다며 蜀을 통하면 신독국에 이르는 편한 길을 찾을 수 있다고 하였다. 이후 한무제가 王然于, 柏始昌, 呂越人 등에게 명령을 내려 서남이 사이의 틈을 찾아 몰래 나가 신독국을 찾게 하였으나 결국 곤명에 막혀 교통할 수 없었다는 것이다. 『사기 외국전 역주』「서남이열전」에 따르면 한무제의 명을 받아 실제 신독국도를 찾아 나선 시점은 일러도 전111년 이후라고 추정하고 있다.
9) 漢明帝(劉莊, 28~75; 재위 28~75): 묘호는 顯宗이며 시호가 孝明皇帝였다. 後漢의 2대 황제로 光武帝의 넷째 아들이다. 유학을 숭상하고 황태자, 제후왕 및 대신이나 공신 자제에게도 모두 경서를 읽게 했고, 오경 중에서도 특히 『孝經』을 중시하여 "以孝治天下"를 제창했다. 그러나 그의 치세 당시 불교가 점차 중국에 유입되고 있었고 명제는 그에 반대하지 않고 받아들였다. 전설에 의하면 꿈속에서 머리에 흰 빛을 뿜는 키 큰 金人이 궁전에 내려왔다가 서방으로 날아가는 것을 보았는데 박사 傅毅가 부처의 환영이라고 해몽했다. 명제가 천축에 사람을 보내 불경을 구해오고 낙양에 중국 최초의 불교사원인 白馬寺를 건립하여 불경을 보관하고 불교를 가르치게 했다고 전해진다.
10) 梁武帝(蕭衍, 464~549; 재위 502~549): 묘호는 高祖이며 무제는 그의 시호이다. 南朝 齊를 멸하고

바쳤다. 수양제(隋煬帝)13)는 서역(西域)14)과 교통하려는 의지를 갖고 있어 [서역의] 많은 나라들이 [중국에] 왔으나15) 오직 천축만은 왕래하지 않았다. 당(唐) [태종(太宗)] 정관(貞觀)

梁을 세운 초대 황제이다. 500년 雍州의 군단장이던 소연은 남제의 황제 東昏侯에 대한 타도군을 일으켜 남제를 멸망시키고 제위에 올라 국호를 梁이라 불렀다. 50년에 이르는 재위 기간 중 치적도 크지만, 재위 말년에 발생한 侯景의 반란으로 도성이 함락되고 후경에게 감금되어 86세의 나이로 죽었다. 그는 본래 유가사상을 중시하여 『春秋答問』을 직접 썼다. 그러나 노년 이후 유가에서 불교로 전향하였다. 520년에 普通으로 개원하고 이후로 양무제는 4차례나 舍身出家하였다. 同泰寺의 승려가 되고 또 주지를 맡아 불경을 강해하기도 하였다.

11) 後魏: 중국 남북조 시대 화북을 지배했던 北魏(386~534)이다. 魏, 元魏, 拓拔魏 등으로 불리기도 한다. 대흥안령 북부에 거주했던 森林民인 鮮卑 탁발부가 3세기 중반에 부족연합을 형성하며 발전한 이래 오호십육국 시대에 代國을 세웠으며 398년에 平城(현재 산서성 大同)에 천도해 북위를 건설하며 오호십육국 시대를 종식시켰다. 효문제의 강력한 한화정책 이후 그 반동으로 일어난 六鎭의 반란으로 동서로 분열되었다.

12) 宣武帝(元恪, 483~515; 재위 499~515): 廟號는 世宗이고 諡號가 宣武帝이다. 孝文帝의 차남으로 태어나 北魏의 7대 황제가 되었다. 새로 이전한 수도 낙양을 확충 건설하는 등 효문제의 한화 개혁을 공고하게 하였다.

13) 隋煬帝(楊廣, 569~618; 재위 604~618): 묘호는 世祖이며, 당에서 煬皇帝로 시호를 주었다. 文帝의 둘째 아들로 開皇 원년(581)에 晉王으로 봉해졌다. 이후 武衛大將軍, 上柱國, 雍州牧, 內史令을 거쳤다. 개황 8년(588)에 陳나라를 공격하기 위해 行軍元帥가 되어 원정을 총지휘를 해서 멸망시키고 太尉, 楊州總管이 되었다. 이후 太子 勇이 폐위되자 태자가 되어 즉위하였다. 大業律을 반포하고, 州를 郡으로 개편하며 古制에 따라 度量衡을 바꾸고, 과거제를 실시하였다. 洛陽 건설, 大運河, 長城 수축 등 토목 공사를 벌였고, 재위 기간 동안 8차례에 걸쳐 대규모 순행에 나섰다. 특히 高句麗 원정의 실패로 인해 일어난 농민 봉기로 인해 체제가 와해되자 그를 피해 江都로 내려갔다가 宇文化及에게 살해되었다.

14) 西域은 中國의 서쪽 지역을 뜻하는데, 시대에 따라 그의 지리적 범위가 달라졌다. 이 용어는 『漢書』에 처음으로 나타나며, 원래 동투르키스탄, 즉 지금 新疆 維吾爾自治區에 있는 타림 분지에 산재해 있던 오아시스 도시국가들을 지칭하였다. 그 이후 中國人의 서방에 관한 지식이 확대되면서 그 지역 범위도 인도에서 로마까지 확대되었다. 지금은 中國 중심적이고 지역적인 범주가 모호하다는 이유로 잘 사용되지 않고 있다. 다만 원문과 번역문의 西域은 타림 분지 일대의 오아시스 지역과 알타이 산맥 일대의 중앙아시아 지역을 포함한다.

15) 서역 경영에 대한 의욕이 강하였던 수양제는 우선 그 당시 중국 서쪽 실크로드 실권을 쥐고 있었던 토욕혼 정벌을 감행하여 大業 5년(609) 서역 4군과 伊吾郡을 설치하였다. 아울러 양제는 동서교역을 적극적으로 장려하여 대업 6년(610)에는 낙양에 여러 번국의 추장을 모이게 하여 1개월간 성대한 볼거리를 구경시키고 밤늦도록 등불을 비추게 하였다. 여러 번국이 東市에서 교역하고 싶다고 청하자 가게 물건을 풍성하게 진열시키고 음식을 무료로 먹게 하고, 가로수를 견직물로 휘감는 등 중국의 풍요로움을 과시했다고 한다.

[연간](627~649) 이후에는 조공이 끊이지 않고 이어졌고, 측천무후[則天]16) 천수(天授) 연간(690~691) 중에 천축 5개국17)의 왕들이 모두 와서 내조하고 공물을 바쳤다. [당 숙종] 건원(乾元) [연간](758~759) 말기에 하롱(河隴)18)이 함락된 후19)로는 결국 다시 오지 않았다. [후]주 [태조] 광순(廣順) 3년(953)에 서천축(西天竺) 승려 살만다(薩滿多) 등 열여섯 종족이 와서 명마(名馬)를 조공하였다.

乾德三年, 滄州僧道圓自西域還, 得佛舍利一水晶器・貝葉梵經四十夾來獻. 道圓晉天福中詣西域, 在塗十二年, 住五印度凡六年, 五印度即天竺也; 還經于闐, 與其使偕至. 太祖召問所歷風俗山川道里, 一一能記. 四年, 僧行勤等一百五十七人詣闕上言, 願至西域求佛書, 許之. 以其所歷甘・沙・伊・肅等州, 焉耆・龜茲・于闐・割祿等國, 又歷布路沙・加濕彌羅等國, 並詔諭其國令人引導之. 開寶後, 天竺僧持梵夾來獻者不絕. 八年冬, 東印度王子穰結說囉來朝貢.

---

16) 則天武后(624~705; 재위 690~705): 중국 역사상 유일한 女帝로, 본래 이름은 武照, 諡號는 則天大聖皇后인데 則天武后, 武后, 혹은 武則天이라고도 부른다. 幷州 文水縣(지금 山西省 文水 동쪽) 사람이었다. 武士彠의 딸로 지혜가 많았고 文史를 겸하였다. 14세 때에 太宗의 才人이 되었다가 太宗이 죽자 感業寺에 들어가 비구니가 되었다. 永徽 연간에 高宗이 다시 宮으로 불러 昭儀로 삼았다. 永徽 6년(655)에 皇后가 되고 顯慶 5년(660) 高宗의 병이 위중하자 國政을 처리하였다. 高宗이 죽고 中宗이 즉위하자 皇太后로서 臨朝稱制하다 곧 中宗을 폐위하고 睿宗을 세운 뒤 국정을 혼자 처리하였다. 天授 원년(690) 국호를 周, 자신을 聖神皇帝라 칭하고 이름을 瞾로 개명하였다. 재위기간 중 정적을 진압하고 酷吏를 등용해 밀고를 크게 장려하였으며, 宗室과 舊臣을 크게 탄압하였다. 『氏族志』를 『姓氏錄』으로 바꾸어 5품 이상의 官을 士流로 편입시켰으며, 殿試와 武擧를 실시해 인재를 발탁하였다. 佛敎를 일으키고 明堂을 만들었으며 員外試官을 설치하였다. 농업을 중시해 호구를 증가시킴으로써 경제를 발전시켰다. 말년에 병이 중하게 되자 張柬之 등이 정변을 일으켜 中宗을 복위시켰다. 사후 高宗과 乾陵에 합장되었다.
17) 중국에서는 인도가 통일된 정권이라기보다 거의 분리되어 있었음을 이해하여 대개 東, 西, 南, 北, 中의 오천축으로 구분하는 것이 관행이었다. 『舊唐書』 「天竺國傳」, 『新唐書』 「天竺傳」, 혜초의 『往五天竺國傳』에서도 확인할 수 있다. 唐 義淨은 『南海寄歸內法傳』에서 "五天"으로 칭하였다.
18) 河隴: 河西와 隴右 즉 隴山 以西 지구를 가리키는 지역명이다. 현재 甘肅省 서부지구, 즉 隴山・六盘山의 서쪽 지역으로 하서회랑 지역과 황하의 지류인 湟水 유역을 포함한다.
19) 唐代 숙종 至德(756~757), 建元(758~759) 연간 중국이 安祿山의 난으로 혼란할 때, 吐蕃이 河西, 隴右, 안서사진 등의 지역을 점령한 상황을 말한다.

[송 태조] 건덕(乾德) 3년(965) 창주(滄州)20) 출신 승려 도원(道圓)21)이 서역에서 돌아왔는데 부처 사리 하나와 수정 용기, 패엽범경(貝葉梵經)22) 40묶음[夾]23)을 얻어가지고 와서 [조정에] 헌상하였다. 도원은 [후]진(晉) [고조] 천복(天福) 연간(936~943)에 서역으로 떠나서 여행길에서 12년을 [보내고] 오인도(五印度)24)에서 모두 6년을 지냈다. 오인도가 곧 천축이다. 돌아올 때 우전(于闐)25)을 경유하여 이 나라 사신과 함께 [송 조정에] 이르렀다. [송] 태조가 [도원을] 불러들여 [그가] 들렸던 지역과 나라의 풍속, 산천 자연, 거리[道里]26)에 대해 물어 일일이 기록할 수 있었다. [태조 건덕] 4년(966)에 승려 행근(行勤) 등 157명이 궁궐에 들어와 아뢰기를, 서역에 가서 불서(佛書)를 구하기 원한다고 하자 [조정에서] 이를 허락하였다.27) 그들이 감주(甘州)28)·사주(沙州)29)·이주(伊州)30)·숙주(肅州)31) 등과 언

---

20) 滄州: 북위 孝明帝 때 饒安縣(현재 하북성 鹽山縣)에 치소를 두고 처음 설치하였다. 당대에는 치소가 淸池縣로 옮겨졌고, 天寶 연간(742~755)에 景城郡으로 개명되었다가 다시 창주로 되었다. 그 범위는 대개 천진시 海河 以南, 靜海縣 泊頭市 以東, 산동성 寧津·無棣 以北 지역이었다.
21) 道圓: 五代말 宋초의 西行求法僧이다. 현재 산동성 濱州市 無棣縣 출신인데, 당시에 무체현이 滄州에 속해 있었기 때문에 사료에서는 滄州 승려로 기록되었다. 상기 원문 뿐 아니라 아래『송사』「外國傳」<于闐國傳>,『續資治通鑑長編』卷6 <乾德 3년>조에도 그의 기사가 있으나 내용은 거의 같다(이하『長編』으로 약칭함).
22) 貝葉梵經: 梵語 즉 산스크리트어로 쓰인 초기 불교 결집경전 貝葉經이다. 패엽경은 주로 多羅樹 등의 잎에 글자를 새겨 지은 경전이다.
23) 夾: 패엽에 새긴 패엽 불교경서의 단위이다. 패엽경은 패엽을 몇 십 장씩 꿰어 묶되 양쪽의 판목에 끼우는 裝幀 방식을 썼기 때문에 불서를 梵夾이라고도 칭하였고 여기서도 그것을 가리킨다.
24) 五印度: 五天竺과 마찬가지로 인도를 東印度(Pracya), 北印度(Uttarapatha), 西印度(Aparanta), 南印度(Dakshinapatha), 中印度(Majjhimdesa) 등 5개 구역으로 구분하였다. 현장의『大唐西域記』에서도 "五印度之境, 周九萬餘里, 三垂大海, 北背雪山, 北廣南狹, 形如半月"이라고 언급하고 있다.
25) 于闐: 古代 서역 남도에 있는 왕국으로 현재 신강 위구르자치구 서남부의 和闐 즉 호탄(Khotan)을 중심으로 하였다. 漢·魏·晋 때에 모두 于闐이라 하였고 唐代 安西四鎭 중 하나였다. 당대 말에 토번의 타림분지 진출로 그 지배하에 들어가게 되었다. 9세기 중엽에 토번 세력의 약화로 우전이 독립하고 9세기 말엽 돈황의 사주 귀의군 정권과 교류하였다. 북송 초에 우전 사신과 승려가 수차례 송에 조공하였다. 11세기 초에 카라한 왕조에 의해 점령되고 그 통치하에서 점차 위구르화, 이슬람화 되어갔다.
26) 道里: 도로의 거리를 里 단위로 하여 헤아린 수치이다.
27) 송 태조는 즉위 후 곧 後周 세종 顯德 연간(954~959)의 廢佛令을 해제하는 등 불교에 대해 온건 정책을 폈다. 건덕 4년(966) 행근 등 157인을 서역에 파견한 것도 그러한 정책의 일환이었다.『송사』「태조본기」에 의하면 이때 각각에게 錢 三萬을 하사하였다.
28) 甘州: 西魏 廢帝 3년(554) 西涼州를 변경해 永平縣(현재 甘肅 張掖市)에 치소를 두어 설치하였는데,

기(焉耆)32)·구자(龜玆)33)·우전(于闐)·할록(割祿)34) 등 나라를 지나서 다시 포로사(布路

이름은 해당 지역 동쪽 甘峻山에서 비롯되었거니 甘草가 많기 때문이라고 한다. 隋代와 唐代에 張掖과 甘州로 명칭이 몇 차례 바뀌다 乾元 원년(758) 감주로 되었다. 永泰 2년(766) 토번에 점령되고 당 宣宗 이후에는 다시 回鶻에 의해 점거되었다가, 북송 天聖 6년(1028) 부터 서하에 속하였다.

29) 沙州: 오호십육국 前涼이 돈황현에 치소를 두어 처음 설치하였다. 그 이름은 鳴沙山에서 유래하였다고 전한다. 남북조 시대 이 지역을 차지한 각 정권에 의해 치폐를 반복하고 당 태종 때 사주가 다시 설치되고 현종 때 돈황군으로 바뀌고 숙종 때 다시 사주가 되었다. 大曆 11년(776) 토번에 함락되었다가 大中 5년(851) 수복된 후에 폐지되었다.

30) 伊州: 唐 貞觀 6년(632)에 西伊州를 고쳐 설치하였다. 그 치소는 伊吾縣, 즉 오늘날 新疆 哈密市이다. 安史의 난 이후 吐蕃에 속하였다가 大中 5년(851) 수복되었다. 北宋 때에도 그대로 伊州라 칭하였다.

31) 肅州: 隋 仁壽 2년(602) 甘州를 나누어 현재 감숙성 酒泉市인 福祿縣에 치소를 두어 설치하였다. 수대와 당초에 폐립, 복치되었고 天寶 원년(742)에 酒泉郡으로 바꾸고 다시 乾元 원년(758) 肅州로 되었다. 당 代宗 이후 吐蕃에 점령당하고 宋代에는 西夏에 속하였다. 元 至元 7년(1270) 肅州路로 改置되었다.

32) 焉耆: 타림분지의 오아시스 국가의 하나로 '카르샤르(Qara shahr)'라고 불린다. 漢代에는 西域 36국 중 하나로 西域都護府에 속하였으며 현재 新疆 焉耆回族自治縣에 도성이 있었다. 당대에는 언기도독부를 설치하였고 당말에 回鶻에 합병되었다. 烏夷·阿耆尼 등의 이름으로 쓰기도 하였다. 예를 들어 法顯의 『法顯傳』에서 "復西北行十五日到烏夷國. 僧亦有四千餘人. 皆小乘學."이라 하였고, 玄奘은 『大唐西域記』에 "出高昌近地, 自近者始, 曰阿耆尼國. 舊曰焉耆."라고 기록하였다. 현재 新疆 焉耆, 위구르어로는 카라샤르(Karashahr)이다.

33) 龜玆: 고대 주요 오아시스 국가로 漢代 서역 36국 중 하나로 서역도호부에 속하였고, 이후 지속적으로 중국과 교류하였다. 당 태종 때 안서도호부의 치소를 龜玆에 설치한 바가 있고, 송대에 구자에서는 12차례 송에 조공한 기록이 보인다. 고대 구자 언어로는 쿠치였고, 중국에서는 丘玆·鳩玆·屈支·歸玆로 번역하기도 하였다.

34) 割祿: 7~13세기 서돌궐의 別部이었다가 동돌궐이 멸망한 후 독자적인 부족단위로 성장한 카를룩(Karluks)이다. 대개 葛邏祿 또는 葛羅祿 등으로 번역되었다. 고대 투르크계 부락인 鐵勒의 하나로서 알타이산지 주변과 서쪽의 카자흐 초원 지역에 거주하였다. 크게 두 개의 집단으로 구성되어 있었는데, 알타이산맥을 중심으로 동부는 突厥의 지배를 받다가 唐朝의 羈縻 支配 아래에서 狼山州가 설치되었다. 서부의 집단은 세 개의 부락으로 구성되어 있었기 때문에 고대 투르크 비문에서는 "위치 카를룩(Üch Qarluq)" 즉, 三姓葛邏祿이라고 기록되었다. 세 부락은 탈라스江과 알타이산지에서 유목을 하던 謀落[고대 투르크어로 '불락(Bulagh)'의 음사로 추정]과 그의 남쪽인 지금 新疆維吾爾自治區 塔城 부근에서 유목을 하던 踏實力, 그리고 알타이산맥 서쪽에 있다가 이후 점차 서쪽으로 이주해 중앙아시아로 옮아간 熾俟 등이었다. 그의 추장을 葉護(야브구)라고 하였다. 突厥이 붕괴된 이후 회골이 세력을 확대하자 일부는 그에 속했지만 나머지 三姓葛邏祿은 몽골 초원 서부에서 세력을 확대하면서 독자세력을 형성하고 있었다. 그 이후 회골과 대결을 벌이기도 하면서 세력을 형성하다가 회골이 붕괴한 이후 그들과 일부가 결합해 이후 카라한 왕조를 성립시키는데 가담하기도 하였다. 13세기 西遼(카라 키타이)와 몽골의 지배를 받으면서 역사에서 사라졌다(薛宗正, 1992).

沙)35)·가현이라(加濕彌羅)36) 등 나라도 지나기 때문에 조서를 내려 이들 국가들에서 사람을 시켜 [행근 일행에게] 길안내를 해주라고 알렸다. [송 태조] 개보 연간(968~975) 이후로 천축의 승려들이 범협(梵夾)37)을 가지고 와서 바치는 일이 그치지 않고 계속되었다. [개보] 8년(975) 겨울에 동인도(東印度) 왕자 양결설라(穰結說囉)가 와서 조공하였다.

> 天竺之法, 國王死, 太子襲位, 餘子皆出家爲僧, 不復居本國. 有曼殊室利者, 乃其王子也, 隨中國僧至焉, 太祖令館於相國寺, 善持律, 爲都人之所傾嚮, 財施盈室. 衆僧頗嫉之, 以其不解唐言, 即僞爲奏求還本國, 許之. 詔旣下, 曼殊室利始大驚恨, 衆僧諭以詔旨, 不得已遲留數月而後去. 自言詣南海附賈人船而歸, 終不知所適.

천축의 법에 따라, 국왕이 죽으면 태자가 왕위를 세습하고 나머지 아들은 모두 출가하여 승려가 되어 다시는 본국에 거주하지 않았다. 만수실리(曼殊室利)38)는 그 곳의 왕자인데 중국 승려를 따라 [중국] 조정에 왔다. 태조가 명령을 내려 상국사(相國寺)39)에 머물도록 하였는데

---

35) 布路沙: 산스크리트어로 Puruṣapura, 즉 현재 파키스탄 페샤와르(Peshâwar)의 중국 음역 중 하나이다. 북인도 간다라국의 도성이었다.
36) 加濕彌羅: 현재 동부 태반은 인도령, 서쪽 일부는 파키스탄령으로 되어있는 히말라야 산맥 안의 카슈미르(Kashmir)를 말한다. 한과 남북조 때는 카피사(Kapisa)를 漢譯하여 罽賓으로 하였다. 『續高僧傳』에는 '迦臂施', 『孔雀王經』에서는 '迦毘尸', 『魏書』에는 '伽比沙', 『西域記』에서는 '迦畢試', 『新唐書』 「波斯傳」에는 '訶毗施'이며, 唐代에는 罽賓이라고도 하였고 玄奘의 『大唐西域記』에는 迦濕彌羅로 기재하였다.
37) 梵夾: 佛書를 말한다. 당시 불서를 貝葉에 쓰고 패엽을 겹쳐 판목을 이용해 양쪽을 끼우고 끈으로 꿰어 묶었기 때문에 그렇게 불렀다. 『資治通鑑』 <唐 懿宗 咸通 3년>조에 "又於禁中設講席, 自唱經, 手錄梵夾"에 대한 胡三省의 註에서 "梵夾, 貝葉經也. 以板夾之, 謂之梵夾"이라고 해석하였다.
38) 曼殊室利: 산스크리트어 Manjusri의 음역 중 하나로 文殊師利, 滿殊尸利로도 표기되고 文殊菩薩로 불리는 이름이지만 여기서는 한 인도승려의 법명으로 볼 수 있다. 본래 문수와 만수는 '妙', 사리·실리는 '頭·德·吉祥' 등의 뜻이므로 지혜가 뛰어난 공덕이라는 말이다. 이 보살은 석가가 죽은 후 인도에 태어나 '般若'의 도리를 선양하였다고 하며, 항상 반야 지혜의 權化처럼 표현되어 왔다. 『般若經』을 결집, 편찬한 보살로도 알려져 있다. 때로는 經卷을 손에 쥔 모습으로 조각되고 묘사되지만, 또한 손에 寶劍을 지니고 獅子座에 타고 白象座를 탄 普賢菩薩과 함께 釋迦如來의 左右二挾侍로 표현된다.
39) 相國寺: 송의 수도 개봉의 내성 중심에 있던 불교 고찰이다. 北齊 文宣帝 때 建國寺로 건조되었다가 戰禍로 파괴되었는데 唐 중종 때 한 승려가 그 자리에 사찰을 지어 건국사로 명명하였다. 이후 睿宗이 상국사로 개명하고 '大相國寺'의 편액을 내렸다. 북송 때 전국 최대 불교사원으로 천여 명이나 되는

계율(戒律)을 잘 지켜 개봉 사람들의 대접을 받으며, 재물을 시주받은 것이 집에 가득하였다. 많은 승려들이 그를 적잖이 질투하고, 그가 중국어[唐言]를 이해하지 못하는 것을 이용해 본국으로 돌아가기를 구한다는 거짓 상주문을 지어 올리자 [황제가] 그것을 허락하였다. 조서(詔書)가 이미 내려진 뒤에 만수실리가 비로소 [알고] 크게 놀라며 통한하였으나 승려들이 황제의 명령[詔旨]이라고 설명하니 부득이 몇 달을 더 머문 후에 떠났다. 스스로 남해로 가서 상인의 배를 타고 돌아간다고 했으나 끝내 [그가] 간 곳을 알 수 없었다.

太平興國七年, 益州僧光遠至自天竺, 以其王沒徙曩表來上. 上令天竺僧施護譯云: "近聞支那國內有大明王, 至聖至明, 威力自在. 每慚薄幸, 朝謁無由, 遙望支那起居聖躬萬福. 光遠來, 蒙賜金剛吉祥無畏坐釋迦聖像袈裟一事, 已披掛供養. 伏願支那皇帝福慧圓滿, 壽命延長, 常爲引導一切有情生死海中, 渡諸沉溺. 今以釋迦舍利附光遠上進." 又譯其國僧統表, 詞意亦與沒徙曩同.

[송 태종] 태평흥국(太平興國) 7년(982), 익주(益州)40)의 승려 광원(光遠)이 천축으로부터 돌아와서 그 나라 국왕 몰사낭(沒徙曩)의 표서를 올렸다. [황]상(皇上)이 천축 승려 시호(施護)41)를 시켜 번역하게 하였다. 그 내용은 이러하다. "근래에 듣기로 중국[支那國]에는 크게 깨달으신[大明] 왕이 계신데 지극히 성스럽고 밝으시며 위력이 자유자재 하다고 합니다. 늘 부끄럽게도 행운이 적어서 [황제께] 조알(朝謁)할 도리가 없어 멀리서 중국 황제를 바라보며 문안하고 만복(萬福)을 바랄 뿐이었습니다. 광원이 [천축에] 올 때 내려주신 금강길상무외좌석가(金剛吉祥無畏坐釋迦)의 성상(聖像)과 가사(袈裟)42) 한 벌을 받아 이미 입고 공양(供養)

승려가 있었다.
40) 益州: 사천분지와 한중분지 일대를 포괄하는 사천성 일대의 옛 지명이다. 전한대 13주 자사부의 하나로 설치하였다. 漢代에는 치소를 현재 사천 廣漢市 또는 成都市에 두었다. 수대에 蜀郡으로 고치고 당대에는 익주 혹은 촉군으로 설치하였다가 당말에 成都府로 승격하였고, 송대에도 성도부 또는 익주로 몇 차례 변경하였다.
41) 施護(?~1017): 북인도 烏塡曩國(우드야나 왕국)의 帝釋宮寺僧으로, 그와 同母兄인 迦濕彌羅國 승려 天息災(?~1000)와 함께 梵本을 가지고 송 태평흥국 연간에 중국에 입국하였다. 당시 태종이 불경번역 사업을 회복하고자 하여 天息災를 明敎大師로 삼아 汴京 太平興國寺에 譯經院을 설치하였다. 여기에 施護, 法天 등을 거주하도록 하고 불경을 번역하게 하였다.

하였습니다. 엎드려 바라오니, 중국의 황제께서 복덕과 지혜가 원만하고 수명(壽命)을 오래도록 누리시어 유정(有情)하여 생사의 고해(苦海)에 허우적대는 모든 중생들을 구하여 항상 인도해 주십시오. 지금 석가의 사리를 광원에게 보내 헌상합니다." 또 그 나라 승통(僧統)43)의 표서도 번역하였는데 그 글의 내용도 몰사낭의 [것]과 같았다.

> 施護者, 烏塡曩國人. 其國屬北印度, 西行十二日至乾陀羅國, 又西行二十日至曩誐囉賀囉國, 又西行十日至嵐婆國, 又西行十二日至誐惹曩國, 又西行至波斯國, 得西海. 自北印度行百二十日至中印度. 中印度西行三程至阿囉尾國, 又西行十二日至末曩囉國, 又西行十二日至鉢賴野迦國, 又西行六十日至迦囉挐俱惹國, 又西行二十日至摩囉尾國, 又西行二十日至烏然泥國, 又西行二十五日至囉囉國, 又西行四十日至蘇囉茶國, 又西行十一日至西海. 自中印度行六月程至南印度, 又西行九十日至供迦挐國, 又西行一月至海. 自南印度南行六月程得南海. 皆施護之所述云.

[천축 승려] 시호는 오훈낭국(烏塡曩國)44) 사람이다. 그 나라는 북인도에 속하며 서쪽으로

---

42) 袈裟: 산스크리트어 kaṣāya의 음역으로, 袈裟野·迦邏沙라고도 쓰며, 逍瘦衣·間色衣·無垢功德衣·忍鎧·蓮華服·福田衣·田文相이라고 한다. 장삼 위에 왼쪽 어깨에서 오른쪽 겨드랑이 밑으로 걸쳐 끈으로 고정시켜 입는다. 원래는 버린 옷이나 죽은 사람의 옷을 백팔염주를 본떠서 직사각형으로 108장을 모아 불규칙하게 붙여 꿰맨 것이었다. 네 귀퉁이에는 日月天王이라는 글자를 수놓는다. 종파와 계급에 따라 그 색깔과 형식에 엄밀한 규정이 있다. 가사란 흙색, 不正色이라는 뜻과 승려가 입는 옷이라는 뜻이 있다. 원래는 비바라(vivara)로써 옷을 나타냈으나 청색·황색·적색·흰색·검은색의 5正色 외에 잡색을 쓰도록 규정하였기 때문에 그 빛깔에 따라 옷의 명칭을 부르기도 하였다. 원래 佛陀가 허용한 옷은 5조로 만든 安陀會, 7조로 만든 鬱多羅僧, 9조 이상으로 만든 僧伽梨 등 세 가지 뿐이었으나 후에 중국·한국·일본 등지로 전파되면서 풍습·기후에 따라 그 종류가 많아졌다. 후세에 이르러서는 가사를 만드는 재료가 풍부하고 다양해짐으로써 다소 화려해지기도 하였다.
43) 僧統: 북위에서 설치한 전국의 僧尼 사무를 통감하는 僧官 명칭이며, 그 후 沙門統, 道人統, 道統 등의 명칭도 있었으나 대체로 僧階의 최고 지위를 의미하였으며, 따라서 본문에서도 인도 최고 지위의 승려임을 나타낸 것이다.
44) 烏塡曩國: 고대 북인도 지역의 불교국가 우드야나(Udyana) 왕국이다. 『續資治通鑑長編』과 『宋會要輯稿』에는 烏塡曩國으로 되어있으나 송대 이전 자료에서 주로 烏萇으로 번역하고 烏場國, 烏仗那, 郁地引那 등의 異譯도 있다. 『北史』에 「烏萇國傳」이 있어 "烏萇國, 在賒彌南. 北有葱嶺, 南至天竺."라고 설명되어 있다. 그 정확한 지리적 위치에 대해서는 아직 논란이 있다. 다만 오늘날 파키스탄의 스왓(Swat) 계곡이

12일 동안 가면 건타라국(乾陀羅國)45)에 이르게 되고, 다시 12일 서행하면 낭아라하라국(曩誐囉賀囉國)46)에 당도하며 다시 서쪽으로 10일 가면 남파국(嵐婆國)47)에 이르고, 또 서쪽으로 12일 가면 아야낭국(誐惹曩國)48)에 닿고 계속 서행하면 파사국(波斯國)49)에 이르고 서해(西海)50)에 닿게 된다. 북인도로부터 120일을 가면 중인도(中印度)에 이른다. 중인도에서 서쪽을 향해 3일 여정으로 가면 아라미국(阿囉尾國)51)에 도달하고 또 서행 12일이면 미낭라

라는 의견과 동부 인도의 오디샤(Odisha)의 마하나디(Mahanadi)와 바이타라니(Baitarani) 분지라는 의견이 있다. 法顯의 『佛國記』에서는 "烏萇國是正北天竺也."라고 하였다. 『魏書』 「西域傳」 <烏萇國傳> 참조.

45) 乾陀羅國: 인더스강 중류에 있는 파키스탄 페샤와르 주변의 옛 지명인 간다라(Gandhara)를 말하며, 중국에서 그 音譯이 健馱邏・健陀羅・乾陀 등 다양하다. 玄奘의 『大唐西域記』에 "健馱邏國, 東西千餘里, 南北八百餘里, 東臨信度河"라고 하였다. 고대 중앙아시아와 서부아시아의 여러 문화가 교류하였고 여러 이민족이 인도로 가는 통로이자, 불교 등 인도문화가 타세계로 전파되는 길목이기도 하였다. 『魏書』 「西域傳」 <乾陀國傳>에도 오장의 서쪽에 있다고 소개하고 있다.

46) 曩誐囉賀囉國: 북인도에 있던 고대 국가로 당시 산스크리트어로는 나가라하라(Nagarahara)였고 오늘날 잘라라바드(Jalalabad)이다. 아프가니스탄의 수도 카불의 동쪽으로 간다라 지방으로 통하는 도로변에 있다. 法顯이 말한 那竭國 내지는 玄奘이 말한 那揭羅曷國으로 4~5세기에 불교가 성하여 지금까지 많은 불교유적이 있다.

47) 嵐婆國: 산스크리트어 Lampaka의 음역으로 濫波 또는 覽波라고 중국에서 불렀던 북인도의 고대 불교국이었다. 현장의 『대당서역기』에는 "濫波國周千餘里, 北備雪山, 三垂黑嶺. 國大都城周十餘里 ……"라고 쓰여있으며, 慧超의 『往五天竺國傳』에도 "又從此建馱羅國 西行入山七日. 至覽波國. 此國無王. 有大首領. 亦屬建馱羅國所管"으로 언급되었다.

48) 誐惹曩國: 역사적으로 가즈닌(Ghaznin) 또는 가즈나(Gazna)로 알려졌던 중부 아프가니스탄의 도시 가즈니(Ghazni)이다. 북송 시대 즈음에는 투르크계 알프티긴이 창건한 이슬람 왕조인 가즈나 왕조(962~1186)가 이 지역에서 일어나 번성하였다.

49) 波斯國(226~651): 페르시아 즉, '파르스(pars)'의 음사로 지금의 이란을 말한다. 정확하게는 사산(Sasan)朝 페르시아를 지칭한다. 漢代에는 安息이라고 하였고, 隋唐代에는 波斯라고 하였다. 226년부터 651년까지 페르시아를 지배하던 왕조로 아르다시르 1세가 파르티아 왕조를 넘어뜨리고 세웠다. 조로아스터교를 국교로 삼아 신권에 의한 전제 정치가 행해지고 독특한 문화가 번성하였다. 서방으로 진출하는 突厥과 서방의 비잔티움과 대결을 벌였고, 사산조 페르시아 말기에 隋 煬帝가 雲騎尉 李昱을 사신으로 보내기도 하였다. 唐代에는 양자의 교류가 활발하여 상인들이 적극적으로 활동했을 뿐만 아니라 거주하는 자도 많았다. 호스로 1세 때 비잔티움과 싸워 판도를 넓히며 전성기를 이루다가 이슬람 세력에 멸망 당하였다. 멸망 이후에 왕자인 페로스(Peros)가 唐朝에 투항해오기도 하였다.

50) 西海: 여기서는 이란의 서쪽 페르시아만을 말하는 것이다.

51) 阿囉尾國: 석가모니의 탄생지인 카필라바스투(Kapilavastu)의 음역으로 迦維羅衛, 迦毘羅衛 또는 迦毘羅婆蘇覩라고도 하였다. 현재 네팔의 타라이(Tarai) 지방에 해당한다. 가비라 仙人이 있었다 하여 붙여진

국(未曩囉國)52)에 이르고, 다시 서행 20일에 발뢰야가국(鉢賴野迦國)53)에, 또 60일을 서행하면 가라나구야국(迦囉挐俱惹國)54)에 이르며, 다시 20일 서행하면 마라미국(摩囉尾國)55)에, 거기서 20일 서행하면 오연니국(烏然泥國)56)에, 또 서쪽으로 25일 가면 라라국(囉囉國)57)에, 다시 40일 더 가면 소라차국(蘇囉茶國)58)에 이르며 그리고 또 서쪽으로 11일을 가면 서해59)에 이른다. 중인도로부터 6개월의 여정을 가면 남인도에 닿게 되고 [거기서] 서쪽으로 90일 가면 공가나국(供迦挐國)60)에, 다시 1개월 가면 바다에 닿는다. 남인도로부터 남쪽으로 6개월

이름인데, 석가모니가 생존했을 때 숨衞國(슈라바스티)에 망하였다.

52) 未曩囉國: 인도의 最古 도시 바라나시(Varanasi) 국가이다. 기원전부터 산스크리트로 알려지다 후에 바나라스라고도 불렸다. 갠지스강 연안에 위치한 힌두교 성지 중에서도 으뜸이고, 불교와 자이나교의 성지로도 알려져 있다. 『大唐西域記』에 婆羅疤斯로 기재되었고 "婆羅疤斯國, 周四千餘里. 國大都城西臨殑伽河, 長十八九里, 廣五六里. 閭閻櫛比. 居人殷盛, 家積巨萬, 室盈奇貨. 人性溫恭, 俗重强學, 多信外道, 少敬佛法. 氣序和, 穀稼盛, 果木扶疏, 茂草霍靡. 伽藍三十餘所, 僧徒三千餘人, 並學小乘正量部法."의 설명이 있다.

53) 鉢賴野迦國: 북인도 도시 알라하바드(Allahabad)를 중심으로 있던 고대 국가이다. 이곳 지명은 16세기 이후 무굴제국 때 도시 이름이 바뀌기 전까지 그 옛 이름은 프라야가(Prayaga)였고 이것을 중국에서는 鉢邏耶伽로 번역하였다. 『大唐西域記』에 "鉢邏耶伽國, 周五千餘里, 其都城位于丙河交口, 周二十餘里"라고 설명되어 있다.

54) 迦囉挐俱惹國: 인도 우타르프라데시주 중부의 도시인 카나우지(Kannauj) 지역의 고대국가를 말한다. 그 전통적인 지명은 카나굽자(Kanyakubja)인데 중국에서는 羯若鞠闍 등으로 음역을 하거나 『대당서역기』에서와 같이 카나굽자의 의미를 나타내는 曲女城으로 번역하기도 하였다. 慧超의 『往五天竺國傳』에서는 파라나시국에서 보름쯤 걸려 중천축국 왕이 사는 성에 도착하는데 이름이 葛那及自라고 설명한다.

55) 摩囉尾國: 현재 인도 북부의 중서부 말라와(Malawa, Malava) 지역의 말라바 왕국을 말한다. 『大唐西域記』에는 "摩臘婆國 周六千餘里, 國大都城周三十餘里, 據莫訶河東南. ……"라고 하여 摩臘婆로 음역되고 송대 趙汝適의 『諸蕃志』에는 麻羅華國으로 칭하였다.

56) 烏然泥國: 인도 말라와 지역의 중심 도시이며 고대 석가모니 시대 아반티 왕국의 수도였던 웃자야니(Ujjayani)의 漢譯 이름이다. 玄奘의 『대당서역기』에서는 鄔闍衍那로 칭하고 있다.

57) 囉囉國: 인도 서부의 구자라트(Gugerat) 지역의 도시를 칭한 것으로 추측된다.

58) 蘇囉茶國: 인도 서부 현재 구자라트주의 일부에 해당하는 옛 사우라슈트라(Saurashtra) 지역의 고대 왕국 소라트(Sorath)에 대한 音譯 중 하나이다. 『대당서역기』에는 蘇剌侘로 기재하고 있다. 즉 "從伐臘毗國西行五百餘里, 至蘇剌侘國. 蘇剌侘國周四千餘里, 國大都城周三十餘里, 西據莫醯河."라고 설명하고 있다.

59) 蘇囉茶國이 위치한 사우슈트라는 인도 카지아와르(Kathiawar) 반도 서쪽에 해당한다. 따라서 여기서 말하는 서해는 현재 아라비아해를 가리킨다.

60) 供迦挐國: 인도 남서부 카르나타카(Karnataka)주의 도시 콩카나푸라(Konkanapura)에 있던 고대 강가(Ganga) 왕조의 이름을 번역한 것이다. 『대당서역기』에서는 "恭建那補羅國周五千餘里, 國大都城周三十

가는 거리면 남해61)에 도달할 수 있다. 이 모두는 시호가 진술한 것이다.

> 八年, 僧法遇自天竺取經回, 至三佛齊, 遇天竺僧彌摩羅失黎語不多令, 附表願至中國譯經, 上優詔召之. 法遇後募緣製龍寶蓋袈裟, 將復往天竺, 表乞給所經諸國敕書, 遂賜三佛齊國王遐至葛·古羅國主司馬佶芒·柯蘭國主讚怛羅·西天王子謨馱仙書以遣之.

[태평흥국] 8년(983), 승려 법우(法遇)가 천축으로부터 경전을 얻어 돌아오면서, 삼불제(三佛齊)62)에 이르렀을 때 천축의 승려 미마라실려어불다령(彌摩羅失黎語不多令)을 만났는데 그가 [법우에게] 부탁하여 표서를 올리기를, 중국에 가서 경전을 번역하기 원한다고 아뢰니, 황제가 우대하여 조서를 내려 그를 불러 오도록 하였다. 법우가 후에 연제용보개(緣製龍寶蓋)63)와 가사(袈裟)를 구하러 장차 다시 천축에 가고자 하여, [황제에게] 표를 올려 경유하는 나라들에게 칙서를 내려달라고 요청하니, [태종이] 이에 삼불제 국왕 가지갈(遐至葛), 고라국(古羅國)64) 군주 사마길망(司馬佶芒), 가란국(柯蘭國) 군주 찬달라(讚怛羅), 서천축 왕자 [西天王子] 모태선(謨馱仙)에게 내리는 [칙]서를 주어 그를 파견하였다.

餘里. ……"라고 하여, 남인도에 속한 이 나라를 恭建那補羅로 기록하였다.
61) 南海: 供迦拏國이 있던 카르나타카주의 남쪽이므로 여기서는 현재 인도양을 말한다.
62) 三佛齊: 정식 국명은 스리비자야(Srivijaya)로 『新唐書』「外國傳」과 義淨의 『大唐西域求法高僧傳』에는 室利佛逝로 기록되어 있다. 7세기경 수마트라 동남부 팔렘방(Palembang) 지역을 중심으로 흥기하여 동남아 해상교역권을 장악하였으며, 전성기에는 말레이 반도의 국가들과 자바 일대를 장악하여 도서부 동남아시아의 해양제국으로 평가된다. 11세기까지 동서 교역을 지배했으나, 11세기 인도에서 일어난 촐라(Chola) 왕국의 공격을 받으면서 쇠퇴하였으며, 14세기 이후에는 마자파히트(Majapahit)가 이 지역을 장악하게 된다(최병욱, 2006: 57).
63) 寶蓋: 佛具의 하나. 『維摩經』 佛國品에 나오는 寶玉으로 꾸며놓은 화려한 日傘에서 유래하며, 兜率天의 內院宮을 묘사하여 불상 상부를 장엄하는데 필수적으로 등장하였다. 본래는 천으로 만들었으나 후대에 내려오면서 금속이나 목재로 조각하여 만들기도 하였다. 일반적으로 天蓋라 불리며, 花蓋·圓蓋·傘蓋·懸蓋라고도 한다. 때로는 부처나 보살들이 거한 자리를 의미하고, 金山과 함께 부처나 보살 그 자체를 비유하기도 하며 帝王의 자리를 뜻하기도 하였다.
64) 古羅國: 고라국은 '古剌'로도 일컫는데, 현재 미얀마의 버구(Pegu)에서 양곤(Yangon)에 이르는 지역을 가리킨다.

雍熙中, 衛州僧辭澣自西域還, 與胡僧密坦羅奉北印度王及金剛坐王那爛陀書來. 又有婆羅門僧永世與波斯外道阿里烟同至京師. 永世自云: 本國名利得, 國王姓牙羅五得, 名阿喏你縛, 衣黃衣, 戴金冠, 以七寶爲飾, 出乘象或肩輿, 以音樂螺鈸前導, 多遊佛寺, 博施貧乏. 其妃曰摩訶你, 衣大紬縷金紅衣, 歲一出, 多所振施. 人有寃抑, 候王及妃出遊, 卽迎隨伸訴. 署國相四人, 庶務並委裁制. 五穀·六畜·果實與中國無異. 市易用銅錢, 有文漫圓徑, 如中國之制, 但實其中心, 不穿貫耳. 其國東行經六月至大食國, 又二月至西州, 又三月至夏州. 阿里烟自云: 本國王號黑衣, 姓張, 名哩沒, 用錦綵爲衣, 每遊獵, 三二日一還國. 署大臣九人治國事, 無錢貨, 以雜物貿易. 其國東行經六月至婆羅門.

[송 태종] 옹희(雍熙) 연간(984~987)에 위주(衛州)65) 승려 사한(辭澣)이 서역으로부터 돌아오면서 외국인 승려[胡僧] 밀탄라(密坦羅)와 함께 북인도왕 및 금강좌왕(金剛坐王) 나란타(那爛陀)의 서신을 받들고 내조하였다. 또 바라문[婆羅門] 승려 영세(永世)가 파사(波斯) 외도(外道)66) 사람인 아리연(阿里烟)과 함께 경사(京師, 개봉)에 왔다.67)

영세가 다음과 같이 아뢰었다. "본국의 이름은 이득(利得)이고 국왕은 성이 아라오득(牙羅五得), 이름은 아야니전(阿喏你縛)이며 황색 옷을 입고 금관을 쓰며 칠보로 장식합니다. 출행할 때는 코끼리 또는 가마[肩輿]를 타고, 법라(法螺)68)와 요발(鐃鈸)의 음악으로 앞에서 길을

---

65) 衛州: 北周 宣政 원년(578)에 설치하였고 치소는 현재 하남성 淇縣이었다. 수양제 大業 3년(607) 汲郡으로 고쳤다가 당 고조 武德 원년(618)에 다시 위주로 설치하였다. 송대 衛州의 州治는 대개 汲縣에 있었다.
66) 波斯外道: 일반적으로 마니교 또는 祆敎 즉 조로아스터교로 추정되기도 했으나 분명하지 않고 의견이 분분하다. 다음『송사』「외국전」<고창전>에 수록된 王延德의 고창국 사행기의 "復有摩尼寺, 波斯僧各持其法, 佛經所謂外道者也"라는 내용을 가지고도 마니교 또는 祆敎라는 주장이 있었다. 그러나 돈황 출토 문서 중 소위「s.6551講經文」에 "門徒弟子言: 歸依佛者, 歸依何佛? 且不是磨(摩)尼佛, 又不是波斯佛, 亦不是火祆佛, 乃是淸靜法身·圓滿報身, 千百億化身釋迦牟尼佛……且如西天有九十六種外道, 此間則有波斯·摩尼·火祆·哭神之輩, 皆言我已出家, 永离生死, 竝是虛詐, 欺謾人天. 唯有釋迦弟子是其出家, 堪受人天廣大供養."라는 내용이 있어서, 파사외도가 마니교 또는 조로아스터교가 아니라 景敎라는 주장도 있다.
67) 永世와 阿里烟의 동행에 관한 기록은『宋會要輯稿』「蕃夷」4와『宋史』卷490「外國傳」<回鶻傳>에도 있는데, 전자에는 太平興國 원년(976) 5월에 "西州龜玆 遣使易難 與婆羅門波斯外道 來貢"으로, 또 후자에는 雍熙 원년(984) 4월 "西州回鶻 與婆羅門僧永世·波斯外道阿里烟同入貢"이라고 되어있다.

인도하며 대개 불교 사찰에 가서 빈곤한 사람들에게 널리 보시(普施)를 합니다. 왕비는 마가니(摩訶你)라 불리는데 금실을 넣은 붉은 고운 명주옷[紬縷金紅衣]을 입고, 매년 한 번 출행하여 진휼과 보시를 많이 베풉니다. 사람들이 억울함이 있으면 왕과 왕비가 유람을 나올 때를 기다렸다가 [그들을] 마중하고 따라가며 [억울함을] 호소합니다. 국가의 재상 4명을 두고 각종 사무는 모두 그들에게 위임하여 제재합니다. 오곡, 육축, 과실은 중국과 다르지 않습니다. 상거래에 동전을 사용하는데 문자가 원 주위에 있는 것이 중국의 제도와 같지만 그 가운데도 채워져서 꿸 수는 없습니다. 그 나라는 동쪽으로 6개월 가면 대식국(大食國)69)에 이르고 또 2개월을 [가면] 서주(西州)70)에, 그리고 다시 3개월을 [더 가면] 하주(夏州)71)에 닿게 됩니다." [또한] 아리연은 이렇게 말하였다: "본국의 왕호는 흑의(黑衣)72)이고 성은 장(張), 이름은 이몰(哩沒)이며 화려한 비단[錦綵] 옷을 입습니다. 수렵을 갈 때마다 2~3일 만에 나라에 돌아옵니다. 대신(大臣) 9명을 두어 국사를 다스립니다. 동전 화폐는 없고 여러 가지 물건을 써서 교역을 합니다. 그 나라에서 동쪽으로 6개월 가면 바라문에 이릅니다."

至道二年八月, 有天竺僧隨舶至海岸, 持帝鐘·鈴杵·銅鈴各一, 佛像一軀, 貝葉梵書一夾, 與之語, 不能曉.

---

68) 法螺: 불교 의식에 쓰이는 악기로 소라 끝 부분에 피리를 붙인 것이다. 산스크리트어 다르마상카(dharma-sankha)를 번역한 말로 券貝라고도 한다.
69) 大食國: 大食은 Tazi 혹은 Tajiks를 음역한 말로서 唐代 이래로 아랍을 통칭하는 말로 사용되었다.
70) 西州: 貞觀 14년(640)에 麴氏 高昌國을 멸망시킨 후에 설치되었으며 安西都護府의 治所가 되었다. 治所는 高昌縣(현재 新疆維吾爾自治區 吐魯番市 동쪽 30里 高昌 故城)에 있었다. 天寶 원년(742)에 交河郡으로, 乾元 원년(748)에 西州로 바뀌었다. 寶應 원년(742)에 高昌縣이 前庭縣으로 바뀌어 西州의 治所가 되었다. 관할 구역은 지금 新疆維吾爾自治區 吐魯番市와 鄯善縣 등지였다. 貞元 7년(791)에 吐蕃에 점령되었다.
71) 夏州: 北魏 太和 11년(487) 統萬鎭으로 승격되었으며, 治所는 현재의 섬서성 靖邊縣 북쪽 白城子村이다. 隋 大業 3년(607) 朔方郡으로 개칭되었으며, 唐 貞觀 2년(628) 다시 夏州로 되었다. 天寶 원년(742) 朔方郡으로 개칭하였다가 乾元 원년(758) 다시 夏州라 하였다. 唐末 이래 党項族 拓跋氏가 이곳에서 대대로 거주하면서 서하정권을 건립하는 지역적 근거지로 되었다.
72) 黑衣: 750년에서 1258년까지 주로 중동 지역을 근거로 활동한 압바스 왕조를 가리킨다. 항상 흑색 깃발을 사용했기 때문에 唐代에 黑衣大食이라고 불렸다.

[송 태종] 지도(至道) 2년(996) 8월에 한 천축 승려가 선박을 타고 해안에 이르렀는데 제종(帝鐘),73) 영오(鈴杵),74) 동령(銅鈴)75) 각각 하나씩과 불상 1구(軀), 그리고 패엽에 쓴 범어 서책 한 권(夾)을 가지고 있었는데 그와 말을 해도 알아듣지 못하였다.

> 天聖二年九月, 西印度僧愛賢·智信護等來獻梵經, 各賜紫方袍·束帛. 五年二月, 僧法吉祥等五人以梵書來獻, 賜紫方袍. 景祐三年正月, 僧善稱等九人貢梵經·佛骨及銅牙菩薩像, 賜以束帛.

[송 인종(仁宗)] 천성(天聖) 2년(1024) 9월에 서인도 승려 애현(愛賢), 지신호(智信護) 등이 와서 범어 경전을 바치니 자줏빛 방포(方袍)76)와 속백(束帛)77)을 각각 하사하였다. [인종] 경우(景祐) 3년(1036) 정월에 승려 선칭(善稱) 등 9명이 범어 경전, 불골(佛骨) 및 청동과 상아로 만든 보살상을 바치자, [그들에게] 속백을 하사하였다.

> 于闐國, 自漢至唐, 皆入貢中國, 安·史之亂, 絶不復至. 晉天福中, 其王李聖天自稱唐之宗屬, 道使來貢. 高祖命供奉官張匡鄴持節冊聖天爲大寶于闐國王.

우전국(于闐國)78)은 한(漢)에서 당(唐)에 이르기까지 줄곧 중국에 조공을 하다가, [당 중

---

73) 帝鐘: 도교의 道士가 法事를 거행하는 의식에서 쓰이는 중요한 法器의 하나로 法鐘, 法鈴이라고도 한다.
74) 鈴杵: 자루를 金剛杵로 만든 방울인데 密敎의 중요한 佛具의 하나이다.
75) 銅鈴: 여기서는 불교의 의식 기구 혹은 불탑 등 장식에 쓰인 청동 방울을 말한다.
76) 方袍: 승려가 입는 가사인데, 여러 개의 천을 직사각형 모양으로 이어서 만들기 때문에 방포라고 칭하였다.
77) 束帛: 한 다발로 묶은 5필의 비단으로, 고대에 聘問이나 饋贈의 예물로 쓰였다.
78) 于闐 : 타림분지 남쪽의 오아시스 도시인 호탄(지금 신강 위구르자치구 남부의 和田)이다. 고대 중국 史書에는 于寘 및 烏纏, 于循, 于殿, 屈丹, 喚那 등으로도 표기되었고, 몽골제국 시대에는 斡端, 忽炭 등으로 표기되기도 하였지만 于闐이라는 이름이 漢 이후 淸代까지 줄곧 사용되었다. 于闐이란 이름은 佉盧文書에는 Khotana, 梵語에는 Gostana, 西藏語에는 Li-yul이라고 되어 있다. 우전국명과 관련해서 많은 학설이 있으나 白鳥庫吉은 西藏語로 玉은 Gyu이며, 촌락은 Tang이므로 GyuTang은 玉城을 뜻한다고 하였다(『往五天竺國傳箋釋』, 2000). 玄奘은 瞿薩旦那國이라 하였으며, 瞿薩旦那는 범어 Gostana라고 한다(『大唐西域記校注』, 2000). 호탄은 곤륜산맥에서 북쪽으로 흐르는 白玉河와 黑玉河에 의해서 형성

기] 안사(安史)의 난79) 때에 끊어져 다시 오지 않았다. [후]진(晉) [고조] 천복(天福) 연간 (936~943)80) 중에 그 왕 이성천(李聖天)81)이 스스로 당(唐)의 종친[宗屬]이라 칭하고 사자를 파견해 조공하였다. [후진] 고조(高祖)82)가 공봉관(供奉官)83) 장광업(張匡鄴)84)을 지절[사

된 오아시스로서, 동서 35km 남북 20km의 규모이다. 주민들은 농경과 과수재배를 통해서 생활을 해왔으며, 河床에서 채취되는 軟玉은 매우 유명하다. 호탄의 주민은 인도유럽어에 속하는 호탄어를 사용하였으며, 중국 측 기록에 의하면 尉遲(伏闍) 姓을 가진 王家의 지배하에 동쪽으로는 Niya(精絶), 서쪽으로는 Guma(皮山)에 이르기까지 독자적인 문화권을 형성하고 있었다고 한다. 漢나라 때 于闐의 都城은 西城이며, 長安에서 9,670리 떨어져 있으며 戶는 3,300으로 전투를 할 수 있는 병력은 2,400명이라고 하였다 (『漢書』卷96上). 高昌 以西의 사람들의 모습은 눈이 깊고 코가 높은데 于闐國 사람들은 중국 사람들과 비슷하다고 했다(『史記』「大宛列傳」, 『北史』卷97).

79) 安史의 난: 당 현종 말 幽州·平盧·河東 절도사 安祿山이 일으켜 약 9년 동안(755~763) 당조를 위기에 빠뜨렸던 난이다. 반란군의 지도자가 安祿山과 安慶緒, 그리고 史思明과 史朝義로 이어져 안사의 난이라고 한다. 현종은 피신하고 장안과 낙양이 반군의 수중에 들어갔다. 숙종이 朔方軍과 回紇 원군의 도움으로 장안과 낙양 탈환에 성공했으나, 안록산이 아들에게 피살된 후 그의 부장인 史思明이 758년 다시 반란을 일으켜 낙양을 점령하였다. 그가 아들 史朝義에게 살해되고 결국 회흘군의 공격으로 史朝義 군도 타도되면서 9년여에 걸친 대란이 끝났다. 이를 계기로 그간 지배층이던 귀족들이 괴멸적인 타격을 입고 난의 평정과정에서 병권을 장악한 절도사들에 의해 지방분권화 현상이 강화되었다. 당 왕조 전기의 율령체제가 붕괴하였다.

80) 後晉 高祖 石敬瑭(재위 936~942)의 연호인 天福은 그를 계승한 出帝 石重貴의 치세에 들어서도 1년여 동안 계속 사용되었다.

81) 李聖天: 五代·宋初 시대 于闐 國王(재위 912~966)으로 본명은 尉遲僧烏波이다. 그가 자칭 唐의 宗屬이라며 李氏를 성으로 내세워 당시 우전 정권을 '李氏 王朝'라고도 하지만, 漢族과 관련 있는 것은 아니다. 『後漢書』「西域傳」에 우전왕의 이름이 "位侍"인데 이 역시 尉遲의 異譯일 수 있다. 그렇다면 尉遲氏가 한당 이래 우전의 왕족이었다고 할 수 있다.

82) 後晉 高祖(892~942): 後晉의 건국자 石敬瑭이다. 後唐 최고의 세력가로 明宗을 받들고 전공을 세워 그의 딸을 아내로 맞았다. 禁軍長官으로서 河東節度使와 北京留守를 겸하여, 후당 최고의 세력가가 되었다. 그 후 명종의 후계자와 반목이 생기자 자립을 꾀하였으며, 契丹에 대하여 신하를 자청하고 歲貢을 바쳤다. 그리하여 燕雲 16州를 할양한다는 조건으로 원조를 받아 반란을 일으켜 후진을 세웠다. 거란에게 굴종적인 외교를 취하는 한편 중국 통일에 주력하고 집권화를 도모하였다. 그러나 그의 사망 후 후진 2대 황제인 出帝는 거란에 반기를 들어 전쟁을 일으키고 그 결과 天福 12년(947)에 수도 개봉을 점령당해 멸망하였다.

83) 供奉官: 황제의 신변에서 供職하는 관원을 말한다. 당대에는 侍御使內供奉·翰林供奉 등이 있었다. 당대 공봉관은 中書省과 門下省 관료의 통칭으로 때로는 御史臺의 관료를 포함하기도 하였다. 오대에 와서는 이것이 특정 관직으로 정착하여 황제 密命의 出納을 담당하고, 군대를 통솔하여 반란을 평정하거나 지방의 순찰 등을 맡았으며 주로 무관이 이를 담당하였다.

(持節使)85)로 [가도록] 명하여 [이]성천을 대보우전국왕(大寶于闐國王)으로 책봉하였다.

> 建隆二年十二月, 聖天遣使貢圭一, 以玉爲柙; 玉枕一. 本國摩尼師貢琉璃瓶二・胡錦一段. 其使言: 本國去京師九千九百里, 西南抵葱嶺與婆羅門接, 相去三千餘里, 南接吐蕃, 西北至疏勒二千餘里. 國城東有白玉河, 西有綠玉河, 次西有烏玉河, 源出崑岡山, 去國城西千三百里. 每歲秋, 國人取玉於河, 謂之撈玉. 土宜蒲萄, 人多醞以爲酒, 甚美. 俗事妖神.

[송 태조] 건륭(乾隆) 2년(961) 12월 [이]성천이 사절을 보내 옥으로 합(柙)을 만든 규(圭)86) 하나와 옥 베개 하나를 바쳤다. 본국의 마니[교](摩尼敎)87) 교사(敎師)가 유리병 2개, 외국

---

84) 『송사』에는 張匡鄴의 '匡'자가 탈자 되었는데 원문은 『文獻通考』 卷337 「四裔考」와 『新五代史』 卷74 「四夷附錄」에 의거하여 보충하였다. 『신오대사』에 의하면, 이때 장광업은 임시 鴻臚卿을 제수받고 彰武軍 節度判官 高居誨가 판관이 되어 둘이 함께 우전에 갔다.

85) 持節: '節'은 信節로서 천자의 사자가 갖는 신표였다. 황제가 파견하는 사신은 '旌節' 등 황제의 信物을 가지고 가서 사명을 수행하였다.

86) 圭: 중국 고대 제왕이나 제후의 朝聘, 제사, 喪葬, 정벌 등의 활동에 사용한 禮器로 주로 옥으로 만들어 '珪'로도 썼다. 긴 막대형으로 위가 뾰족하고 아래는 방형이다. 형태와 크기는 작위 및 용도에 따라 달랐다. 『周禮』 「春官」 <典瑞>에는 大圭, 鎭圭, 桓圭, 信圭, 躬圭, 谷璧, 蒲璧, 四圭, 裸圭의 구별이 있다.

87) 摩尼: 摩尼敎徒 또는 摩尼僧을 지칭한다. 摩尼敎는 3세기에 '빛의 사도' 또는 최고의 '빛을 비추는 자'로 알려진 예언자 마니(Mani: 210?~276)가 사산조 페르시아에서 창시한 이원론적 종교였다. 처음에는 그리스도교, 조로아스터교, 佛敎의 여러 요소를 가미한 이단으로 여겨지기도 했으나, 일관된 교리와 엄격한 제도, 조직을 갖춘 하나의 종교로 자리 잡았다. 그 교의는 광명・선과 암흑・악의 二元論과 진리에 대한 영적인 지식을 통해 구원에 이른다는 靈智主義(Gnosticism)를 근본으로 하고 있다. 다른 모든 형태의 靈智主義처럼 摩尼敎는 기본적으로 인간의 영혼은 타락해서 악의 물질과 섞여 있지만, 영혼 또는 지혜가 이를 해방시킨다고 설명하고 있다. 摩尼敎 공동체는 교리에서 주장하는 엄격한 금욕생활을 따를 수 있는 '선별된 자'와 노동과 기부를 통해 그들을 돕는 '듣는 자'로 나눈다. 그 성례의식의 요소는 기도・자선・단식이며, 죄의 고백과 찬미도 공동체 생활에서 중요하게 여겼다. 처음에 사산조 페르시아로부터 각지로 전파되었는데, 동부로는 조로아스터교의 심한 박해에도 불구하고 교세를 크게 확장해 隋唐 時代 중앙아시아 지역에 대한 지배력의 확보와 함께 동서교역로를 따라 인도를 거쳐 중국까지 전파되었다. 唐 嗣聖 11년(694)에는 중국 황실에 선교 사절단이 파견되어 開元 20년(732)에는 드디어 중국에서 종교의 자유를 허락받았다. 이후 回鶻에는 760년대에 전파가 되어 국교로 존숭되었을 뿐만 아니라 回鶻의 영역 확대와 함께 크게 발전하였다. 이후 回鶻이 붕괴한 이후 동투르키스탄으로

비단[胡錦] 1단을 진공하였다. 그 사신이 [다음과 같이] 말하였다. 본국은 [중국의] 수도[京師]에서 9,900리 거리이며 서남쪽으로는 총령(葱嶺)88)에 이르러 바라문과 접경하는데 거리가 3천 리이며 남쪽으로는 토번(吐蕃)89)과 접경하며 서북으로는 소륵(疏勒)90)까지 2천여 리이다. 나라 도성의 동쪽으로 백옥하(白玉河)가 있고 서쪽으로는 녹옥하(綠玉河)가 있으며, 더 서쪽으로 오옥하(烏玉河)가 있는데 그 근원은 곤강산(崑岡山)91)이며 수도에서 서쪽으로 1,300리 거리에 있다. 매년 가을에 그 나라 백성들은 강에서 옥을 채취하는데 이를 '옥 건지기[撈玉]'라고 부른다. 땅이 포도 [재배에] 적합하며 사람들이 대개 발효시켜 술을 만드는데 [맛이] 매우 좋다. 풍속으로 요신(妖神)92)을 섬긴다.

이주하게 되자 이곳에서도 지속적인 신앙으로 발전했으나 10세기가 되면서 이 지역에서 佛敎가 발전하게 됨에 따라 약화되어 이후 소멸되었다.

88) 葱嶺: 지금의 파미르 고원과 카라코람 산맥의 총칭. 역대 중국왕조의 중요한 서역 교통로였다. 漢代에 西域都護府에 속하였고 唐代에는 이곳에 安西都護府가 설치되었다.

89) 吐蕃: 음은 티베트(Tibet)로 추정되고, 그 당시 기록에는 튀퓌트(Tüpüt)라고 되어 있다. 7세기부터 9세기까지 티베트 고원에 존재했던 나라였다. 일반적으로 吐蕃이라 불린 것은 그들이 스스로를 '大蕃'이라고 자칭했기 때문이다. 隋代에 雅隆 部落聯盟이 발전하여 나라가 되었다. 贊普 松贊干布 시기에 蘇毗와 羊同 등의 부락을 정복하고 티베트 고원을 통일해 라싸에 도읍을 정하였다. 文字를 만들고 법률과 군사제도를 정비하였으며 도량형을 통일해 贊普를 중심으로 한 중앙집권국가를 세웠다. 貞觀 14년(640)에 唐朝에서는 文成公主를 松贊干布에게 시집을 보냈고, 景龍 3년(709)에 金城公主를 贊普 棄隷蹜贊에게 시집을 보내 양국 간의 우호 관계를 맺었다. 安史의 난이 발생한 이후에 吐蕃은 唐의 변방이 허술해진 틈을 타서 隴右 등지를 공격하였다. 贊普 赤松德贊 시기에 西域과 河隴 지역을 지배하였으며, 唐朝와 불시에 충돌해 한차례 唐의 수도 長安을 점령하기도 하였다. 9세기 중기 贊普 達摩가 죽은 이후 통치집단이 분열하면서 와해되었다. 松贊干布 이후 吐蕃의 贊普는 9대 218년에 걸쳐 재위하였다. 吐蕃은 농업과 목축을 위주로 하고 수공업도 매우 발달하였으며 唐과 경제와 문화의 교류에 힘쓰기도 하였다 (佐藤長, 1977; 薛宗正, 1997).

90) 疏勒: 타림 분지에 있는 오아시스 국가의 하나로 '疏勒'이라고도 표기되기도 한다. 漢代부터 唐代까지 지금 新疆 維吾爾自治區의 카쉬가르(Qashghar, 喀什)를 지칭하는 명칭으로 사용되었다. 漢代 宣帝 神爵 2년(전60) 西域都護에 예속되었고, 後漢 초기에 莎車와 于闐 등에 소속되었다가 자립하였다. 唐 太宗 貞觀 9년(635)에 사신을 파견하여 名馬를 바치고 이후 여러 차례 조공하였다. 高宗 龍朔 원년(661) 唐朝가 高昌을 멸망시키고, 焉耆를 평정한 후 疏勒都督府를 설치하여 安西都護府에 예속시켜서 安西四鎭 가운데 하나가 되었다.

91) 崑岡山: 崑崙山을 의미하며 崑崗山으로 쓰기도 한다.

92) 妖神: 妖邪스러운 귀신이란 뜻으로 非正統的인 神을 의미하였다.

乾德三年五月, 于闐僧善名·善法來朝, 賜紫衣. 其國宰相因善名等來, 致書樞密使李崇矩, 求通中國. 太祖令崇矩以書及器幣報之. 至是冬, 沙門道圓自西域還, 經于闐, 與其朝貢使至. 四年, 又遣其子德從來貢方物.

[송 태조] 건덕(乾德) 3년(965) 5월 우전의 승려 선명(善名)과 선법(善法)이 내조하고 [이에 황제가] 자의(紫衣)93)를 하사하였다. 그 나라 재상이 선명 등이 내조하는 기회를 빌어서 추밀사(樞密使)94) 이숭구(李崇矩)95)에게 서신을 보내 중국과 통교할 것을 요구하였다. 태조가 [이]숭구에게 명령하여 서신과 기물, 전폐로써 보상하도록 하였다. 이해 겨울에 사문(沙門)96) 도원(道圓)이 서역에서 돌아올 때 우전을 경유하여 그 나라 조공 사신과 함께 왔다. [건덕] 4년(966)에 또 그 아들 덕종(德從)을 보내 방물을 진공하였다.

開寶二年, 遣使直末山來貢, 且言本國有玉一塊, 凡二百三十七斤, 願以上進, 乞遣使取之. 善名復至, 貢阿魏子, 賜號昭化大師, 因令還取玉. 又國王男總嘗貢玉㭊刀, 亦厚賜報之. 四年, 其國僧吉祥以其國王書來上, 自言破疏勒國得舞象一, 欲以爲貢, 詔許之.

---

93) 紫衣: 자줏빛 袈裟. 부처가 정한 法衣가 아니고, 나라에서 고승에게 경의를 나타내며 준 데서 비롯하였다.
94) 樞密使: 唐 代宗 때에 설치하여 환관이 맡았다가 昭宗 때 士人이 맡기 시작하였다. 後梁에서 崇政使로 바꾸었다가 후당 때 추밀사로 복구하였고 지위가 재상에 해당하며 군정을 전담하였다. 宋朝에 들어서 樞密院과 中書省을 '二府'로 병칭하였으며, 전국 군대의 통수자로 추밀원 장관인 추밀사는 '太尉'라는 雅稱으로 불리고 또 同中書門下平章事와 '宰執'으로 合稱되었다.
95) 李崇矩(924~988): 北宋 潞州 上党(현재 山西省 長治) 사람으로 字는 守則이었다. 後漢 때 從軍하고 後周 世宗 때 北漢을 공격해 高平 수복 전투에 참전하여 공이 있었다. 송대에 들어 太祖를 따라 李筠·李重进의 반란을 평정하였다. 乾德 2년(964) 추밀사에 올랐고 開寶 연간 초에 北漢 정복전에 출전했다. 그러나 후에 趙普와 聯姻관계를 가져 태조의 눈 밖에 나 鎭國軍節度使가 되었다. 태종 太平興國 연간에 瓊·崖·儋·萬 四州都巡檢使가 되어 黎族 按撫에 치력하였다. 수도에 돌아와 判右金吾街仗兼六軍司事를 맡았다.
96) 沙門: 부지런히 모든 좋은 일을 닦고 나쁜 일을 행하지 않는 사람의 뜻으로, 佛門에 들어가 오로지 道를 닦는 사람, 곧 出家한 승려를 이르는 말이다.

[송 태조] 개보(開寶, 968~975) 2년(969)에 사신 직말산(直末山)을 보내와 조공하고 또 말하기를 그 나라에 237근이나 되는 옥 한 덩어리가 있다며 [그것을] 바치기 원하니 사절을 [우전에] 파견하여 그것을 가져가라고 요청하였다. [우전 승려] 선명이 다시 와서 아위자(阿魏子)[97]를 진공하니 [황제가] 소화대사(昭化大師)라고 호(號)를 내려주고 돌아가 옥을 가져오도록 명하였다. 또 [우전]국왕의 아들 총(總)이 전에 옥으로 자루를 만든 칼[玉欄刀]을 진공한 적 있어서 [그에게도] 역시 후하게 상을 내려 보답하였다. [개보] 4년(971)에 그 나라 승려 길상(吉祥)이 국왕의 서신을 가지고 와서 올리고 스스로 말하기를 소륵국(疏勒國)을 공격하여 춤추는 코끼리 한 마리를 획득하였는데 그것을 진공하고자 한다고 하니, 조를 내려 그것을 허락하였다.[98]

> 大中祥符二年, 其國黑韓王遣回鶻羅廝溫等以方物來貢. 廝溫跪奏曰: "臣萬里來朝, 獲見天日, 願聖人萬歲, 與遠人作主." 上詢以在路幾時, 去此幾里. 對曰: "涉道一年, 晝行暮息, 不知里數. 昔時道路嘗有剽掠, 今自瓜・沙抵于闐, 道路清謐, 行旅如流. 願遣使安撫遠俗." 上曰: "路遠命使, 益以勞費爾國. 今降詔書, 汝即齎往, 亦與命使無異也."

---

97) 阿魏子: 아위의 열매이다. 아위는 산형과의 여러해살이풀로 이란, 아프가니스탄이 원산지이다(Forula assafotida). 뿌리는 살이 많고 처음에는 근생엽만 뭉쳐났다가 약 5년 후에 줄기가 난다. 높이는 1m 정도이며, 근생엽은 매우 크고 잎자루가 있다. 여름에 작고 노란 꽃이 繖形花序로 피고 열매는 편평한 타원형이다. 뿌리에 가까운 줄기를 잘라 수액을 채집하여 굳힌 수지를 아위라 불렀는데 특유한 냄새를 가진 휘발유를 포함하며 거담・鎭痙・調經・구충・강장제 따위로 약용한다. 인도 쪽에서는 향신료로 쓰였다.

98) 이때는 우전과 카라한의 전쟁이 한창이던 때의 상황이다. 이슬람화된 카라한 왕조는 "聖戰"을 구실로 천 년 불교국인 우전을 정복 목표로 삼았다. 이때 카라한 왕조의 이슬람 개종에 불만을 가졌던 소륵 즉 카쉬가르의 불교도들이 폭동을 일으키자 우전은 이에 지지를 보냈고, 늦어도 962년경 양국의 전쟁이 시작되었다. 전쟁 초기에 우전은 불교를 신봉하는 고창회골과 토번의 지지를 받아 우세를 점했다. 전쟁이 8년 정도 지났을 때 우전 군대가 카쉬가르를 점령했다. 본문에서 우전에서 疏勒國에서 얻게 된 舞象 한 마리를 송 황제에게 바친 것도 이러한 배경에서 이루어진 것이었다. 카쉬가르 전투 후 양국은 밀고 당기는 상태로 카쉬가르 역시 뺏고 뺏기는 상황이었다. 그러나 1006년 결국 카라한 왕조가 우전의 和闐城을 점령하고 우전의 이씨 왕조를 멸망시켰다.

[송 진종] 대중상부(大中祥符, 1008~1016) 2년(1009), 그 나라 흑한왕(黑韓王)99)이 회골(回鶻)100) 사람 나시온(羅廝溫)101) 등을 보내 방물을 조공하였다. [나]시온이 무릎 꿇고 상주하여 아뢰었다. "신(臣)이 만 리를 와서 조공하며 천자[天日]를 뵐 수 있었습니다. 원하오니 성상께서 만세토록 먼 나라 백성에게 주인이 되어주십시오." 황제가 [중국까지 오는] 길이 얼마나 걸리는지, 이곳에서 몇 리인지 물었다. 대답하기를 "걸어서 1년 걸리는데 낮에 가고 저녁에는 쉽니다. [거리가] 몇 리인지는 모르겠습니다. 이전에 노상에서 표략(剽掠)을 당해서 지금은 과주(瓜州)102)와 사주(沙州)에서 우전으로 가니 도로가 편하고 조용하여[淸謐] 여행자가 [끊이지 않는 것이] 물이 흐르는 것과 같습니다. 사신을 보내 먼 나라 사람들을 안무하기 바랍니다." [라고 하였다. 이에] 황제가 "길이 멀어 사신을 명하여 보내면 너의 나라에 번거롭고 수고스러운 비용만 더해질 것이다. 이제 조서를 내리니 네가 그것을 가지고 가면 역시 사신을 파견해 보내는 것과 차이가 없을 것이다"라고 하였다.103)

初, 太平興國中有澶州卒王貴者, 晝忽見使者至營, 急召貴偕行, 南至河橋, 驛馬已具, 卽命乘之, 俄覺騰虛而去. 頃之駐馬, 但見屋室宏麗, 使者引貴入, 見其主者容衛制度悉如王者. 謂貴曰: "俟汝年五十八, 當往于闐國北通聖山取一異寶以奉皇帝,

---

99) 黑韓王: 카라한[喀喇汗] 왕조의 黑汗王이며 위구르어 Kara Khan에 대한 중국의 번역어 중 하나이다. 중앙아시아를 제패한 카라한 왕조가 1006년에 천 년 불교왕국인 우전을 멸하고 동방 실크로드 경영에 착수하여 송조에 사절을 보낸 것이다.
100) 回鶻: 여기서는 위구르 종족을 의미한다.
101) 羅廝溫: 葯羅葛將軍, 즉 Yaglakar sagun의 한어 음역이다. 葯羅葛은 위구르 성씨인데 한족 습관대로 단성으로 번역하면서 la 음절에 대한 '羅'자만을 남긴 것이다.
102) 瓜州: 현재 감숙성 안서현. 瓜州는 역사적으로 거기서 생산하는 蜜瓜가 특색이 있어서 春秋시대에 이미 瓜州라고 하였다. 唐 高祖 武德 5년(622)에 縣을 설치하였는데 治所는 현재 감숙성 安西의 동남 쯤름에 두었고, 관할 범위는 현재 안서 부근 일대였다. 8세기 후기에서 9세기 중엽까지 吐蕃에 속하고 五代 시기에는 回鶻에 의부하였으며, 1036년 이후 西夏에 속하고 서하의 멸망으로 폐지되었다. 元 世祖 至元 14년(1277)에 다시 설치되었다.
103) 카라한 왕조가 우전을 정복하자, 이전 우전의 李씨 왕조와 송조의 오랜 교류관계와 무관하게 쌍방이 완전히 새로운 관계가 시작하는 상황이 되었다. 이씨 왕조의 우전은 송조에 사절을 보낼 때 대개 漢人을 쓰고 관호도 송조와 유사하였는데, 흑한왕의 사신은 위구르인으로 바뀌고 관호 역시 위구르어로 썼다.

> 宜深志之." 遂復乘馬凌虛而旋. 軍中失貴已數日矣, 驗所乘, 卽營卒之馬也. 知州宋
> 煦劾貴以聞, 太宗釋之. 天禧初, 貴白陳年已五十八, 願遵前戒, 西至于闐, 尋許其
> 行. 貴至秦州, 以道遠悔懼, 俄於市中遇一道士引貴出城, 登高原, 問貴所欲, 具以
> 實對. 卽命貴閉目, 少頃令開, 視山川頓異, 道士曰: "此于闐國北境通聖山也." 復引
> 貴觀一池, 池中有仙童, 出一物授之, 謂曰: "持此奉皇帝." 又令瞑目, 俄頃復至秦
> 州, 向之道士已失所在, 發其物乃玉印也, 文曰 "國王趙萬永寶", 州以獻.

이전 [송 태종] 태평흥국(太平興國) 연간(976~983) 중에 전주(澶州)[104]의 병졸 왕귀(王貴)라는 자가 있었다. [그가] 대낮에 홀연히 보기를, 사자(使者)가 군영에 와서는 급히 [왕]귀를 부르면서 [자기와] 함께 가자고 하여, 남쪽으로 강의 다리 위에 이르렀는데 [거기에] 이미 역마(驛馬)가 구비되어 있었고 즉시 그에게 타라고 명하더니 순식간에 공중으로 뛰어오르는 듯 떠났다. 잠시 지나 말을 멈추자 단지 [어떤] 주택이 굉장하고 화려한 것만 보고 있는데 사자가 [왕]귀를 인도해 들어가 보니 그 나라 국주의 의장과 시위제도가 모두 왕과 같았는데 [그가] [왕]귀에게 말하였다. "58년 동안 너를 기다렸도다. 마땅히 우전국 북쪽의 통성산(通聖山)에 가서 특이한 보물 하나를 얻어 황제에게 바쳐야 하니 [너는] 마땅히 이 일을 잘 기억해야 한다"라고 하였다. 마침내 다시 말을 타고 허공을 지나 돌아왔다. 군영에서는 [왕]귀가 실종된 지 이미 몇 일 지난 뒤였고 [왕귀가] 탄 것을 살펴보니 바로 군영 병졸의 말이었다. 지주(知州) 송후(宋煦)가 [왕]귀의 [죄상을] 밝혀 [위에] 보고했으나 태종이 그를 풀어주었다. [송 진종] 천희(天禧) 연간(1017~1021) 초기에 [왕]귀가 스스로 말하기를 [자기의] 나이가 이미 58세가 되었으니 원하건대 이전의 훈계를 준수하여 서쪽 우전으로 향해 가겠다고 하자 곧 그의 출행을 허락하였다. [왕]귀가 진주(秦州)[105]에 이르렀을 때 길이 [너무] 멀어 두려워졌는데,

---

104) 澶州: 唐 武德 4년(621), 澶水縣(河南省 濮陽縣 西쪽)에 治所를 두어 설치하였고 貞觀 원년(627)에 폐지하였다. 大曆 7년(772) 復置될 때 治所를 頓丘縣(河南省 淸豊縣 西南)으로 바꾸었다. 관할 범위는 현재 河南省 淸豊縣과 濮陽縣 동북, 范縣 서북의 각기 일부 지역이었다. 五代 後晋 天福 4년(939)에 德勝城(濮陽縣 東南)으로 치소를 옮겼다가 後周 때 濮陽縣으로 옮겼다. 北宋 崇寧 5년(1106)에 開德府로 승격하고 金代에 다시 澶州로 고쳤다가 皇统 4년(1144)에 開州로 바꾸었다.
105) 秦州: 三國 시대 魏에서 隴右를 나누어 설치하였는데 秦邑에서 그 이름이 유래되었다. 隋 大業 연간 초에 天水郡으로 고쳤고 唐 武德 연간 초에 다시 秦州로 하였다. 몇 차례 변경을 거쳐 乾元 원년(758)에

갑자기 시장에서 만난 한 도사가 [왕]귀를 이끌고 성을 나가 높은 곳으로 올라가더니 [왕]귀에게 바라는 바를 물어 사실대로 대답했더니 [왕]귀에게 눈을 감으라고 명하고 잠시 후에 뜨라고 하여 산천을 보니 돌연 달라져 있었다. 도사가 말하기를 "여기가 우전국 북쪽 지역의 통성산이다"라고 하였다. 다시 [왕]귀를 이끌어 한 연못을 보여주는데 연못 가운데에 있던 선동(仙童)이 물건 하나를 꺼내 그에게 주면서 말하기를 "이것을 가지고 가서 황제에게 바치시오"라고 하였다. 또 눈을 감으라고 하더니 잠시 후에 진주에 돌아왔으나 방금 있던 도사는 이미 간 곳을 알 수 없었다. 그 물건을 꺼내니 옥인(玉印)에 "국왕조만영보(國王趙萬永寶)"라는 문자가 새겨져있었다. 진주에서 그것을 헌상하였다.

天聖三年十二月, 遣使羅面于多·副使金三·監使安多·都監趙多來朝, 貢玉鞍轡·白玉帶·胡錦·獨峰駱駝·乳香·硇砂. 詔給還其直, 館于都亭西驛, 別賜襲衣·金帶·銀器百兩·衣著二百, 羅面于多金帶.

[송 인종] 천성(天聖) 3년(1025) 12월 사신 나면우다(羅面于多), 부사 금삼(金三), 감사(監使)[106] 안다(安多), 도감(都監)[107] 조다(趙多) [일행이] 내조하여 옥제 안장과 고삐[玉鞍轡],

---

秦州로 다시 고쳤다. 寶應 연간 후에 吐蕃에 함락되었다가 大中 3년(849)에 수복하여 치소를 成紀縣(현재 甘肅省 秦安縣 西北)으로 옮겼다. 북송 때에 다시 秦州와 成紀縣을 현재 天水市로 옮겼다. 당송대에는 금, 동, 철을 생산하였고 명 洪武 연간 초에 이곳에 茶馬司를 설치하여 각 족의 무역이 이루어졌다.

106) 監使: 토번이 돈황을 통치하던 시기에 大監軍使를 설치하고 監使라고 약칭하였다. 또 節兒監軍이라고 칭하기도 했는데 티벳어로는 khri spyan 또는 rtse rjespyan 즉 萬戶悉編 또는 節兒監軍이며 節兒로 약칭하기도 했다. 이는 돈황 萬戶長(khri dpon)의 當地 제2호 군정장관이며, 군사·사법·농업생산 등 사무를 주관했다. 이 외에 토번은 돈황에 漢人部落監軍, 漢人監軍 등의 官員을 監使 아래에 두었다. 토번 통치 하에 있던 河隴, 西域 및 기타 지역에도 悉編(spyan) 職을 설치했는데 해당지역을 관리하는 토번의 중요한 직관이었다. 본문에서는 우전 조공 사행단 일원의 직위로 소개되었는데, 역시 토번의 지배를 받은 바 있는 우전에서 또는 송조에서의 전례를 따라 쓴 것으로 추측된다.

107) 都監: 중국에서 당송대 都監이 군사에 관련된 관직 이름이므로 여기서도 우전국의 군사직 이름으로 쓰였을 것으로 보인다. 원래 唐 중기에 出兵과 作戰을 하는데, 늘 宦官이 監軍을 하게 되면서 생긴 명칭으로 달리 都都監이라고도 하였다. 송대에는 路와 州府에 "都監"을 설치하여 路 禁軍 또는 州府 厢軍의 屯戍, 훈련, 邊防사무, 軍器와 差役 등을 관장했다. 또 州府 "都監"은 本城 상군의 주둔, 훈련, 군기, 차역 등 사무를 관장했다. 또 다른 가능성은 서역 지배지역 관리를 위해 監使 아래 설치했던

백옥대(白玉帶), 호금(胡錦), 단봉낙타[獨峰駱駝],108) 유향, 요사(硇砂)109)를 공물로 바쳤다. [황제가] 조서를 내려 그 값에 따라 돈으로 지불하고 도정서역(都亭西驛)110)에 묵도록 하였다. 별도로 습의(襲衣), 금대(金帶), 은기(銀器) 100냥, 의복 200[벌]을 상으로 하사하고 나면 우다에게 금대를 하사하였다.

嘉祐八年八月, 遣使羅撒溫獻方物. 十一月, 以其國王爲特進·歸忠保順砱鱗黑韓王. 羅撒溫言其王乞賜此號也. 于闐謂金翅烏爲「砱鱗」,「黑韓」蓋可汗之訛也. 羅撒溫等以獻物賜直少不受, 及請所獻獨峯壹駝. 詔以遠人特別賜錢五千貫, 以橐駝還之, 而與其已賜之直. 其後數以方物來獻.

[송 인종] 가우(嘉祐) 8년(1063) 8월에 사신 나산온(羅撒溫)을 파견하여 지방 특산물을 헌상하였다. 11월에는 [우전] 국왕을 특진(特進)111) 귀충보순후린흑한왕(歸忠保順砱鱗黑韓王)112)으로 삼았다. 나산온의 말로는 그 국왕이 이 봉호를 하사해달라고 요청하였다는 것이

漢人部落監軍, 漢人監軍 등의 용어와 연관된 것일 수도 있다.
108) 獨峰駱駝: 포유류 소목 낙타과의 단봉낙타이다. 특징은 길게 구부러진 목과 깊고 좁은 가슴, 등 가운데에 있는 1개의 혹 등이다. 수컷이 암컷에 비하여 약 10% 더 무겁고 10cm 더 크다. 혹의 크기는 영양상태에 따라서 다양하다. 발이 연한 육질로 되어 있어 사막을 여행하기에 알맞으며, 땅이 미끄럽거나 진흙일 경우에는 잘 걷지 못한다. 주로 가시가 많은 식물이나 마른 풀 등을 먹는데, 사막에서 자라는 식물은 모두 먹이가 된다. 한꺼번에 물을 많이 마실 수 있으며, 이후 오랜 시간 동안 물을 마시지 않아도 견딜 수 있다.
109) 硇砂: 광물의 명칭으로 礦砂 혹은 狄鹽이라고도 하며, 화산재로 만들어진 물질로 紫硇砂와 白硇砂 두 종류가 있다. 그 결정체들을 약재로 썼는데 자요사는 어혈을 풀고 부기를 가라앉히는 데 썼으며, 백요사는 기침 가래 해소에 쓰였다.
110) 都亭西驛: 송대 鴻臚寺에 속했던 관서로서 회골, 토번, 당항, 여진 등 종족의 공봉사절의 시중 및 무역을 맡았다.
111) 特進: 前漢 말기에 시작되어 列侯에게 주는 특수 지위였다. 諸侯王에게도 제수되기도 하였다가 그 이후에 정식의 加官 관호가 되었다. 北魏 孝文帝 太和 17년(493)에 품계가 一品下에서 23년에는 二品이 되었다. 隋代에 최초로 正二品 散官이 되었다가 大業 3년(607)에 폐지되었다. 그 이후 唐代부터 宋代 前期까지는 正二品 文散官이었다.
112) 歸忠保順石后 鱗黑韓王: 카라한[喀喇汗] 왕조의 副汗 또는 小可汗 모두, 위구르 원음이 Toglur(禿格魯爾)인 "鷲"자를 써서 칭호를 만들기를 좋아하였다. 우전왕은 모두 喀喇汗의 親信 자제이고 아마도

다. 우전에서는 금시오(金翅烏)113)를 일컬어 "후린(硴鱗)", "흑한(黑韓)"114)이라고 하였는데 모두 가한(可汗)115)이 와변(訛變)된 것이다. 나산온 등이 [그들이 바친] 헌물에 [대해] 하사한 가격이 적다는 이유로 받지 않고, 바쳤던 단봉낙타를 [돌려달라고] 청구하기에 이르렀다. [인종이] 조서를 내려 먼 곳에서 온 사람이므로 돈 5천 관을 특별히 하사하고 낙타를 돌려주었으며 [헌물의 보상으로] 그들에게 이미 하사했던 값도 [그대로] 주었다. 이후로 여러 차례 방물을 가져와 헌상하였다.

熙寧以來, 遠不踰一二歲, 近則歲再至. 所貢珠玉·珊瑚·翡翠·象牙·乳香·木香·琥珀·花蕊布·硇砂·龍鹽·西錦·玉鞦轡馬·膃肭臍·金星石·水銀·安息雞舌香, 有所持無表章, 每賜以暈錦旋襴衣·金帶·器幣, 宰相則盤毬雲錦夾襴.

[송 신종] 희녕(熙寧) 연간(1068~1077) 이래로는 길더라도 1~2년을 넘지 않고 짧게는 일 년에 두 번씩 왔다.116) 주옥(珠玉), 산호, 비취, 상아, 유향, 목향, 호박, 화예포(花蕊布), 요사, 용염(龍鹽), 서금(西錦), 옥제 밀치끈과 고삐를 한 말[玉鞦轡馬], 올눌제(膃肭臍),117) 금성석(金星石),118) 수은, 안식(安息)119)의 계설향(雞舌香)120) 등을 공물로 바쳤지만, [황제

호칭이 "禿格魯爾汗" 곧 Toglur khan이었을 것이다. 이 때문에 송조에서 그를 금시조의 뜻인 "硴鱗黑韓王"이라고 하였다고 추정된다.
113) 金翅烏: 불경에 나오는 상상의 큰 새인 金翅鳥의 오자인 것 같으나 분명하지는 않다.
114) 黑韓: 黑汗王의 다른 표기로 추측된다.
115) 可汗: 고대 투르크어로 '카간(qaghan)'의 음사이다. 그 'gh'음이 발음되지 않아서 '카안' 또는 '하안', '칸' 또는 '한'으로 변화하기도 한다. 匈奴의 군장 칭호였던 單于의 권위가 약화되면서 최고 군주로서의 명칭으로 사용되지 않게 되자 새롭게 柔然과 鮮卑 등에서 등장한 명칭이었다. 몽골초원의 유목국가에서 402년 柔然의 수령 社崙이 丘豆伐可汗을 처음 사용하면서 그 이후 유목 군주 최고의 칭호로 계속 사용되었다.
116) 11세기 중기에 카라한 왕조 서위구르국이 동서 양대 부분으로 분열하여, 쌍방이 쟁탈하고 상호 정복전을 벌였다. 동부 카라한 왕조는 서쪽으로 향하는 통상도로가 막혀 동방으로 전력을 기울였다. 이에 송조와의 정치 왕래와 경제교류가 더욱 빈번해진 상황임을 보여주고 있다.
117) 膃肭臍: 海狗腎의 別名이다. 물개, 바다표범 수컷의 陰莖과 睾丸을 가리키며 약재로 쓰였다.
118) 金星石: 벼루 돌의 일종으로 "砂金石"이라고도 하는데, 중앙에 운모 細片이나 氣化鐵鑛物 細片을 포함한 석영암으로, 금성처럼 빛이 나서 붙여진 이름이다. 팔찌나 목걸이 구슬, 장신구를 만들거나 도장

에게 올리는] 표장(表章)은 소지하지 않았다.121) 매번 훈금선란의(暈錦旋襴衣), 금대(金帶), 기폐(器幣)122)를 하사하고, 재상에게는 반구운금협란(盤毬雲錦夾襴)을 [하사해] 주었다.

地産乳香, 來輒群負, 私與商賈牟利; 不售, 則歸諸外府得善價, 故其來益多. 元豊初, 始詔惟齎表及方物馬驢乃聽以詣闕, 乳香無用不許貢.

[그] 지방 산품인 유향은, 올 때마다 번번이 떼로 짊어지고 와서는 사사로이 상인들과 거래하며 잇속을 노렸다. 팔지 못한 것은 외부(外府)123)에 주면 좋은 값을 받을 수 있었으므로 오는 자가 더욱 많았다. [송 신종] 원풍(元豊) 연간(1078~1085) 초에 처음으로 조서를 내려 오직 표서 및 [그] 지방 특산인 말과 나귀[馬驢]를 가져올 때에만 궐에 들어가는 것을 허락하며 유향은 무용하므로 진공하는 것을 불허한다고 하였다.124)

四年, 遣部領阿辛上表稱 "于闐國僂儸有福力量知文法黑汗王, 書與東方日出處大世

재료로 썼다.
119) 安息: 이란의 고대국가 파르티아(전247~후226)에 대한 중국에서의 명칭이었다. 개국 군주인 아르사케스를 음역한 것이다.
120) 鷄舌香: 丁香의 다른 이름이다. 정향나무는 열대 상록성 아교목으로 몰루카 제도가 원산지이며 탄자니아의 잔지바르섬, 인도네시아의 수마트라, 브라질, 말레이시아, 필리핀, 베트남, 중국 남부 등에서 생산된다. 꽃봉오리가 못(釘)처럼 생겼고 향이 있으므로 丁香이라고 하고, 또 雀舌香, 鷄舌香이라고도 했다. 정향 분말이나 정향유를 식용 혹은 약용하며 방부제로도 사용한다. 이 약은 맛과 향이 강하고 혀를 마비시키며 맛은 맵고 성질은 따듯하다. 입에 물어 구취를 없애기 위해 사용되었다. 唐代 類書인 『初學記』卷11에 인용한 漢 應劭의 『漢官儀』에 "尙書郎含鷄舌香伏奏事, 黃門郎對揖跪受, 故稱尙書郎 懷香握蘭, 趨走丹墀."라고 하여 古代 尙書가 殿에 올라 奏事할 때 입에 계설향을 머금었다고 전한다.
121) 국가에서 특파된 것이 아니고 재상 등 고위관료가 개인적으로 보낸 사단이었을 것이다.
122) 器幣: 器皿과 화폐나 비단 등의 재물을 의미한다.
123) 外府: 여기서는 왕실 창고인 內府에 상대인 外庫를 뜻한다.
124) 당시 카라한 왕조에서 송조에 수입되어 오는 유향이 너무 많았다. 『宋會要輯稿』「食貨」에 의하면 민간의 수요를 훨씬 넘어 심지어 官庫 조차 가득 찼는데도 계속 들어오는 상황이었기 때문에 이러한 금령을 내렸던 것이다. 그 유향 무역의 손실을 보상하기 위해 원풍 원년에는 우전의 진봉 使人이 茶를 구매할 때는 면세를 허가해주었다(『宋會要輯稿』「蕃夷」4 <于闐>; 錢伯泉, 2000: 5 참조).

> 界田地主漢家阿舅大官家,″ 大略云路遠傾心相向, 前三遣使入貢未回, 重複數百言. 董氊使導至熙州, 譯其辭以聞. 詔前三輩使人皆已朝見, 錫賚遣發, 賜敕書諭之. 神宗嘗問其使去國歲月, 所經何國及有無鈔略. 對曰: "去國四年, 道塗居其半, 歷黃頭回紇·青唐, 惟懼契丹鈔略耳." 因使之圖上諸國距漢境遠近, 爲書以授李憲. 八年九月, 遣使入貢, 使者爲神宗飯僧追福. 賜錢百萬, 還其所貢師子.

[원풍] 4년(1081), 부령(部領) 아신(阿辛)125)을 파견해 표서를 올리는데 "우전국루라유복력량지문법흑한왕(于闐國儽儸有福力量知文法黑汗王)이 '동방 해 뜨는 곳의 대세계 땅주인(田地主) 한가(漢家)126) 아구대관가(阿舅大官家)'127)께 씁니다"라고 말하였다. 대략 말한 내용은, 머나먼 곳에서 마음은 늘 [중국에] 향하고 있으며 일전에 세 차례 사절을 파견해 입공하였는데 아직 돌아오지 않았다는 것이고, 그 뜻을 중복하여 몇 백자를 썼다. 동전(董氊)128)이 사람을 보내 길을 안내해 희주(熙州)129)에 가서 문장을 번역한 후에 아뢰었다. 조를 내려 전에 온 세 무리의 사절들이 모두 이미 조현(朝見)을 했으니 [물품을] 하사하여 돌려보내고 칙서를 내려 [우전국에] 알려주도록 하였다. 신종이 전에 그 사신에게 나라를 떠난 후 세월이 [얼마나 되었는지], 어떤 나라를 지나 왔는지, 노략질[鈔略] 당한 적 있었는지 아닌지를 물은 바 있었는데, 대답하기를 "나라를 떠난 지 4년이며 길에서 그 반을 보냈습니다. 황두회흘(黃頭回紇)130)과 청당(靑唐)131)을 지나왔으며 오직 거란(契丹)132)의 약탈을 두려워할 뿐입니다"133)

---

125) 阿辛: 阿保星의 異譯이다. 『宋大詔令集』에 수록되어 있는, '우전흑한왕'에게 보내는 송조 황제의 조서 3통 중 두 번째 조서는 진봉사 아보성이 왔던 것에 대한 答謝의 내용이다.
126) 漢家: 중국을 의미한 표현이다.
127) 東方日出處大世界田地主漢家阿舅大官家: 외국에서 중국에 보낸 국서에서 사용한 중국의 군주에 대한 칭호는 국가나 종족에 따라 달랐는데, 于闐에서 사용한 이 칭호는 특별하다. 아주 긴 稱謂 중에 황제 혹은 천자로 부르지 않고 '田地主'나 '大官家'와 같이 소박한 개념으로 칭호를 지었다. 특히 唐朝에서 몇 명의 공주를 回鶻 可汗에게 출가시킨 장인과 사위 관계[舅甥關係]이기 때문에 송조 황제를 인친관계를 의미하는 '漢家阿舅'라 칭한 것이다(錢伯泉, 2000: 6).
128) 董氊: 청해 토번의 수령으로, 당시 송조와의 관계가 밀접하였고 송조의 책봉을 받았다. 『宋史』 卷492 <董氊傳> 참조.
129) 熙州: 北宋 熙寧 5년(1072)에 설치하였는데 치소는 狄道縣(현재 甘肅省 臨洮縣)이었고, 관할 범위는 甘肅 臨洮·康樂·渭源 등 縣 지역이었다. 金代에 臨洮府로 승격되었다.
130) 黃頭回紇: 9세기 위구르제국의 분열 이후 하서로 이주한 위구르인들이 건립한 河西回鶻 또는 甘州回鶻

라고 하였다. 이에 그에게 여러 나라의 중국[漢] 경계로부터의 원근을 그리도록 하여 책을 지어 이헌(李憲)134)에게 주었다. [원풍] 8년(1085) 9월135) [우전국에서] 사신을 보내 입공하고, 사신이 신종을 위해 반승(飯僧)136)을 베풀고 추복(追福)137)하였다. 전 1백만을 하사하고 그들이 진공한 사자[獅子]를 되돌려주었다.

元祐中, 以其使至無時, 令熙河間歲一聽至闕. 八年, 請討夏國, 不許.

[송 철종] 원우(元祐) 연간(1086~1093), [우전의] 사신이 정해진 시기없이 오므로 희하

이다. 黃巢의 난 이후 당조가 거의 멸망하고 歸義軍도 甘州, 肅州와 그 이동 지역에 대한 통제력을 잃게 되자 회골이 甘州에 牙帳을 세우고 국주는 可汗을 자칭했다. 1036년, 西夏 李元昊에게 吞幷되자 瓜州와 青海北部로 옮겨가 다시 黃頭回紇이라고 했다. 또 다른 이름으로 察罕回鶻이 있는데 이는 곧 白回鶻이었다. 몽골이 西夏를 멸망시킨 후에 黃頭回紇은 蒙古에 귀부하여 河西走廊의 中部와 祁連山 北段에 분포하게 되는 裕固族의 조상이 되었다.

131) 青唐: 청해 토번의 都城으로 오늘날 青海省의 성도인 西寧이다. 唐代에는 이곳을 鄯城이라고 불렀는데 안사의 난 이후 토번이 지배할 때 성을 둘러싸고 있는 산림이 울창하고 푸르다고 青唐城이라고 불렀다. 西夏가 흥기하면서 하서회랑 일대를 지배하게 되고 이곳을 지나 송으로 가는 隊商, 使臣들이 종종 약탈을 당하자 길을 바꾸어 청당성으로 돌아가고, 또 청해호 남북부를 거쳐 차이담 분지를 지나 서쪽으로 갔다. 이에 청당성이 실크로드 남로의 요지가 되었다.

132) 契丹: 종족 명칭으로 음은 '거란'인데 4세기 이래 몽골 초원 동부지역을 본거지로 하고 있던 유목민족이었다. 東胡의 후예로서 몽골과 퉁구스의 混血이라고도 추정되기도 하나 대체적으로 몽골계에 속한다고 보는 것이 일반적이다. 5세기 중엽부터 大興安嶺 남부 遼河 상류인 시라 무렌[黃江] 유역에서 遊牧生活을 하고 있던 8개의 부족으로 이루어진 종족이었다(李在成, 1996). 고대 투르크 비문에서는 이를 키탄(Qïtañ)으로 기록하고 있는데, 비문에서는 타타비(Tatabï)와 연칭이 되고, 漢文 史料에서는 奚와 인접하고 있었던 것으로 기록하고 있다(禹惠燦, 1997).

133) 당시 回鶻은 西夏에 대해 계속 반항하고 또 서하는 표면상 거란에 귀부했기 때문에, 회골은 거란과의 관계가 적대적이었다. 거란은 자주 회골을 파병공격하거나 어지럽혀 우전국의 입공사절단까지 연루되곤 했던 상황을 전하고 있다.

134) 李憲(?~?): 당시 秦·鳳·熙·河 일대에 주둔하여 邊疆 사무를 처리하고 있었다.

135) 신종이 원풍 8년(1085) 3월에 사망한 뒤에 왔다.

136) 飯僧: 승려에게 식사를 베푸는 불교 행사의 하나로 승려를 공경한다는 뜻에서 행해진 의식으로, 이는 선을 닦고 복을 비는 행위였다.

137) 追福: 죽은 사람을 위하여 冥福을 비는 것을 의미한다.

[로](熙河路)138)에 명령을 내려 격년에 한 번만 조정에 들어가는 것을 허락해 주었다.139) [원우] 8년(1093)에 서하[夏國]를 토벌하겠다는 요청이 있었으나 [송이] 허락하지 않았다.140)

紹聖中, 其王阿忽都董娥密竭篤又言, 緬藥家作過, 別無報效, 已遣兵攻甘·沙·肅三州. 詔厚答其意. 知秦州游師雄言:「于闐·大食·拂菻等國貢奉, 般次踵至, 有司憚於供費, 抑留邊方, 限二歲一進. 外夷慕義, 萬里而至, 此非所以來遠人也.」從之. 自是訖于宣和, 朝享不絕.

[송 철종] 소성(紹聖) 연간(1094~1097)에는 [우전]왕 아홀도동아밀갈독(阿忽都董娥密竭篤)이 또 아뢰기를 면약가(緬藥家)141)가 악행을 저지르니[作過], 특별히 [황제] 은혜에 보답한 바도 없어 [이번에] 이미 군대를 보내 감주(甘州),142) 사주(沙州), 숙주(肅州) 세 곳을

---

138) 熙河路: 宋 熙寧 5년(1072)에 설치하고 熙州(현재 감숙성 臨洮縣)에 치소를 두었다. 熙州·河州·洮州·岷州와 通遠軍을 관할하였다. 당시 湟水 유역과 洮河 유역에는 주로 藏族이 거주하고 있었다. 서하 통치자들이 藏族 내부의 전쟁을 기회로 이 지역을 통제하고 송조 섬서로 침략하는 통로로 삼았다. 희녕 5년에 대장 王韶의 군대가 출정하여 희하지구를 수복하였다. 王安石 변법이 이미 4년 추진된 당시 왕안석의 和戎 책략이 결실을 맺은 승리였다.
139) 카라한 왕조의 遣宋 사절이 계속 증가하며 송조황제가 그들을 접견하기에 바빠지자 그들에게 熙河路 지방에서 무역을 하고 격년에 한 번만 개봉까지 오게 한 것이다.
140) 카라한 왕조의 사절단 일행이 희주와 진주에 장기 거주하면서 민간무역을 행하였다. 서하는 자주 沙州와 甘州를 거쳐 남하하여 이들을 공격해 약탈했기 때문에 양측의 원한이 더욱 심해졌고, 카라한 왕조가 참다못해 하국 토벌을 요구한 것이다. 카라한 왕조가 서하의 과주, 사주 등을 공격하려면 龜茲國의 길을 빌어야 했지만, 양국 모두 위구르족이며 또 서하에 대해서 적대적이어서 가능한 일이었다. 위 원문에서는 송 철종이 "不許"하였다고 하지만 사실 상황은 달랐다. 철종이 카라한 왕조의 瓜州, 沙州 등의 서하지역 침공을 윤허했을 뿐 아니라 서변의 군대에 명하여 견제하고 협동 작전을 하게 하였다. 이에 대해 『西夏書事』卷29에 상세한 내용이 있다.
141) 緬藥家: 토번인이 서하의 주체민족인 당항인을 칭할 때 "緬藥(Minag)"이라고 하였는데, 카라한 왕조에서 토번인의 칭호를 차용하여 서하를 "緬藥"이라고 하였다.
142) 甘州: 隋代에는 張掖郡이었다. 당 武德 2년(619)에 甘州가 설치되었고 치소가 張掖(지금 甘肅省 張掖)에 있었다. 天寶 원년(742)에 張掖郡으로 바뀌었다가 乾元 원년(758)에 다시 甘州가 되었다. 관할 구역은 지금 甘肅省 山丹·民樂·張掖·肅南·臨澤·高臺 등의 지역과 함께 內蒙古自治區 額濟那旗 동부 지역이었다.

공격하였다고 하였다. [철종이] 조를 내려 그 뜻에 후히 보답하였다.143) 진주(秦州) 지주(知州) 유사웅(游師雄)이 상언하기를, "우전, 대식, 불름(拂菻)144) 등 국가들의 공거(貢擧)하는 회수가 끊이지 않고 이어져서 관련 부서에서는 하사품을 제공하는 것을 꺼려 변방에 억류하고 2년에 한번 진공으로 제한하고 있습니다. 외국 오랑캐[外夷]들이 인의(仁義)를 사모하여 불원만리 찾아오는데, 이는 멀리서 오는 사람들을 대하는 바가 아닙니다"라고 하였다. [황제가] 동의하였고, 이때부터 [휘종] 선화(宣和) 연간(1119~1125)까지 조공[朝享]145)이 끊이지 않았다.

> 高昌國, 漢車師前王之地. 有高昌城, 取其地勢高敞・人民昌盛以爲名焉. 後魏初, 沮渠無諱自署高昌太守. 無諱死, 茹茹以闞伯周爲高昌王, 高昌有王始於此. 後魏至隋皆來貢獻. 唐貞觀中, 侯君集平其國, 以其地爲西州. 安・史之亂, 其地陷沒, 乃復爲國. 語訛亦云「高敞」, 然其地頗有回鶻, 故亦謂之回鶻.

고창국(高昌國)146)은 한(漢) 시대 거사전왕(車師前王)147)의 땅이었다. 고창성은 그 지세가

---

143) 원우 말년에 있었던 카라한의 침공에도 서하는 크게 타격을 입지 않았고, 여전히 카라한 왕조가 송에 보낸 사절단을 겁략하고 송조 변경을 침요하자 이때 제2차 공격을 발동한 것이다. 이때는 송 철종의 비준을 받았을 뿐 아니라 장려를 보냈던 것이다. 좀 더 상세한 내용을 『宋會要輯稿』「蕃夷」4 <于闐> 소성 4년 조에서 볼 수 있다. 이때 전쟁의 결과는 『西夏紀』권20 참조.
144) 拂菻: Prum, Furum 등을 음역한 것으로 동로마를 지칭하였다.
145) 朝享: 朝拜와 같고 곧 朝貢의 뜻이다. 『資治通鑑』卷27「漢紀」19, <中宗孝宣皇帝下甘露三年> "如使匈奴後嗣卒有鳥竄鼠伏, 闕於朝享, 不爲畔臣, 萬世之長策也."에 대한 胡三省의 註는 "朝朝見也. 享供時享也. 享獻也."라고 하였다.
146) 高昌國: 여기서는 9세기 후기부터 高昌回鶻 또는 西州回鶻로 불리던 위구르족 지배하에 있던 국가를 말한다. 9세기 중엽 몽골고원의 위구르제국의 국세가 약해지자 黠嘎斯(키르키즈)수령이 스스로 가한을 칭하다가 840년에 회골 汗國을 무너뜨리고 黠嘎斯汗國을 건립하였다. 회골왕자 龐特勤이 15개 회골 부락을 거느리고 고창 지역으로 西遷하여 고창회골 즉 서주회골을 세웠다. 焉耆, 龜玆 등 많은 도시를 병탄하고 龐特勤은 언기를 치소로 삼았다. 그 강역은 당조의 伊州, 西州, 庭州 및 언기, 구자 2개 도독부의 땅을 포괄하였다. 10~11세기에 오대, 북송과 밀접한 관계를 가졌고, 12세기에 西遼에게 예속되고, 13세기 몽골에 귀속되어 1320년대부터는 차가타이한국에 속했다. 17세기에 준가르부에 점령되었다가 18세기 중엽에 淸朝 관할로 들어갔다.
147) 車師前王: 車師의 발음은 Kiwo si이다. 車師는 동남으로 敦煌, 남으로 樓欄, 서로는 焉耆, 서북으로는

높고 평평하고 인구가 창성한 데서 [뜻을] 취하여 이름을 삼았다. 북위[後魏] 초에 저거무휘(沮渠無諱)[148]가 스스로 고창 태수(太守)가 되었다. [저거]무휘가 죽자 여여(茹茹)[149]가 감백주(闞伯周)[150]를 고창왕으로 삼았는데 고창에 왕이 있게 된 것은 이때가 시작이었다. 북위에서 수(隋)대까지 모두 와서 조공을 바쳤다. 당대(唐代) 정관(貞觀) 연간(627~649)에 후군집(侯君集)[151]이 이 나라를 평정하고 이 지역을 서주(西州)[152]라고 하였다. 안사의 난 때 이 지방이 함락되자 다시 국가를 회복하였다. 말이 와전되어 '고창(高敞)'이라고도 칭하며, 그 땅에 꽤 많은 회골인(回鶻人)이 있었기 때문에 회골이라고도 부른다.[153]

烏孫, 동북으로는 匈奴와 통하는 비단길의 요충지에 있었다. 漢 宣帝 때 車師前國과 車師後國으로 나누어졌으며, 車師前國은 交河城(지금 新疆省 吐魯番市 서북)을 車師後國은 務塗穀(지금 新疆省 奇臺縣 서남 산곡)을 다스렸다(岑仲勉, 2004).

148) 沮渠無諱(?~444): 오호십육국 시대 北涼國의 군주이다. 흉노 지파인 盧水胡 족으로 沮渠蒙遜의 아들이며 沮渠牧犍의 동생이다. 牧犍 재위시 沙州刺史, 都督建康以西諸軍事, 領酒泉太守로 임명되었다. 北涼 永和 7년(439)에 北魏가 姑藏을 공격하자 牧犍은 出降하고 無諱는 酒泉을 거점으로 지키면서 한편으로는 北魏에 투항하였고, 441년 酒泉王으로 책봉되었다.

149) 茹茹: 柔然을 말한다. 유연은 蠕蠕, 芮芮, 茹茹, 蝚蠕 등으로 칭해졌다. 북조의 기록에서는 匈奴, 鬼方 등으로 범칭되기도 하였다. 북위 후기에 유연이 茹茹를 자칭 성씨로 하였다. 유연의 내원에 대해서 사서 기록마다 분분하여 동호, 선비, 흉노, 또는 塞外雜胡라는 설이 있다.

150) 闞伯周(?~477): 闞氏고창을 개국한 군주로 460년에서 477년까지 재위하였다. 460년에 柔然이 高昌을 공격하여 하서왕 즉 沮渠安周가 피살되고 高昌北涼이 멸망하고, 감백주가 유연에 의해 고창국왕으로 세워졌던 것이다. 477년에 그가 죽자 아들 闞義成이 즉위하였으나 곧 의성의 형 闞首歸가 의성을 살해하고 찬위하였다.

151) 侯君集(?~643): 중국 唐朝 초기의 장령이다. 豳州 三水(현재 陝西 旬邑北) 사람으로 『舊唐書』 卷69 및 『新唐書』 卷94에 立傳되어 있다. 수대 말부터 李世民의 막부에 있었고 玄武門의 變이 발생할 때도 이세민을 위하여 계획했던 그는 太宗 즉위 후에 左衛將軍·潞國公에 임명되었다가 右衛大將軍으로 승진하고, 貞觀 4년(630) 兵部尙書·檢校吏部尙書가 되어 실제로 宰相의 직무를 수행하였다. 貞觀 13년(639) 겨울에 후군집은 交河道行軍大總管이 되어 高昌王 麴文泰를 공격하였고, 이듬해 고창국 도성을 함락시켜 그곳에 西州를 두었다. 그러나 고창 정벌 이후 재물을 사사로이 취하였다는 죄, 모반의 의혹을 받고 결국 태자 太子 李承乾이 魏王 李泰와 대립했을 때 太子를 지지하여 兵變을 획책하다 발각되어 처형당하였다.

152) 西州: 본래는 高昌國으로 唐 太宗 貞觀 13년(639) 高昌國을 멸한 후 이곳에 西州都督府를 설치하였으며, 玄宗 天寶 원년(742)에 交河郡으로 고쳤다가 肅宗 乾元 원년(758) 西州로 다시 고쳤다(『舊唐書』 卷40). 治所는 高昌縣(지금 新疆省 吐魯蕃市 부근)이었다. 德宗 貞元 7년(791) 吐蕃에게 빼앗겼다.

153) 현재 신강 위구르자치구의 투루판 분지에 있던 高昌에는 송대 고창회골 이전에 다음과 같은 다양한 종족들의 정권들이 있었다. 漢代에는 車師前國이 있었는데 이때 고창벽을 쌓아 흉노 침입을 막았다.

建隆三年四月, 西州回鶻阿都督等四十二人以方物來貢. 乾德三年十一月, 西州回鶻可汗遣僧法淵獻佛牙·琉璃器·琥珀盞. 太平興國六年, 其王始稱西州外生師子王阿廝蘭漢, 遣都督麥索溫來獻. 五月, 太宗遣供奉官王延德·殿前承旨白勳使高昌. 八年, 其使安鶻盧來貢.

[송 태조] 건륭(建隆) 3년(962) 4월에 서주회골(西州回鶻)154)의 아도독(阿都督) 등 42명이 지방 특산물을 가지고 와서 조공하였다. [송 태조] 건덕(乾德) 3년(965) 11월에는, 서주회골의 가한(可汗)이 승려 법연(法淵)을 보내 부처님 어금니[佛牙],155) 유리 그릇, 호박잔(琥珀盞)156) [등]을 바쳤다. [송 태종] 태평흥국(太平興國) 6년(981)에는 그 나라 왕이 처음으로 "서주외생(西州外生)157) 사자왕(師子王) 아시란한(阿廝蘭漢)"이라고 칭하고 도독(都督)158) 맥색온(麥索溫)을 파견해 와서 헌상하였다. [그해] 5월에 태종이 공봉관(供奉官) 왕연덕(王延德)159)과

그 뒤 高昌城으로 불리고 5호16국 혼란기에 한족이 들어와 살게 되고 북위의 화북지방 통일 이후에는 서쪽으로 도주한 흉노족 출신 沮渠씨가 이곳을 거점으로 하여 車師國을 멸망시켰는데 이것이 高昌國의 기원이다. 柔然의 속국으로 세워진 闞氏高昌(460~488 혹은 491)을 비롯해 張氏高昌(488 혹은 491~496), 馬氏高昌(496~501), 麴氏高昌(501~640) 등 四代의 한족 정권에 이어 640년 唐이 정복하여 고창현을 설치하였다. 840년대에 위구르제국이 키르키즈에게 멸망당한 후 西遷하는 가운데 일부가 고창을 점거하여 회골정권을 건국했다.

154) 西州回鶻: 高昌回鶻인데 고창이 당대에 서주이므로 서주회골이라고도 불렸다.
155) 佛牙: 佛舍利의 일종인 부처의 齒牙로, 대개 佛塔에 봉안하여 신봉하였다. 부처의 치아는 40개였다고 하는데 이 가운데 어금니가 최고로 신봉의 대상이 되었다.
156) 琥珀盞: 琥珀으로 만든 잔. 호박은 지질 시대 나무의 진 따위가 땅속에 묻혀서 탄소, 수소, 산소 따위와 화합하여 굳어진 누런색 광물로 투명하거나 반투명하고 광택이 있으며, 불에 타기 쉽고 마찰하면 전기가 생긴다. 장식품이나 절연재 따위로 쓴다.
157) 고창회골 왕이 '西州外生'이라고 한 것은 서주의 外甥이라는 뜻으로 이전 시대에 중국과 화친관계를 가졌던 사실을 나타낸 것이다. 수당대에 특히 위구르제국이 번성했을 때 중국에서 여러 차례 화친공주가 출가시킨 바 있다. 예를 들면 隋煬帝 宗女 華容公主가 麴伯雅에게 출가한 것을 비롯하여, 唐 肅宗 2녀인 寧國公主와 그의 姪女 小寧國公主, 唐 德宗의 8녀 咸安公主, 唐 穆宗의 4妹 太和公主 등이다.
158) 都督: 회골의 관명으로 투르크어로는 '투툭(tutuq)'이라고 표기되었는데 중국 都督에서 유래한 것이었다. 突厥 시대에 部族長을 가리켰던 '일테베르(ilteber)'를 대신하는 관명으로 사용되었다.
159) 王延德(938~1006): 북송대 하북성 大名 사람으로 황제의 명을 받들어 서역 고창에 출사하고 견문여행기를 저술한 것으로 유명하다. 어릴 때부터 태종 趙匡義를 추종하다가 太平興國 원년(976) 조광의가 황제에 오른 후 공봉관에 올라 황제의 衣食을 관장하였다. 太平興國 6년(981) 5월에 태종의 명을

전전승지(殿前承旨) 백훈(白勳)을 고창에 사신으로 파견하였다. [태평흥국] 8년(983)에 그 나라 사신 안골로(安鶻盧)가 입공하였다.

> 雍熙元年四月, 王延德等還, 敍其行程來獻, 云:

[송 태종] 옹희(雍熙) 원년(984) 4월에 왕연덕 등이 돌아와 그들의 여정을 서술하여 헌상하고 [다음과 같이] 아뢰었다.

> 初自夏州歷玉亭鎭, 次歷黃羊平, 其地平而産黃羊. 渡沙磧, 無水, 行人皆載水. 凡二日至都囉囉族, 漢使過者, 遺以財貨, 謂之「打當」. 次歷茅女嗚子族, 族臨黃河, 以羊皮爲囊, 吹氣實之浮於水, 或以橐駝牽木罌而渡. 次歷茅女王子開道族, 行入六窠沙, 沙深三尺, 馬不能行, 行者皆乘橐駝. 不育五穀, 沙中生草名登相, 收之以食. 次歷樓子山, 無居人, 行沙磧中, 以日爲占, 旦則背日, 暮則向日, 日中則止. 夕行望月亦如之. 次歷臥梁劾特族地, 有都督山, 唐回鶻之地. 次歷大蟲太子族, 族接契丹界, 人衣尚錦繡, 器用金銀, 馬乳釀酒, 飮之亦醉. 次歷屋地因族, 蓋達于于越王子之子. 次至達于于越王子族. 次歷拽利王子族, 有合羅川, 唐回鶻公主所居之地, 城基尚在, 有湯泉池. 次歷阿墩族, 經馬騣山望鄉嶺, 嶺上石龕有李陵題字處. 次歷格囉美源, 西方百川所會, 極望無際, 鷗鷺鳧鴈之類甚衆. 次至托邊城, 亦名李僕射城, 城中首領號「通天王」. 次歷小石州. 次歷伊州, 州將陳氏, 其先自唐開元二年領州, 凡數十世, 唐時詔勑尚在. 地有野蠶生苦參上, 可爲綿帛. 有羊, 尾大而不能走, 尾重者三斤, 小者一斤, 肉如熊白而甚美. 又有礪石, 剖之得賓鐵, 謂之喫鐵石. 又生胡桐樹, 經雨卽生胡桐律. 次歷益都. 次歷納職城, 城在大患鬼魅磧之東南, 望玉門關甚近. 地無水草, 載粮以行, 凡三日, 至鬼谷口避風驛, 用本國法設祭, 出詔神

받아 고창으로 떠났다가 雍熙 원년(984)에 돌아왔다. 「西域使程記」 또는 「王延德使高昌記」로 알려진 그의 글은 당시 고창회골의 사회 상황을 잘 보여주는 자료이다.

禦風, 風乃息. 凡八日, 至澤田寺. 高昌聞使至, 遣人來迎. 次歷地名寶莊, 又歷六種, 乃至高昌.

    처음에 하주(夏州)160)에서부터 옥정진(玉亭鎭)을 거쳐 그 다음에 황양평(黃羊平)을 지났는데 그곳은 지세가 평탄하고 황양(黃羊)161)이 산출됩니다. 사막[沙磧]을 지나는데 [거기는] 물이 없어서 행인들이 모두 물을 가지고 갑니다. 총 이틀이 걸려서 도라라(都囉囉)162) 부족[땅]에 이르렀는데, [옛날] 한(漢)대 사신이 [이곳을] 지나다가 재화(財貨)를 남겨준 것을 가리켜 "타당(打當)"이라고 불렀다 합니다. 그 다음에 모녀괘자(茅女嗝子) 부족을 지나갔는데, 그들 [땅은] 황하(黃河)에 가까이 있습니다. 양의 껍질로 주머니를 만들어서 공기를 불어 채워서 물에 뜨게 하거나 혹은 낙타[橐駝]에게 뗏목을 끌게 하여 [강을] 건넙니다. 다음에는 모녀왕자개도(茅女王子開道) 부족을 지나면서 육과사(六窠沙)에 진입하였는데 모래 깊이가 3척(尺)이라 말이 지날 수가 없어 행인들은 모두 낙타를 탑니다. 오곡은 자라지 못하고 모래 가운데서 자라는 풀의 이름이 등상(䔲相)인데 그것을 거두어 먹습니다. 다음에 누자산(樓子山)을 지났는데 거주하는 사람이 없었고, 사막 가운데를 지나갈 때는 태양으로 [방향을] 점쳐야 합니다. 즉, 아침이면 해를 뒤로 하고 저녁이면 해를 향하고 해가 [하늘] 중앙에 있으면 멈추어 쉬었습니다. 저녁에 달을 보며 가는 것도 이와 같이 하였습니다. 그 다음 와량핵특(臥梁劾特) 부족을 거쳐 갔습니다. [거기에는] 도독산(都督山)이 있는데 [이는] 당대 회골의 지역이었습니다. 그 다음으로 거쳐간 곳은 대충태자(大蟲太子) 부족의 [지역]인데 이들은 거란의 경계와 접하고 있으며, 그 사람들은 옷으로 수놓은 비단[錦繡]을 좋아하고 그릇으로는 금과 은을 사용하고, 말 젖으로 술을 양조하는데 그것을 마시면 역시 취합니다. 다음에는 옥지인(屋

---

160) 夏州: 현재 陝西省 靖邊縣 紅墩界鄕 白城子村에 해당하는 고지명이다. 晉代에 赫連勃勃이 夏王을 칭하고 統萬城을 건축해 도성으로 삼았다. 431년 북위가 夏를 멸망시키고 통만성을 夏州로 바꾸었다. 수대에 이곳에 朔方郡을 설치했으나 당대에 다시 하주로 하였다. 당말에는 拓跋思恭이 하주를 진압하고 자손들이 계승하였다. 서하의 중요한 정치·군사·경제·문화적인 중심지가 되었다. 송대에 이르러 성주위가 점차 사막으로 덮이면서 폐허가 되었고 원대 초에 州도 폐지하였다. 하주는 서하 정권의 발상지 중 하나이다.
161) 黃羊: 黃羊은 黃羚, 蒙古原羚, 蒙古瞪羚, 蒙古羚 등으로 불리는 羚羊으로 羊類가 아니다. 체형이 사슴과 비슷하여 네 다리는 가늘고 길며 매우 빨리 달리고 초식성이다.
162) 都囉囉: 옛 韃靼族의 部族 명칭이다.

地因) 부족을 지났는데 대개가 달우우월왕자(達于于越王子)의 아들들이었고, 이어서 달우우월왕자 부족 [마을]에 이르렀습니다. 그 다음에 예리왕자(拽利王子) 부족을 지났는데 [거기에는] 합라천(合羅川)이 있고, 당대 회골공주가 거주하던 땅으로 그 성터가 아직 있으며 [또] 탕천지(湯泉池)가 있습니다. 다음에 아돈(阿墪) 부족을 경유하여 마종산(馬騣山)의 망향령(望鄕嶺)을 지났는데 망향령 위에 있는 석감(石龕)에 이릉(李陵)[163]이 제자(題字)한 곳이 있었습니다. 다음으로 격라미원(格囉美源)을 거쳐 갔는데 그 서쪽으로 수많은 하천이 모여드는 곳으로 끝이 보이지 않을 정도로 아득하게 멀고 넓고, 갈매기[鷗], 해오라기[鷺], 오리[鳧], 기러기[鴈] 종류의 [새들이] 매우 많았습니다. 다음에 탁변성(托邊城)에 도착하였는데 [그] 이름이 이복야성(李僕射城)이라고도 하며 성 안의 수령을 '통천왕(通天王)'이라고 불렀습니다. 다음에는 소석주(小石州)를 거친 뒤 또 이주(伊州)[164]를 지났는데 [이주]의 주장(州將) 진씨(陳氏)는 그 선조가 당대 개원(開元) 2년(714)부터 주를 지배하여 [이제까지] 수십 세대가 되었으며, 당 시대의 조칙(詔勅)이 아직 있었습니다. [그] 땅에는 고삼(苦參)[165] 위에서 사는 야생 누에가 있어서 면백(綿帛)을 만들 수 있습니다. [또 그곳에서] 나는 양(羊)[166]은 꼬리가 커서 달릴 수가 없으며 꼬리가 무거운 것은 3근이나 되고 작은 것은 1근이며, [그] 고기는 곰의 고기처럼 희고 맛이 매우 좋습니다. 또한 여석(礪石)[167]이 있는데 그것을 쪼개서 빈철(賓鐵)[168]을 얻기

---

163) 李陵: 字는 少卿으로 隴西 출생이다. 젊어서부터 기마와 궁사에 능하였다. 漢 武帝 天漢 2년(전99) 李廣利가 흉노를 쳤을 때 보병 5천 명을 인솔하여 출정, 흉노의 배후를 기습하여 이광리를 도왔다. 그러나 돌아오는 길에 무기와 식량이 떨어지고 8만의 흉노군에게 포위되어 항복하였다. 漢 武帝는 그 사실을 듣고 크게 노하여 그의 어머니와 처자를 죽이려 하였다. 이때 司馬遷이 이릉을 변호하여 무제의 분노를 사 宮刑에 처해졌다. 이릉은 흉노에 항복한 후 單于의 딸을 아내로 맞아들였고, 右校王에 봉해져 선우의 군사·정치의 고문으로서 활약하다 몽골고원에서 병사하였다. 이릉의 분전, 항복의 비극은 중국인 사이에서 시와 故事로 전해지고 있다.

164) 伊州: 貞觀 6년(632)에 西伊州가 改置되어 설치되었다. 治所는 伊吾縣(지금 新疆 維吾爾自治區 哈密市)에 있었고, 관할 구역은 지금 哈密市 일대였다. 安史의 난 이후 吐蕃의 지배를 받았다. 大中 5년(851)에 沙州刺史 張義潮가 수복하였다. 北宋 時代에는 伊州라고 하였다.

165) 苦參: 학명은 Sophora flavescens로 콩과 고삼속의 식물이다. 러시아, 일본, 인도, 한국 및 중국대륙 남북 각지에 분포하며 해발 1,500m 지역에서 자라고 산비탈, 모래땅, 초원 비탈, 관목 숲과 들판 부근에 많으며 아직까지는 인공재배를 한 바가 없다. 해열, 燥濕, 이뇨, 살충 등에 효과가 있는 한약 재료이다.

166) 『송사』<회골전>에 의하면, 회골의 조공품목에 大尾羊이 있는데 여기서 말하는 羊이 같은 것으로 추측된다.

167) 礪石: 숫돌처럼 연마석으로 쓰이는 한편, 宿血을 없애고 石淋을 낮추며 結瘕를 제거하는 등에 쓰이는

때문에 이를 "철을 먹은 돌[喫鐵石]"이라고 부릅니다. 또 호동수(胡桐樹)169)라는 나무가 있는데 비에 젖으면 호동(胡桐)의 음율을 냅니다. 그 다음으로 익도(益都)를 거쳐서 다음에 납직성(納職城)170)을 지났는데, [이] 성은 대환귀매적(大患鬼魅磧)171)의 동남쪽에 있으며 옥문관(玉門關)172)을 바라보니 매우 가깝습니다. 땅에는 물도 풀도 없어 양식을 지고 갔는데 총 3일을 가니 귀곡구(鬼谷口)의 피풍역(避風驛)에 도착하였습니다. 본국(本國)의 방법대로 제사를 차려놓고 신에게 아뢰어 바람을 막아달라고 하자 바람이 곧 멎었습니다. [또] 8일을 걸려 택전사(澤田寺)에 도착하였습니다. 고창국에서 [중국] 사신이 도착하였다는 것을 듣고 사람을 보내와서 영접했습니다. 그 다음에 지나간 곳의 지명은 보장(寶莊)이라 하였습니다. 다시 육종(六種)을 지나니 고창에 도착하였습니다.

한약재이기도 하다.

168) 賓鐵: 賓鐵은 정련한 철이며 鑌鐵과 같이 쓰인다.

169) 胡桐樹: 고창 특산의 하나로 梧桐과 같은 종류이다. 그 樹脂를 梧桐泪라 하고 藥用 및 공업 상 금속의 溶劑로 썼다.

170) 納職城: 현재 哈密 四堡의 白楊河 東岸 남쪽에 있었고 拉布喬克古城으로도 불린다. 납직성이라는 이름은 拉布喬克村 村名을 간략히 한 '拉布'의 譯音으로 納織이 되었다는 설이 있다. 北魏 太和 17년(493)에 원래 鄯善國(樓蘭)이 丁零人의 공격을 받아 파괴된 후 사방으로 흩어진 선인들 중 북쪽으로 이동한 약 4천 명의 선선유민이 수축한 것이라고 한다. 당시에 그들은 고창과 伊吾로 나누어 이동하였는데 그 중 일부는 伊吾의 拉布橋克村 후면 쪽에 납직성을 수축하였다(『宋書』「索虜傳」). 후대의 사람들은 납직성이 이오의 屯城 구지 위에 세워졌다고 보는 설이 있지만 입증된 것은 아니다. 당대에 이르러 伊吾가 西伊州로 개편되어 納織縣城은 그 관할하에 들어갔으나 그 뒤 토번과 회골에 의해 점령되고, 납직성을 거점으로 하여 자주 伊州를 공격해 사람과 가축을 약탈해갔다고 전한다.

171) 大患鬼魅磧: 현재 신강 哈密의 동남쪽 로프노르[羅布泊] 호수와 옥문관 사이, 고비사막의 일부로 현재 哈順戈壁, 哈順沙漠, 噶順沙漠, 伊勒呼瑪 사막 등으로 칭한다. 당초에는 莫賀延磧이라고 칭했던 이곳이 '西域'의 기점이 되었다. 여기에서 당대 현장이 서역으로 갈 때 이곳이 가장 험악한 곳이었는데 신앙과 의지력으로 지나갔다는 곳이다. 현장은 "長八百里, 古曰沙河, 目無飛鳥, 下無走獸, 復無水草"라고 하여 죽음의 땅으로 표현하였다.

172) 玉門關: 현재 중국 감숙성 돈황시 서북쪽으로 약 90km에 있다. 한무제 때 설치하였는데 서역에서 玉石이 수입되어 들어오는 길이어서 붙여진 이름이다. 關城은 사각형으로 북·서쪽에 관문이 있고 북문 밖으로 100m 못되는 곳에 疏勒河가 있다. 서남쪽의 陽關과 함께 漢代에 서역 각지로 통하는 교통 문호로서 옥문관을 통해 북도로 나가고 양관에서 남도로 갔다. 남북조 시대에 현재 안서에서 하미로 통하는 길이 더욱 중요해 관의 터를 동쪽 안서 쌍탑보 부근으로 옮겼고 당대에 재차 건립하였다. 송대 이후 중국과 서역의 육로 교통이 점차 쇠락함에 따라 관은 폐허가 되었다.

高昌即西州也. 其地南距于闐, 西南距大食·波斯, 西距西天步路涉·雪山·蔥嶺, 皆數千里. 地無雨雪而極熱, 每盛暑, 居人皆穿地爲穴以處. 飛鳥群萃河濱, 或起飛, 即爲日氣所爍, 墜而傷翼. 屋室覆以白堊, 雨及五寸, 即廬舍多壞. 有水, 源出金嶺, 導之周圍國城, 以漑田園. 作水磑. 地產五穀, 惟無蕎麥. 貴人食馬, 餘食羊及鳧鴈. 樂多琵琶·箜篌. 出貂鼠·白氎·繡文花蕊布. 俗好騎射. 婦人戴油帽, 謂之蘇幕遮. 用開元七年曆, 以三月九日爲寒食, 餘二社·冬至亦然. 以銀或鍮石爲筒, 貯水激以相射, 或以水交潑爲戲, 謂之壓陽氣去病. 好游賞, 行者必抱樂器. 佛寺五十餘區, 皆唐朝所賜額. 寺中有大藏經·唐韻·玉篇·經音等, 居民春月多群聚遨樂於其間. 游者馬上持弓矢射諸物, 謂之禳災. 有勅書樓, 藏唐太宗·明皇御札詔勅, 緘鎖甚謹. 復有摩尼寺, 波斯僧各持其法, 佛經所謂外道者也. 所統有南突厥·北突厥·大衆熨·小衆熨·樣磨·割祿·黠戞司·末蠻·格哆族·預龍族之名甚衆. 國中無貧民, 絕食者共賑之. 人多壽考, 率百餘歲, 絕無夭死.

고창은 곧 서주(西州)입니다. 그 땅의 남쪽으로 우전과 떨어져 있고 서남쪽으로는 대식, 파사(波斯)와 떨어져 있으며 서쪽으로는 서천축[西天], 보로섭(步路涉),[173] 설산(雪山), 총령(蔥嶺)과 거리가 있는데 모두가 수천 리 [떨어진] 거리에 있습니다. [그] 지역은 비와 눈이 없고 매우 뜨거워 한여름만 되면 거주민들은 모두 땅을 파 굴을 만들어 [거기에서] 삽니다. 날으는 새들이 강가[河濱]에 몰려드는데, 어떤 경우는 날아오르다 태양의 [열]기에 쏘이면 떨어져 날개를 상하기도 한답니다. 가옥은 하얀 백토를 바르며, 비가 5촌(寸)까지만 와도 오두막은 거의 무너집니다. 금령(金嶺)[174]에서 발원하는 물이 있는데 그 물을 끌어와 국성

---

173) 步路涉: 현재 파키스탄 서북부의 페샤와르이다. 옛날부터 동서교통의 중요한 지점이었다. 국경의 도시라는 의미인 현재 지명 페샤와르는 무굴왕조의 악바르에 의해 붙여진 후기 이름이고, 옛 이름은 사람의 도시라는 뜻의 산스크리트어 푸르샤푸라(Purushapura)인데, 步路涉은 이에 대한 중국 음역일 것이다. 東晉 法顯의 『佛國記』에서는 이른 弗樓沙國이라 하고 玄奘은 『大唐西域記』에서는 布路沙布邏로 썼다.

174) 金嶺: 지금 몽골 초원 서부를 북서쪽에서 남동쪽으로 뻗어 내려간 알타이 산맥을 지칭하여 金山이라 하였는데, 金嶺도 같을 것으로 추측된다. 알타이는 원래 고대 투르크어로 '알툰(altun)'의 '알(al)'이 '아주 붉은 빛'을, '툰(tun)'이 '구리[銅]'를 나타낸다. 따라서 '알툰(altun)'은 바로 원래 '아주 붉은 색의 銅'을 의미하였고, 고대 투르크인들은 이를 '黃金'을 가리키는 것으로 사용하여, 그 번역인 金山의 명칭이 유래하였다.

주위를 둘러싸 [흐르게 하여] 전원(田園)에 물을 대고 물레방아[水碓]를 작동합니다. [그] 땅에 온갖 곡식[五穀]이 나는데 다만 메밀[蕎麥]은 없습니다. 귀인(貴人)은 말고기를 먹고 여느 사람들은 양 그리고 오리와 기러기를 먹습니다. 악기로는 비파(琵琶)175)와 공후(箜篌)176)가 많습니다. 출산물로 담비[貂鼠],177) 백첩(白氎),178) 수문화예포(繡文花蕊布)179)가 있습니다. 풍속은 말타고 활쏘기를 좋아합니다. 부녀들은 유모(油帽)를 [머리에] 쓰는데 그것을 소막차(蘇幕遮)180)라고 부릅니다. [고창인들은] 개원력(開元曆)을 사용하고 3월 9일을 한식(寒食) 절기로 하며 나머지 이사(二社)181)와 동지(冬至)도 역시 그러합니다. 은(銀)이나 유석(鍮石)으로 대롱[筒]을 만들어서 물을 채웠다가 세게 뿜어 서로 쏘거나 혹 물을 서로 뿌리며 놀기도 하는데 양기(陽氣)를 눌러 병을 없앤다고 말합니다. 유람하면서 구경하고 즐기는 것을 좋아하고 행인은 반드시 악기를 안고 다닙니다. 불교 사찰이 50여 곳[區] 있는데 모두 당조(唐朝)에서 사액(賜額)을 받은 곳들입니다. 사찰 내에 『대장경(大藏經)』,182) 『당운(唐韻)』,183) 『옥편(玉篇)』,184) 『경

---

175) 琵琶: 동아시아의 전통적인 현악기이며 이미 2천여 년 역사를 가진다. 처음 "琵琶"라고 칭한 악기는 대략 중국 秦朝 때 출현하였고 당대 이전에 비파는 漢語로 루트(lute) 계통 현악기의 총칭이었다. 악기를 연주자 몸에 붙이고 연주하는 것이, 몸에 접촉하지 않는 琴瑟과 다른 점이다.
176) 箜篌: 공후는 고대에 서역에서 중국과 한국 등에 전파된 일종의 현악기로 처음에는 坎侯 또는 空侯라고 칭해졌다. 악기 크기에 따라 현의 수가 달라, 5개부터 25개까지 있었다. 고대에 궁정 아악에 사용할 뿐 아니라 민간에도 널리 유전되었다. 臥箜篌, 竪箜篌, 鳳首箜篌의 3종 형태가 있었다. 14세기 후기로부터 유행하지 않고 점차 소실되어, 이전 벽화와 부조에서 공후의 도상이 보일 뿐이다.
177) 貂鼠: 포유류 족제비과의 담비 종류를 말한다.
178) 白氎: 白疊이라고도 쓰며 면화 또는 그것으로 짠 면포를 가리킨다. 『梁書』「諸夷傳」<高昌國傳>에 "多草木, 草實章如茧, 茧中絲如細纑, 名曰白叠子, 國人多取織以爲布. 布甚軟白, 交市用焉."이라는 설명이 있고 『舊·新唐書』에도 고창의 대표산물로 白疊이 소개되어 있다. 위구르인들은 棉布를 波斯布 또는 禿鹿麻라고 하였는데 중원 사람들은 白疊이라고 불렀다.
179) 繡文花蕊布: 백첩 외에 다른 종류의 색깔과 스타일의 棉布로 추정된다.
180) 蘇幕遮: 첫째, 詞牌의 명칭이다. 원래 唐 玄宗 때 教坊曲의 이름이며 西域에서 전해졌다. 幕은 '莫' 또는 '摩'로도 썼고, 그 대표작으로 范仲淹의 「蘇幕遮」, 周邦彥의 「蘇幕遮·海天一色」이 있다. 둘째, 龜玆國의 성대한 節日로서 '乞寒節'이라고도 하였다. 겨울에 추워서 많은 눈이 내리기를 기원하는 절일이었다. 당대에 중원에 전해져 당대 중요한 절일이 되었는데 매년 7월 초에 시작하였다고 한다. 그런데 이 두 가지 뜻 중 어느 것이든, 본문의 고창 여성들이 쓴 油帽와 어떤 관련이 있는지는 불분명하다.
181) 二社: 春秋二社 즉 春社와 秋社로, 봄과 가을에 토지신에게 제사하던 날이다. 송대 그 일자에 대해 宋 陳元靚의 『歲時廣記』卷14 「二社日」에서 "『統天萬年曆』曰, 立春後五戊爲春社. 立秋後五戊爲秋社."라고 한 바와 같이 송대부터 입춘과 입추 후 다섯 번째 戊日을 각각 社日로 했음을 알 수 있다.
182) 大藏經: 불교 성전을 총집한 것으로 『一切經』이라고도 하며, 『三藏』을 집성한 것이다. 원래 『대장경』의

음(經音)』 등이 있는데, 주민들은 봄철이 되면 많은 사람이 함께 모여 그곳에서 놀며 즐깁니다. 유흥객들은 말 위에서 활과 화살을 잡고 사물에다 쏘아 맞히는데 이것을 양재(禳災)[185]라고 부릅니다. 칙서루(敕書樓)가 있는데 [여기에] 당 태종과 현종[明皇][186]의 어찰(御札)과 조칙(詔敕)을 저장하고 매우 엄격하게 봉함하여 잠가두었습니다. 또한 마니교(摩尼敎) 사원이 있으며 파사(波斯) 승려는 각각 그 [고유의] 법을 가지고 있는데 이것이 불경에서 외도(外道)라고 일컬은 것입니다. [고창국이] 다스리는 [영역에] 남돌궐(南突厥), 북돌궐(北突厥), 대중위(大衆熨), 소중위(小衆熨), 양마(樣磨), 할록(割祿), 힐알사(黠戛司),[187] 말만(末蠻), 격치족

호칭은 한역의 『삼장』에 약간의 중국인의 찬술서를 더한 것을 가리켰는데, 현재에는 기타 국어에 의한 것도 널리 총칭한다. 즉, 한어 외에 팔리어, 티벳어, 몽고어, 만주어가 있으며, 서하어도 일부 현존한다. 또한 『대장경』에 편입되는 서적의 기준은 엄격하게 정해지며, 그 이외의 것은 『藏外』라고 하였다. 『삼장』이라는 것은 팔리어의 티피타카(tipitaka)의 역어로 세 개의 용기라는 뜻인데 경·율·론의 3부로 되었기 때문에 이렇게 불린다. 經(수타, sutta)은 석가나 제자들의 언행록, 律(비나야, vinaya)은 교단의 계율규정, 論(아비담마, abhid-hamma)은 철학적 이론을 전개한 것이다. 석가의 사망 후 100~200년경의 교단은 많은 부파로 분열했는데, 각 부파가 그 가르침을 올바르게 전하기 위해서 각자의 삼장을 전하게 되었다. 중국에서 경·율·론삼장의 한역사업은 2세기 후반부터 시작되었으며, 11세기 말까지 거의 끊임없이 계속되었다. 衆經이나 三藏을 북조의 북위에서 『일체경』이라고 하며, 남조의 양에서 『대장경』이라고 하였고, 수당대 智昇은 남북조 이후의 경전분류법을 답습해서 대승의 삼장과 소승의 삼장 및 성현집전을 구별하고, 그 중 대승경전을 반야, 보적, 대집, 화엄, 열반의 五大部로 하고, 대장경에 편입되어야 할 불전의 총수를 5,048권으로 결정하였는데 여기에 수재된 5,048권의 경·율·론 등은 그 이후의 대장경(일체경)의 기준이 되었다.

183) 唐韻: 중국의 韻書인데 唐 孫愐이 5권으로 저술하였다. 중국어를 韻에 따라 배열하고 反切에 의하여 발음을 표시한 것으로, 隋 陸法言의 『切韻』을 增訂한 책의 하나이다. 北宋의 徐鉉에 의하여 『說文解字』 大徐本의 반절에 쓰였으나, 현재 完本은 남아 있지 않다.
184) 玉篇: 남조 梁의 顧野王이 지었고 곧 簫愷가 개수하였다. 『說文解字』 계통의 자서이나 그와 체재를 달리한 분류로 문자를 배열하고 문자마다 反切音을 달았으며 널리 經傳史子의 訓註·音義를 취하여 類書式의 상세한 說解를 가하였다. 당대 孫强, 송대 陳彭年 등이 親字를 증보하고 설해를 삭감하였다.
185) 禳災: 神靈이나 鬼神에게 빌어서 災殃을 물리치는 것이다.
186) 明皇: 당 玄宗 李隆基의 별칭이다.
187) 黠戛司: 종족 명칭으로 고대 투르크어로 '키르기즈(Qïrghïz)'의 음사인데, 『舊·新唐書』에는 黠戛斯로 표현되어 있다. 匈奴의 북방에 있었다고 하는 堅昆, 鬲昆이 키르기즈의 가장 오래된 음사로 추정한다. 남북조 시대에는 結骨, 契骨 등으로 唐代에는 黠戛斯, 紇扢斯로도 기록되었다. 고대 투르크 비문에도 "키르기즈"가 등장한다. 주요한 거주 구역은 몽골의 北西 지역으로 예니세이강 상류 지역이라고 한다. 원래의 주민은 주로 사카계통의 종족으로 추정되고 鐵鑛 산지로 발달된 금속 문명을 갖고 있었다. 늦어도 6세기 후반 무렵에 突厥이 등장하면서 문화적으로 체질적으로 투르크화가 급속히 진행된 것으

(格咥族), 예룡족(預龍族) 등으로 [종족의] 이름이 매우 많습니다. [고창]국 내에는 빈민이 없으며 먹을거리가 없는 자가 있으면 함께 그를 구제해준다 합니다. 백성 중에 많은 사람이 장수하여 대개 백여 세를 살며 요절하여 죽는 자가 전혀 없습니다.

> 時四月, 師子王避暑於北廷, 以其舅阿多于越守國, 先遣人致意於延德曰: "我王舅也, 使者拜我乎?" 延德曰: "持朝命而來, 禮不當拜." 復問曰: "見王拜乎?" 延德曰: "禮亦不當拜." 阿多于越復數日始相見, 然其禮頗恭. 師子王邀延德至其北廷. 歷交河州, 凡六日, 至金嶺口, 寶貨所出. 又兩日, 至漢家砦. 又五日, 上金嶺. 過嶺即多雨雪. 嶺上有龍堂, 刻石記云, 小雪山也. 嶺上有積雪, 行人皆服毛罽. 度嶺一日至北廷, 憩高臺寺. 其王烹羊馬以具膳, 尤豐潔.

당시는 4월이어서 사자왕(師子王)은 북정(北廷)[188]에서 피서 중이고 그의 외숙[舅]인 아다우월(阿多于越)이 나라를 지키고 있었는데, [그가] 먼저 사람을 보내 [왕]연덕에게 인사를 전하고[致意], "나는 왕의 외숙인데 [중국의] 사자가 나에게 절을 하는가?"라고 물어왔습니다. [왕]연덕이 말하기를 "조정의 사명을 받들고 왔으므로 예(禮)에 따르면 절하는 것은 부당하다"라고 했습니다. [아다우월이] 다시 묻기를 "[우리] 왕을 보면 절을 하는가?"라고 하자 [왕]연덕이 "예로서 역시 절하는 것은 부당하다"라고 했습니다. 아다우월은 다시 몇 날을 지나서야 비로소 상견(相見)했지만 그의 예절이 아주 공순하였습니다. 사자왕이 [왕]연덕을 북정으로 초청했습니다. 교하주(交河州)[189]를 지나 6일 후에 금령(金嶺) 산어귀에 도착하였는데

로 보인다. 唐代에는 이들을 지배하기 위해 일시적으로 堅昆都護府가 명목적으로 설치되기도 하였다. 突厥과 回紇 時代에 사얀산맥 북방에 존재하면서 그의 지배를 받기도 하고 또한 독자적인 움직임을 보이기도 하다가 840년대 回鶻을 무너뜨렸으나 몽골 초원을 통치하지 않고 다시 예니세이강 유역으로 물러나 그 이후까지 하나의 세력으로 존재하였다(薛宗正, 1996).

188) 北廷: 北庭을 의미하는 것으로 추정된다. 北庭은 지금 新疆 維吾爾自治區 吉木薩爾縣 25리 떨어진 破城子이다. 당대에 庭州라고 부르다가 702년에 北庭都護府가 설치되면서 北庭이라고 불렸다. 다섯 개의 성으로 이루어졌다고 하여 '5성'이라는 뜻의 베쉬 발릭(Besh balïq)으로 부르기도 한다. 北庭節度使의 관할 구역은 지금 알타이산맥 이서, 아랄해 이동, 天山 이북, 바르 쿨 주위의 지역이었고, 貞元 6년(790) 吐蕃에게 함락 당한 이후 폐지되었다. 9세기 말 고창회골 수립된 후 북정은 회골왕의 여름 거주지였고, 이 때문에 고창회골을 '북정회골'이라고 칭하기도 했다.

그곳은 보화가 출산되는 곳입니다. 또다시 이틀을 가서 한가채(漢家砦)에 도착하고 다시 5일 걸려 금령에 올랐습니다. 금령을 넘어가니 [거기는] 눈비가 많고 금령 위에 있는 용당(龍堂)에는 바위에 새겨 쓰기를 소설산(小雪山)이라 했습니다. 금령 위에는 쌓인 눈이 있고 행인들은 모두 털로 짠[毛罽] 옷을 입었습니다. 산령을 넘어 하루 후에 북정에 도착하여 고대사(高臺寺)에서 쉬었습니다. 그 [나라] 왕이 양과 말을 삶아 요리를 준비하였는데 매우 풍성하고 정결했습니다.

> 地多馬, 王及王后·太子各養馬, 放牧平川中, 彌亘百餘里, 以毛色分別爲群, 莫知其數. 北廷川長廣數千里, 鷹鷂鵰鶻之所生, 多美草, 不生花, 砂鼠大如貛, 鷙禽捕食之.

그 땅에는 말이 많이 나며 왕과 왕후, 태자가 각각 말을 기르는데 평야의 냇가에 방목합니다. 멀리 1백여 리까지 퍼져 있으며, 털 색깔에 따라 나누어 무리를 이루고 있는데 그 수를 아무도 모릅니다. 북정천(北廷川)의 길이와 넓이가 수천 리가 되며 매[鷹], 수리[鷂], 독수리[鵰], 송골매[鶻]가 사는 곳으로 아름다운 풀이 많지만 꽃을 피우지는 않습니다. 사막의 쥐는 크기가 토끼 새끼[貛]같은데 맹금[鷙禽]들이 그것을 잡아먹습니다.

> 其王遣人來言, 擇日以見使者, 願無訝其淹久. 至七日, 見其王及王子侍者, 皆東向拜受賜. 旁有持磬者擊以節拜, 王聞磬聲乃拜, 既而王之兒女親屬皆出, 羅拜以受賜, 遂張樂飲宴, 爲優戱, 至暮. 明日汎舟於池中, 池四面作鼓樂. 又明日游佛寺, 曰應運太寧之寺, 貞觀十四年造.

그 왕이 사람을 보내와 말을 전하기를 날짜를 택하여 사자를 접견할 것이니 원컨대 시간을

---

189) 交河州: 현재 신강 투르판 서북의 交河 故城址이다. 漢代 車師前王國이 있었으며 高昌壁이라는 이름으로 불렸던 교하성 아래로 강이 갈라져 흘러가므로 交河라고 불렀다고 한다. 咸通 7년(866) 回鶻이 高昌을 지배하고 交河州를 설치하였으며 왕국의 군사 지역이었다.

오래 끄는 것[淹久]을 이상하게 여기지 말라고 했습니다. 7일째가 되어서야 그 왕과 왕자 및 시종인들을 만났는데 모두가 동쪽을 향하여 절하고 하사품을 받았습니다. 곁에는 석경[磬]을 든 사람이 [그것을] 두드려 절하는 박자를 정하면 왕이 석경 소리를 듣고서 절을 하고, 곧 왕의 자녀들과 친속이 모두 나와 빙 둘러서서 절하고 하사품을 받으니 이윽고 주악과 연회가 베풀어졌는데 배우들이 연극을 하는 등 [날이] 저물 때까지 이어졌습니다. 이튿날 연못에 배를 띄웠는데 연못의 사면에서 북과 악기를 연주했습니다. 그 다음날에는 불사(佛寺)에 유람 갔는데 응운태녕지사(應運太寧之寺)라 하였고 [당 태종] 정관(貞觀) 14년(640)에 지었다고 합니다.

北廷北山中出硇砂, 山中嘗有烟氣涌起, 無雲霧, 至夕光燄若炬火, 照見禽鼠皆赤. 采者著木底鞋取之, 皮者卽焦. 下有穴生靑泥, 出穴外卽變爲砂石, 土人取以治皮. 城中多樓臺卉木. 人白皙端正, 性工巧, 善治金銀銅鐵爲器及攻玉. 善馬直絹一匹, 其駑馬充食, 纔直一丈. 貧者皆食肉. 西抵安西, 卽唐之西境.

북정의 북산(北山)에서는 요사(硇砂)가 출산되는데, 산속에서 이전에 연기가 분출되고 운무(雲霧)는 없습니다. 저녁이 되면 광염(光焰)이 마치 횃불[炬火]처럼 보이고 새나 쥐들이 [광염에] 비추어져 모두 붉은색으로 보입니다. [요사를] 채취하는 사람들은 목재로 바닥을 댄 신[木底鞋]을 착용하고 채취해야지 [그렇지 아니하고] 피부가 [닿으면] 즉시 타버립니다. [산] 아래쪽의 동굴에서 푸른 진흙[靑泥]이 나는데 굴 밖으로 나오면 즉시 변하여 사석(砂石)이 됩니다. 그 지방 사람들은 그것을 채취하여 동물 가죽을 다루는 데 씁니다. 도성 안에는 누대(樓臺)와 꽃, 나무가 많았습니다. 사람들은 피부가 희고[白皙] 용모가 단정하며 천성적으로 일을 정교하게 하며 [특히] 금·은·동·철 등 [금속]을 다루어 기명(器皿)을 만들고 옥 가공을 잘 합니다. 좋은 말[善馬]은 견(絹) 1필의 값이고 노약한 말은 식용에 충당하는데 그 값은 겨우 [견] 1장(丈)입니다. 가난한 사람들도 모두 고기를 먹습니다. 서쪽으로 안서(安西)[190]와 접하게 되는데 이는 당조 때의 서부 변경이었던 곳입니다.

---

190) 安西: 安西都護府를 말한다. 당 태종 貞觀 14년(640)에 高昌을 평정한 다음 설치되었다. 치소는 현재 투르판 동남쪽인 西州에 있었다. 당 고종 顯慶 3년(658) 고종 때 龜玆鎭으로 치소를 옮겼다. 관할

七月, 令延德先還其國, 其王九月始至. 亦聞有契丹使來, 謂其王云: "高敞本漢土, 漢使來覘視封域, 將有異圖, 王當察之." 延德偵知其語, 因謂王曰: "契丹素不順中國, 今乃反間, 我欲殺之." 王固勸乃止.

7월에 [왕]연덕에게 [왕이] 명령하기를 먼저 그의 나라로 돌아가라 하고 국왕은 9월에야 이르겠다고 했습니다. 역시 듣자니 거란의 사자가 왔다는데 그가 왕에게 말하기를 "고창(高敞)은 본래 중국의 영토[漢土]였으니 중국 사절이 와서 봉토[封城]를 엿본 것으로 장차 다른 의도가 있을 것이니 왕은 마땅히 그것을 살펴야 한다"고 하였습니다. [왕]연덕이 그 말을 정탐해 알고 나서 왕에게 말하기를 "거란은 평소 중국에 귀순하지 않다가 이제는 이간[反間]을 시키니 내가 그를 죽이고 싶다"고 하자 왕이 거듭 [그만두라] 권하기에 멈추었습니다.

自六年五月離京師, 七年四月至高昌, 所歷以詔賜諸國君長襲衣・金帶・繒帛. 八年春, 與其謝恩使凡百餘人復循舊路而還, 雍熙元年四月至京師.

[태평흥국] 6년(981) 5월 [송] 수도를 떠나서부터 7년(982) 4월에 고창에 도착하기까지 경유한 곳에는 [황제의] 조령(詔令)으로써, 각국의 군장(君長)들에게 습의(襲衣),[191] 금대(金帶), 비단(繒帛)을 하사하였습니다. 8년(983) 봄에 [고창의] 사은사(謝恩使) 총 100여 인과 함께 다시 구로(舊路)를 따라 귀환하여 옹희 원년(984) 4월에 경사에 도착하였습니다.

景德元年, 又遣使金延福來貢.

구역은 현재 알타이 산맥 이서, 鹹海 이동, 아무다리아 유역, 파미르고원 동쪽과 서쪽, 타림분지 대부분 지역이었다. 또 여기에는 龜玆, 疏勒, 于闐, 焉耆에 소위 安西 四鎭이 설치되었다. 至德 원년(756) 鎭西都護府로 개칭되었다 다시 안서도호부로 되었다. 안사의 난 이후 龜玆와 交河城이 토번에 의해 점령되자 도호부도 폐지되고 安西 四鎭 모두 폐지되었다.

191) 襲衣: 한 벌의 옷을 말한다. 송대의 기사에 종종 황제가 문신이나 장교에게 '襲衣'를 내렸다는 기사가 보인다. 宋 文瑩『玉壺淸話』卷3에는 "太祖賜去華襲衣, 銀帶, 爲右補闕."라는 예가 보인다.

[송 진종] 경덕(景德) 원년(1004)에 또 사신 김연복(金延福)을 보내 입공하였다.

> 回鶻本匈奴之別裔, 在天德西北娑陵水上. 後魏號鐵勒, 唐初號特勒, 後稱回紇. 其君長曰可汗, 自貞觀以後朝貢不絶. 至德初, 出兵助國討平安·史之亂, 故累朝恩禮最重. 然而恃功橫恣, 朝廷雖患其邀求無厭, 然頗姑息聽從之. 元和中, 改爲回鶻. 會昌中, 其國衰亂, 其相馺職者擁外甥將龐勒西奔安西. 旣而回鶻爲幽州張仲武所破, 龐勒乃自稱可汗, 居甘·沙·西州, 無復昔時之盛矣.

회골(回鶻)192)은 본래 흉노의 별족[別裔]193)으로 천덕[군](天德軍)194)의 서북쪽 사릉수(娑

---

192) 回鶻: 위구르, 즉 고대 투르크어 'Uyghur'의 음사이다. 『舊唐書』에는 迴紇로, 『新唐書』에는 回紇로 표기되었는데 일반적으로 후자를 따른다. 본래 종족 명칭이었다가 후에 유목국가의 명칭이 되었다. 본래 중앙아시아 초원에 넓게 퍼져 유목생활을 하는 鐵勒(투르크계 부족)의 일원으로 南北朝 시대부터 그 활동이 중국에 袁紇, 韋紇로 기록되었다. 이후 몽골초원 지배자인 柔然이나 突厥에게, 또 薛延陀의 지배하에 있거나 또 唐朝의 지배를 받으면서 세력 확대를 도모하였다. 특히 安史의 난 시기에 唐朝를 도운 것이 계기가 되어 경제적 지원을 받고 서방으로 활발하게 진출하여 오아시스지역 경영을 추진하고, 이 과정에서 809년에 국호를 回鶻로 바꾸었는데 그 뜻은 빨리 돌면서 잡아채는 것이 송골매[鶻]처럼 빠르다는 것이었다. 9세기 전반까지 발전하다 830년대 黠戛斯(키르기즈)의 공격을 받아 붕괴된 이후 몽골 초원을 떠나 주변으로 흩어졌다. 일부는 중국 북부로 들어가고, 또 일부는 고창, 구자 등 서쪽으로 이주했고, 일부는 하서회랑 쪽으로 이주했다. 이곳 위구르인들이 초기에는 吐蕃과 唐의 歸義軍 張義潮에게 복속되어 있다가 이후에 甘州城(지금 甘肅省 張掖)을 점령하고 정권을 성립시키고 可汗을 칭했다. 10세기 중반 吐蕃이 약화되자 동쪽으로 河州와 蘭州 등을 지배하게 됨에 따라 동서 교역로를 확보하였다. 주요 범위는 甘州를 중심으로 肅州(지금 甘肅省 酒泉), 涼州(지금 甘肅省 武威), 瓜州(지금 甘肅省 安西), 沙州(지금 敦煌), 合羅川(지금 內蒙古自治區 額濟納), 秦州(지금 甘肅省 天水)와 賀蘭山 등지였다. 중원의 왕조만이 아니라 중앙아시아 나아가 서아시아까지 교역을 하였고, 11세기 西夏에게 복속되면서 소멸되었다(華濤, 2000). 중국에서는 이들을 河西回鶻 또는 甘州回鶻이라고 칭했으며, 본문 『송사』 「외국전」의 <回鶻傳>은 바로 이들에 대한 기록이다.
193) 『舊唐書』 「回紇傳」에는 "其先匈奴之裔也"라 하고, 『新唐書』 「回鶻傳」에서는 "其先匈奴也"라고 하는 등 회골이 흉노의 후예라고 했으나, 실질적인 혈연적 관계를 설명한 것이라기보다 흉노의 권위를 빌어 그 세력을 확대하려는 의도로 흉노의 후예라고 자처했던 것을 중국에서 그대로 기록한 것으로 추정된다. 이에 비해 『구오대사』 卷138 「회골전」에서 "其先匈奴之種也"라 한 것과 원문의 "別裔"라는 표현은 흉노와의 혈연적 연관성을 다소 약하게 나타내었다.
194) 天德軍: 屯防 단위의 명칭이다. 당 高祖 武德 3년(620)에 현재 내몽고자치구 烏拉特前旗 동북쪽에

陵水)195) 부근에 위치하였다. 북위[後魏] 때는 철륵(鐵勒)196)이라고 불렀고 당조(唐朝) 초기에는 특륵(特勒)197)이라고 불렀지만 그 이후에 회흘(回紇)이라고 칭하였다. 회골의 군장은 가한(可汗)이라고 하며 [당 태종] 정관(貞觀) 연간(627~649) 이후로 [중국에] 조공하는 것이 끊이지 않았다. [당 숙종(肅宗)] 지덕(至德) 연간(756~757) 초에 [회골이] 병력을 보내 당조 국가가 안사(安史)의 난을 토벌 평정하는 것을 도왔고, 그러므로 계속 [중국의] 여러 조대(朝代)에서 은사 예우를 가장 융숭하게 해주었다. 그러나 그들이 공을 믿고 교만 방자해졌고 조정은 그들의 요구가 염치없음을 알면서도 상당히 고식적으로 그들 요구를 들어주었다.198) [당 헌종(憲宗)] 원화(元和) 연간(806~820)에 고쳐서 회골이라고 하였다. [당 무종(武宗)] 회창(會昌) 연간(841~846)에는 [회골]국이 쇠퇴하고 동란이 일어나199) [재]상(宰相)200) 삽

해당되는 大同川에 설치되었는데 이는 豐州에 있는 三受降城을 방어하기 위한 것이었다. 이후에 水濟柵(현재 내몽고자치구 烏拉特前旗 동북쪽)으로 옮겼다가 다시 西受降城(烏拉特前旗 남서쪽)으로 이동하였다. 헌종 元和 9년(814)에 大同川으로 다시 이동하였다.

195) 娑陵水: 현재 몽골공화국 항가이산맥과 홉수굴 등지에서 발원해 몽골 초원을 가로질러 북쪽 바이칼호로 흘러들어가는 가장 중요한 하천인 셀렝게(Selenge)강이다. 유역의 길이가 약 1,024km 정도이다. 『구오대사』「회골전」에 따르면 회골의 牙帳이 사릉수 부근에 있었고 그 위치는 長安으로부터 8천여 리 떨어져 있었다고 한다.

196) 鐵勒: 丁零, 敕勒, 高車 등과 함께 남북조 시대까지 몽골고원에 있던 종족의 이름인데, 隋唐代에는 突厥을 제외하고 그의 지배하에 있던 투르크계 유목민을 지칭하는 총칭이었다. 唐 후기에 가면 개별 유목 부락에 대한 이해가 심화되면서 사용되지 않았다. 주로 몽골 공화국 북방 바이칼호수로부터 서쪽으로 중앙아시아와 몽골 초원 등지에 광범위하게 거주하였다. 전한 시대 바이칼호수 이남에 분포하여 유목으로 생업을 영위한 丁零이 『晉書』에서는 敕勒, 『隋書』에서는 鐵勒으로 칭해졌다. 수대에는 철륵의 각 부가 동쪽으로는 獨洛河(현재 몽골공화국 톨강) 이북, 서쪽으로는 西海(카스피해)의 광대한 범위에 걸쳐 분포하며 동돌궐, 서돌궐에 분속되었다. 漠北의 15部 중 薛延陀와 回紇이 가장 강력하였다. 그러나 『舊唐書』의 열전에서는 철륵과 회흘을 별도로 다루고 있어서 양자를 별개로 인식했음을 알 수 있다.

197) 特勒: 남북조 시대 고대 투르크계 유목민의 명칭이었던 敕勒을 『舊唐書』에서 다르게 음사한 것으로 추정되고 있다. 岑仲勉은 河西敕勒과 北部敕勒로 구성된 敕勒을 홍안령으로부터 러시아 초원까지 광범위하게 존재한 鐵勒의 일부로 보았다(岑仲勉, 1956: 1060).

198) 당 德宗 시기 당조와의 관계가 일시 악화되고 외교적으로 고립되기도 하였다.

199) 이때 회골의 세력의 붕괴 이유로는 회골 내부의 권력 다툼과 키르기즈[黠戛斯]의 공격, 그리고 자연재해를 들 수 있다(丁載勳, 2001).

200) 宰相: 回紇의 관직인 부의룩(buyïruq)를 지칭한다. 부의룩은 内·外宰相으로 다양하게 존재하였는데, 그 중의 하나로 추정된다. 内宰相은 주로 牙帳 안에서 可汗의 일을 보좌하는 최고급의 관리였고, 外宰

직(馺職)이란 자가 외조카이자 장수인 방륵(龐勒)201)을 옹립하여 서쪽 안서(安西)로 도주하였다.202) 얼마 안 되어 회골은 유주(幽州)203) [절도사] 장중무(張仲武)204)에게 패배하였다. 방륵이 이에 스스로 가한을 칭하고 감주(甘州), 사주(沙州), 서주(西州)에 웅거했으나 다시는 이전의 강성함을 회복하지 못하였다.

歷梁·後唐·晉·漢·周, 皆遣使朝貢. 後唐同光中, 冊其國王仁美爲英義可汗. 仁

은 주로 牙帳 밖에서 可汗의 일을 보좌하는 최고급의 관리였던 것으로 추정된다.
201) 龐勒: 『구당서』와 『신당서』 회홀전에는 각각 厖特勤, 厖特勒으로 되어있어서 어느 것이 맞는 음사인지 분명치 않으며, 게다가 저본에서는 '特'이 빠져있다. 당대 武宗 會昌 말년에 회골의 烏介可汗이 李思忠, 石雄 등에게 격파당하고 黑車子에게 살해당한 후에 자립해 847년에 가한을 칭하였다. 감주에서 서부로 세력을 확대해 오아시스 지역을 지배하였으며 이후 당조 宣宗 시기에 사신 왕래를 하면서 교류하여 가한으로 책봉을 받았다. 이때 회골의 서천과 그 후 역사 전개과정에 대해서는 安部建夫(1958)와 華濤(2000) 참조.
202) 『舊唐書』「回紇傳」에서는 이때 馺職이 외조카 龐特勤과 그의 아들 鹿幷遏粉 등 형제 5명과 15부를 이끌고 서쪽의 갈라록에게 도망갔고, 한 갈래는 토번으로, 한 갈래는 안서로 투항하였다고 기록되었다.
203) 幽州: 前漢 13刺史部의 하나로 10개의 郡國을 감찰하기 위해 설치되었다. 後漢 시대 감찰 구역에서 지방최고 행정구역으로 바뀐 후 치소가 薊縣(지금 北京城 서남쪽)에 있었다. 後漢 시대의 관할 구역은 서쪽으로 지금 山西省 陽高縣, 남쪽은 대략 戰國 燕나라의 남쪽 경계, 북쪽은 지금 河北省 承德市와 遼寧省 建昌縣 이북, 동쪽으로는 遼寧省 寬甸縣과 撫順市 이동 지역이었다. 西晉 시대에 지금 遼寧省 일대를 떼어내 平州가 설치되었고 치소가 涿縣(지금 河北省 涿州市)에 있었다. 北魏 시기에 치소가 薊縣으로 바뀌었다. 隋 大業 초기에 다시 涿縣으로 바꾸었다. 武德 원년(618)에 다시 설치되었는데, 관할 구역은 지금 北京市와 通縣, 房山區, 大興縣과 天津市 武淸縣, 河北省 易縣, 永淸縣, 安次縣 등이었다.
204) 張仲武(?~849): 당대 武宗 치세, 국내·국외의 사태 해결에 활약하여 크게 공훈을 세웠던 무장이다. 會昌 원년(842) 盧龍軍에서 병변이 일어났다. 牙帳 陳行泰가 절도사 史元忠을 살해하고 진행태는 1개월 만에 다시 아장 張絳에게 주살 당했다. 張仲武는 盧龍軍亂을 평정하고 盧龍節度副大使의 직위와 실질적인 절도사의 권위로 노룡군의 경제·군사력을 안정시켜 당시 번진 중 정예세력이 되었다. 이때 회홀은 남북으로 분열하여 남회홀은 당조에 의부했으나 북회홀은 남침하여 노룡군 지역을 위협했다. 당시 북회홀은 동으로 額爾古納河부터 대흥안령, 서쪽 알타이산까지 강역을 지배하며, 契丹·奚·室韋 등을 통치하고 있었다. 843년 회홀의 남침에 장중무가 반격하여 회홀 기병을 격파시켜 대승을 거두고, 일부 군대를 거란과 해에 보내 회홀감사 800여 인을 모두 죽여 두 부족에 대한 당조의 관할을 회복했다. 같은 해에 당조의 대군이 세 갈래로 나뉘어 회홀 북벌에 나섰는데 장중무는 東面回紇招撫使를 맡았다. 이때 烏介可汗이 서역으로 쫓겨 갔다. 장중무는 대중 연간에 죽고 시호를 莊이라 하였다.

> 美卒, 其弟仁裕立, 冊爲順化可汗, 晉天福中, 又改爲奉化可汗. 仁裕卒, 子景瓊立. 先是, 唐朝繼以公主下嫁, 故回鶻世稱中朝爲舅, 中朝每賜答詔亦曰外甥. 五代之後皆因之.

[후]량(後梁), 후당(後唐), [후]진(後晉), [후]한(後漢), [후]주(後周)를 거치며 모든 [왕조에] 사신을 보내 조공하였다. 후당 동광(同光) 연간(923~925)에 그 국왕 인미(仁美)를 영의가한(英義可汗)에 책봉하였다. 인미가 죽고 그의 동생 인유(仁裕)가 즉위하자 [그를] 순화가한(順化可汗)으로 책봉하였는데 후진 [고조(高祖)] 천복(天福) 연간(936~943)에 다시 봉화가한(奉化可汗)으로 고쳐 [책봉]하였다. 인유가 죽자 [그의] 아들 경경(景瓊)이 즉위하였다. 이보다 전에 당조에서는 계속하여 공주를 하가(下嫁)시켰고 그 때문에 회골은 세세토록 중국을 장인[舅]이라고 칭하였고 중국도 답조를 내릴 때마다 외손자[外甥]라고 불렀다.205) 오대 이후에도 모두 그대로 따랐다.

> 建隆二年, 景瓊遣使朝獻. 三年, 阿都督等四十二人以方物來貢. 乾德二年, 遣使貢玉百團・琥珀四十斤, 犛牛尾・貂鼠等. 三年, 遣使趙黨誓等四十七人以團玉・琥珀・紅白犛牛尾爲貢. 開寶中累遣使貢方物, 其宰相鞠仙越亦貢馬.

[송 태조] 건륭(建隆) 2년(961)에 경경이 사자를 보내 조공을 바쳤다. [건륭] 3년(962)에는 아도독(阿都督) 등 42명이 지방 특산물을 가지고 와서 조공하였다. [태조] 건덕(乾德) 2년(964)에 사자를 보내 옥 100단(團), 호박 40근, 야크(犛牛) 꼬리, 초서(貂鼠) 등을 공납하였다. [건덕] 3년(965)에 사절단 조당서(趙黨誓) 등 47명이 단옥(團玉), 호박, 홍・백 야크 꼬리를 진공하였다. [태조] 개보(開寶) 연간(968~975)에도 여러 번 사자를 보내 방물을 조공하고 그 나라 재상인 국선월(鞠仙越)도 말을 진공하였다.

---

205) 高昌回鶻에서와 마찬가지로 수당대 중국에서 위구르에 和蕃公主를 시집보낸 사실에 근거하여 중국과의 친밀한 관계를 강조한 일종의 외교적 修辭였다.

太平興國二年冬, 遣殿直張璨齎詔諭甘·沙州回鶻可汗外甥, 賜以器幣, 招致名馬美玉, 以備車騎琮璜之用. 五年, 甘·沙州回鶻可汗夜落紇密禮遏遣使裴溢的等四人, 以橐駝·名馬·珊瑚·琥珀來獻.

[태종] 태평흥국(太平興國) 2년(977) 겨울에 전직(殿直) 장찬재(張璨齎)를 파견하여 감·사주회골(甘·沙州回鶻) 가한외생(可汗外甥)에게 조유(詔諭)하였다. [이에] 기폐(器幣)를 하사하고 명마(名馬)와 미옥(美玉)을 초치(招致)하여 거기(車騎)206)와 종횡(琮璜)207)의 용도에 준비하도록 하였다.208) [태평흥국] 5년(980)에 감·사주회골의 가한 야락흘밀례알(夜落紇密禮遏)이 사자(使者) 배일적(裴溢的) 등 4명을 파견하여 낙타, 명마, 산호, 호박을 가져와 바치게 하였다.

雍熙元年四月, 西州回鶻與婆羅門僧永世·波斯外道阿里烟同入貢. 四年, 合羅川回鶻第四族首領遣使朝貢. 端拱二年九月, 回鶻都督石仁政·麼囉王子·逸㝹王子·越黜黃水州巡檢四族並居賀蘭山下, 無所統屬, 諸部入貢多由其地. 麼囉王子自云, 向爲靈州馮暉阻絕, 由是不通貢奉, 今有內附意. 各以錦袍銀帶賜之.

[태종] 옹희(雍熙) 원년(984) 4월에 서주회골과 바라문(婆羅門)의 승려인 영세(永世)와 파사의 마니교도 아리연(阿里烟)이 함께 입공하였다.209) [옹희] 4년(987)에는 합라천(合羅川)210) 회골 제4족 수령이 사자를 보내 조공하였다.211) [태종] 단공(端拱) 2년(989) 9월에

---

206) 車騎: 騎兵 병력용 戰馬를 의미한다.
207) 琮璜: 의례용 옥기를 의미한다.
208) 五代와 北宋 時期에 河西回鶻이 中原王朝에 다량의 戰馬를 供應하였다. 예를 들어 935년에 後唐에 360匹, 또 後晋에는 938~942년 사이에 1200匹, 이어서 宋朝에는 1031년 853匹, 1065년에 1,000匹을 공급하였다. 북송정부는 말 가격을 최고 필당 50관전에서 최저 25관전으로 구입하면서 하서회골에게 거액의 자금을 교부하였다.
209) 『송사』 <천축전>에도 영세, 아리연의 입공 내용이 기록되어 있다.
210) 合羅川: 현재 額齊納河로 즉 內蒙古 西部의 額齊納旗 지역의 東河와 西河이다. 합라천회골은 당시 하서회골의 지배 관할에 있던 각 지역 회골 중 하나로서, 대략 현재 감숙성 서북부와 내몽골 서부 額齊納河

회골 도독(都督) 석인정(石仁政), 마라왕자(麼囉王子), 막나왕자(邈拏王子), 월출황수주순검(越黜黃水州巡檢) 등 4개 족은 모두 하란산(賀蘭山)212) 아래에 거처하였다. [그들은] 통솔되거나 귀속되지 않고 여러 부족이 [각기] 입공하였는데 대개 그 땅의 [산출을] 바쳤다. 마라왕자는 스스로 말하기를, [이전에] 영주(靈州)213) 풍휘(馮暉)214)에 의해 [중국과의 통로가] 막히고 끊겨, 이 때문에 [중국에] 통하여 조공하고 섬기지 못했으나 이제 중국[內地]에 귀부(歸附)할 뜻이 있다고 하였다. [이들에게] 각각 금포(錦袍)215)와 은대(銀帶)216)를 하사하였다.

유역에 분포하고 있었다.

211) 오대에서 북송대 전체 하서회골의 분포를 보면 甘州를 그 중심으로 하고 沙州, 涼州, 賀蘭山, 秦州, 合羅川, 肅州 등 각처에 퍼져있었다. 이들 하서회골에 소속된 소부족들도 可汗과 별도로 송조에 입공하였는데, 본문의 合羅川 回鶻 외에도 賀蘭山 아래 있던 4개의 회골 소부족 石仁政, 麼囉王子, 邈拏王子, 越黜黃水州巡檢과 秦州회골, 寶物공주, 没孤공주, 재상 鞠仙越, 娑溫·撒溫訛 등 역시 紛紛히 사람을 보내 송조에 조공하였다.

212) 賀蘭山: 몽골어 Alasa ayula의 음역인데 卑移山 또는 阿拉善山이라고도 한다. 산의 모습이 멀리서 보면 駁馬와 비슷한데, 이곳 사람들이 駁을 賀蘭이라고 불렀기 때문에 賀蘭山이라는 명칭이 유래되었다. 현재 寧夏回族自治區와 內蒙古自治區의 交界에 위치하여 남북으로 200km정도 뻗어있고 주봉인 敖包疙瘩은 해발 3,556m 고도이다. 하란산 서쪽은 騰格里 사막, 동쪽은 河套 평원으로, 지리와 기후의 중요한 분수령이다.

213) 靈州: 현재 寧夏 靈武縣 서남에 위치했던 故城이다. 북위 때에는 薄骨律이었고 서위에서 영주 普樂郡으로, 북주에서 靈州靈武郡으로 改置하였다. 수대에 영무군으로 바꾸고 당대에 다시 영주를 설치하였으며 삭방절도사가 여기에 주둔하였다. 송대에는 서하에 함락되어 翔慶軍 西平府가 되었다. 원대에 다시 영주로 부르고 甘肅行省 寧夏府路에 속하였다. 명대에 寧州所가 설치되어 섬서성 영하위에 속하였으며 청대에 영주가 되어 감숙성 영하부에 속하였다.

214) 馮暉(894~952): 字는 廣照. 鄴都高唐 사람으로 五代 시대의 무장이고 관직은 朔方軍節度使·中書令·陳留郡王에 이르렀다. 처음에 魏州에서 武名을 떨쳐 後梁 天雄軍 절도사 楊師厚 휘하에 대장으로 있었고, 後唐 莊宗이 후량을 멸하자 항복하여 사면을 받고 후당대에 공훈을 세웠다. 後晋 天福 2년(937) 天雄軍 節度使 范延光이 거병하며 풍휘를 馬步都將으로 삼아 滑州를 침범했으나 楊光遠에게 패하여 鄴城으로 후퇴하였다. 풍휘는 범연광이 패할 것을 알고 투항하고 義成軍節度使·檢校太傅가 되고 곧 朔方軍 節度使로 옮겼다. 풍휘가 靈武에 이르러 屯田을 실시하는 등 제부족의 인심을 얻고 군대도 강성하였다. 後周 태조 때에 공신으로 추대되어 陳留郡王에 봉해졌고, 後周 太祖 廣順 2년(952) 병으로 59세의 나이에 죽었다.

215) 錦袍: 비단으로 만든 도포.
216) 銀帶: 은을 새긴 장식을 가장자리에 붙인 品帶.

> 咸平四年, 可汗王祿勝遣使曹萬通以玉勒名馬・獨峰無峰橐駝・賓鐵劍甲・琉璃器來貢. 萬通自言任本國樞密使, 本國東至黃河, 西至雪山, 有小郡數百, 甲馬甚精習, 願朝廷命使統領, 使得縛繼遷以獻. 因降詔祿勝曰: "賊遷凶悖, 人神所棄. 卿世濟忠烈, 義篤舅甥, 繼上奏封, 備陳方略, 且欲大擧精甲, 就覆殘妖, 拓土西陲, 獻俘北闕. 可汗功業, 其可勝言! 嘉歎所深, 不忘朕意. 今更不遣使臣, 一切委卿統制." 特授萬通左神武軍大將軍, 優賜祿勝器服.

[송 진종] 함평(咸平) 4년(1001)217)에 가한왕(可汗王)218) 녹승(祿勝)이 사자 조만통(曹萬通)을 보내 옥륵(玉勒),219) 명마(名馬), 단봉낙타와 무봉낙타, 빈철(賓鐵)로 만든 검과 갑옷, 그리고 유리 그릇을 진공하였다. [조]만통은 스스로 본국의 추밀사(樞密使)를 맡았다고 하면서 "본국은 동쪽으로 황하까지, 서쪽으로는 설산(雪山)까지 이르고, 작은 고을[小郡]이 수백 개 있으며 군대[甲馬]가 훌륭하게 훈련되어 있으니 원컨대 조정에서 명하여 통령을 시켜주면 [이]계천(李繼遷)220)을 포박하여 조정에 바치겠다"고 하였다. 이에 [황제가] 녹승에게 조서를 내려 말하기를, "도적 [이]계천은 흉패(凶悖)하여 사람이나 귀신도 [그를] 꺼려 멀리한다. 그대[卿]는 대대로 충렬(忠烈)을 이루고 의(義)가 돈독한 생질[舅甥]로서 계속하여 [황제께] 아뢰며 방략(方略)을 준비해 진술해주었는데, 게다가 대거 정예 군대를 일으켜 나아가 잔요(殘妖)를 소멸시켜 서부 변경을 개척하고 포로를 조정[北闕]에 바치기 원하는구나. 가한의 공업(功業)을 어찌 말로 다 할 수 있겠는가! [내가] 가상히 여기어 매우 깊이 감탄하노니 짐(朕)의 뜻을 잊지 말라. 이제 따로 사신을 보내지 않고 일체 경에게 통제할 것을 위임하노라"라고 하였다. [조]만통에게 특별히 좌신무군대장군(左神武軍大將軍)221)을 제수하고 녹승

---

217) 『송사』 卷6 「진종본기」에 의하면 咸平 4년(1001) 夏4월의 일이다.
218) 可汗王: 王은 가한을 강조한 것으로 보인다. 『송사』「진종본기」 같은 기사에는 可汗이라고만 적혀있다.
219) 玉勒: 옥으로 만든 말굴레인데, 『송사』「진종본기」에는 玉勒鞍으로 되어있어 옥제 굴레와 안장인 것으로 보인다.
220) 李繼遷(963~1004): 銀州(현재 섬서성 榆林縣 남쪽) 사람이다. 선조는 선비족 탁발씨이다. 당조 때 황소의 난 진압에 참여하여 황실 이씨 성을 하사받았다. 太平興國 8년(983) 족장인 李繼捧이 송에 투항하자 李繼遷은 송으로부터의 자립을 내세우며 반란을 일으켜 실권을 장악하였다. 西夏 왕조의 기초를 이루어 놓은 인물이다.
221) 左神武軍大將軍: 당대 안사의 난 이후에 점차 형성된 北衙 諸軍의 하나로 左右羽林軍, 左右龍武軍,

에게는 기물과 의복을 넉넉히 하사하였다.

> 景德元年, 夜落紇遣使來貢. 四年, 又遣尼法仙等來朝, 獻馬. 仍許法仙遊五臺山. 又遣僧翟入奏, 來獻馬, 欲於京城建佛寺祝聖壽, 求賜名額, 不許.

[진종] 경덕(景德) 원년(1004)에 야락흘(夜落紇)이 사자를 보내 와서 조공하였다. [경덕] 4년(1007)에 또 비구니 법선(法仙)등을 보내 내조하여 말을 바쳤다. 이에 법선이 오대산(五臺山)222)에 여행하는 것을 허락해주었다. 또 승려 적(翟)을 보내 입조하여 상주를 올리고 말을 헌납하였다. 수도에 불교 사찰을 건립해 황제의 장수[聖壽]를 축원하기를 원한다며 [사찰의] 이름과 편액을 하사해달라고 청하였는데, 윤허하지 않았다.

> 大中祥符元年, 夏州萬子等軍主領族兵趨回鶻, 回鶻設伏要路, 示弱不與鬥, 俟其過, 奮起擊之, 勦戮殆盡. 其生擒者, 回鶻驅坐於野, 悉以所獲資糧示之, 曰: "爾輩狐鼠, 規求小利, 我則不然." 遂盡焚而殺之, 唯萬子軍主挺身走. 鎭戎軍以聞, 上曰: "回鶻

　　左右神武軍이 있어서 北衙六軍으로 합칭되었는데 각 군에는 統軍, 大將軍, 將軍을 두었다.
222) 五臺山: 중국 산서성 동북부 忻州市 五臺縣에 위치한다. 원래는 紫府山 또는 五峰山 道場이라고 불리는 도사들의 수행 장소였는데, 後漢 永平 11년(68), 天竺 高僧 迦葉摩騰과 竺法蘭이 洛陽 白馬寺에서 五峰山 一帶에 와보고 이곳이 文殊菩薩이 설법을 가르친 곳이라고 여겨 이곳에 사원을 건축하여 문수보살을 공봉하고자 하였다. 그러나 이곳 道士들이 반대하고 결국 황제(明帝)가 낙양 백마사에서 도사와 두 고승의 법론을 겨루게 한 결과 두 고승이 승리하였다. 이로부터 불교계에서는 오대산 일대에 불교사원을 건축할 권리를 얻었고 건립한 최초 사원이 바로 현재의 顯通寺이다. 隋代에 文帝의 조칙으로 이곳 五臺山의 각 봉우리마다 사원을 지어 東臺에는 聰明 문수, 西臺에 獅子吼 문수, 南臺에 知慧 문수, 北臺에 無垢 문수, 中臺에 孺童 문수 등을 각각 모시게 하였고, 여기서 오대산이라는 이름이 유래하였다. 역대 왕조를 거치며 사묘 건축과 불탑이 즐비하고 몰려드는 승려의 수도 증대하였다. 많을 때는 사원의 수가 360여 座에 달한 적도 있을 만큼 규모가 광대하고 그 역사가 유구한 불교 중심지의 하나였다. 보현보살의 四川 峨嵋山, 관음의 浙江 普陀山과 함께 중국 3대 불교 성지의 하나가 되었다. 특히 唐代에 국제교류의 확대에 따라 오대산은 중국 내에서는 물론 외국 불교도들도 숭배하여 한국, 인도, 일본, 스리랑카 등의 승려와 불교도들이 참배하였다.

嘗殺繼遷, 世爲讎敵. 甘州使至, 亦言德明侵軼之狀, 意頗輕視之. 量其兵勢, 德明未易敵也." 其年, 夜落紇・寶物公主及沒孤公主・娑溫宰相各遣使來貢. 東封禮成, 以可汗王進奉使姚進爲寧遠將軍, 寶物公主進奉曹進爲安化郎將, 賜以袍笏. 又賜夜落紇介冑.

[진종] 대중상부(大中祥符) 원년(1008)에는 하주(夏州)의 만자(萬子) 등 군주(軍主)들이 족병(族兵)을 이끌고 회골로 향하였다. 회골은 요로(要路)에 복병을 두고서 약하게 보이고 [그들과] 싸우지 않을 것처럼 하여 그들이 지나가기를 기다렸다가 분투하여 일어나 공격해서 쓸다시피 죽이니 남은 자가 거의 없었다. 사로잡은 자들은 회골이 벌판으로 몰아가 앉혀놓고 노획한 물자와 식량을 다 그들에게 보여주면서 말하기를, "너희들 여우와 쥐 같은 [간사한] 무리들이 작은 이익을 탐내고 찾는데, 우리들은 그렇지 않다"고 하였다. 이윽고 모두 불살라 그들을 죽였는데 오직 만자(萬子) 군주만 빠져나가 도주하였다. 진융군(鎭戎軍)에서 [황제에게] 보고하니 황제가 말하기를, "회골은 전에 [이]계천을 죽인 적이 있어서 대대로 원수가 되었다. 감주[회골]의 사자가 왔을 때도 [이]덕명(李德明)223)이 침범한 상황을 보고하였는데 [감주회골] 생각으로는 [이덕명을] 매우 가벼이 여기고 있다. 병력을 헤아려볼 때 [이]덕명이 쉽게 저항할 수 없다"고 하였다. 이해에 야락흘(夜落紇), 보물공주(寶物公主), 몰고공주(沒孤公主), 사온(娑溫) 재상이 각각 사자를 파견해 입공하였다. 동봉례(東封禮)224)가 완성된 후에, 가한왕의 진봉사 요진(姚進)을 영원장군(寧遠將軍)으로, 보물공주의 진봉사인 조진(曹進)을 안화랑장(安化郎將)으로 책봉하고 관복[袍]과 홀(笏)을 하사하였다. 또 야락흘에게는 갑주[介冑]를 하사하였다.

---

223) 李德明(981~1031): 李繼遷의 아들로 24세 나이에 이계천을 계승하였다. 遼에게서 西平王으로 책봉받고 宋으로부터 定難軍節度使를 제수받고 서평왕에 책봉되는 등, 요와 송에 의부하면서 서하의 발전기를 맞았다.
224) 東封禮: 東封은 帝王이 封禪을 행하여 천하가 태평함을 밝혀 알리는 것을 말한다. 그 유래는 『史記』 「司馬相如傳」에 전하는데, 司馬相如가 임종 전에 「封禪文」을 지어 武帝에게 泰山에 동으로 가서 封泰山・禪梁父하여 功業을 밝힐 것을 청하자, 그가 죽은 후 무제가 그 말을 따라 태산에 가서 封禪을 행하였다. 본문의 東封禮는 宋 眞宗 大中祥符 원년(1008)에 거행된 봉선을 말한다.

三年, 又遣左溫宰相·何居錄越樞密使·翟符守榮等來貢. 是年, 龜茲國王可汗遣使李延福·副使安福·監使翟進來進香藥·花蕊布·名馬·獨峰駝·大尾羊·玉鞍勒·琥珀·硫石等. 四年, 翟符守榮等三十人請從祀汾陰. 其年, 夜落紇遣使貢方物, 秦州回鶻安密獻玉帶於道左. 禮成, 以翟符守榮爲左神武軍大將軍, 安殿民爲保順郎將, 餘皆賜冠帶器幣. 其年, 夜落紇遣使言, 敗趙德明立功首領請加恩賞. 詔給司戈·司階·郎將告敕十道, 使得承制補署.

[대중상부] 3년(1010)에 또 좌온(左溫) 재상, 하거록월(何居錄越) 추밀사, 적부수영(翟符守榮) 등을 보내 조공하였다. 이해에 구자국의 왕가한이 사자 이연복(李延福), 부사 안복(安福), 감사 적진(翟進)을 파견하여 향약(香藥), 화예포(花蕊布), 명마, 단봉낙타, 대미양(大尾羊),225) 옥제 안장과 굴레[玉鞍勒], 호박, 유석(硫石) 등을 진공하였다. [대중상부] 4년(1011)에는 적부수영 등 30인이 분음(汾陰) 제사226)에 참여하기를 요청하였다. 이해에 야락흘이 사자를 보내 방물을 조공하고, 진주회골(秦州回鶻) 안밀(安密)은 [분음에 오가는] 도중 길가에서 옥대(玉帶)를 바쳤다. [분음제사]의 예(禮)가 다 이루어진 후에 적부수영을 좌신무군대장군(左神武軍大將軍)으로 삼고 안전민(安殿民)을 보순랑장(保順郎將)으로 삼았으며 나머지 모두에게 관대(冠帶)와 기폐(器幣)를 하사해주었다. 그해에 야락흘이 사자를 보내 상언하기를 "조덕명(趙德明)227)을 무찔렀으니 공을 세운 수령들에게 은상(恩賞)을 더해주기를 청합니다"라고 하였다. [이에 진종이] 조서를 내려 사과(司戈),228) 사계(司階),229) 낭장(郎將)230) 고칙(告

---

225) 大尾羊: 『송사』<高昌傳>에 수록된 소위 <王延德使高昌記>에 고창 영역에 꼬리가 큰 양을 소개하며 "有羊, 尾大而不能走, 尾重者三斤, 小者一斤, 肉如熊白而甚美"라고 한 것을 가리키는 것 같다.
226) 송 조정이 汾陰(현재 山西 萬榮縣 지역)에서 거행한 后土에 대한 祭祀를 말한다.
227) 趙德明: 李德明을 말한다. 본래 당조에서 하사받은 이씨로 썼지만 송의 회유책으로 송조의 조씨를 하사하기도 하였기 때문에 조덕명으로 쓰기도 하였다.
228) 司戈: 唐代 軍事 職官의 명칭이다. 府兵을 거느리는 中央南衙十二衛, 東宮六率, 北衙諸禁軍에 편성된 武官으로 正八品下階였다. 12衛의 大將軍과 將軍의 屬官으로 長史, 參軍, 司階, 中候, 司戈, 執戟이 있었다.
229) 司階: 唐代 中央南衙十二衛, 東宮六率, 北衙諸禁軍에 편성된 武官으로 正六品上階였다. 12衛의 大將軍과 將軍의 屬官 中 司階, 中候, 司戈, 執戟을 합하여 四色官이라고 일컬어졌다.
230) 郎將: 南衙十二衛에는 內府와 外府의 구분이 있었고 내부에는 親衛, 勳衛, 翊衛가 있었는데 이 三衛에는 각각 中郎將과 郎將을 두었다.

敕)231) 10통을 주어서 [그들로] 하여금 황제의 뜻을 받들어 관직을 보임하도록 하였다.

> 六年, 龜茲進奉使李延慶等三十六人對于長春殿, 獻名馬·弓箭·鞍勒·團玉·香藥等, 優詔答之.

[대중상부] 6년(1013)에 구자(龜茲)의 진봉사 이연경(李延慶) 등 36명이 장춘전(長春殿)에 초대되었는데, 명마, 궁전(弓箭), 안륵(鞍勒), 단옥(團玉), 향약 등을 진헌하자 조를 내려 넉넉하게 보답해주었다.

> 先是, 甘州數與夏州接戰, 夜落紇貢奉多爲夏州鈔奪. 及宗哥族感悅朝廷恩化, 乃遣人援送其使, 故頻年得至京師. 旣而唃廝囉欲娶可汗女而無聘財, 可汗不許, 因爲讎敵. 五年, 秦州遣指揮使楊知進·譯者郭敏送進奉使至甘州, 會宗哥怨隙阻歸路, 遂留知進等不敢遣. 八年, 敏方得還. 可汗王夜落隔上表言寶物公主疾死, 以西涼人蘇守信劫亂, 不時奏聞; 又謝恩賜寶鈿·銀匣·曆日及安撫詔書, 仍乞慰諭宗哥, 使開朝貢之路. 九年, 楊知進亦至, 遂遣郭敏賜宗哥詔書幷甘州可汗器幣. 其年, 使來朝貢, 言夜落隔卒, 九宰相諸部落奉夜落隔歸化爲可汗王領國事.

이에 앞서 감주[회골]은 여러 차례 하주(夏州)와 교전하여 야락흘이 공봉(貢奉)하는 것이 대부분 하주에 의해 약탈당했었다. [그런데] 종가(宗哥) 종족이 조정의 은혜로 교화된 것[恩化]을 깊이 기뻐하여[感悅] 사람을 보내 [감주의] 사자를 호송했으므로 해마다 경사(京師)에 도달할 수 있었다. 얼마 안 있어서 곡시라(唃廝囉)232)가 가한의 딸을 아내로 취하고자 하였으

---

231) 告敕: 관원에게 품계와 관직을 임명할 때 수여하는 임명장에 해당하는 증서 즉 告身이다. 여기서는 『長編』 卷76 <大中祥符 4년 11월 甲戌條>에서 "詔付空名戈·司階·郎將十道, 使承制補署之"라고 한 바와 같이 이런 관함은 임무는 없는 空名이었다.

232) 唃廝羅(997~1065): 唃廝囉 政權의 創建者로 原名은 斯南陵溫이다. 吐蕃 王朝 末代 贊普 朗達嗎의 後裔로 高昌 磨楡國(현재 新疆省 吐魯番)에서 태어났다. 송 大中祥符 2년(1009) 그가 12세 때 河西 羌人 大賈 何郞業賢帶가 河州(현재 甘肅 臨夏)에서 그가 吐蕃 贊布의 후예라는 말을 듣고 이름을 唃廝囉라고

나 빙재(聘財)가 없다고 가한이 허락하지 않았기 때문에 원수가 되었다. [대중상부] 5년(1012)에 진주(秦州)[회골]이 지휘사(指揮使) 양지진(楊知進)과 통역자 곽민(郭敏)을 파견해 진봉사를 감주(甘州)까지 전송하는데, 종가 종족이 원한으로 돌아가는 길을 막아버리자 [양]지진 등을 만류하여 묵게 하고 감히 파견하지 못하였다. [대중상부] 8년(1015)에야 [곽]민이 겨우 돌아올 수 있었다. 가한왕 야락격(夜落隔)이 표서를 올려 보물공주가 병으로 사망하였다고 알렸는데, 서량(西涼)[233] 사람 소수신(蘇守信)이 강도짓하고 난을 일으키는 바람에 때에 맞춰 상주하지 못하였다. 다시 하사한 보석 비녀[寶鈿], 은갑(銀匣), 달력[曆日] 및 안무하는 조서에 대해 사은(謝恩)하고 종가 종족을 달래고 설득시켜 조공의 길이 열리도록 해 줄 것을 요청하였다. [대중상부] 9년(1016)에 양지진도 돌아오자 이윽고 곽민을 파견하여 종가 종족에게 조서를 내리고 아울러 감주 가한에게 기물과 전폐를 주었다. 그해에 [감주에서] 사자가 와서 조공하고, 야락격이 죽자, 아홉 재상과 각 부락이 야락격귀화(夜落隔歸化)를 받들어 가한왕으로 삼아 국사를 다스리게 되었다고 알렸다.

바꾸어 주었는데 그 뜻은 '佛子'라는 말이다. 河州 吐蕃 首領들이 그를 佛의 化身이라고 생각하였다. 吐蕃의 풍속에는 貴種을 존경하고 血統을 중시하여 여러 部族들이 서로 경쟁하여 그를 옹립하였다. 후에 宗哥族 首族 李立遵과 邈川族 首領 溫逋奇 등이 武力으로 廓州(현재 青海 化隆縣 群科古鎮)를 굴복시켜 '贊普'의 지위를 부여하였다. 그 후 王城을 經濟가 비교적 발달한 宗哥城(현재 青海 平安驛)으로 옮기고 정권의 기반을 다졌으며 宋 仁宗 天聖 10년(1032)에는 溫逋奇의 宮廷 政變을 진압하고 青唐(현재 青海 西寧市)로 옮겨 제도를 정비하였는데 수십만이 그를 따랐다. 이후 백 년 가까이 青唐은 甘青地區 吐蕃族의 政治·軍事·經濟·文化와 宗教의 중심이었다. 역사에서는 그가 세운 政權을 '唃厮囉'라고 부른다.
재위하는 동안 인접국들과 우호관계를 유지하는데 주의하여 宋에 귀부하고 西夏에는 반대하는 自衛的인 政策을 시행하였다. 天聖 10년(1032)에 宋은 그를 寧遠大將軍·愛州團練使·邈川大首領에 봉해주었고 송과 茶馬 互市를 열어 西域과의 貿易을 적극적으로 발전시켰다. 景祐 2년(1035), 西夏 李元昊가 공격해 와서 犛牛城(현재 青海 西寧市 북쪽)을 함락시켰으나 그는 青唐을 지키고 기회를 타서 反擊하여 승리를 얻었다. 李元昊는 국가를 정비한 후 다시 大將 蘇奴兒가 2만 5천 명의 党項 군대를 이끌고 唃厮囉 政權을 공격하도록 하였다. 하지만 聯宋抗夏 정책의 성공으로 唃厮囉의 명성을 더 높여주고 河隴 諸 部落이 한꺼번에 그의 휘하로 모이게 되었다. 강성할 때에는 강역이 3천여 리에 달하였고 人口는 100만 戶가 넘었다. 角厮囉는 50년 동안 執政하였고 英宗 治平 2년(1065)에 享年 69세로 病死하였다. 이후 그의 繼承者인 董氈, 阿里骨 등이 대대로 모두 宋朝에서 관직을 받고 册封을 받아서 北宋의 西夏에 대한 관계에 일익을 담당하였다. 『송사』 卷492 「외국전」 8에 입전되어 있다.

233) 西涼: 송 건국 초에 현재 감숙성 武威市에 치소를 두어 西涼府를 설치했으나 실제 통치기구는 없었고 이 지역은 여전히 吐蕃의 六谷部 등의 통제 하에 있었다. 후에 甘州回鶻, 西夏의 지배로 들어갔다.

天禧二年, 夜落隔歸化遣都督安信等來朝. 四年, 又遣使同龜茲國可汗王智海使來獻大尾羊. 初, 回鶻西奔, 族種散處. 故甘州有可汗王, 西州有克韓王, 新復州有黑韓王, 皆其後焉.

[송 진종] 천희(天禧) 2년(1018)에 야락격귀화가 도독 안신(安信) 등을 보내어 조공해 왔다. [천희] 4년(1020)에 또 사자를 보내어 구자국(龜茲國) 가한왕 지해(智海)의 사자와 함께 와서 대미양을 바쳤다. 일찍이 회골이 서쪽으로 달아나면서 종족이 흩어져 거처하였다. 그러므로 감주에 가한왕이 있고, 서주에는 극한왕(克韓王)이 있으며 신복주(新復州)에 흑한왕(黑韓王)이 있는데 모두가 그 후예이다.234)

天聖元年五月, 甘州夜落隔通順遣使阿葛之·王文貴來貢方物. 六月, 詔甘州回紇外甥可汗王夜落隔通順特封歸忠保順可汗王. 二年五月, 遣使都督習信等十四人來貢馬及黃湖綿·細白氎. 三年四月, 可汗王·公主及宰相撒溫訛進馬·乳香. 賜銀器·金帶·衣著·暈錦旋襴有差. 五年八月, 遣使安萬東等一十四人來貢方物. 六年二月, 遣人貢方物.

[송 인종(仁宗)] 천성(天聖) 원년(1023) 5월, 감주의 야락격통순(夜落隔通順)이 사신 아갈지(阿葛之)와 왕문귀(王文貴)를 보내와 방물을 진공하였다. 6월에 조를 내려 감주 회골[回紇] 외생 가한왕 야락격통순을 특별히 귀충보순가한왕(歸忠保順可汗王)에 책봉하였다. [천성] 2년(1024) 5월에 도독 습신(習信) 등 14명을 사절로 보내 말과 황호면(黃湖綿)과 세백첩(細白氎)을 진공하였다. [천성] 3년(1025) 4월 가한왕, 공주 및 재상 살온와(撒溫訛)가 말과 유향을 바쳤다. 은기, 금대, 의복[衣著], 훈금(暈錦)과 선란(旋襴)을 차등을 두어 하사하였다. [천성] 5년(1027) 8월에 사자 안만동(安萬東) 등 14인을 보내 방물을 조공하였다. [천성] 6년(1028)

---

234) 위구르제국 분열 후 중앙아시아에 세워진 대표적인 회골족 지배정권을 열거하고 있다. 즉 甘州를 중심으로 한 감주회골(혹은 河西회골), 西州를 중심으로 존재한 高昌회골, 그리고 于闐 지역까지 지배했던 카라한 왕조를 의미한다.

2월에 사람을 보내 방물을 진공하였다.

> 熙寧元年入貢, 求買金字大般若經, 以墨本賜之. 六年復來, 補其首領五人爲軍主, 歲給綵二十疋. 神宗問其國種落生齒幾何, 曰三十餘萬; 壯可用者幾何, 曰二十萬. 明年, 敕李憲擇使聘阿里骨, 使諭回鶻令發兵深入夏境. 憲以命殿直皇甫旦. 旦往, 不得前而妄奏功狀, 詔逮旦赴御史獄抵罪.

[송 신종(神宗)] 희녕(熙寧) 원년(1068)에 입공하고 금자(金字) 『대반야경(大般若經)』을 사겠다고 청하자 묵본(墨本)235)을 하사하였다. [희녕] 6년(1073)에 또 왔는데 그 수령 5명에게 보임(補任)하여 군주(軍主)로 삼고 해마다 채단 20필을 공급해주었다. 신종이 묻기를 그 나라 종족부락의 인구[生齒]가 얼마냐고 묻자 30여만 [명]이라고 답하고, 장년으로 징용할 자는 몇이냐고 하자 20만 [명]이라고 말하였다. 그 이듬해에 이헌(李憲)에게 칙령을 내려 '사자를 택하여 아리골(阿里骨)을 빙문(聘問)하고 그로 하여금 회골에게 알려서 군대를 일으켜 [서]하의 경내에 깊이 들어가게 하라'고 하였다. [이헌이 전직(殿直) 황보단(皇甫旦)에게 명하였다. [황보]단이 갔는데 나가지도 못하고 도리어 망령되이 공로를 주청하자 조를 내려 황보단을 체포해 어사옥(御史獄)에 보내어 형벌을 받게 하였다.

> 然回鶻使不常來, 宣和中, 間因入貢散而之陝西諸州, 公爲貿易, 至留久不歸. 朝廷慮其習知邊事, 且往來皆經夏國, 於播傳非便, 乃立法禁之.

그러나 회골의 사자가 자주 오지는 않게 되었고 [휘종] 선화(宣和) 연간(1119~1125)에는 때로 입공하는 것이 섬서의 각주로 분산되고, 공공연히 무역을 하며 오래도록 체류하고 돌아가지 않았다. 조정에서는 그들이 변방의 상황을 잘 알게 되는 것을 염려하고 또 [그들이] 왕래할 때 모두 [서]하[夏國]를 경유하니, [송의 상황을] 전파하는 것이 편치 않아 법을 제정하여 금지시켰다.

---

235) 墨本: 碑帖의 拓本, 즉 비석과 서첩을 탁본해 제본한 것이다.

大食國本波斯之別種. 隋大業中, 波斯有桀黠者探穴得文石, 以爲瑞, 乃糾合其衆, 剽略資貨, 聚徒浸盛, 遂自立爲王, 據有波斯國之西境. 唐永徽以後, 屢來朝貢. 其王盆泥末換之前謂之白衣大食, 阿蒲羅拔之後謂之黑衣大食.

대식국(大食國)236)은 본디 파사(波斯)237)의 별종이다. 수(隋) [양제(煬帝)] 대업(大業) 연간(605~618), 파사에 걸힐(桀黠)238)한 자가 나타나 동굴에서 글자가 써 있는 돌을 찾아낸 다음 이를 길조라 여기고 사람들을 규합하였다. [그는] 재물의 약탈을 일삼다가 무리의 숫자가 점차 많아지자, 마침내 자립하여 왕이라 하고 파사의 서쪽 지역을 점거하였다.239) 당 [고종] 영휘(永徽) 연간(650~665) 이후 자주 조공을 하였다. 그 왕 분니말환(盆泥末換)240) 이전을 백의대식(白衣大食)241)이라 하고, 아포라발(阿浦羅拔)242) 이후를 흑의대식(黑衣大食)243)이라 한다.

236) 大食: 페르시아어 Tay의 音譯. 본디 이란 부족 가운데 하나를 지칭하는 용어로 쓰였으나 唐 이후 아랍 제국, 특히 이슬람 제국을 가리키는 汎稱으로 사용되었다. 唐 杜環의 『經行記』 「大食國」에서 "大食一名亞俱羅. 其大食王號暮門, 都此處. 其士女瓌偉長大, 衣裳鮮潔, 容止閑麗."라든가, 『新唐書』 「西域傳」 下 <大食>에서 "大食, 本波斯地. 男子鼻高, 黑而髯. 女子白皙, 出輒鄣面. 日五拜天神. 銀帶, 佩銀刀, 不飮酒擧樂."이라 하는 것이 그러한 예이다.
237) 波斯: 페르시아의 음역으로 이란을 가리킨다. 『史記』 이래 『隋書』까지는 安息이라 칭해졌다. 전근대의 중국인들은 파사를 진주가 산출되는 땅이라 인식하여 '波斯'가 진주의 대명사로 쓰이기도 했다.
238) 桀黠: 英傑스러우면서도 狡猾함.
239) 예언자 무함마드의 아랍-무슬림 공동체 건설을 가리킨다. 『舊唐書』 卷198 「西戎傳」 <大食>에서는 이러한 정황에 대해, "大業中, 有波斯胡人牧駝於俱紛摩地那之山, 忽有獅子人語謂之曰: 「此山西有三穴, 穴中大有兵器, 汝可取之. 穴中並有黑石白文, 讀之便作王位.」胡人依言, 果見穴中有石及銷刃甚多, 上有文, 教其反叛. 於是糾合亡命, 渡恒曷水, 劫奪商旅, 其衆漸盛, 遂割據波斯西境, 自立爲王."이라 적고 있다.
240) 盆泥末換: Banu Marwan 2세(재위 744~750)의 音譯이다. 제3대 정통 칼리프였던 우스만의 후손들로서 우마이야조를 창건한 집안이기도 하다. 우마이야 왕조의 창시자 무아위야는 우스만의 사촌이었다.
241) 白衣大食: 당대의 기록에서 통상 무아위야가 창건한 우마이야 왕조(661~750)를 가리키는 말로 사용된다.
242) 阿浦羅拔: 우마이야 왕조를 멸망시키고 압바스 왕조를 창건하는 아부 알 압바스의 音譯이다. 아부 알 압바스는 예언자 무함마드의 숙부인 압바스의 후손이었다.
243) 黑衣大食: 압바스 왕조(750~1258)를 가리킨다.

乾德四年, 僧行勤遊西域, 因賜其王書以招懷之. 開寶元年, 遣使來朝貢. 四年, 又貢方物, 以其使李訶末爲懷化將軍, 特以金花五色綾紙寫官告以賜. 是年, 本國及占城·闍婆又致禮物于李煜, 煜不敢受, 遣使來上, 因詔自今勿以爲獻. 六年, 遣使來貢方物. 七年, 國王訶黎佛又遣使不囉海, 九年又遣使蒲希密, 皆以方物來貢.

[태조] 건덕(乾德) 4년(966), 승려 행근(行勤)이 서역으로 여행을 떠날 때 그 나라 왕에게 서신을 보내서 초무하였다.244) [태조] 개보(開寶) 원년(968), 사신을 파견하여 조공하였다. [개보] 4년(971)에 또 토산품을 조공하여 그 사자 이가말(李訶末)을 회화장군(懷化將軍)에 임명하고, 특별히 금화오색능지(金花五色綾紙)245)에 관고(官告)246)를 적어 하사하였다. 이 해에 대식과 점성(占城)·사파(闍婆)가 이욱(李煜)247)에게 예물을 보냈는데, [이]욱이 감히 받지 못하고 사신을 보내 [송조에] 바쳤다. [송조는 이욱에게] 조(詔)를 내려, 앞으로는 진헌하지 말라고 하였다. [개보] 6년(973) 사신을 파견하여 토산품을 조공하였다. [개보] 7년(974) 국왕 가려불(訶黎佛)248)이 또 사신 불라해(不囉海)를 파견하고 9년(976) 또 사신 포희밀(蒲希密)을 파견하여, 모두 토산물을 조공하였다.

太平興國二年, 遣使蒲思那·副使摩訶末·判官蒲囉等貢方物. 其從者目深體黑, 謂之崑崙奴. 詔賜其使襲衣·器幣, 從者縑帛有差. 四年, 復有朝貢使至. 雍熙元年, 國人花茶來獻花錦·越諾·揀香·白龍腦·白沙糖·薔薇水·琉璃器.

244) 『長編』 卷7 <太祖 乾德 4년 3월 癸未>조에서는 이때 行勤 등의 西域 파견 정황에 대해, "僧行勤等一百五十人, 請遊西域, 詔許之, 仍賜錢三萬遣行."이라 전하고 있다.
245) 金花五色綾紙: 五色으로 꽃 무늬를 수놓은 비단. '金花'는 器物이나 의복·신발 등에 들어가 있는 꽃 모양의 장식을 의미한다.
246) 官告: 관직 수여 증명서, 告身이라고도 한다.
247) 李煜: 十國의 하나인 南唐의 제3대 황제, 보통 南唐의 後主라 칭해진다. 開寶 8년(975) 南唐이 北宋에 의해 멸망된 이후 개봉에 압송되어 3년간 유폐의 상태로 지내다 살해되었다. 詞人으로 널리 알려져 있으며 현재 46수의 詞作이 전해진다. 南唐의 멸망 전후로 詞의 風格에 상당한 변화가 있지만, 대체로 소박하면서도 깊은 애수의 색조를 띠고 있다고 평해진다.
248) 訶黎佛: 칼리프(Caliph)의 音譯이다.

[태종] 태평흥국(太平興國) 2년(977), 사신 포사나(蒲思那)와 부사(副使) 마가말(摩訶末), 판관(判官) 포라(蒲囉) 등을 파견하여 토산물을 조공하였다. 그 시종꾼들은 눈이 깊이 들어가고 피부가 검은 색이었는데 '곤륜노(崑崙奴)'249)라 불렸다. 조를 내려 그 사자에게 습의(襲衣)와 기폐(器幣)250)를, 시종꾼들에게는 그 등급에 따라 비단을 하상하였다. [태평흥국] 4년(979) 다시 조공의 사절단이 왔다. [태종] 옹희(雍熙) 원년(984), 대식 사람 화다(花茶)가 와서 화금(花錦)251)·월낙(越諾)252)·간향(揀香)253)·백룡뇌(白龍腦)254)·백사당(白沙糖)255)·장미수(薔薇水)256)·유리 그릇 등을 바쳤다.

淳化四年, 又遣其副酋長李亞勿來貢. 其國舶主蒲希密至南海, 以老病不能詣闕, 乃以方物附亞勿來獻. 其表曰:

---

249) 崑崙奴: 南海國 출신의 노비에 대한 지칭이다. 朱彧의 『萍洲可談』卷2에서는 이와 관련하여, "廣中富人多畜鬼奴, 絶有力, 可負數百斤, 言語嗜慾不通, 性淳不逃徙, 亦謂之野人. 色黑如墨, 唇紅齒白, 髮鬈而黃, 有牝牡, 生海外諸山中. 食生物採得, 時與火食, 飼之累日洞泄, 謂之換腸. 緣此或病死, 若不死卽可蓄, 久蓄能曉人言, 而自不能言. 有一種近海者, 入水眼不眨, 謂之崑崙奴."라 기록하고 있다.
250) 器幣: 器幣는 禮器와 玉帛을 말한다.
251) 花錦: 다채로운 꽃무늬를 넣어 짠 비단.
252) 越諾: 서역에서 산출되던 상등품의 직물.
253) 揀香: 유향 가운데 최상등품. 趙汝适의 『諸蕃志』卷下 <乳香>에서는, "乳香, 一名薰陸香, 出大食之麻囉拔·施曷·奴發三國深山窮谷中. 其樹大槩類榕, 以斧斫株, 脂溢於外, 結而成香, 聚而爲塊. 以象輦之至於大食, 大食以舟載, 易他貨於三佛齊. …… 香之爲品十有三, 其最上者爲揀香, 圓大如指頭, 俗所謂滴乳是也."이라 기록하고 있다.
254) 白龍腦: 龍腦香 나무의 樹脂로 만든 향료의 일종이다. 白龍腦는 특히 정품으로서 無色透明하여 '冰片'이라 부르기도 하였다. 玄奘의 『大唐西域記』「秣羅矩吒國」에서는, "羯布羅香樹松身異葉, 花果斯別. 初採旣溼, 尙未有香. 木乾之後, 循理而析, 其中有香, 狀若雲母, 色如冰雪, 此所謂龍腦香也."라 적고 있다. 白龍腦의 원료가 되는 용뇌향나무는 수마트라나 페르시아, 혹은 중국의 복건과 양광 등지에서 자생하는 나무로서 약 20m~30m까지 자란다.
255) 白沙糖: 하얀 설탕 가루.
256) 薔薇水: 장미로 만든 향수를 말한다. 蔡條의 『鐵圍山叢談』卷5에서는, "舊說薔薇水乃外國採薔薇花上露水, 殆不然, 實用白金爲甑, 採薔薇花蒸氣成水, 則屢採屢蒸, 積而爲香, 此所以不敗, 但異域薔薇花氣馨烈非常, 故大食國薔薇水雖貯琉璃缶中, 蠟密封其外, 然香猶透徹聞數十步, 灑著人衣袂, 經十數日不歇也."라 적고 있다.

[태종] 순화(淳化) 4년(993), 다시 부추장(副酋長)257) 이아물(李亞勿)을 파견하여 조공하였다. 대식의 선주(船主) 포희밀(蒲希密)도 남해258)에 도착하였지만 늙고 병들어 궁성까지 올 수 없는지라, 토산물을 [이]아물 편에 보내 바쳤다. 그 표(表)에는 다음과 같이 적혀 있었다.

"大食舶主臣蒲希密上言, 衆星垂象, 回拱於北辰. 百谷疏源, 委輸於東海. 屬有道之柔遠, 罄無外以宅心. 伏惟皇帝陛下德合二儀, 明齊七政, 仁宥萬國, 光被四夷. 賡歌洽擊壤之民, 重譯走奉珍之貢. 臣顧惟殊俗, 景慕中區, 早傾向日之心, 頗鬱朝天之願.

"대식의 선주 신(臣) 포희밀이 아룁니다. 모든 별이 [독자적인] 상징[垂象]259)이 있으나 다 북극성을 빙 에워싸고 있고, 모든 골짜기마다 개울이 흐르지만 결국에는 동해로 모여듭니다. 다스림이 올바르면 먼 곳까지 안무(安撫)할 수 있으며, 안팎을 구별하지 않으면 이반하는 마음이 없어집니다. 삼가 생각건대 황제 폐하의 덕은 이의(二儀)260)에 합치되고 명철하심은 칠정(七政)261)과 동일하며, 인(仁)과 서(恕)로 만국을 다스려서 위광(威光)이 사이(四夷)에 두루 미치고 있습니다. 태평스럽기가 격양가(擊壤歌)를 부르던 시대와 같으며, 말이 통하지 않는 나라들이 다투어 진귀한 물건을 바치고 있습니다. 신은 [중국과] 풍속이 다름을 돌아보고 중국을 흠모하며, 일찍부터 태양을 바라보는 마음으로 입조(入朝)하고자 하는 소원을 지니고 있었습니다.

昨在本國, 曾得廣州蕃長寄書招諭, 令入京貢奉, 盛稱皇帝聖德, 布寬大之澤, 詔下廣南, 寵綏蕃商, 阜通遠物. 臣遂乘海舶, 爰率土毛, 涉歷龍王之宮, 瞻望天帝之境,

---

257) 『諸蕃志』에서는 李亞勿의 신분에 대해 '副使'라 적고 있다(卷上, 「志國」 <大食國> 참조).
258) 남해: 남중국해, 혹은 동남아 지구에 대한 범칭이다. 여기서는 남중국해의 관문인 廣州를 가리킨다.
259) 垂象: 조짐이나 징조의 표시를 말한다.
260) 二儀: 天·地, 혹은 日·月.
261) 七政: 日·月과 金星·木星·水星·火星·土星을 말한다.

庶遵玄化, 以慰宿心. 今則雖居五羊之城, 猶睽雙鳳之闕. 自念衰老, 病不能興, 遐想金門, 心目俱斷. 今遇李亞勿來貢, 謹備蕃錦藥物附以上獻. 臣希密凡進象牙五十株, 乳香千八百斤, 賓鐵七百斤, 紅絲吉貝一段, 五色雜花蕃錦四段, 白越諾二段, 都爹一琉璃瓶, 無名異一塊, 薔薇水一百瓶."

  지난 날 본국(대식)에 있을 때 광주(廣州)의 번장(蕃長)262)이, 입경(入京)하여 조공을 바치라고 초유(招諭)하는 문서를 본 적이 있습니다. 황제 폐하의 성덕(聖德)을 크게 칭송하는 것이었습니다. [폐하께서] 관대한 은택을 널리 펼쳐서 광남(廣南)에 조(詔)를 내려 외국 상인들을 후대하기 때문에, 먼 이방의 물산이 활발히 유통된다고 하고 있었습니다. 신은 [이를 보고] 마침내 배에 토산품을 싣고 바다를 건너 황제 폐하가 계신 곳을 향해 나아오며, 그 교화를 얻음으로써 숙원을 풀고자 했습니다. 지금 비록 오양성(五羊城)263)에 다다랐으나 아직 쌍봉(雙鳳)264)이 계신 궁궐로부터는 멀리 떨어져 있습니다. 스스로 돌아보건대 늙고 쇠약한데다가 병들어 더 이상 움직이기 힘듭니다. 멀리서 금문(金門)265)을 생각만 하자니 마음이 아프기 그지 없습니다. 이제 이아물(李亞勿)이 가서 조공한다니, 삼가 그 편에 이역(異域)의 물산과 약물을 보내 바치고자 합니다. 신 [포]희밀은, 상아 50주(株)와 유향(乳香)266) 1,800근, 빈철(賓鐵)267) 700근, 붉은 실로 짠 길패(吉貝)268) 1단(段), 오색으로 여러 꽃을 그린

---

262) 蕃長: 宋代 廣州의 蕃坊에서 公務를 처리하던 관료이다. 廣州에 입항하는 외국 무역상들은 한 곳에 모여 거주해야 했는데 이를 '蕃坊'이라 했으며, 蕃坊의 업무를 관장하던 관원을 蕃長이라 불렀다. 이와 관련하여 朱彧의 『萍洲可談』卷2에서는, "廣州蕃坊, 海外諸國人聚居, 置蕃長一人, 管勾蕃坊公事, 專切招邀蕃商入貢."라 하고 있다.

263) 五羊城: 廣州의 별칭, 羊城이라고도 한다. 옛날 다섯 仙人이 五色의 羊에 오곡을 싣고 왔다 하여 생겨난 지칭이다. 錢易의 『南部新書』卷庚에서는 이러한 별칭의 연원에 대해, "吳脩爲廣州刺史, 未至州, 有五仙人騎五色羊, 負五穀而來. 今州廳梁上, 畫五仙人騎五色羊爲瑞, 故廣南謂之五羊城."이라 기록하고 있다.

264) 雙鳳: 皇帝와 皇后.

265) 金門: 貴人의 거처를 뜻하며, 여기서는 황궁을 가리킨다.

266) 乳香: 올리브나무(감람나무) 科에 속하는 常綠 喬木인 유향나무의 樹脂(진액)를 응고시킨 것이다. 약재로 쓰이기도 하며 薰陸香의 원료로도 사용되었다. 나무에서 수지가 떨어질 때 乳頭의 모양을 하기 때문에 乳頭香, 혹은 乳香이라 불렸다. 이에 대해 沈括의 『夢溪筆談』「藥議」에서는, "薰陸, 卽乳香也. 以其滴下如乳頭者, 謂之乳頭香, 鎔塌在地上者, 謂之塌香."이라 기록하고 있다.

267) 賓鐵: 강철.

서역의 비단 4단, 하얀 색의 월낙(越諾) 2단, 유리병 하나에 든 도다(都爹), 무명이(無名異)269) 1덩어리, 장미수(薔薇水) 100병을 바칩니다."

詔賜希密敕書・錦袍・銀器・束帛等以答之.

조(詔)를 내려 [포]희밀에게 칙서와 금포(錦袍)270)・은 그릇・속백(束帛)271) 등을 답례품으로 하사하게 하였다.

至道元年, 其國舶主蒲押陁黎齎蒲希密表來獻白龍腦一百兩, 膃肭臍五十對, 龍鹽一銀合, 眼藥二十小琉璃瓶, 白沙糖三琉璃甕, 千年棗・舶上五味子各六琉璃瓶, 舶上褊桃一琉璃瓶, 薔薇水二十琉璃瓶, 乳香山子一坐, 蕃錦二段, 駝毛褥面三段, 白越諾三段. 引對於崇政殿, 譯者代奏云:「父蒲希密因緣射利, 泛舶至廣州, 迨今五稔未歸. 母令臣遠來尋訪, 昉至廣州見之. 具言前歲蒙皇帝聖恩降敕書, 賜以法錦袍・紫綾纏頭・間塗金銀鳳瓶一對・綾絹二十疋. 今令臣奉章來謝, 以方物致貢..」

[태종] 지도(至道) 원년(995), 대식의 선주 포압타려(蒲押陁黎)가 포희밀의 표(表)를 지니고 와서, 백룡뇌(白龍腦) 100냥, 올눌제(膃肭臍)272) 50짝, 은합(銀盒) 하나에 든 용염(龍鹽),273) 20개의 작은 유리병에 든 안약, 3개의 유리 단지에 든 백설탕, 각각 6개의 유리병에 든 천년조(千年棗)274)와 박상오미자(舶上五味子),275) 유리병 하나에 든 박상편도(舶上褊桃),276) 20개의

---

268) 吉貝: 綿布.
269) 無名異: 천연의 산화철. 통증을 멎게 하고 피부를 재생시키는 약재로 쓰이기도 했으며, 도자기에 푸른 빛을 내는 釉藥으로 사용되기도 했다. 沈括의 『夢溪補筆談』「藥議」에서는, "無名異, 色黑如漆, 水磨之, 色如乳者爲眞."라 적고 있다.
270) 錦袍: 비단으로 만든 도포.
271) 束帛: 한 묶음으로 된 5필의 비단이다. 통상 聘問이나 饋贈의 禮物로 쓰였다.
272) 膃肭臍: 물개의 陰莖과 睾丸이다. 補腎과 催淫의 藥劑로 쓰이며, 海狗腎이라고도 한다.
273) 龍鹽: 龍의 精液으로 만들었다는 정력제로서 吉弔脂・紫稍花라고도 한다. 韓偓의 『金鑾密記』「士林紀實」에서는, "龍鹽, 士大夫共知之. 龍方交, 有所遺. 用鹽漬之, 服之, 治虛敗, 有益幃簿之事."라 적고 있다.

유리병에 든 장미수, 유향산자(乳香山子) 1좌(坐), 서역 비단 2단(段), 타모욕면(駝毛褥面)277) 3단(段), 하얀 색의 월낙(越諾) 3단을 바쳤다. [포압타려를] 숭정전(崇政殿)278)에 불러 접견하였는데, 통역자가 대신 상주하여 말했다. "부친인 포희밀이 장사를 하다가 배를 타고 광주(廣州)로 갔는데, 지금까지 5년이 넘도록 돌아오지 않았습니다. 모친이 저한테 멀리 가서 찾아보라 하기에 광주에 와서 운 좋게 만날 수 있었습니다. [부친은] 지난번에 황제 폐하께서 성은(聖恩)을 보여 칙서(勅書)를 내려 주시고, 또한 법금포(法錦袍)279)·자릉전두(紫綾纏頭)280), 간도금은봉병(間塗金銀鳳瓶) 1짝,281) 능견(綾絹)282) 20필을 하사해 주셨던 것을 소상히 얘기해 주었습니다. 지금 다시 신으로 하여금 상주문을 올려 감사함을 표하라 하기에 토산품을 바칩니다."

太宗因問其國, 對云:「與大秦國相鄰, 爲其統屬. 今本國所管之民纔及數千, 有都城介山海間.」又問其山澤所出, 對云:「惟犀象香藥.」問犀象以何法可取, 對云:「象用象媒誘至, 漸以大繩羈縻之耳. 犀則使人升大樹操弓矢, 伺其至射而殺之, 其小者不用弓矢可以捕獲.」上賜以襲衣·冠帶·被褥等物, 令閤門宴犒訖, 就館, 延留數月遣回. 降詔答賜蒲希密黃金, 準其所貢之直. 三年二月, 又與賓同隴國使來朝.

태종이 그 나라(대식)에 대해 물으니 다음과 같이 대답하였다. "대진국(大秦國)283)과 인접

---

274) 千年棗: 대추야자.
275) 舶上五味子: 서역 오미자로, '舶上'이란 말은 舶上茴香·舶上硫黃·舶上丁香皮 등과 같이 중국산이 아닌 외래 품종을 의미하는 용어로 사용되었다.
276) 舶上褊桃: 아몬드(almond).
277) 駝毛褥面: 낙타털로 짠 두꺼운 직물.
278) 崇政殿: 大內의 궁전 뒤편에 있는 殿閣으로 閱事, 즉 일반 정무를 처리하는 곳이었다. 원래의 명칭은 簡賢講武殿이었는데 太宗 太平興國 2년(977)에 개칭되었다(李濂,『汴京遺蹟志』卷1,「宋大內宮室」참조).
279) 法錦袍: 法錦으로 만든 도포이다. 法錦이란 중국 西南의 소수민족 地區에서 산출되는 絲織品이었다.
280) 紫綾纏頭: 자주색 綾絹으로 된 纏頭를 말한다. 纏頭란 歌舞人에게 공연의 댓가로 지급하는 絹布를 가리킨다.
281) 間塗金鳳瓶과 間塗銀鳳瓶.
282) 綾絹: 가는 명주로 짠 얇은 상등품의 비단.

해 있는데 그 지배를 받고 있습니다.284) 지금 우리 나라가 관할하고 있는 인구는 겨우 수천에 지나지 않으며 도성은 산과 바다 사이에 있습니다." 또한 그 지역의 산물에 대해 물으니 "다만 물소뿔과 상아, 향약이 있을 뿐입니다"라고 대답하였다. 물소와 코끼리를 어떻게 잡느냐고 물으니 다음과 같이 대답하였다. "코끼리는 미끼를 이용하여 유인한 다음 동아줄로 만든 올가미로 옭아맵니다. 코뿔소는 사람이 큰 나무 위로 올라가서 활과 화살을 들고 있다가 다가오면 쏘아 죽입니다. 작은 코뿔소는 활과 화살을 쏘지 않고도 사로잡을 수 있습니다." [이에] 태종은 습의(襲衣)와 관대(冠帶)285)·피욕(被褥)286) 등의 물건을 하사하고, 합문(閤門)287)으로 하여금 잔치를 열어 잘 대접한 후 객관에 묵게 하였다. [포압타려는] 수개월이나 머물다 돌아갔는데, 조(詔)를 내려 포희밀에게 답례로 황금을 그가 바친 값어치에 준하여 하사하였다. [지도] 3년(997) 2월, 다시 빈동롱국(賓同隴國)288)의 사자와 함께 조공하였다.

咸平二年, 又遣判官文戍至. 三年, 舶主陁婆離遣使穆吉鼻來貢. 吉鼻還, 賜陁婆離詔書幷器服鞍馬. 六年, 又遣使婆羅欽三摩尼等來貢方物. 摩尼等對於崇政殿, 持真珠以進, 自云離國日誠願得瞻威顔即獻此, 乞不給回賜. 真宗不欲違其意, 俟其還, 優加恩賚.

---

283) 大秦國: 로마제국으로, 海西, 海西國이라고도 칭한다. 로마제국의 분열 이후에는 동로마제국을 가리켰다.
284) 바실레이오스 2세의 치세(976~1025)를 전후하여 동로마제국이 적극적인 정복 전쟁을 펴서, 메소포타미아와 그 주변 지역을 거의 대부분 장악했던 것을 가리킨다. 비잔틴제국은 8세기 초부터 9세기 중반까지 혼란과 쇠퇴를 거듭하다가, 9세기 중반 이래 재도약을 이룩하여 남과 북으로 영토를 확장하였다. 특히 바실레이오스 2세의 통치기에는 북방으로 불가리아 왕국을 정복하고 동남방으로 이슬람 세력을 물리쳐서 제국의 영역을 대폭 확대시켰다.
285) 冠帶: 모자와 腰帶.
286) 被褥: 요와 이불 한 세트.
287) 閤門: 官員의 朝參과 宴飮·禮儀 등을 관장하던 정부 기관으로, 吳自牧의 『夢梁錄』卷9 「閤職」에서는 그 職任에 대해 "閤門, 在和寧門外, 掌朝參·朝賀·上殿·到班·上官等儀範. 有知閤·簿書·宣贊及閤門祗候·寄班等官."라고 적고 있다.
288) 賓同隴國: 베트남 남부에 위치한 小國이다. 『諸蕃志』에서는 賓瞳龍國, 『島夷誌略』에서는 賓童龍, 『雲麓漫鈔』에서는 賓達儂이라 칭하고 있다. 국가의 개황에 대해 『諸蕃志』卷上 「志國」<賓瞳龍國>에서는, "賓瞳龍國, 地主手飾衣服與占城同. 以葵葢屋, 木作柵護. 歲貢方物於占城. 今羅漢中有賔頭盧尊者, 葢指此地言之, 賓瞳龍音訛也, 或云目連舍基尚存. 雍熙四年, 同大食國來貢方物."이라 적고 있다.

[진종] 함평(咸平) 2년(999) 또 판관 문무(文戊)를 보내 왔다. [함평] 3년(1000) 선주 타파리(陁婆離)가 사신 목길비(穆吉鼻)를 보내 조공하였다. [목]길비가 돌아갈 때 타파리에게 조서 및 기복(器服)[289]・안마(鞍馬)[290]를 하사하였다. [함평] 6년(1003) 사신 파라흠(婆羅欽)과 삼마니(三摩尼) 등을 보내 토산품을 조공하였다. [삼]마니 등은 숭정전에서 알현할 때 진주를 바치며, "나라를 떠나올 때 [폐하의] 용안(龍顏)을 뵙고 이것을 바치고자 간절히 원했습니다. 회사(回賜)[291]를 주지 마시기 바랍니다"라고 말했다. 진종(眞宗)은 그 뜻을 저버리지 않기 위해, 그들이 돌아갈 때를 기다려 두텁게 은사품(恩賜品)을 내렸다.

景德元年, 又遣使來. 時與三佛齊、蒲端國使並在京師, 會上元觀燈, 皆賜錢縱其宴飮. 其秋, 蕃客蒲加心至. 四年, 又遣使同占城使來, 優加館饎之禮, 許遍至苑囿寺觀遊覽.

[진종] 경덕(景德) 원년(1004) 또 사신을 보내왔다. 당시 삼불제(三佛齊) 및 포단국(蒲端國)의 사신과 함께 도성에 왔는데 마침 상원(上元)의 관등(觀燈)[292] 시기라서, 모두에게 돈을 하사하여 마음껏 먹고 마시도록 하였다. 그해 가을, 번객(蕃客)[293] 포가심(蒲加心)이 왔다. [경덕] 4년(1007), 또 사신을 파견하여 점성(占城)의 사신과 함께 도착하여, 숙식을 잘 제공한 다음 원유(苑囿)와 사관(寺觀)[294]을 두루 유람할 수 있게 해 주었다.

大中祥符元年十月, 車駕東封, 舶主陁婆離上言願執方物赴泰山, 從之. 又舶主李亞

---

289) 器服: 器物과 衣服.
290) 鞍馬: 안장을 씌운 말.
291) 回賜: 朝貢에 대한 답례로 물품을 하사하는 것을 말한다.
292) 上元의 觀燈: 정월 보름의 上元節(元宵節)에 花燈을 遊觀하는 것을 말한다. 觀燈 풍속의 유래에 대해 高承의 『事物紀原』「歲時民俗」<放燈>에서는, "『史記』「樂書」曰: '漢帝以正月上辛祀太一甘泉, 以昏時祀到明.' 徐堅謂今人正月望夜遊觀燈, 是其遺事."라 적고 있다.
293) 蕃客: 외국의 상인.
294) 苑囿와 寺觀: 苑囿는 帝王의 玩樂 용도로 禽獸를 기르던 園林을 말하고, 寺觀은 佛寺와 道觀을 가리킨다.

勿遣使麻勿來獻玉圭. 並優賜器幣・袍帶, 幷賜國主銀飾繩床・水罐・器械・旗幟・鞍勒馬等. 四年祀汾陰, 又遣歸德將軍陁羅離進瓰香・象牙・琥珀・無名異・繡絲・紅絲・碧黃綿・細越諾・紅駝毛・間金線壁衣・碧白琉璃酒器・薔薇水・千年棗等. 詔令陪位, 禮成, 並賜冠帶服物. 五年, 廣州言大食國人無西忽盧華百三十歲, 耳有重輪, 貌甚偉異. 自言遠慕皇化, 附古邏國舶船而來. 詔就賜錦袍・銀帶加束帛.

[진종] 대중상부(大中祥符) 원년(1008) 10월 진종이 동봉(東封)295)할 때, 선주 타파리(陁婆離)가 상주하여 토산품을 지니고 태산에 가고 싶다고 말하여 윤허하였다. 또 선주 이아물(李亞勿)이 사자 마물(麻勿)을 보내 옥규(玉圭)296)를 바쳤다. 이들 모두에게 기폐(器幣)와 포대(袍帶)297)를 두텁게 하사하고, 대식의 왕에게는 은으로 장식한 승상(繩床)298)과 수관(水罐)299)・기계(器械)300)・기치(旗幟)・안륵마(鞍勒馬)301) 등을 하사하였다. [대중상부] 4년(1011) 분음(汾陰)의 제사302) 때에는, 또 귀덕장군(歸德將軍) 타라리(陁羅離)를 파견하여 부향(瓰香)・상아・호박・무명이・수사(繡絲)303)・붉은 실(紅絲)・벽황색 면포(碧黃綿)・가는 월낙・홍타모(紅駝毛)304)・간금선벽의(間金線壁衣)・벽백유리주기(碧白琉璃酒器)・장미수・천년조 등을 바쳤다. 조를 내려 [타라리로 하여금 제사에] 배석하도록 하고 제사가 끝난 후 관대(冠帶)와 복물(服物)305)을 하사하였다. [대중상부] 5년(1012) 광주에서, "대식국 사람인 무서홀로화

---

295) 東封: 泰山에서의 封禪.
296) 玉圭: 帝王과 諸侯가 朝聘하거나 祭祀를 지낼 때 지니던 玉器로, 玉珪라고도 한다. 周密의 『癸辛雜識別集』 「升遐玉圭」에서는 "國朝典故, 凡人主升遐, 玉帶則取之霍山, 玉圭則取之文宣王, 向後復送還之."라 기록하고 있다.
297) 器幣와 袍帶: 器幣는 禮器와 玉帛, 袍帶는 錦袍와 腰帶로서 君王 및 貴官의 常服을 말한다.
298) 繩床: 가벼운 접이식 의자로서 나무판자에 천을 대고 끈으로 꿰어 만든 것이다. 繩牀・胡床・交床이라고도 한다.
299) 水罐: 물병.
300) 器械: 工具.
301) 鞍勒馬: 안장과 굴레를 씌운 말.
302) 汾陰의 제사: 大中祥符 4년(1011) 2월, 眞宗이 天書를 휴대하고 汾陰에서 后土에 제사를 바쳤던 일을 가리킨다.
303) 繡絲: 刺繡 용도의 실. 崇敬을 표시하는 상징물로 쓰였다.
304) 紅駝毛: 붉은 낙타의 털.

(無西忽盧華)는 130세인데 귀가 두 겹이며 용모도 대단히 기이하게 생겼습니다. 또한 스스로, 멀리서부터 황제의 교화를 흠모하여 고라국(古羅國)306)의 선박을 얻어 타고 왔다고 말하고 있습니다"라고 보고하였다. 조(詔)를 내려, 즉시 금포(錦袍)와 은대(銀帶),307) 속백(束帛)을 하사하도록 하였다.

天禧三年, 遣使蒲麻勿陁婆離·副使蒲加心等來貢. 先是, 其入貢路繇沙州, 涉夏國, 抵秦州. 乾興初, 趙德明請道其國中, 不許. 至天聖元年來貢, 恐爲西人鈔略, 乃詔自今取海路繇廣州至京師. 至和·嘉祐間, 四貢方物. 最後以其首領蒲沙乙爲武寧司階.

[진종] 천희(天禧) 3년(1019), 사신 포마물타파리(蒲麻勿陁婆離)와 부사(副使) 포가심(蒲加心) 등을 파견하여 조공하였다. 이전까지 대식의 입공로(入貢路)는 사주(沙州)308)를 경유하여 하국[西夏]을 지나 진주(秦州)309)에 이르는 것이었다. [진종] 건흥(乾興) 원년(1022)에 조덕명(趙德明)310)이 그 나라(대식)를 지나다닐 수 있도록 요청하였으나, [대식은] 허락하지 않았다. [그리하여] [인종] 천성(天聖) 원년(1023)에 조공하러 올 때 [서]하국 사람들의 습격을 받을까 우려하여, 조(詔)를 내려 앞으로는 해로를 이용하여 광주를 경유해 도성에 오도록 하였다. [인종] 지화(至和)·가우(嘉祐)311) 연간에는 네 차례나 토산품을 조공하였는데, 마지

---

305) 服物: 衣服과 器物.
306) 古羅國: 고라국은 '古剌'이라고도 하는데, 현재 미얀마의 버구(Pegu)에서 양곤에 이르는 지역을 가리킨다. 陸游의 『入蜀記』 卷4에서는 古羅國의 위치와 관련하여, "至是, 始望見巴山. 山在松滋縣泊灌子口, 葢松滋枝江兩邑之間. 松滋晉縣, 自此入蜀江, 枝江唐縣, 古羅國也, 江陵九十九洲在焉."라 적고 있다.
307) 銀帶: 은으로 장식한 腰帶.
308) 沙州: 오늘날의 甘肅省 敦煌市.
309) 秦州: 오늘날의 甘肅省 天水市.
310) 趙德明: 李繼遷(963~1004)의 아들로 그 뒤를 이어 탕구트 족의 지도자가 되는 인물이다. 1004년 부친의 뒤를 이은 이후 이계천의 노선을 계승하여 宋朝에 대한 저항의 자세를 견지하였으나, 宋遼 사이에 澶淵의 盟約이 성립되자 李德明 역시 항전을 그치고 송조에 신하의 예를 취했다. 이후 宋朝는 그에게 황실의 姓인 趙氏를 하사하여, 송 측으로부터는 趙德明이라 불렸다. 송과 탕구트 족 사이의 평화는 이후 20여 년간 지속되다가, 이덕명의 아들인 李元昊(1003~1048)의 시대가 되며 다시 대치상태에 접어들어 西夏의 건국으로 이어지게 된다.
311) 至和·嘉祐: 모두 인종의 연호로서 至和 연간은 1054년~1055년, 嘉祐 연간은 1056년~1063년에 해당

막 때는 그 수령 포사을(蒲沙乙)에게 무녕사계(武寧司階)를 주었다.

> 熙寧中, 其使辛押陁羅乞統察蕃長司公事, 詔廣州裁度. 又進錢銀助修廣州城, 不許. 六年, 都蕃首保順郎將蒲陀婆離慈表令男麻勿奉貢物, 乞以自代, 而求爲將軍, 詔但授麻勿郎將. 其國部屬各異名, 故有勿巡, 有陁婆離, 有俞盧和地, 有麻囉跋等國, 然皆冠以大食. 勿巡所貢, 又有龍腦・兜羅錦・毬錦襆・蕃花簟, 陁婆有金飾壽帶・連環臂鉤・數珠之屬.

[신종] 희녕(熙寧) 연간(1068~1077)에 그 사자 신압타라(辛押陁羅)가 번장사(蕃長司)[312]의 업무를 통할하게 해달라고 요청하여, 조(詔)를 내려 광주에서 전결(專決)하도록 하였다. 또 전은(錢銀)을 진헌(進獻)하여 광주성의 수축을 돕겠다고 하였으나 불허하였다. [희녕] 6년(1073) 도번수보순랑장(都蕃首保順郎將) 포타파리자(蒲陀婆離慈)가 아들인 마물(麻勿)로 하여금 공물(貢物)을 바치게 하며 표(表)를 올려, [아들로 하여금] 자신을 대신하게 해 달라고 하고 또 장군으로 임명해 달라고 요청하였다. 조(詔)를 내려 마물을 다만 낭장(郞將)[313]으로 삼았다. 대식의 각 부족은 각각 이름이 달라서, 물순(勿巡)[314]・타파리(陁婆離)[315]・유로화지(俞盧和地)[316]・마라발(麻囉跋)[317] 등의 나라가 있지만, 모두 대식이란 이름으로 대표되었

한다.

312) 蕃長司: 宋代에 蕃坊의 외국인 업무를 관장하던 책임자를 말하며 외국인 중에서 選任되었다. 唐宋時代 廣州와 泉州 等地에 도래하여 무역에 종사하는 외국인이 많아 그들이 모여 사는 지구를 蕃坊이라 칭했다. 宋代에는 외국인 가운데 人望이 있는 인물을 蕃長으로 임명하여, 蕃商의 入貢 및 외국인 관리 업무를 관장시키고 그 조직 내지 사무기구를 蕃長司라 불렀다. 蕃商이 輕罪를 범할 경우 통상 官衙의 위임을 받아 蕃坊에서 專決하였으며, 蕃坊에서는 해당 國俗을 감안하여 懲治하였다. 이에 대해서는 朱彧의 『萍州可談』 卷2를 참조.

313) 郞將: 環衛官의 하나이다. 環衛官이란 宗室이나 임기 만료된 지방의 守帥에게 수여되거나 혹은 武臣에게 추가로 부여되는 명예직으로서 실제의 직무는 없었다.

314) 勿巡: 오만 동북부에 위치한 알하드(al-Hadd) 西岸의 수르(Sur)港 인근을 가리킨다.

315) 陁婆離: 이란의 서북 변경지대에 위치한 타브리즈(Tabriz)이다. 『諸蕃志』卷上 <大食國>에서는 陁婆離라 적고 있다.

316) 俞盧和地: 페르시아만 西岸의 사우디아라비아에 있는 알 카티프(Al-Katif)이다.

317) 麻囉跋: 인도 서쪽의 말라바르(Malabar)해안을 말하며 『嶺外代答』卷3「大食諸國」에서는 麻囉拔, 『諸蕃

다. 물순이 조공한 것에는 용뇌·두라금(兜羅錦)318)·구금천(毬錦縩)319)·번화점(蕃花簟)320)이 있었고, 타파(陁婆)가 조공한 것에는 금식수대(金飾壽帶)321)·연환비구(連環臂鉤)322)·수주(數珠)323) 등이 있었다.

政和中, 橫州士曹蔡蒙休押伴其使入都, 沿道故滯留, 彊市其香藥不償直. 事聞, 詔提點刑獄置獄淮治, 因詔自今蕃夷入貢, 並選承務郎以上淸幹官押伴, 按程而行, 無故不得過一日, 乞取貿市者論以自盜云.

[휘종] 정화(政和) 연간(1111~1117)에 횡주(橫州)324)의 토조(土曹)325) 채몽휴(蔡蒙休)가 대식의 사자를 도성으로 안내하며, 도중에 고의로 일정을 지체하고 또 그들이 가져온 향약을 가치보다 훨씬 싸게 강매하였다. 이 사실이 보고되자, [조정에서는] 제점형옥(提點刑獄)326)에게 조를 내려 사건의 진상을 파헤쳐 처벌하도록 하였다. 또 조령을 내려 향후 이민족이 입공할 때는 승무랑(承務郎)327) 이상의 청렴하고 유능한 관원을 뽑아 안내하도록 하였다.

志』卷上「大食國」에서는 麻離抹이라 적고 있다.
318) 『文獻通考』卷339「四裔考」<大食>에는 '兜羅綿'이라고 하였다. 兜羅綿은 曹昭, 『格古要論』卷下「錦綺論」<兜羅綿>에서 "出南番·西番·雲南, 莎羅樹子內綿織者, 與剪絨相似, 濶五六尺, 多作被, 亦可作衣服." 이라고 한 바와 같이 草綿과 木棉을 총칭하는 용어로 사용되었다.
319) 毬錦縩: 소매 단에 圓球形의 비단 장식이 매달린 의복이다.
320) 蕃花簟: 중국식이 아닌 서역풍의 花簟이다. 花簟이란, 趙汝适의 『諸蕃志』卷下「椰心簟」에서, "用色染紅黑相間者, 曰花簟, 冬溫而夏涼, 便於出入."이라 하듯, 붉은색과 검정색을 엇갈려 칠한 대나무 돗자리이다.
321) 金飾壽帶: 金絲로 繡를 놓은 壽帶이다. 壽帶란 綬帶라고도 칭하며 官印 등의 물건을 맬 때 사용하는 비단 끈을 가리킨다.
322) 連環臂鉤: 구슬을 둥그렇게 꿰어 만든 팔걸이 장식을 말한다.
323) 數珠: 염주. 佛珠라고도 칭한다.
324) 橫州: 廣西路의 남부에 위치하며 현재의 廣西省 南寧市 橫縣이다.
325) 『宋史』「校勘記」에는 "『宋會要』「蕃夷」4之93에서는 '廣州司戶曹事'라 하고 있다. 또 그 위아래의 문장을 보면, 天聖 元年(1023)에 大食人으로 하여금 海道를 이용하여 광주로부터 경사에 오라는 조령이 내려지고 있다. 『宋史』卷167「職官志」를 보면, "曹官 가운데 戶曹參軍이 있는데 戶籍·賦稅·倉庫 受納의 일을 관장한다'고 되어 있다. 아마 『宋會要』가 옳을 것이다"라 적고 있다. 『宋會要』처럼 '土曹'는 '司戶參軍'으로 바꾸어 이해하는 것이 타당하다고 판단된다.
326) 提點刑獄: 刑獄을 관장하는 路의 지방 장관(監司)을 말한다. 憲이라 약칭된다.

아울러 일정대로 진행해야하며 하루라도 아무 까닭 없이 지체하지 못하도록 하였으며, 거래를 요구하는 자에 대해서는 자도(自盜)328)의 죄목으로 처벌토록 하였다.

> 其國在泉州西北, 舟行四十餘日至藍里, 次年乘風颿, 又六十餘日始達其國. 地雄壯廣袤, 民俗侈麗, 甲於諸蕃. 天氣多寒. 其王錦衣玉帶, 蹋金履, 朔望冠百寶純金冠. 其居以碼碯爲柱, 綠甘爲壁, 水晶爲瓦, 碌石爲磚, 活石爲灰, 帷幕用百花錦. 官有丞相·太尉, 各領兵馬二萬餘人. 馬高七尺, 士卒驍勇. 民居屋宇略與中國同. 市肆多金銀綾錦. 工匠技術, 咸精其能.

　대식은 천주(泉州)의 서북방에 있다. 배를 타고 40여 일을 가면 남리(藍里)329)에 다다르며, 이듬해 바람을 타고 범선을 띄우면 60여 일이 지나야 비로소 그 나라에 도착한다. 여러 번이(蕃夷) 가운데 가장 국토가 웅장하고 드넓으며 민속이 사치스럽고 화려하다. 날씨는 추운 날이 많고, 그 왕은 비단 옷에 옥대(玉帶)를 드리우며 금 신발을 신는다. 매월 삭망(朔望)330)에는 온갖 보석이 달린 순금의 관을 쓴다. 그 궁전은 마노(瑪瑙)로 기둥을 세우고 녹감(綠甘)331)으로 벽을 만든다. 수정으로 지붕을 이고 녹석(碌石)332)으로 벽돌을 만들며, 활석(活石)333)으로 회반죽을 만들고 휘장은 온갖 꽃이 그려진 비단을 쓴다. 관료로는 승상과 태위(太尉)가 있는데 각각 기병 2만여 명을 거느린다. 말의 높이는 7척에 달하며 병사들은 매우 날쌔고 용감하다. 백성들의 가옥은 대략 중국과 같다. 시장에는 금·은과 비단이 많으며, 수공업자의 기술은 대단히 정교하다.

---

327) 承務郞: 文散官 29階 가운데 第 26階에 해당하며 正9品下이다.
328) 自盜: 官物을 절취하는 것을 말한다.
329) 藍里: 인도네시아 수마트라의 서북방 일대로, 『諸蕃志』卷上에서는 藍無里라 적고 있다.
330) 朔望: 초하루와 보름.
331) 綠甘: 건축 재료로 쓰이는 초록색의 광석이다.
332) 碌石: 鑛物로서 건축 재료나 藥材로 쓰인다. 초록색을 내는 顔料로 쓰이기도 한다.
333) 活石: 鑛物로서 방광염·요도염을 치료하는 藥材나 건축 재료로 쓰인다. 滑石·液石·共石이라 불리기도 한다.

建炎三年, 遣使奉寶玉珠貝入貢. 帝謂侍臣曰:「大觀・宣和間, 茶馬之政廢, 故武備不修, 致金人亂華, 危亡不絕如線. 今復捐數十萬緡以易無用之珠玉, 曷若惜財以養戰士?」詔張浚卻之, 優賜以答遠人之意. 紹興元年, 復遣使貢文犀・象齒, 朝廷亦厚加賜與, 而不貪其利. 故遠人懷之, 而貢賦不絕.

[고종] 건염(建炎) 3년(1129), 사신을 파견하여 보옥(寶玉)과 진주를 바쳐 조공하였다. 고종이 근신(近臣)에게 말했다. [즉] "대관(大觀)・선화(宣和)334) 연간에 차마(茶馬)의 정책이 혼란해져 군비도 흐트러졌고, 이로 인해 금(金)이 중국을 침공하게 되어 거의 멸망에 이를 지경이 되었다. 지금 다시 수십만 민(緡)으로 아무 쓸모없는 주옥(珠玉)과 바꾼다면, 장차 어떻게 전사를 양성하는 군비를 마련할 수 있겠는가?"라고 하였다. 장준(張浚)335)에게 명하여 물리치고 받지 말도록 하였다. 다만 하사품을 두터이 내려 먼 나라에서 온 성의에 답례를 표시하였다. [고종] 소흥(紹興) 원년(1131), 다시 사신을 파견하여 문서(文犀)336)와 상아를 조공하였다. 조정에서는 예전처럼 넉넉하게 하사품을 주었을 뿐, 그 이익을 탐하지는 않았다. 그리하여 먼 곳 사람들이 흠모하며 끊이지 않고 조공하였다.

層檀國在南海傍, 城距海二十里. 熙寧四年始入貢. 海道便風行百六十日, 經勿巡・古林・三佛齊國乃至廣州. 其王名亞美羅亞眉蘭, 傳國五百年, 十世矣. 人語音如大食.

---

334) 大觀・宣和: 모두 徽宗의 연호이다. 大觀은 1107년~1110년, 宣和는 1119년~1125년에 해당한다.
335) 張浚(1097~1164): 南宋 초의 대표적인 주전파 大臣. 高宗 즉위 후 侍御史에 발탁되었으며 建炎 3년(1129) 봄에는 知樞密院事로서 苗傅・劉正彥의 반란을 진압하는데 韓世忠 등과 함께 커다란 공을 세웠다. 이후 川陝宣撫處置使가 되어 3년 동안 재직하면서, 金 兀朮이 淮西를 침공할 때 北進하여 永興軍路를 수복함으로써 金軍을 견제하였다. 建炎 4년(1130)에는 대군을 이끌고 關陝 일대를 經略하기 위해 진군하였다가 耀州의 富平에서 金 兀朮・婁室의 군대에 대패함으로써 남송의 對金 전략에 막심한 지장을 초래하였다. 이후에도 知樞密院事, 尚書右僕射 등을 역임하며 朝政을 주도하다가 秦檜의 집권 이후 落職하였다. 秦檜의 사후 재차 발탁되어 紹興 31년(1161) 金 海陵王의 남침시 觀文殿大學士로서 그 격퇴에 상당한 공을 세웠다. 孝宗 隆興 원년(1164) 樞密使가 되어 金에 대한 북벌을 기획하였으나 諸將과의 불화로 실패하고 얼마 후 主和派인 湯思退에 모함을 받아 실각하였다.
336) 文犀: 무늬를 새겨 넣은 犀角을 말한다.

> 地春冬暖. 貴人以越布纏頭, 服花錦白氎布, 出入乘象·馬. 有奉祿. 其法輕罪杖, 重罪死. 穀有稻·粟·麥, 食有魚, 畜有綿羊·山羊·沙牛·水牛·橐駝·馬·犀·象, 藥有木香·血竭·沒藥·鵬砂·阿魏·薰陸. 產眞珠·玻璃·蜜沙華三酒. 交易用錢, 官自鑄, 三分其齊, 金銅相半, 而銀居一分, 禁民私鑄. 元豐六年, 使保順郎將層伽尼再至, 神宗念其絕遠, 詔頒賚如故事, 仍加賜白金二千兩.

층단국(層檀國)337)은 남해(南海)338)의 근처에 있으며, 그 성(城)은 바다로부터 20리 거리에 있다. [신종] 희녕(熙寧) 4년(1071)에 처음으로 입공하였다. 바닷길[海道]은 바람을 타고 가면 160일이 걸리며, 물순(勿巡),339) 고림(古林),340) 삼불제(三佛齊)국을 경유하여 광주(廣州)에 이른다. 그 왕의 이름은 아미라아미란(亞美羅亞眉蘭)이며, 나라가 알려진 것이 500년, 10대에 이른다. 사람들이 사용하는 언어는 대식(大食)과 같다. 지역은 따뜻해서 겨울에도 온난한 기후이다. 귀인(貴人)들은 월포(越布)로 머리를 묶으며, 화금백첩포(花錦白氎布)341)를 입고 코끼리나 말을 타고 출입한다. [관료에게] 봉록이 있다. 그 법은 죄가 가벼우면 장[형]

---

337) 層檀國: 셀주크투르크(Saljūk Turks)인들이 건립했다고 알려지고 있으며, 아라비아반도에 있었다고도 한다. 현재의 아제르바이잔공화국 지역이며, 수도는 라이(Rai)였다. 당시 層檀은 Al-Sultan(蘇丹)의 음역으로, 王이라는 의미이다. 『文昌雜錄』 卷1에는 "層檀, 東至海西, 至胡盧沒國, 南至霞勿檀國, 北至利吉蠻國."이라 되어 있다. 그런데 같은 책에 또한 "勿巡, 舟船順風泛海二十晝夜至層檀"이라 하여 물순에서 12일 동안 배를 타고 가야하는 곳으로 나오는데, 이것은 아마도 동아프리카에 스와힐리인들이 세웠던 '層拔'을 혼동해서 기술한 것으로 보인다.

338) 南海(South China Sea): 중국 남쪽의 바다이며, 고대 중국인들의 지리적 해역 개념을 반영한다. 각 역사시기마다 이 남해의 해역 개념이 달랐다. 선진시기 남해의 개념은 중국 남방 해양과 그 부근의 바다를 의미했다. 하지만 시대가 흘러감에 따라 해양에 대한 인식과 지식이 증가하면서 남해의 범위도 점차 넓어지게 되어 중국 남쪽의 해역 외에도 동남아와 인도양 동부의 해역을 의미하는 것으로 되었다. 한대와 남북조 시대에는 漲海, 沸海라고 부르다가, 唐代 이후 점차 南海로 개칭되었다.

339) 勿巡: 『송사』 「점성전」과 『송회요집고』 등에 관련 기사가 보인다. 현재의 아라비아반도 동남쪽의 오만의 소하르(Sohar)이며, 페르시아 말로 메조엔(Mezoen)이라고 한다. 물순과 唐代의 沒巽은 그 음을 따온 것이다. 『宋會要輯稿』 「蕃夷」 4 <大食>조 神宗 熙寧 5년 6월 21일 "大食勿巡國進奉使辛押, 羅辭歸蕃, 特賜白馬一疋·鞍轡一副. 所乞統察蕃長司公事, 令廣州相度. 其進助修廣州城錢銀, 不許."라고 기록되어 있다.

340) 古林: 閣藍, 故臨이라고도 한다. 쿠람(Kulam)의 음역으로, 오늘날 인도 서남부의 퀴론(Quilon)港이다.

341) 花錦白氎布: 꽃비단과 흰 모포 베.

(杖刑)이며, 무거운 죄이면 사[형]에 처한다. 곡식으로는 벼, 조[粟], 밀[麥]이 있으며, 물고기를 먹고, 면양(綿羊), 산양(山羊), 누렁소[沙牛],342) 물소[水牛], 낙타[橐駝], 말, 코뿔소, 코끼리 등을 기른다. 약으로는 목향(木香),343) 혈갈(血竭),344) 몰약(沒藥),345) 붕사(鵬砂),346) 아위(阿魏),347) 훈육(薰陸)348)이 있다. 진주, 유리와 밀주(密酒) 사주(沙酒) 화주(華酒)의 세 가지 술이 생산된다. 교역할 때는 돈[錢]을 사용하는데, 관에서 직접 주조한다. 세 요소를 [넣는데] 금과 동이 서로 반씩 들어가며, 은 1분(分)이 들어가고, 백성들이 사적으로 주조하는 것은 금지되어 있다. [신종] 원풍(元豊) 6년(1083) 보순랑장(保順郎將)인 층가니(層伽尼)가 두 번째로 파견되어 오자 신종은 [그곳이] 너무나도 먼 것이라는 점을 고려해서 조칙을 반포하여 고사(故事)와 같이 하라고 하니 이에 백금(白金) 2천 량을 하사하였다.

龜茲本回鶻別種. 其國主自稱師子王, 衣黃衣, 寶冠, 與宰相九人同治國事. 國城有

342) 沙牛: 모래 색깔과 같이 누런 黃牛를 말한다.
343) 木香: 다년생 草本 植物로서 꽃은 黃色이고 향의 느낌은 꿀과 같다. 원래의 이름은 蜜香, 또한 青木香이라고도 칭했다. 木香, 南木香, 廣木香 등으로 구별되며, 뿌리는 약에 썼다. 『神農本草經』 卷1에는 "木香, 味辛, 主邪氣, 辟毒疫溫鬼, 強志. 主淋露."라 되어 있다. 宋 洪芻의 『香譜』 「香品」에는 "木香, 一名蜜香, 從外國船上來. 形似薯蕷而根大, 花紫色, 如雞屎, 如嚙之粘齒者良."이라 하여 외국 선박들이 가지고 왔던 사실을 전해준다. 孟元老의 『東京夢華錄』 <駕回儀衛>에도 "是月季春, 萬花爛熳, 牡丹, 芍藥, 棣棠, 木香 種種上市."라 하여 목향이 시장에서 자주 거래되는 약물이었음을 보여준다.
344) 血竭: 藥의 일종이며, 騏驎竭이라고도 한다. 말라붙은 피와 같다고 해서 혈갈이라는 이름이 붙었다. 李時珍의 『本草綱目』 「木」1 <騏驎竭>에는 "此物如乾血, 故謂之血竭."이라 되어있다.
345) 沒藥: 藥의 일종으로, 외상을 치료하는데 쓰였다. 맛은 쓰지만 성질은 평범하여 독은 없다. 李時珍의 『本草綱目』 「木」1 <沒藥>에는 "集解引馬志曰: '沒藥生波斯國. 其塊大小不定, 黑色, 似安息香.'"이라고 하였다.
346) 鵬砂: 보통 硼砂라고 쓰며 蓬砂라고도 했다. 광물 결정체이며, 금이나 은을 용접하는데 사용한다. 또한 藥으로 가래 기침을 멎게 하며, 목구멍의 염증을 가라앉히는데 효과가 있다고 한다(李時珍 『本草綱目』 「金石」5 <蓬砂> 참조).
347) 阿魏: 냄새가 심하게 나는 식물이다. 뿌리에서 나오는 진액을 말린 후 소화를 돕거나 살충 해독하는 약물로 사용한다. 唐 段成式의 『酉陽雜俎』 「木篇」에 "阿魏出伽闍那國, 即北天竺也. 伽闍那呼爲形虞. 亦出波斯國, 波斯國呼爲阿虞截. 樹長八九丈, 皮色青黃, 三月生葉, 葉似鼠耳, 無花實. 斷其枝, 汁出如飴, 久而堅凝, 名阿魏."라고 설명하였다.
348) 薰陸: 향료의 명칭으로 乳香이라고 한다. 송대 沈括의 『夢溪筆談』 「藥議」에 "薰陸, 即乳香也, 以其滴下如乳頭者, 謂之乳頭香."라고 하였다.

市井而無錢貨, 以花蕊布博易. 有米麥瓜果. 西至大食國行六十日, 東至夏州九十日.
或稱西州回鶻, 或稱西州龜茲, 又稱龜茲回鶻.

구자(龜茲)349)는 본래 회골(回鶻)350)의 별종(別種)이다. 그 나라의 임금은 스스로 사자왕

---

349) 龜茲: 쿠차(Kucha)의 音譯이며, 丘慈·邱茲·丘茲라고도 부른다. 고대에는 인도유럽인종이 살았지만 위구르[回鶻]인들이 온 이후에는 인종과 언어가 위구르화 되었다. 龜茲國은 庫車綠洲를 중심으로 하였으며, 최전성기에는 현재의 新疆省의 輪台, 庫車, 沙雅, 拜城, 阿克蘇, 新和 등 6개 縣市를 포함했다. 漢代에는 서역의 36개국의 하나이며, 서역도호부에 속했다. 국도는 延城(현재의 新疆省 庫車縣 東郊 皮朗古城)이다. 후한 때는 西域長史의 관할에 속했었다. 위진 시대에는 현재의 沙雅縣 북쪽 69리의 羊達克沁으로 옮겼다. 당대에 이르러 옛 성으로 돌아왔으며, 伊邏盧城이라 개명하고 龜茲都督府로 삼았다. 龜茲鎭과 安西都護府의 치소가 바로 이곳에 있었다. 顯慶 3년(658)에 唐은 安西都護府를 龜茲都城으로 옮겼으며, 그 아래에 龜茲, 于闐, 焉耆, 疏勒 등 4鎭을 설치하면서 龜茲는 唐朝 서역 통치의 중심이 되었다. 토번세력이 서역으로 들어옴에 따라 당은 여러 차례 구자 등 4鎭을 포기하였다가 武則天 長壽 원년(692)에 4진을 다시 회복했으며, 이후 백 년간 안서도호부는 안정적으로 龜茲에 있었고, 龜茲의 王城은 또한 安西로 되었다. 德宗 貞元 6년(790) 전후에 吐蕃에게 점령되었다. 840년 이후 龜茲는 西州回鶻의 세력 범위로 들어가 인종이 점차 위구르화 되었으며, 黑汗王朝(터키어를 사용하는 민족으로 현재의 신강 중앙아시아에 건립되었던 왕조)가 강성해짐에 따라 대략 11세기말 龜茲는 西州回鶻에서 분리되어 喀什噶爾汗에 귀부하여 이슬람교를 믿게 되었다. 이로부터 龜茲는 독립적인 정권을 이루지 못하였다.

350) 回鶻: 중국 고대의 서북방에 있었던 민족의 하나였다. 원래 回紇이었으나 唐 德宗 때 回鶻이라 개칭하였다. 唐初에 漠北에 9姓 鐵勒이 있었는데, 回鶻은 그 중의 하나였다. 回鶻의 部落聯盟에서 藥羅葛이 수령이었으며, 이후 回鶻의 可汗은 대다수가 이 氏族에서 나왔다. 唐 天寶 3년(744)에 骨力裴羅를 수령으로 하는 回紇聯盟이 당군의 지휘하에 突厥 汗國을 무너뜨리고 漠北回紇國을 건립하고 王庭(牙帳)을 鄂爾渾河 유역에 두었다. 당대에 回紇은 "迅捷如鶻然"의 뜻인 回鶻로 이름을 바꾸었다. 나라를 세운 후 回紇과 당의 관계는 비교적 양호하여 다른 유목민족 정권처럼 중국을 침략하거나 약탈하지 않았다. 回紇은 또한 唐이 安史의 亂을 평정하는데 도움을 주기도 했다. 최대 동으로는 室韋에, 서로는 金山(현재의 알타이산맥)이 이르렀고 남으로는 大漠까지였다. 回紇은 이후 장기간 吐蕃과 전쟁을 벌였다. 게다가 통치도 난맥상을 보이고 내분이 끊임없이 일어나 846년 소속 部인 黠戛斯에 의해 멸망했다. 그 이후 서쪽으로 옮겨갔는데, 대략 3갈래로 나누어졌다. 그중 하나는 투르판[吐魯番]분지로 갔으며, 高昌回鶻 또는 西州回鶻, 北庭回鶻, 和州回鶻, 阿薩蘭回鶻으로도 불렸다. 관할 영역은 동으로는 하미(哈密), 서로는 쿠차(庫車), 남으로는 于闐, 북으로는 天山을 넘어섰다. 수도는 高昌(新疆省 투르판 동쪽)이며, 國王은 阿薩蘭汗이였는데, 그 뜻은 獅子王(이후 亦都護로 개칭)이다. 겨울에는 고창에 거주하였고, 여름에는 北庭(현재의 新疆省 吉木薩爾破城子)에 거주하였다. 주로 농업에 종사하면서 곡식, 면화와 포도를 비롯한 과일 등 작물을 심었다. 목축도 겸하였다. 관개시설이 특색이 있는데, '坎爾井'으로

(師子王)이라 칭하며, 황의(黃衣)를 입고 보관(寶冠)을 썼으며, 재상(宰相) 아홉 명과 함께 나라의 일을 다스렸다. 그 나라의 도성[國城]에는 시장[市井]은 있지만 화폐[錢貨]가 없어서 화예포(花蕊布)351)를 가지고 널리 교환하였다. 쌀과 밀, 참외 과일이 난다. 서쪽의 대식국(大食國)으로 가는데 60일이 걸리며, 동쪽으로 하주(夏州)352)에 이르는데 90일이 걸린다. 어떤 경우에는 서주회골(西州回鶻)이라 칭하기도 하며 서주구자(西州龜玆)라고 하는데, 또한 구자회골(龜玆回鶻)이라고도 한다.

> 天聖至景祐四年, 入貢者五, 最後賜以佛經一藏. 熙寧四年, 使李延慶, 曹福入貢. 五年, 又使盧大明, 篤都入貢. 紹聖三年, 使大首領阿連撒羅等三人以表章及玉佛至洮西. 熙河經略使以其罕通使, 請令於熙, 秦州博買, 而估所齎物價答賜遣還, 從之.

[진종] 천성(天聖) 연간(1023~1031) 부터 [인종] 경우(景祐) 4년(1037)까지 다섯 번 입공(入貢)하였으며, 마지막에는 불경(佛經) 1장(藏)을 하사하여 주었다. [신종] 희녕(熙寧) 4년(1071), 사신 이연경(李延慶), 조복(曹福)이 입공하였다. [희녕] 5년(1072)에 또한 사신 노대명(盧大明), 독도(篤都)가 입공하였다. [철종] 소성(紹聖) 3년(1096) 사신으로 대수령(大首領)인 아련살라(阿連撒羅) 등 세 명이 표장(表章)353)과 옥불(玉佛)을 가지고 조서(洮西)354)에

이름이 높다. 불교를 믿었으며, 마니교와 조로아스트교(Zoroastrianism)를 함께 믿기도 했다. 문자는 回鶻文을 사용하였고, 가무에 능하였고, 목각 인쇄술과 벽화예술이 뛰어났다. 본문에서 언급되고 있는 10~11세기에 오대 북송과의 관계는 아주 밀접하였다. 12세기 초 西遼에 예속되었다가 13세기 초 몽고에 귀부하였다. 1420년대부터 차카타이 칸국에 속했다가 17세기 후반 준가르부에 의해 점령당했으며, 18세기 중엽 청정부의 관할로 들어갔다.

351) 花蕊: 花藥라고도 한다. 일반적으로 꽃의 수술과 암술의 통칭이다. 화예포란 꽃이 수놓아진 布로 추정된다.
352) 夏州: 北魏 太和 11년(487) 統萬鎭을 승격해서 설치한 것이며, 治所는 化政郡 巖綠縣(唐에서는 朔方이라 하였으며, 현재의 陝西 靖邊縣 북쪽 白城子)이다. 隋 大業 3년(607)년 朔方郡이라 개명하였다. 唐 貞觀 2년(628) 다시 夏州를 두었으며, 관할 영역은 현재의 陝西 靖邊縣 북쪽의 紅柳河 유역과 내몽고 杭錦旗, 烏審旗 등지이다. 天寶 원년(742)에 다시 朔方郡으로 바꾸었다가 乾元 원년(758)에 다시 夏州라 하였다. 唐末 이래 탕구트족의 탁발씨가 대대로 거주하면서 이곳에서 서하를 건립하였다. 원대에 폐지되었다.
353) 表章: 上奏하는 문장이다.
354) 洮西: '洮西'라는 단독 지명은 존재하지 않는다. 다만 현재의 甘肅省 和政縣이 송대 토번이 설치한 香子城이며, 이 향자성이 洮西香子라 하여 함께 사용되고 있다. 『宋史』 卷191 「兵志」에는 "(熙寧)六年,

이르렀다. 희하경략사(熙河經略使)는 그것이 오랜만의 통사(通使)라고 하면서 희주와 진주에서 수매[博買]355)하도록 하며, 가져온 물건의 값에 맞추어 하사하고 돌려 보내주도록 하자고 청하자, 그것에 따랐다.

沙州本漢燉煌故地, 唐天寶末陷于西戎. 大中五年, 張義潮以州歸順, 詔建沙州爲歸義軍, 以義潮爲節度使, 領河沙甘肅伊西等州觀察, 營田處置使. 義潮入朝, 以從子淮深領州事. 至朱梁時, 張氏之後絶, 州人推長史曹義金爲帥. 義金卒, 子元忠嗣. 周顯德二年來貢, 授本軍節度·檢校太尉, 同中書門下平章事, 鑄印賜之.

사주(沙州)356)는 본래 한(漢)대 돈황(燉煌)의 옛 땅으로, 당(唐) 천보(天寶) 연간(742~755) 말엽에 서융(西戎)의 수중에 떨어졌다. [당 선종(宣宗)] 대중(大中) 5년(851), 장의조(張義潮)357)가 주(州)를 들어 귀순하자 조를 내려 사주(沙州)에 귀의군(歸義軍)358)을 세웠다. [장]의조를 절도사(節度使)로 삼았으며, 하사(河沙)·감숙(甘肅)·이서(伊西) 등 주(州)의 관

帝謂輔臣曰, '洮西香子城之戰, 官軍貪功, 有斬巴氈角部蕃兵以效級者, 人極嗟憤. 昔李靖分漢蕃兵各爲一隊, 無用眾於紛亂.'"이라고 기록되어 있다.

355) 博買: 宋代에 市舶司에서 외래화물을 收買하는 것을 일컫는 말이다. '抽買', '和買', '官市'라고도 한다. 『宋史』 卷185 「食貨」下7 "紹熙三年, 以福建舶司乳香虧數, 詔依前博買. 開禧三年, 住博買. 嘉定十二年, 臣僚言以金銀博買, 洩之遠夷爲可惜."

356) 沙州: 唐 貞觀 7년(633)에 西沙州를 고쳐서 설치하였으며, 治所는 敦煌縣(현재 甘肅省 敦煌市 서쪽)이다. 天寶 원년(742)에 敦煌郡이라 하였다가 乾元 원년(758)에 다시 沙州로 바꾸었다. 관할 영역은 현재의 甘肅省 敦煌市 서쪽에서 新疆省 羅布泊, 且末縣 일대이다. 大曆 11년(776)에 吐蕃의 수중에 들어갔다. 大中 5년(851)에 다시 수복했다가 이후 폐지하였다. 元 至元 14년(1277)에 다시 설치되었는데, 至元 17년(1280)에 沙州路로 승격하였다. 본문의 기사는 바로 대중 5년(851) 장의조가 귀순하면서 중국의 영역으로 다시 들어오게 된 이후의 내용을 설명한 것이다.

357) 張義潮(799~872): 일부 사서에 '張議潮'로도 표현되어 있다. 『新·舊唐書』와 『資治通鑑』에는 모두 '張義潮'라 되어 있다. 감숙성 돈황 사람으로 848년 토번으로부터 瓜州, 沙州를 회복하고 高進達을 長安에 보내 내조했다. 西州[투르판] 등지를 회복하고 861년에는 涼州를 회복하여 하서절도사에 임명되었다. 成通 13년(872) 장안에서 사망했다.

358) 歸義: 唐의 方鎭 이름이다. 大中 5년(851) 河西節度使를 고쳐서 설치한 것이다. 治所는 沙州(현재 甘肅 敦煌市 서쪽)에 있었으며, 관할 영역은 현재 감숙성 하서 회랑 지역이다. 北宋 때에는 西夏의 영역으로 들어갔다.

찰(觀察)과 영전처치사(營田處置使)로 관할하도록 하였다. [장]의조가 입조(入朝)하자 조카인 [장]회심(張淮深)으로 하여금 [사]주의 일을 다스리도록 하였다. 주[전충]의 후량(後梁) 왕조(907~922) 때 장씨(張氏)의 후대가 끊어져서 [사]주의 사람들이 장사(長史)인 조의금(曹義金)을 추대하여 우두머리로 삼았다. [조]의금이 죽자 아들인 [조]원충(曹元忠)이 계승하였다. [후]주(後周) 현덕(顯德) 2년(955)에 입공하였다. 본군절도(本軍節度), 검교태위(檢校太尉), 동중서문하평장사(同中書門下平章事)를 제수해주고 주조해서 만든 인장(印章)을 하사해주었다.

建隆三年加兼中書令, 子延恭爲瓜州防禦使. 興國五年元忠卒, 子延祿遣人來貢. 贈元忠燉煌郡王, 授延祿本軍節度, 弟延晟爲瓜州刺史, 延瑞爲衙內都虞候. 咸平四年, 封延祿爲譙郡王. 五年, 延祿·延瑞爲從子宗壽所害, 宗壽權知留後, 而以其弟宗允權知瓜州. 表求旌節, 乃授宗壽節度使, 宗允檢校尙書左僕射·知瓜州, 宗壽子賢順爲衙內都指揮使. 大中祥符末宗壽卒, 授賢順本軍節度, 弟延惠爲檢校刑部尙書, 知瓜州. 賢順表乞金字藏經泊茶藥金箔, 詔賜之. 至天聖初, 遣使來謝, 貢乳香·硇砂·玉團. 自景祐至皇祐中, 凡七貢方物.

[송 태조] 건륭(建隆) 3년(962) 중서령(中書令)을 더해 주었으며, 그 아들인 [조]연공(曹延恭)을 과주(瓜州) 방어사(防禦使)[359]로 삼았다. [태종 태평]흥국 5년(980)에 [조]원충이 사망하자 그 아들인 [조]연록(曹延祿)이 사람을 보내어 조공하였다. [조]원충에게 돈황군왕(燉煌郡王)을 추증(追贈)해주었으며, [조]연록에게 본군절도(本軍節度)를 제수해주었다. 동생인 [조]연성(曹延晟)은 과주 자사(刺史)로 삼았으며, [조]연서(曹延瑞)는 아내도우후(衙內都虞候)로 삼았다. [진종] 함평(咸平) 4년(1001) [조]연록을 초군왕(譙郡王)으로 삼았다. [진종 함평] 5년(1002) [조]연록과 [조]연서가 조카인 [조]종수(曹宗壽)에게 시해를 당했는데, [조]종수는 권지유후(權知留後)가 되었고, 그의 동생인 [조]종윤(曹宗允)을 권지과주(權知瓜州)

---

359) 瓜州: 唐 高祖 武德 5년(622)에 설치하였고, 治所는 晉昌縣(지금의 甘肅省 安西縣 동남쪽 鎖陽城)이다. 『元和志』 卷40에 따르면 瓜州는 "地出美瓜, 故取名焉. 狐食其瓜, 不見首尾"라 하였다. 관할 영역은 현재의 감숙성 안서현 일대이며, 西夏末에 폐지되었다.

로 삼았다. 표(表)을 올려 정절(旌節)360)을 요청하자 이에 [조]종수를 절도사(節度使)로 제수해주고 [조]종윤을 검교상서좌복야(檢校尙書左僕射), 지과주(知瓜州)로 삼았으며, [조]종수의 아들인 [조]현순(曹賢順)을 아내도지휘사(衙內都指揮使)로 삼았다. [진종] 대중상부(大中祥符) 연간(1008~1016) 말에 [조]종수가 죽자 [조]현순을 본군절도(本軍節度)로 삼았으며, 그 동생인 [조]연혜(曹延惠)를 검교형부상서(檢校刑部尙書), 지과주(知瓜州)로 삼았다. [조]현순이 표문을 올려서 금자장경(金字藏經), 계다약(洎茶藥)361)과 금박(金箔)362)을 청하자 조를 내려 하사해주었다. [진종] 천성(天聖) 연간(1023~1031) 초에 이르러 사신을 파견하여 사례하였으며, 유향(乳香),363) 요사(硇砂),364) 옥단(玉團)365)을 바쳤다. [인종] 경우(景祐) 연간(1034~1037)에서 황우(皇祐) 연간(1049~1053) 사이에 모두 일곱 차례 방물(方物)을 바쳤다.

> 拂菻國東南至滅力沙, 北至海, 皆四十程. 西至海三十程. 東自西大食及于闐・回紇・青唐, 乃抵中國. 歷代未嘗朝貢.

---

360) 旌節: 원래 고대 使臣이 지니는 것으로 믿을만한 증표로 삼았다. 唐代에는 절도사에게 雙旌雙節을 수여하였는데, 旌은 마음대로 賞을 주는 것이며, 節은 마음대로 죽이는 것을 의미했다. 즉 해당지역의 절도사에게 賞과 殺에 대한 전권을 허락해주는 것으로 軍權 내지는 통치권을 부여한다는 의미이다.
361) 洎茶藥: 당송 시대에 茶藥이라 함은 茶와 양생을 돕는 湯藥을 의미한다. 또한 '茶丸藥'이라는 '丸藥'을 의미하기도 한다. 당시에 차나 탕약 모두 뜨거운 물을 부어서 끓여 마셨기 때문에 계다약이라 표현하였던 듯하다.
362) 金箔: 金薄이라고도 하며, 黃金을 두드려 만든 얇고 납작한 조각이다. 기물이나 불상 등을 장식할 때 사용하였다.
363) 乳香: 본래의 이름은 薰陸으로 감람나무과의 늘 푸른 喬木에서 나와서 엉겨서 이루어진 나무 기름이다. 물방울 같이 한 방울씩 떨어져 유두의 모습을 이루기 때문에 乳頭香이라고도 칭했다. 薰香의 원료이며 藥用에 쓰였다. 唐代『香品』卷1에 "南海波斯國松樹脂, 有紫赤如櫻桃者, 名乳香, 蓋薰陸之類也."라고 기록되어 있다.
364) 硇砂: 礦物의 일종이다. 통상적으로 근래에 폭발한 화산 활동지역에서 발견되는데, 화산에서 분출해서 나온 염화암모니움 성분이 굳어서 만들어진 것이다. 공업이나 의약 등에 광범위한 용도로 사용된다. 李時珍의『本草綱目』「金石」5 <硇砂>에는 "이를 복용하면 어지러워져서 요사라는 이름이 붙여졌다(硇砂性毒, 服之使人硇亂, 故曰硇砂)"고 되어 있다.
365) 玉團: 벽돌 또는 원형형태의 물건에 대한 아름다운 호칭이며, 粽子(단오절에 먹는 중국의 떡), 꽃, 둥근달 등을 의미한다. 여기에서는 어떠한 것을 의미하는지 분명하지 않다.

불름국(拂菻國)366)은 동남쪽으로 멸력사(滅力沙)367)에 이르며, 북쪽으로 바다에 이르는데 모두 40일 일정368)이 걸리며, 서쪽으로 바다에 이르기까지는 30일 일정이 소요된다. 동쪽으로부터 서대식(西大食)과 우전(于闐), 회홀(回紇), 청당(靑唐)369)을 거쳐 중국에 이른다. 역대로 조공한 적이 없다.

元豐四年十月, 其王滅力伊靈改撒始遣大首領你廝都令廝孟判來獻鞍馬·刀劍·眞珠, 言其國地甚寒, 土屋無瓦. 產金·銀·珠·西錦·牛·羊·馬·獨峯駝·梨·杏·千年棗·巴欖·粟·麥, 以蒲萄釀酒. 樂有箜篌·壺琴·小篳篥·偏鼓. 王服紅黃衣, 以金線織絲布纏頭, 歲三月則詣佛寺, 坐紅床, 使人昇之. 貴臣如王之服, 或青綠·緋白·粉紅·褐紫, 並纏頭跨馬. 城市田野, 皆有首領主之, 每歲惟夏秋兩得奉, 給金·錢·錦·穀·帛, 以治事大小爲差. 刑罰罪輕者杖數十, 重者至二百, 大罪則盛以毛囊投諸海. 不尚鬪戰, 鄰國小有爭, 但以文字來往相詰問, 事大亦出兵. 鑄金銀爲錢, 無穿孔, 面鑿彌勒佛, 背爲王名, 禁民私造.

[철종] 원풍(元豐) 4년(1081) 10월 그 왕(王)인 멸력이령개살(滅力伊靈改撒)이 처음으로 대수령(大首領)인 이시도령시맹판(你廝都令廝孟判)을 보내어 말과 도검(刀劍), 진주(眞珠)를 바쳤으며, 그 나라가 너무 춥고 흙으로 된 집에는 기와도 없다고 말하였다. 금, 은, [진]주,

---

366) 拂菻國: 동로마제국(비잔틴제국)을 말하는데, 漢·魏·晉代에는 大秦이라 불렀다. 수도는 콘스탄티노플이며, 오늘날 터키의 이스탄불이다. 일설에는 소아시아에 있었던 셀주크투르크의 영지라고도 한다.
367) 滅力沙: 메릭크 샤(Melik Shah)를 음역한 것으로 셀주크투르크의 군주로 알려져 있다. 당시 투르크인들이 소아시아의 일부분을 차지하고 있었기 때문에 송대의 불름국은 동로마제국을 지칭하거나 소아시아에 영지를 갖고 있던 셀주크투르크인으로 보기도 한다. 동로마제국의 황제인 미카엘 두카스(Michael Ducas)라고도 하며, 일설에는 셀주크투르크의 부왕(副王)인 슐레이만(Soliman)의 호칭으로 메레크 이 룸 카이사이(Melek-i-Rum Kaisai)라고 한다.
368) 程: 역참 내지는 기타 정류지를 단위로 한 여정을 의미한다.
369) 靑唐: 현재의 중국 청해성의 西寧에 있었으며, 唐代에는 이곳을 鄯城이라 불렀다. 安史의 亂 이후 吐蕃이 唐軍을 따라 鄯城을 탈취하였는데, 그때 城의 연못 주변의 산에서 수풀이 하늘을 가리면서 푸른빛으로 가득했기 때문에 吐蕃族들이 靑唐城이라 칭하게 되었다. 이후 靑唐城은 실크로드 남로 상의 '唐蕃古道'의 중요한 지역이 되었다.

서면(西錦), 소, 양, 말, 단봉낙타, 배[梨], 살구[杏], 천년조(千年棗),370) 파람(巴欖),371) 조(粟), 밀이 생산되며 포도를 가지고 술을 빚는다. 악기에는 공후(箜篌),372) 호금(壺琴),373) 소필률(小篳篥),374) 편고(偏鼓)가 있다. 왕은 붉고 누런 옷을 입으며, 금실로 짠 비단포를 머리에 묶고는 매해 3월에 불사(佛寺)에 가는데 붉은 평상[紅床]에 앉아서 사람들로 하여금 [평상을] 마주 들어 올려서 간다. 귀족이나 신하들도 왕의 복장과 같은데, 청록(青綠), 비백(緋白), 분홍(粉紅), 갈록(褐紫)색이며 모두 머리를 묶고 말을 탄다. 성시(城市)와 전야(田野)는 모두 수령이 주관하는데, 매해 오직 여름과 가을 두 번 봉록을 받으며, 금(金), 전(錢), 비단[錦], 곡식[穀], 비단[帛]을 지급하여 크고 작은 일을 다스리는 차이를 둔다. 형벌은 죄가 가벼운 자는 장(杖) 수십 [대]이며 무거운 자는 200[대]에 이르고, 대죄(大罪)면 털로 [짠] 주머니에 넣어서 바다에 던져버린다. 싸우고 전쟁하는 것을 좋아하지 않아 이웃나라와 조그마한 갈등이 있으면 단지 문자로서 서로 오고가며 힐문하지만 일이 커지면 역시 병사를 출동시킨다. 금과 은을

---

370) 千年棗: 과일의 이름으로 無漏子의 별명이다. 『本草綱目』「果」3 <無漏子>에 의하면 "無漏子는 야자나무의 일종인 海棕의 열매이다. 비록 棗라고 하여 대추로 착각하기 쉽지만 완전히 다른 식물이며, 남해 제국에서 모두 생산되는 것이다(無漏子雖有棗名, 別是一物, 南番諸國皆有之, 即杜甫所賦海棕也)"라고 하였다.

371) 巴欖: 旦杏이다. 또한 巴旦杏을 '巴旦'이라고도 하는데, 이란어의 음역이다. 일명 '扁桃'라고도 한다. 장미과이며, 낙엽성 喬木이다. 잎이 바늘모양으로 나누어지며 열매가 넓적한 띠를 두르며, 과육은 적지만 약간의 즙이 있다. 여러 변종이 있으며, 달고 쓴 두 종류로 크게 나뉘며 성분은 대체로 은행과 비슷하다고 한다.

372) 箜篌: 고대 현악기로 하프와 비슷한 종류이다. 세워서 연주하는 방식과 눕혀서 연주하는 두 가지 방식이 있다. 『史記』卷12「孝武本紀」에 "禱祠泰一, 后土, 始用樂舞, 益召歌兒, 作二十五弦及箜篌瑟自此起."라고 하여 중국 고대의 제례에도 사용되었음을 보여준다.

373) 壺琴: 우리나라의 해금과 거의 비슷한 악기이며 뱀 껍질을 사용해서 맑고 강렬한 소리를 낸다고 한다. 조선시대 洪大容의 『湛軒書』「外集」10卷 <燕記 樂器>條에 "壺琴은 奚琴과 거의 같은데, 다만 筒面에 오동나무 판자를 쓰지 않고 阮(月琴)처럼 뱀 껍질[蟒皮]을 붙였으며, 넉 줄을 벌려 놓고 활을 끌면서 두 줄을 늘려 이쪽저쪽 원줄 사이로 들어가니, 두 소리를 함께 내기 때문에 해금에 비해 훨씬 더 명쾌하고 강렬하다"고 되어있다.

374) 篳篥: 필률은 피리이다. 소필률이란 작은 피리를 말한다. 중국에서는 원래 龜茲의 악기로 알려져 있다. 唐 段安節의 『樂府雜錄』에는 "篳篥者, 本龜茲國樂也. 亦名悲篥, 有類於茄."라고 하였고, 『舊唐書』卷29「音樂」2에 "篳篥, 本名悲篥, 出於胡中, 其聲悲."라는 기사가 있다. 또한 宋 陳暘의 『樂書』에 "篳篥, 一名悲篥, 一名笳管, 龜茲之樂也. 以竹爲管, 以葦爲首, 狀類胡笳九竅. …… 至今鼓吹教坊用之. 以爲頭管."이라고 하였다.

주조하여 화폐로 삼는데 가운데 구멍을 뚫지는 않으며, 앞면에는 미륵불을, 뒷면에는 왕의 이름을 새겨 넣으며, 백성들이 사적으로 주조하는 것은 금지되어 있다.

元祐六年, 其使兩至. 詔別賜其王帛二百匹, 白金瓶·襲衣·金束帶.

[철종] 원우(元祐) 6년(1091) 사신이 두 번째로 왔다. 조를 내려 그 왕에게 비단[帛] 200필, 백금병(白金瓶), 습의(襲衣), 금속대(金束帶)를 하사하였다.

참고문헌

김택민 주편, 『譯註唐六典』 상·중·하, 신서원, 2003, 2005, 2008
라시드 앗 딘, 金浩東 譯, 『집사: 부족지』, 사계절, 2002
동북아역사재단 편, 『譯註 中國 正史 外國傳 1~15』, 동북아역사재단, 2009~2012
『二十五史』, 北京: 中華書局, 1959~1977
杜佑, 『通典』, 北京: 中華書局, 1988
司馬光, (元) 胡三省 音注, 『資治通鑑』, 北京: 中華書局, 1956
徐松, 『宋會要輯稿』, 北京: 中華書局 影印本, 1957
新疆社會科學院歷史研究所 編, 『新疆地方歷史資料選輯』, 北京: 人民出版社, 1987
楊聖敏, 『『資治通鑑』突厥回紇史料校注』, 天津: 天津古籍出版社, 1992
吳平凡·朱英榮, 『龜玆史料』, 烏魯木齊: 新疆大學出版社, 1987
王溥, 『唐會要』, 北京: 中華書局, 1990
王溥, 『五代會要』, 北京: 中華書局, 1998
王欽若 等編, 『册府元龜』, 北京: 中華書局, 1982
劉美崧(中國邊疆史地研究所 主編), 『兩唐書回紇傳回鶻傳疏證』, 北京: 中央民族學院出版社, 1989
李燾, 『續資治通鑑長編』, 中華書局, 1980
李昉 等編, 『文苑英華』, 中華書局, 1966
佚名, 『宋大詔令集』, 中華書局標點本, 1962
岑仲勉, 『西突厥史料補闕及考證』, 北京: 中華書局, 1958
張星烺, 『中西交通史料匯編』 5册, 北京: 中華書局, 2003
長澤和俊 譯注. 『法顯傳·宋雲行記』, 東京: 平凡社, 1971
趙汝適 著, 楊博文 校釋, 『諸蕃志校釋』 (中外交通史籍叢刊), 北京: 中華書局, 2000
周去非 著, 楊武泉 校注, 『嶺外代答校注』 (中外交通史籍叢刊), 北京: 中華書局, 1999
鍾侃, 『寧夏古代歷史紀年』, 銀川: 寧夏人民出版社, 1988
馮家升·程溯洛·穆廣文 編著, 『維吾爾族史料簡編』 上, 北京: 民族出版社, 1981
馮志文·吳平凡, 『回鶻史編年』, 烏魯木齊: 新疆大學出版社, 1992
玄奘, 季羨林 等 校注, 『大唐西域記校注』, 中華書局, 2000
慧超, 張毅箋釋, 『往五天竺國傳箋釋』 (中外交通史籍叢刊), 北京: 中華書局, 1994
黃永年 分史 主編, 『二十四史全譯 舊唐書』, 上海: 漢語大詞典出版社, 2004

護雅夫·佐口透·山田信夫 編,『騎馬民族史－正史北狄傳』2, 東京: 平凡社, 1972
劉義棠,「新唐書回鶻傳考註」,『邊政研究所年報』8, 1978
水谷眞成 譯注,『大唐西域記』全3卷, 東京: 平凡社, 1999
Mackerras, C., *The Uighur empire according to the T'ang dynastic histories*, A study in Sino-Uighur relations 744-840, 2nd ed., Columbia: Univ. of South Caroline Press, 1972

金翰奎,『古代中國的世界秩序硏究』, 서울: 一潮閣, 1982
도미야 이타루, 李在成 譯,『나는 이제 오랑캐의 옷을 입었소: 이릉과 소무』, 서울: 시공사, 2003
아이라 M. 라피두스, 신연성 옮김,『이슬람의 세계사』, 서울: 이산, 2008
룩콴텐, 宋基中 역,『遊牧民族帝國史』, 서울: 民音社, 1984
르네 그루쎄, 金浩東·柳元秀·丁載勳 譯,『유라시아 유목제국사』, 서울: 사계절, 1998
사와다 이사오, 김숙경 옮김,『匈奴: 지금은 사라진 고대 유목국가 이야기』, 서울: 아이필드, 2007
세호 다쓰이코, 최재영 譯,『장안은 어떻게 세계의 수도가 되었나』, 서울: 황금가지, 2007
에릭 힐딩거, 채만식 譯,『초원의 전사들』, 서울: 일조각, 2008
李在成,『古代 東蒙古史硏究』, 서울: 法仁文化社, 1996
丁載勳,『위구르 遊牧帝國史(744~840)』, 서울: 문학과 지성사, 2005
하자노프, 金浩東 譯,『유목사회의 구조』, 서울: 知識産業社, 1990

郭平梁,『回鶻西遷考』, 烏魯木齊: 新疆人民出版社, 1985
段連勤,『丁零·高車與鐵勒』, 雞林: 廣西師範大學出版社, 2006
段連勤,『隋唐時期的薛延陀』, 西安: 三秦出版社, 1988
孟凡人,『北庭史地硏究』, 烏魯木齊: 新疆人民出版社, 1985
方國瑜,『中國西南歷史地理考釋』, 中華書局, 1987
白濱,『党項史硏究』, 長春: 吉林敎育出版社, 1989
蘇北海,『西域歷史地理』, 烏魯木齊: 新疆大學出版社, 1988
宋曉梅,『高昌國: 公元五至七世紀絲綢之路上的一介移民小社會』, 中國社會科學出版社, 2003
余太山,『西域通史』, 鄭州: 中州古籍出版社, 1996
葉新民,『中國古代北方少數民族歷史人物』, 呼和浩特: 內蒙古人民出版社, 1993
楊聖敏,『回紇史』, 長春: 吉林敎育出版社, 1991
王小甫,『唐·吐蕃大食政治關係史』, 北京: 北京大學出版社, 1992
劉錫淦·陳良偉,『龜玆古國事』, 烏魯木齊: 新疆大學出版社, 1992

劉義棠, 『維吾爾研究』, 臺北: 正中書局, 1977

劉志霄, 『維吾爾族歷史』 上, 北京: 民族出版社, 1985

李符桐, 『回鶻史』, 臺北: 文風出版社, 1964

林幹 編, 『突厥與回紇歷史論文選集』 上·下, 北京: 中華書局, 1987

林幹·高自厚, 『回紇史』, 呼和浩特: 內蒙古人民出版社, 1994

張廣達, 『西域史地叢稿初編』, 上海古籍出版社, 1995

岑仲勉, 『中外史地考證』, 中華書局, 2004

岑仲勉, 『漢書西域傳地理校釋』, 中華書局, 1981

周偉洲, 『吐谷渾史』, 桂林: 廣西師範大學出版社, 2006

蔡鴻生, 『唐代九姓胡與突厥文化』, 中和書局, 1998

崔明德, 『中國古代和親通史』, 北京: 人民出版社, 2007

華濤, 『西域歷史研究』, 上海: 上海古籍出版社, 2000

岡崎精郎, 『古代党項史研究』, 東京: 東洋史研究會, 1972

金成奎, 『宋代の西北問題と異民族政策』, 汲古書院, 2000

內藤みどり, 『西突厥史の研究』, 東京: 早大出版部, 1988

內田吟風 等, 余大鈞 譯, 『北方民族史與蒙古史譯文集』, 昆明: 雲南人民出版社, 2003

來村多加史, 『前略 戰術 兵器 辭典: 中國編』, 東京: 學習研究社, 2001

嶋崎昌, 『隋唐時代の東トゥルキスタン研究』, 東京: 東京大學出板會, 1977

白鳥庫吉, 『西域史研究』 上, 東京: 岩波書店, 1941

山田信夫, 『北アジア遊牧民族史研究』, 東京: 東京大學出版會, 1989

森安孝夫·オチル 編, 『現存モンゴル國現存遺蹟: 碑文調査研究報告』, 東京: 中央ユーラシア學研究會, 1999

森安孝夫, 『シルクロードと唐帝國』, 東京: 講談社, 2007

松田壽男, 『古代天山の歷史地理學的研究』(增補版), 東京: 早稻田大學出判部, 1970

安部建夫, 『西ウイグル史の研究』, 京都: 彙文堂書店, 1958

伊瀨仙太郎, 『中國西域經營史研究』, 東京: 巖南堂書店, 1955

前田正名, 『河西の歷史地理學的研究』, 東京: 吉川弘文館, 1964

田坂興道, 『中國における回教の傳來とその弘通』 上·下, 東京: 東洋文庫, 1964

佐藤長, 『古代チベット史研究』 上·下, 京都: 東洋史研究會, 1973

護雅夫, 『古代トルコ民族史研究』 I, 東京: 山川出版社, 1967

護雅夫, 『古代トルコ民族史研究』 II, 東京: 山川出版社, 1992

護雅夫・神田信夫 編, 『北アジア史』(新版), 東京: 山川出版社, 1981

Barthold, W. *Turkestan down to the Mongol Invasion*. 1928; 4th ed. Philadelphia: Porcupine Press, 1977

Beal, S. *Si-yu Ki. Buddhist Records of the Western World*. London: Tübner, 1884; 1981 reprint

Beckwith, C.I., *The Tibetian Empire in Central Asia: A history of the Struggle for Great Power among Tibetians, Turks, Arabs, and Chinese during the Early Middle Ages*, Princeton University Press, 1987

Hodgson, Marshall. *The Venture of Islam*. Vol. 1, Chicago: Chicago University Press, 1974

Hourani, A. *A History of the Arab Peoples*. London: Faber & Faber, 1991

Kliashtornyi, S. G., *Drevnetiurkskie runicheskie pamiatniki kak istornik po istorii srednei azii*, Moskva, 1954(李佩娟 譯, 『古代突厥魯尼文碑銘－中亞細亞原始文獻』, 哈爾濱: 黑龍江敎育出版社, 1991)

Legge, J. tr. *A Record of Buddhistc Kingdoms*. Oxford: Clarendon Press, 1886; 1965

Sinor, D., *The Cambridge history of Early Inner Asia*, Cambridge Univ. Press, 1987

丁載勳, 「위구르 遊牧帝國時期 古代 튀르크 碑文의 硏究와 展望」, 『歷史學報』 160, 1998(a)

丁載勳, 「위구르의 北庭地域 進出과 에디즈위구르(795~840)의 成立」, 『東洋史學硏究』 64, 1998(b)

丁載勳, 「위구르 初期(744~755) '九姓回紇'의 部族 構成－'토쿠즈 오구즈(Toquz Oγuz)' 問題의 再檢討」, 『東洋史學硏究』 68, 1999

丁載勳, 「위구르의 摩尼敎 受容과 그 性格」, 『歷史學報』 168, 2000

丁載勳, 「위구르 遊牧帝國(744~840)의 崩壞와 遊牧世界의 再編」, 『東洋史學硏究』 76, 2001

丁載勳, 「유목 세계 속의 도시－위구르 유목제국(744~840)과 카라 발가순」, 『東洋史學硏究』 84, 2003(a)

丁載勳, 「古代遊牧國家의 社會構造」, 駕洛國史蹟開發硏究院 編, 『韓國古代史講座 제3권 古代國家의 構造와 社會』, 2003(b)

丁載勳, 「위구르 카를륵 카간(747~759)의 季節的 移動과 그 性格」, 『중앙아시아연구』 11, 2006

丁載勳, 「唐 德宗時期(780~805)의 對外政策과 西北民族의 對應」, 『中國古中世史硏究』 18, 2007

馬俊民, 「唐與回紇的絹馬貿易」, 『中國史硏究』 1984-1

樊保良, 「回鶻與吐蕃及西夏在絲路上的關係」, 『民族硏究』, 1987-4

吳天墀, 「論党項拓拔氏族屬及西夏國名」, 『西北史地』, 1986-1

王靜如,「突厥文回紇英武威遠毗伽可汗碑譯釋」, 1938, 林幹 編,『突厥與回紇歷史論文集』下, 北京: 中華書局, 1987

劉義棠,「漠北回鶻可汗世系 名號考」,『維吾爾研究』, 臺灣: 正中書局, 1977

劉義棠,「回紇葛勒可汗研究」,『突回研究』, 臺灣: 經世書局, 1990

張廣達・榮新江,「敦煌漢文文獻 s.6551講經文的歷史學研究」,『北京大學學報』, 1989-2

錢伯泉,「回鶻在敦煌的歷史」,『敦煌學輯刊』, 1989-1

吉田順一,「ハンガイと陰山」,『史觀』 102, 1980

山田信夫,「九姓回鶻可汗の系譜－漠北時代ウイグル史覺書1」,『北アジア遊牧民族史研究』, 1989

羽田亨,「唐代回鶻史の研究」,『羽田博士史學論文集』上(歷史編), 京都: 京都大學文學部內東洋史研究會, 1957

田坂興道,「中唐に於ける西北邊疆の政勢に就いて」,『東方學報』 11-2, 1940(a)

田坂興道,「回紇に於ける摩尼教迫害運動」,『東方學報』 11-2, 1940(b)

片山章雄,「Toquz Oghuzと『九姓』の諸問題について」,『史學雜誌』 90-12, 1981

護雅夫,「突厥の卽位儀禮」,『古代トルコ民族史研究』 II, 東京: 山川出版社, 1992

横山貞裕,「唐代の馬政」,『國士館大學人文學會紀要』 3, 1971

Beckwith, C.I., "The Impact of Horse and Silk Trade On the Economics of T'ang China and Uighur Empire: On the Important of International Commerce in the Early Middle Ages", *Journal of the Economic and Social History of the Orient* 34, 1991

Ecsedy, H, "Uigurs and Tibetians in Pei-t'ing(790~791 A.D.)", *Acta Orientalica Hungarica* V.17, 1964

Ecsedy, H, "Old turkic titles of Chinese origin", *Acta Orientalica Hungarica* V.18, 1965

Kiselev, S. V., "Drevnii gorod Mongolii", *Sovetskaia Arheologiia* 1957-2

Mackerras, C., "The Uyghurs", *The Cambridge History of Early Inner Asia*, Cambridge Univ. Press, 1990

Minorsky, V., "Tamïn ibn Bahr's Journey to the Uyghurs", *Bulletin of the School of Oriental and African Studies* V.12-2, 1948

Pritsak, O., "Von den Karluk zu den Karachaniden", *Zeitschrift der Deutschen Morgenländischen Gesellschaft(ZDMG)* 101, 1951

Senga, T., "The Toquz Oghuz Problem and the Origin of the Kazars", *Journal of Asian History* V.24-1, 1990

簡修煒 主編,『北朝五史辭典』上·下, 濟南: 山東教育出版社, 2000

季德源 主編,『中華軍事職官大典』, 北京: 解放軍出版社, 1999

高文德 主編,『中國民族史人物辭典』, 北京: 中國社會科學出版社, 1990

丘樹森 主編,『中國歷代職官辭典』, 南昌: 江西教育出版社, 1998

紀大椿 主編,『新疆歷史辭典』, 烏魯木齊: 新疆人民出版社, 1993

譚其驤 主編,『中國歷史大辭典: 歷史地理』, 上海: 上海辭書出版社, 1997

唐嘉弘 主編,『中國古代典章制度大辭典』, 鄭州: 中州古籍出版社, 1998

史爲樂 主編,『中國歷史地名大辭典』, 北京: 中國社會科學出版社, 2005

徐連達 主編,『中國歷代官制詞典』, 合肥: 安徽教育出版社, 1991

雪犁,『中國絲綢之路辭典』, 烏魯木齊: 新疆人民出版社, 1994

翁獨健·劉榮焌 主編,『中國歷史大辭典: 民族史』, 上海: 上海辭書出版社, 1995

俞鹿年 編著,『中國官制大詞典』, 哈爾濱: 黑龍江人民出版社, 1992

劉維新 主編,『西北民族辭典』, 烏魯木齊: 新疆人民出版社, 1998

魏崇山 主編,『中國歷代地名大辭典』, 廣州: 廣東教育出版社, 1995

李成華 編著,『中國古代職官辭典』, 臺北: 常春樹書房, 1988

鄭天挺·譚其驤 主編,『中國歷史大辭典』, 上海: 上海辭書出版社, 2000

趙德義·汪興明 主編,『中國歷代官稱辭典』, 北京: 團結出版社, 1999

趙文潤·趙吉惠 主編,『兩唐書辭典』, 濟南: 山東教育出版社, 2002

周偉洲·丁景泰 主編,『絲綢之路大辭典』, 西安: 陝西人民出版社, 2006

陳永齡 主編,『民族辭典』, 上海: 上海辭書出版社, 1989

馬承鈞 原編, 陸峻嶺 增訂,『西域地名』, 北京: 中華書局, 1983

小松久男,『中央ユーラシアを知る事典』, 東京: 平凡社, 2005

송사(宋史) 권491 외국(外國) 7

유구국·정안국·발해국·일본국·
당항전(流求國·定安國·渤海國·
日本國·党項傳)

● 역주: 이근명, 박지훈
● 교열: 박지훈, 이근명

> 宋史 外國傳 譯註

「유구국·정안국·발해국·일본국·당항전(流求國·定安國·渤海國·日本國·党項傳)」해제

『송사』권491「외국전」7에 실려 있는 국가들의 구성은 다소 복잡하다. 유구국(流求國)이나 비사야(毗舍邪)·정안국(定安國)·발해국(渤海國)·일본국(日本國) 등은 광의로 중국의 동방에 위치한 나라들이라 할 수 있으나, 당항(党項)은 결코 이들 나라들과 동일한 범주로 묶기 힘든 존재이다. 권491의 이러한 구성은『송사』외국전의 찬술이 송조 역사에 대한 영향을 기준으로 기술의 순서를 정하고 있는 점과 긴밀한 관련이 있다. 송조의 역사에 대해 가장 중요한 영향을 미쳤던 국가라 하면 무엇보다 거란족의 요(遼)와 여진족의 금(金)을 들어야 할 것이다. 하지만 이들 나라의 역사는 각각『요사』와『금사』로 독립되어 있으니 차치하고, 그 다음으로 비중을 지니는 서하(夏國)에 대해서는 2권을 할애하고 있다. 이어 고려와 대리의 순서로 입전(立傳)하고서, 기타의 나라들에 대해 유전(類傳)의 형식으로 기술하여 배치하고 있는 것이다. 그러다보니 권489「외국전」5에 점성·진랍·포감 등 남방의 나라, 이어 권490「외국전」6에 천축·우전 등 서방의 나라를 배치한 다음, 권491「외국전」7에는 고려를 제외한 동방의 나라들을 기술하되 여기에 약간 배치가 애매한 당항을 합하여 하나로 묶고 있는 것이다.

첫머리에 실려 있는 유구국은 오늘날의 대만(臺灣, 타이완)을 가리킨다. 송대에도 대만은 독립된 정치체제를 이루지 못하고 부족 단위의 분산된 생활을 하고 있었다. 이러한 연유에서『송사』의 기술 역시 대만에 대한 인문지리적 개관에 그치고 있으며, 그나마 대단히 소략하고 부정확하다. 유구국과 송조 사이 사자의 왕래에 대한 기록도 없다. 특기할 것은 부전(附傳)의 형태로 유구국의 뒤에 비사야에 대해 기술하고 있는 점이다. 비사야에 대해서는 지금까지 여러 학설이 제기되었으나, 근래에는 필리핀의 루손 군도에 거주하는 비사야 족이라 비정하는 것이 일반적이다. 독립된 국가를 이룬 것도 아니었던 비사야에 대해 이처럼 비교적 소상히 기록하고 있는 것은, 남송 효종(孝宗) 순희(淳熙) 연간 천주(泉州)를 약탈하여 심대한 피해를 입혔기 때문으로 보인다.

「외국전」 7의 중심을 이루고 있는 기록은 역시 일본 및 당항에 관한 내용이다. 중국의 역대 정사에서 「왜국전」 혹은 「일본전」은 『후한서』부터 등장하나 『송사』에 이르러 그 기술 분량이 대폭 늘어난다. 내용 또한 이전과 비교할 수 없이 상세해졌다. 『송사』 이전의 정사 가운데 가장 상세한 기술을 남기고 있는 것은 『삼국지』 「위지(魏志)」의 「왜인전」이지만, 『송사』의 「일본전」은 그것에 비해 2배에 가까운 분량으로 되어 있다. 『구당서』나 『신당서』에 비하면 서술 분량이 각각 4배, 3배 이상에 달한다. 직전 시대의 정사인 『구오대사』나 『신오대사』에는 아예 「일본전」이 입전되어 있지도 않았다.

이처럼 「일본전」의 내용이 풍부해지는 것은 무엇보다 태종 옹희(雍熙) 원년(984)에 입송(入宋)하는 일본의 승려 조연(奝然, 초년) 때문이다. 그는 송의 조정에 일본의 『직원령(職員令)』과 『왕연대기(王年代記)』를 바쳤다. 전체 「일본전」의 내용 가운데 조연과 관련된 기술은 약 7할 정도를 점하며, 조연이 바친 『왕연대기』에 의거한 기술만도 전체의 약 3할 정도에 달한다. 또한 조연은 송 태종의 질문에 답하며 일본의 사정에 대해 비교적 상세히 설명하고 있다.

조연의 『직원령』・『왕연대기』 헌상과 설명은 중국인들이 일본의 구체적 정황을 알게 되는 첫 계기가 되었다는 평가를 받고 있다. 「일본전」에서는 『왕연대기』에 의거하여 일본 천황의 가계에 대해, 신화 시기로부터 제64대의 수평천황(守平天皇)에 이르기까지의 계보와 주요 인물의 행적을 개괄적으로 기록하고 있다. 또한 일본의 지리에 대해서도, 이른바 '오기(五畿)・칠도(七道)・삼도(三島)'에 대해 그 구체적인 지명과 국(國)・군(郡)의 통계 수치를 들고 있다.

알려진 바와 같이 후량(後梁) 정명(貞明) 6년(920) 발해와의 사신 왕래를 끝으로 일본은 외국과의 교류를 단절한 채 외교적 고립 상태로 접어들었다. 송대를 통해서도 공식적인 사절단을 주고 받지는 않았다. 따라서 『송사』 「일본전」에 등장하는 교류나 조공의 사례도 철저히 민간 차원, 그것도 승려들의 왕래에 관한 것이 대부분이다. 하지만 조연 등의 왕래 시에 송조와 일본은 국서와 유사한 문서를 주고받고 있는 점이 주목된다. 이를 테면 신종 희녕 5년(1072)에 입송하였던 승려 성심(成尋)이 돌아갈 때 송조는 칙서와 국신물을 주었으며, 이를 받고 난 후 일본의 평안(平安, 헤이안) 정권은 승려 중회(仲回)를 사실상의 보빙사(報聘使)로 파견하여 국서를 전달하고 있다.

이러한 승려들의 입송과 토산품 헌상에 대해 송조는 조공이라 인식하여 기록하고 있다. 이러한 송 측의 태도는 동남아 및 서역에 대해서도 마찬가지였다. 상인들의 개인적인 토산품 헌상 및 표장(表章) 제출을 모두 조공이라 인식하였던 것이다. 하지만 일본의 조공 태도가 다른 나라와는 방식이 다르다는 것을 송조도 알고 있었다. 그렇기에 일본 상인이나 승려의 입항에 대해, 중앙정부가 직접 조치를 취하지 않고 지방 정권으로 하여금 전결하도록 하였다.

다음으로 당항에 대해 보면 당항족의 이주는 하주(夏州)를 중심으로 하는 평하부(平夏部), 횡산(橫山) 이남의 남산부(南山部)와 경주(慶州)를 중심으로 하는 동산부(東山部) 등이 당말에 형성되었다. 오대 송초에 이르면 서북지구의 황하 이동과 이북, 횡산지구, 농산(隴山)의 좌우, 위수(渭水) 상류, 황수(湟水) 유역 등 광대한 지역에 모두 당항인의 족적이 있었다. 송조가 건립된 다음 하동로(河東路)와 섬서(陝西) 연변의 진봉(秦鳳)·경원(涇原)·환경(環慶)·부연(鄜延)·희하(熙河) 등 5로(路)에 모두 크고 작은 당항 부락이 분포하여 거주하고 있었다.

당항은 서하 건국 전에 부족이 서로 단결할 것을 널리 호소하여 이 지역의 일부 당항부락은 부족을 모두 이끌고 서하에 투항하여 귀부하였다. 그러나 더욱 많은 부락은 그 땅을 대대로 지켜서 송조의 속민(屬民)이 되었다. 또한 일부 부족은 송하(宋夏) 접경지구의 당항부락으로 남아 있어서 양국 세력의 신장에 따라 반복(叛服)이 일정하지 않았다. 송조의 경내에 거주하면서 아울러 송조의 통치를 받는 당항인들을 송인은 '숙호(熟戶)' 혹은 '번부(蕃部)'라고 불렀다.

송조는 "한법(漢法)으로 번부(蕃部)를 다스린다"는 것을 표방하였고 당항부족이 집중적으로 거주하는 지방에서 조정은 중요한 행정관리로부터 부족의 대소(大小) 수령에 대해서 관직을 봉해주고 그들이 본족의 사무를 관리하도록 해서 실제로 당항에 대해 기미(羈縻) 통치를 실행하였다. 송조의 번관(蕃官)에 대한 민족 차별정책에 따라 제로(諸路)의 번관은 그 직위의 고하를 막론하고 일률적으로 한관(漢官)의 아래에 두었고 아울려 번관은 한관의 차견(差遣)을 허용하지 않도록 규정하였다. 송조는 번관제도를 실시하면서 당항 수령을 끌어들여서 '이이제이(以夷制夷)'하려고 하였기 때문에 번관에 대해서도 또한 은총을 시행하여 실직이 없는 관함(官銜)을 주거나 성명(姓名)을 내려서 은총을 표시하였다.

송조 통치하의 당항은 역사적 유래와 세력의 대소 등 정황에 따라서 아래의 세 가지 유형으로 나눌 수 있다. 첫째, 송조의 임명을 받고 실제상으로도 반(半) 독립적 지방성을 갖는 소정권으로 부주(府州)의 절씨(折氏)가 있다. 두 번째, 당항의 대족으로 송조를 위해 진수(鎭守)하는 세습적인 번관으로 예를 들어 풍주(豐州) 당항 부락의 장재족(藏才族) 수령 왕승미(王承美), 연주(延州) 금명(金明) 당항 수령 이계주(李繼周) 등이 있다. 세 번째, 정해진 지역이 없이 산거(散居)하면서 때로는 송에 반항하거나 때로는 귀부하는 당항 부락들로 예를 들어 인주(麟州), 부주(府州) 경내 올니(兀泥)족의 여러 부족 등이다.

본「외국전」7의 <党項>에서는 당항족의 역사적 내원을 필두로 하여 태조에서 진종 천희 연간까지의 당항족의 활동을 서술하고 있다. 이는 대부분의『송사』「외국전」의 서술과 마찬가지로 대부분 송 왕조와의 관계사이다. 그 내용은 먼저 당항족의 역사적 내원으로부터 시작하고 있는데 고대 서융(西戎)으로부터 한(漢)대 서강종(西羌族)의 별종으로 후주(後周) 때부터 강성해지기 시작해졌다. 당(唐) 정관(貞觀)에서 상원(上元) 연간에 내부(內附)하여 [당의] 서북(西北) 변방에 흩어져 살았다. 오대(五代) 시기에 역시 입공(入貢)하였다.

다음으로 태조 시기의 당항과의 관계는 매우 간략하여 두 가지 기사만이 있다. 먼저 건륭(建隆) 2년(961)에 대주(代州) 자사(刺史) 절먀리(折乜理)가 내조(來朝)하였다. 다음으로 개보(開寶) 원년(968), 직탕족(直蕩族)의 수령(首領) 철길(啜佶)이 그 부족들을 데리고 귀순했다는 것만이 들어있다. <당항전> 내용의 대부분은 태종 시기와 진종 시기에 집중되어 있다.

태종 시기에는 태평흥국 2년(977), 태평흥국 6년(981), 옹희 원년(984), 옹희 2년(985), 단공(端拱) 원년(988), 순화(淳化) 원년(990), 순화 2년(991), 순화 4년(993), 순화 5년(994), 지도(至道) 원년(995), 지도 2년(996), 지도 3년(997) 등의 기사로 구성되어 있다. 진종 시기는 함평(咸平) 원년(998)에서부터 천희(天禧) 5년(1021)까지 거의 매해 기사가 수록되어 있다. 그 내용은 당항 부족이 소요를 일으켜서 황제가 위무하고, 금백(金帛) 등 하사품을 내렸다는 것, 혹은 당항 부족에서 입조하여 말 등의 진공품을 바쳤다는 기록, 또한 당항부족의 약탈에 대응해서 토벌하거나 패배한 기록 등이다. 특히 송조에 귀순해오는 부족들에 대해서는 안무하고 부족장에게도 내지의 관직 이름을 내리고 있다. 또한 당항족과 이계천의 대항관계에 대해서도 설명하고 있다.

당항전은 편제 면에서 몇 가지 의문점을 보이고 있다. 우선 당항전의 위치는『송사』「외국전」전체의 편제상에서 보아 이해하기 어려운 점이 있다. 서역 제 국가에 관한 내용은 권490에, 토번의 경우는 권492에 들어있기 때문이다. 다음으로 당항족은 분명히 송조의 서북쪽에 위치하고 있는데도 유구국, 정안국, 발해국, 일본국의 뒤에 서술되어 있다는 점이다. 이것은 앞의 내용은 모두 국(國)이라는 명칭을 붙였는데 당항은 국으로 존재해본 적이 없이 수많은 부족들이 산재해 있었다는 면에서 그 성격이 다르기 때문이다. 또 하나의 의문점은 <당항전>의 내용이 시기적으로 송의 초기 즉 태조, 태종, 진종 시기에 국한되어 있다는 점이다. 이는 아마도 인종 시기부터 당항족 가운데 강족이었던 탁발씨(拓跋氏)가 서하를 건국하였고, 그 내용이 권495와 권496 <하국전> 상·하에서 비중 있게 다루어졌다는 점을 감안하였을 것이다. 그렇다고 해도 <당항전>에서 다루어졌던 당항족의 활동은 <하국전>에서 거의 다루어지지 않았기 때문에 『송사』「외국전」 편찬자들의 의도를 파악하기 쉽지 않으며, 이로 인해 인종대 이후 당항족의 역사 기록이 부실하게 되었다는 점을 부인할 수 없을 것이다.

현존하는 송원 시대의 전적들 가운데 『송사』 권491의 기록과 가장 가까운 것은 여타 『송사』 외국전과 마찬가지로 『문헌통고』「사예고(四裔考)」이다. 특히 유구국이나 정안국의 기록은 거의 동일한 내용이라 해도 과언이 아닐 정도이며, 발해국 및 일본국 관련 기록은 『문헌통고』의 내용이 『송사』에 비해 다소 상세하다. 이러한 점은 『문헌통고』 및 『송사』가 동일한 자료, 즉 송대에 편찬된 역대의 국사(國史)에 근거했기 때문일 것으로 판단된다.

『송사』「일본전」이나「당항전」의 기록은 이전 시대의 정사에 비하면 그 내용이 훨씬 다양하고 상세하다. 하지만 역시 송조에 대한 조공의 기록이 대종을 이루며 그나마 연대기적으로 간결하게 요약되어 있다. 송과 일본, 그리고 송과 당항 사이의 관계에 대한 기록도 『송회요집고』의 「번이(蕃夷)」라든가 『속자치통감장편』, 『건염이래계년요록』 등이 훨씬 상세하다. 기타의 관·사찬 사서라든가 지리서, 문집 등에도 매우 다양한 기록이 실려 있다. 송·일본, 송·당항 관계사의 전모를 재구성하기 위해서는 『송사』 권491 이외에 이러한 전적들에 대한 검토가 병행되어야 할 것이다.

宋史 外國傳 譯註

「유구국・정안국・발해국・일본국・당항전(流求國・定安國・渤海國・日本國・党項傳)」 역주

流求國在泉州之東, 有海島曰彭湖, 煙火相望. 其國塹柵三重, 環以流水, 植棘爲藩, 以刀稍弓矢劍鈹爲兵器, 賑月盈虧以紀時. 無他奇貨, 商賈不通, 厥土沃壤, 無賦斂, 有事則均稅.

유구국(流求國)[1]은 천주(泉州)[2]의 동쪽에 있다. 팽호도(彭湖島)[3]라는 섬이 있는데 [이곳은 유구국과] 연기와 불빛이 서로 보인다.[4] 그 나라에서는 [집 주위로] 구덩이와 목책을 세

---

1) 流求國: 지금의 臺灣을 가리킨다. 『隋書』 卷81・『北史』 卷94・『資治通鑑』 卷180・『通志』 卷194・『太平寰宇記』 卷175・『諸蕃志』 卷上・『册府元龜』 卷959・韓愈의 <送鄭尙書序>・柳宗元의 <嶺南節度使饗軍堂記> 등도 모두 마찬가지로 臺灣을 流求라 적고 있다. 『文獻通考』 卷327・『通典』 卷186・『島夷誌略』에서는 琉球, 『太平廣記』 卷482・『元史』 卷200에서는 瑠求라고 적고 있다. 明代에 들어서면 流求는 오키나와를 가리키는 말로 자리 잡게 된다. 반면 崇禎 연간 이래로 臺灣이란 말이 등장하여 이전의 流求・琉球 등을 대치하게 된다. 간혹 명청 시대의 저작 가운데 오키나와의 古史를 서술하며 『隋書』나 『北史』 등의 기록을 인용하는 경우가 있는데, 이는 전형적인 張冠李戴라 하겠다. 『後漢書』 「東夷傳」에 등장하는 夷洲도 臺灣을 지칭하는 것이었다. 현존하는 史籍 가운데 臺灣에 관한 최초의 기술은 『三國志』 「吳志」 <皓傳> 가운데 등장하는 '夷洲'이다.
2) 泉州: 오늘날의 福建省 泉州市이다. 『宋史』 「流求國」은 『隋書』 卷81을 그대로 축약한 것에 불과하다. 『隋書』 「東夷傳」 <流求國> 및 『北史』 卷94 <流求>에서는, '建安郡의 동쪽에 있다'고 적고 있다. 建安郡은 泉州의 옛 지명이다.
3) 彭湖島: 현재 臺灣의 彭湖縣.
4) 『隋書』 卷81에서는 이 대목을 '水行五日而至.'라 적고 있다. 『北史』 卷94 및 『文獻通考』 卷327에서도 『隋書』와 동일하게 적고 있으며, 『諸蕃志』 卷上에서는 '舟行約五六日程'이라 적고 있다.

겹으로 두르고 그 둘레에 물이 흐르게 한 다음 가시 달린 나무를 심어 울타리로 삼는다. 칼과 창, 활과 화살, 긴 칼[劍]과 양날 칼[鈹]5)을 무기로 삼으며, 달이 차고 기우는 것으로 때를 헤아린다. 그다지 특별한 물품이 없으며 상인은 왕래하지 않는다.6) 그 토양은 비옥하고7) 세금이 없으며 일이 생기면 [주민들로부터] 고르게 거둔다.

> 旁有毗舍邪國, 語言不通, 袒裸盱睢, 殆非人類. 淳熙間, 國之酋豪嘗率數百輩猝至泉之水澳·圍頭等村, 肆行殺掠. 喜鐵器及匙筯, 人閉戶則免, 但刓其門圈而去. 擲以匙筯則頻拾之, 見鐵騎則爭刓其甲, 駢首就戮而不知悔. 臨敵用標鎗, 繫繩十餘丈爲操縱, 蓋惜其鐵不忍棄也. 不駕舟楫, 惟縛竹爲筏, 急則群舁之泅水而遁.

[유구의] 곁에 비사야국(毗舍邪國)8)이 있는데 말은 [서로] 통하지 않는다. 발가벗고 다니며 눈을 부릅뜨고 사납게 쳐다보기 때문에 거의 사람이 아닌 것처럼 보인다.9) 순희(淳熙) 연간

---

5) 『隋書』 卷81 및 『北史』 卷94·『文獻通考』 卷327·『太平寰宇記』 卷175·『通志』 卷41에서는 '鈹'라 적고 있으나, 百衲本 24史의 『宋史』 卷491 및 『諸蕃志』 卷上에서는 '鼓'라고 적고 있다.
6) 『諸蕃志』 卷上에서는 '商賈不通'의 이유로, '노략질을 좋아 한다'는 점을 들고 있다(尤好剽掠 故商賈不通).
7) 『隋書』 卷81 및 그 영향을 받은 『北史』 卷94·『通志』 卷194·『太平寰宇記』 卷175·『通典』 卷186·『文獻通考』 卷327·『册府元龜』 卷959 등에서는 이러한 流求의 농경 정황에 대해, "先以火燒 而引水灌之 持一插 以石爲刃 長尺餘 闊數寸 而墾之"라고 하였다.
8) 毗舍邪國: 현재 필리핀 루손 군도에 거주하는 비사야 족(Visayans)을 가리킨다. 원문에서는 지명이라 적고 있으나, 20세기 초반 이래 여러 연구를 통해 당시 활발한 해상활동을 보이던 비사야 족의 정박지를 가리키는 것이라 판명되었다(이에 대해서는 蘇繼頊 校釋, 『島夷誌略校釋』, 1981: 194~195 및 楊博文 校釋, 『諸蕃志校釋』, 2000: 149~150 참조). 『島夷誌略』과 『諸蕃志』 卷上에서는 '毗舍耶'라 적고 있다. 특히 『島夷誌略』에서는 비사야국의 정황에 대해, "僻居海東之一隅, 山平曠, 田地少, 不多種植. 氣候倍熱, 俗尙虜掠.男女撮髻, 以墨汁刺身至頭頸項. 臂纏紅絹, 繫黃布爲飾. 國無酋長, 地無出産, 時常裹乾糧, 棹小舟, 過外畓. 伏荒山窮谷無人之境, 遇捕魚採薪者, 輒生擒以歸, 鬻于他國. 每一人易金二兩重. 盖彼國之人遞相傚倣, 習以爲業. 故東洋聞毗舍耶之名, 皆畏避之也."라 기록하고 있다.
9) 『諸蕃志』 卷上에는 이 다음에, "泉有海島曰彭湖, 隷晉江縣, 與其國密邇, 煙火相望, 時至寇掠, 其來不測, 多罹生噉之害, 居民苦之."라는 내용이 적혀 있다. 바로 이 내용에 근거하여 20세기 전반 이래 여러 학자들이 毗舍邪를 地名이 아니라 해상 활동을 하는 비사야 족을 가리키는 용어로 추정하고 있는 것이다. 泉州 晉江縣과 '煙火相望'할 정도로 가까웠다면, 그 지역을 도저히 현재의 비사야족이 거주하는 루손 군도라 비정하기 힘들기 때문이다.

(1131~1162)에 이 나라의 추장이 수백 명을 이끌고 갑자기 천주(泉州)의 수오촌(水澳村)과 위두촌(圍頭村)10) 등에 난입하여 멋대로 약탈을 자행하였다. 철기와 숟가락·젓가락을 좋아하여 [약탈하고] 문을 닫아 건 사람들은 [약탈을] 모면했으며 다만 그 문고리만을 뽑아 갔다. 숟가락과 젓가락을 던져주면 머리 숙여 주었고, 철기(鐵騎)11)를 보면 다투어 그 마갑(馬甲)을 뜯어내며 힘을 합해 [말을] 죽이면서도 머뭇거리는 기색이 없었다. 적을 만나면 표창을 사용했으며 새끼줄을 십여 장(丈)이나 죽 이어서 [무기로] 써먹었다. 이는 모두 쇠붙이를 아까워했기 때문이다. 배를 타지 아니하고 대나무를 엮어서 뗏목을 만들었는데 다급하면 모두 물에 뛰어 들어 헤엄쳐 달아났다.12)

– 이 다음에 정안국(定安國)·발해에 관한 기록이 있으나, 국사편찬위원회, 『중국정사조선전역주(中國正史朝鮮傳譯註)』에 포함되어 있으므로 생략한다. –

> 日本國者, 本倭奴國也. 自以其國近日所出, 故以日本爲名; 或云惡其舊名改之也. 其地東西南北數千里, 西南至海, 東北隅隔以大山, 山外即毛人國. 自後漢始朝貢, 歷魏·晉·宋·隋皆來貢, 唐永徽·顯慶·長安·開元·天寶·上元·貞元·元和·開成中, 並遣使入朝.

일본국은 본디 왜노국(倭奴國)13)이었다. 스스로 자기 나라가 해 뜨는 곳에 가깝다 하여 일본이라 이름을 붙였다. [이밖에 왜노국이라는] 옛 이름을 싫어하여 고쳤다고 말해지기도

---

10) 泉州의 水澳村과 圍頭村: 모두 泉州 晉江縣 관하의 연해지로서 송대 海賊이 빈번히 출몰하는 지역이었다. 이에 대해서는 眞德秀, 『西山集』 卷8 <泉州申樞密院乞推海盜賞狀>을 참조.
11) 鐵騎: 鐵甲을 씌운 말.
12) 이상의 毗舍邪國에 대한 『宋史』의 기록은 『文獻通考』 卷327의 내용과 완전히 동일하며 『諸蕃誌』 卷上을 약간 축약한 것이다.
13) 倭奴國: 일본에 대한 모멸적 어조가 담긴 칭호로 『後漢書』(卷1下, 卷115)에서 사용되었다. 後漢 光武帝 中元 2년(57)에 조공을 바쳤다고 하는 倭奴國은 현재의 후쿠오카 인근에 위치했을 것으로 추정된다. 『後漢書』 卷115에는 "中元二年, 倭奴國奉貢朝賀, 使人自稱大夫, 倭國之極南界也, 光武賜以印綬."라고 기록되어 있는데, 당시 光武帝가 하사했다는 金印이 1784년 후쿠오카의 志賀島(시카노시마)에서 발견되었기 때문이다.

한다.14) 그 땅은 동서와 남북이 각각 수천 리에 달하며 서남방으로는 바다가 있고 동북방으로는 큰 산에 의해 가로막혀 있다.15) 큰 산 너머는 모인국(毛人國)16)이다. 후한(後漢) 때부터 조공을 시작17)하여 위(魏)·진(晉)·송(宋)·수(隋)18) 시기를 지나며 모두 와서 조공하였다. 당 영휘(永徽) 연간과 현경(顯慶)·장안(長安)·개원(開元)·천보(天寶)·상원(上元)·정원(貞元)·원화(元和)·개성(開成)19) 연간에 모두 사자를 파견하여 조공하였다.

> 雍熙元年, 日本國僧奝然與其徒五六人浮海而至, 獻銅器十餘事, 幷本國職員今·王年代紀各一卷. 奝然衣綠, 自云姓藤原氏, 父爲眞連; 眞連, 其國五品品官也. 奝然

---

14) '日本'이란 國號가 문헌에 처음으로 나타나는 것은 720년에 완성된 『日本書紀』이다. 律令國家에 의한 통일이 이루어지고 天皇 중심의 국가체제가 수립되면서 점차 中國과 대등하다는 인식이 생겨나, 중국인이 사용하기 시작한 '倭'를 경원시하게 되었다. 그러한 발상을 처음으로 보이는 것이 推古(스이코) 天皇이 隋에게 보낸 國書에서 사용된 '日出處天子' 혹은 '東天皇'이었다. 이 '日出處'란 발상에서 '日本'이란 국호가 생겨난 것으로 이해되고 있다.

15) 『舊唐書』卷199上「倭國傳」에서는 일본의 지리적 위치에 대해, "倭國者, 古倭奴國也. 去京師一萬四千里, 在新羅東南大海中, 依山島而居, 東西五月行, 南北三月行."이라 하였다.

16) 毛人國: 동북방의 蝦夷(에미시), 즉 아이누 족에 대한 律令制 이전의 지칭. 율령제 도입 이후 華夷思想에 근거하여 에미시라 지칭하기 시작했다. 南朝宋 順帝 昇明 2년(478)에 올린 표에서는, "自昔祖禰躬環甲冑. 跋涉山川不遑寧處, 東征毛人五十五國."(卷97「倭國傳」)이라 말하고 있다.

17) 光武帝의 治世였던 中元 2년(57)의 일이다.

18) 後漢으로부터 魏·晉·宋·隋에 걸친 시기의 朝貢 기록은, 『後漢書』卷115「倭傳」과 『三國志』卷30「魏志」<倭人傳>, 『晉書』卷97「倭人傳」, 『宋書』卷97「倭國傳」, 『隋書』卷81「倭國傳」에 수록되어 있다. 이 가운데 『宋書』에는 讚·珍·濟·興·武라는 倭 5王의 조공 사실이 등장한다. 이들은 讚 시기부터 '使持節都督倭·百濟·新羅·任那·秦韓·慕韓六國諸軍事安東大將軍倭國王'이란 직함을 자칭하며 중국의 宋 측에 그 재가를 요청하고 있다. 그러나 宋은 이러한 倭의 요구를 거절하다가, 武 시기에 이르러 '使持節都督倭·新羅·任那·加羅·秦韓·慕韓六國諸軍事安東大將軍倭國王' 라는 칭호를 부여하고 있다. 이러한 기록은 오늘날까지도 이른바 任那日本府의 실체를 둘러싼 논쟁에서 주요한 논거이자 쟁점이 되고 있다.

19) 永徽는 高宗의 연호로서 650~655년, 顯慶은 高宗의 연호로서 656~660년, 長安은 則天武后의 연호로서 701~705년, 開元은 玄宗의 연호로서 713~741년, 天寶는 玄宗의 연호로서 742~755년, 上元은 肅宗의 연호로서 760~761년, 貞元은 德宗의 연호로서 785~804년, 元和는 憲宗의 연호로서 806~820년, 開成은 文宗의 연호로서 836~840년에 해당한다. 이 시기 日本의 조공에 대해서는 『舊唐書』卷199上「倭國傳」 및 『新唐書』卷145「日本傳」을 참조.

> 善隷書, 而不通華言, 問其風土, 但書以對云:「國中有五經書及佛經·白居易集七十卷, 並得自中國. 土直五穀而少麥. 交易用銅錢. 文曰'乾文大寶'. 畜有水牛·驢·羊. 多犀·象. 產絲蠶, 多織絹, 薄緻可愛. 樂有中國·高麗二部. 四時寒暑, 大類中國. 國之東境接海島, 夷人所居, 身面皆有毛, 東奧州產黃金, 西別島出白銀, 以爲貢賦. 國王以王爲姓, 傳襲至今王六十四世, 文武僚吏皆世官.」

[태종] 옹희(雍熙) 원년(984) 일본국의 승려 조연(奝然)과 그 제자 5~6명이 바다를 건너와서[20] 동기(銅器) 10여 개 및 자기 나라의 『직원령(職員令)』과 『왕연대기(王年代紀)』 각 1권을 바쳤다. 조연의 옷은 녹색이었으며 스스로 말하기를 성이 등원(藤原, 후지와라)씨[21]이며 부친은 진연(眞連)이라고 했다. 진연은 그 나라의 5품 품관(品官)이다.[22] 조연은 예서(隷書)에 능하였으나 중국말은 알아듣지 못하여, 일본의 풍토를 물으니 다만 글을 써서 대답하기를, "우리 나라에는 오경(五經)의 경서 및 불경, 『백거이집(白居易集)』 70권이 있는데 모두 중국에서 얻어 왔다. 토양은 오곡에 적합하며 맥류(麥類)는 적다. 교역에는 동전을 사용하는데 건문대보(乾文大寶)[23]라는 글자가 쓰여 있다. 가축으로는 물소와 나귀·양이 있으며 [야생 짐승으로는] 코뿔소와 코끼리가 많다.[24] 누에를 쳐서 견직물이 많이 나는데 얇고 촘촘하여 매우 [품질이] 우수하다. 음악에는 중국악과 고려악의 두 종류가 있다. 네 계절 및 덥고 추운 것은 대략 중국과 비슷하다. 우리 나라의 동쪽은 섬들과 접해 있는데 [섬에는] 몸과 얼굴에

---

20) 조연(奝然, 초넨)은 東大寺의 승려로서 太宗 太平興國 7년(982) 7월에 入宋하려 했지만 실패하고 이듬해 8월 吳越 상인 陳仁爽과 徐仁滿의 배에 승선하여 마침내 중국에 들어가게 되었다. 이에 대해서는, 和田淸·石原道博, 『舊唐書倭國日本傳 宋史日本傳·元史日本傳』(1956: 45) 참조.
21) 藤原氏: 大化(다이카) 改新의 주역인 中臣兼足(나카토미노 가마타리)의 자손이다. 藤原氏의 4支派(四家, 즉 南家·北家·式家·京家)는 골육상쟁 끝에 北家가 끝까지 영화를 누리어 이른바 200년 동안의 藤原時代를 이룩하였다. 지방과의 연줄이 없는 순전한 중앙관료 귀족이었다. 平安(헤이안) 시대 최고의 귀족으로서 천황가의 外戚이 되어 攝政·關白의 지위를 차지하고 정치의 실권을 장악하였다. 10세기 말의 冷天天皇 이후에는 攝政·關白의 지위가 상설되어 이른바 攝關政治의 시대가 시작되기에 이른다.
22) 眞連이 平安(헤이안) 시대 일본의 官名은 아니다. 아마도 眞連은 이름이었을 것이라 추측된다. 和田淸·石原道博, 『舊唐書倭國日本傳 宋史日本傳·元史日本傳』(1956: 45) 참조.
23) 乾文大寶: 958년에 주조된 乾元大寶의 잘못일 것이라 추정된다. 위와 같음.
24) 조연의 과장이거나 혹은 訛傳에 의한 것이라 여겨진다. 이 시기 일본 열도에 코끼리와 코뿔소가 서식하지 않았다.

모두 털이 나 있는 이인(夷人)25)이 거주한다. 동쪽의 오주(奧州)26)에서는 황금이 나며 서쪽의 별도(別島)27)에서는 백은(白銀)이 산출되어 조세로 납부한다. 국왕은 왕(王)을 성으로 삼고 있으며 현재의 왕까지 64대가 전해져 내려왔다.28) 문무 관리도 모두 [대대로] 세습한다"고 하였다.

> 其年代紀所記云: 初主號天御中主. 次日天村雲尊, 其後皆以「尊」爲號. 次天八重雲尊, 次天彌聞尊, 次天忍勝尊, 次瞻波尊, 次萬魂尊, 次利利魂尊, 次國狹槌尊, 次角龔魂尊, 次汲津丹尊, 次面垂見尊, 次國常立尊, 次天鑑尊, 次天萬尊, 次沫名杵尊, 次伊奘諾尊, 次素戔烏尊, 次天照大神尊, 次正哉吾勝速日天押穗耳尊, 次天彦尊, 次炎尊, 次彦瀲尊, 凡二十三世, 並都於筑紫日向宮.

그 연대기에는 다음과 같이 기록되어 있었다. 첫 번째 군주는 천어중주(天御中主)29)라 칭하였으며, 다음은 천촌운존(天村雲尊)이라 하였는데 그 이후로는 모두 '존(尊)'30)을 이름으로 삼았다. 그 다음은 천팔중운존(天八重雲尊)이고, 다음은 천미문존(天彌聞尊)이며, 다음은 천인승존(天忍勝尊), 다음은 첨파존(瞻波尊), 다음은 만혼존(萬魂尊), 다음은 이이혼존(利利魂尊), 다음은 국협추존(國狹槌尊), 다음은 각공혼존(角龔魂尊), 다음은 급진단존(汲津丹尊), 다음은 면수견존(面垂見尊), 다음은 국상입존(國常立尊), 다음은 천감존(天鑑尊), 다음은 천만존(天萬尊), 다음은 말명저존(沫名杵尊), 다음은 이장낙존(伊奘諾尊),31) 다음은 소전오존(素

---

25) 夷人: 蝦夷, 즉 오늘날의 아이누 족.
26) 奧州: 혼슈 동북방의 陸奧.
27) 別島: 쓰시마일 것이라 추정된다. 『日本書紀』 卷29 <天武天皇 3월 3월 丙辰>조에 의하면 對島(쓰시마)에서 銀을 採掘하여 貢上했다는 기록이 나온다.
28) 제1대 神武天皇부터 제64대 圓融天皇까지를 가리킨다.
29) 天御中主: 高皇産靈尊・神皇産靈尊과 함께 이른바 造化 3神 가운데 하나인 天御中主尊이다. 이하 『王年代紀』에 나오는 인명의 해설은 특별한 기록이 없는 한 和田淸・石原道博, 『舊唐書倭國日本傳 宋史日本傳・元史日本傳』을 참조.
30) 『日本書紀』 卷1 「神代」 上에서는 "貴日尊 自餘日命"이라 하고 있는데, 尊・命 등은 道交의 神에 기초한 것이었다.
31) 伊奘諾尊: 神代 7代의 마지막으로 태어난 오누이 神 가운데 오빠인 伊奘諾尊(이자나기노미코토)이다.

戔烏尊), 다음은 천조대신존(天照大神尊),32) 다음은 정재오승속일천압수이존(正哉吾勝速日天押穗耳尊), 다음은 천언존(天彦尊),33) 다음은 염존(炎尊), 다음은 언렴존(彦瀲尊)으로서 모두 23대인데 모두 축자(筑紫)의 일향궁(日向宮)34)에 도읍을 두었다.

> 彦瀲第四子號神武天皇, 自筑紫宮入居大和州橿原宮, 卽位元年甲寅, 當周僖王時也. 次綏靖天皇, 次安寧天皇, 次懿德天皇, 次孝昭天皇, 次孝天皇, 次孝靈天皇, 次孝元天皇, 次開化天皇, 次崇神天皇, 次垂仁天皇, 次景行天皇, 次成務天皇. 次仲哀天皇, 國人言今爲鎭國香椎大神. 次神功天皇, 開化天皇之曾孫女, 又謂之息長足姬天皇, 國人言今爲太奈良姬大神. 次應神天皇, 甲辰歲, 始於百濟得中國文字, 今號八蕃菩薩, 有大臣號紀武內, 年三百七歲. 次仁德天皇, 次履中天皇, 次反正天皇, 次允恭天皇, 次安康天皇, 次雄略天皇, 次淸寧天皇, 次顯宗天皇, 次仁賢天皇, 次武烈天皇, 次繼體天皇, 次安開天皇, 次宣化天皇. 次天國排開廣庭天皇, 亦名欽明天皇, 卽位十三年, 壬申歲始傳佛法於百濟國, 當此土梁承聖元年.

누이인 伊弉冉尊(이자나미노미코토)과 함께 온통 바다였던 下界에다가 최초로 육지를 만들고 그 위로 내려왔다. 후에 둘은 결혼하여 일본열도를 낳고 이어 많은 神들을 낳았다. 하지만 불의 신을 낳고는 이자나미노미코토가 화상으로 죽어버리자, 이자나기노미코토는 地下에 있는 황천국까지 찾아가 아내를 데려오려 하였지만 결국 실패하였다. 이후 이자나기노미코토가 地上에 올라와 목욕제계를 하자, 마지막으로 왼쪽 눈에서 天照大神(아마테라스오미카미), 오른쪽 눈에서 月神尊(쓰쿠요미 노미코토), 코에서 素戔鳴尊(스사노노미코토)이 탄생하였다. 이자나기노미코토는 天照大神에게 高天原(天上)을, 素戔鳴尊에게는 바다를 지배하라는 명을 내렸다고 한다.

32) 天照大神尊: 일본의 天皇 神話에서 가장 중요한 結節點을 이루는 女神 아마테라스 오미카미를 말한다. 天上의 神으로서 손자(즉 天孫)를 下界에 내려 보내 지상의 지배자가 되도록 한다. 그리하여 일본의 천황은 天照大神으로부터 天孫, 神武天皇의 계통으로 계승되기에 이른다.

33) 天彦尊: 天照大神의 손자로서 지상에 내려와 지상의 지배자인 素戔鳴尊으로부터 국가를 양도받는 天津彦彦火火瓊瓊杵尊(호노니니기노미코토)이다. 그가 하늘로부터 내려와 국가를 건설한 것을 天孫降臨이라 부른다. 天孫 호노니니기노미코토가 日向(휴가)에 강림할 때, 天照大神은 神勅과 함께 옥구슬·거울·神劒이라는 三種의 神器를 주었다고 한다. 이 神器들은 후일 天皇 권위의 상징으로 자리 잡게 되는데, 각각 농경의 풍요와 종교의식·무력을 상징한다.

34) 筑紫의 日向宮: 큐슈 남부 宮崎(미야자키)縣에 위치한 日向으로, 天孫降臨 이후 神武天皇의 大和 征服 이전까지 도읍지였다고 한다.

언렴(彦瀲)의 넷째 아들은 신무천황(神武天皇)35)이라 칭하였는데, 축자궁(筑紫宮)으로부터 대화주(大和州)의 강원궁(橿原宮)으로 옮겨 살았다. [신무천황이] 즉위한 첫해인 갑인년(甲寅年)은 주(周) 희왕(僖王)의 때에 해당된다.36) 다음은 수정천황(綏靖天皇)이고, 그 다음은 안녕천황(安寧天皇), 다음은 의덕천황(懿德天皇), 다음은 효소천황(孝昭天皇), 다음은 효천황(孝天皇), 다음은 효령천황(孝靈天皇), 다음은 효원천황(孝元天皇), 다음은 개화천황(開化天皇), 다음은 숭신천황(崇神天皇), 다음은 수인천황(垂仁天皇), 다음은 경행천황(景行天皇), 다음은 성무천황(成務天皇)이다. 그 다음은 중애천황(仲哀天皇)인데 일본국 사람들은 [그가] 지금 진국향추대신(鎭國香椎大神)이 되었다고 말한다. 다음은 신공천황(神功天皇)37)으로 개화천황의 증손녀인데 식장족희천황(息長足姬天皇)이라 불리기도 한다. 일본인들은 [그녀가] 지금 태나량희대신(太奈良姬大神)이 되었다고 말한다. 다음은 응신천황(應神天皇)인데 갑진년(甲辰年)에 백제로부터 처음으로 중국 문자를 얻어왔으며38) 지금은 팔번보살(八蕃菩薩)이라 불린다. [응신천황 시대] 기무내(紀武內)라는 대신이 있었는데 307살까지 살았다. 다음은 인덕천황(仁德天皇)이며, 다음은 이중천황(履中天皇), 다음은 반정천황(反正天皇), 다음은 윤공천황(允恭天皇), 다음은 안강천황(安康天皇), 다음은 웅략천황(雄略天皇), 다음은 청녕천황(清寧天皇), 다음은 현종천황(顯宗天皇), 다음은 인현천황(仁賢天皇), 다음은 무열천황(武烈天皇), 다음은 계체천황(繼體天皇), 다음은 안개천황(安開天皇), 다음은 선화천황(宣化天皇)이다. 다음은 천국배개광정천황(天國排開廣庭天皇)으로서 흠명천황(欽明天皇)39)이라고도

---

35) 神武天皇: 神話上의 첫 번째 天皇이다. 三種의 神器를 지니고 九州의 日向에서 정복에 나선 끝에 大和地方을 정복하고 전660년에 해당하는 辛酉年에 즉위했다고 한다.

36) 神武天皇의 즉위 해는 『日本書紀』 卷3에 의하면 辛酉年이며 본문의 기술과 같이 甲寅年은 아니다. 辛酉年이라면 周 惠王 17년(전660)에 해당한다. 僖王은 惠王 직전의 天子이다. 하지만 神武天皇의 說話는 推古天皇 시기에 가공으로 꾸며진 것에 불과하며 그 이후의 계보 역시 허구이므로 年代의 比定은 무의미하다고 하겠다.

37) 神功天皇: 제14대 仲哀天皇의 황후이자 제15대 應神天皇의 어머니이다. 통상 神功皇后라 불리며 應神天皇 시기 攝政을 하였는데, 본문에서는 정식 天皇의 계보에 넣고 있다. 神功皇后는 『日本書紀』에서 任那日本府를 개척한 인물로 등장하는데, 攝政 前年 신라를 정벌하고 고구려와 백제의 항복을 받았으며, 攝政 49년(369)에는 南加羅・喙國・安羅・卓淳 등 소위 加羅7國을 평정하였다고 기록되어 있다.

38) 『日本書紀』 卷10에 의하면, '應神 15년(404)경 8월 백제왕이 阿直岐를 파견하여 良馬 2필을 바쳤다. 또 阿直岐의 추천을 받아 百濟로부터 博士 王仁을 징발하였다. 應神 16년 王仁이 와서 太子의 스승이 되었다'라고 한다. 百濟의 阿直岐와 王人에 의해 漢字와 유교 경전 등이 전해진 것으로 되어 있으나, 『日本書紀』의 전반부 기록이 모두 그러하듯 史實로서의 신빙성은 극히 취약하다.

불리는데 즉위 13년 되던 해인 임신년(壬申年)에 백제로부터 처음으로 불교가 전해졌다.40) 중국의 양(梁) 승성(承聖) 원년(552)에 해당된다.

> 次敏達天皇. 次用明天皇, 有子曰聖德太子. 年三歲, 聞十人語, 同時解之. 七歲悟佛法于菩提寺, 講聖鬘經, 天雨曼陀羅華. 當此土隋開皇中, 遣使泛海至中國, 求法華經.

　　나음은 빈날천황(敏達天皇)이고, 나음은 용녕천황(用明天皇)인데 성덕태자(聖德太子)41)라 불리는 아들이 있었다. 그는 세 살 때에 열 사람이 말하는 것을 동시에 알아들었으며,42) 일곱 살에는 보리사(菩提寺)에서 불법(佛法)을 깨닫고 성만경(聖鬘經)을 강해할 때43) 하늘로부터 만다라화(曼陀羅華)가 비처럼 내렸다.44) [이때가] 중국의 수나라 개황(開皇) 연간(581~600)

---

39) 『日本書紀』에 의하면, 任那日本府는 530년경 南加羅·卓淳 등이 신라에 병합됨으로써 세력이 위축되다가, 欽明 23년(562) 잔존 任那 諸國이 신라에 완전히 통합됨으로써 야마토 정권과 任那 사이의 실질적인 관계가 완전히 종료되는 것으로 되어 있다.

40) 『日本書紀』 卷19에 의하면, '欽明 13년(552) 10월 백제의 聖王이 奴唎斯致契 등을 파견하여 釋迦佛金銅像·幡蓋·佛經 등을 바쳤다'고 한다.

41) 聖德太子[쇼토쿠 태자](574~622): 이름은 廐戶(우마야토)이다. 592년 推古(스이코)天皇이 즉위한 후 攝政이 되어 蘇我馬子(소가노우마코)와 함께 國政을 담당했다. 603년 官位 12階를 정하고 604년에는 헌법 17조를 제정하여 중앙집권적 官司制의 기초를 만들었다. 또 천황을 중심으로 하는 국가 체제를 확립하기 위해 『天皇記』, 『國記』 등의 國史를 편찬하고, 밖으로는 小野妹子(오노노이모코)를 隋에 파견하여 선진 문화와 제도 도입에 힘썼다. 불교 진흥에도 주력하여 法隆寺(호류사)·四天王寺(시텐노사)를 건립하고 『三經義疏』를 저술했다고 전해진다. 그는 살아 있을 때부터 초인적 자질과 능력을 갖춘 인물로 우상화되었던 듯하며, 사후 주변 인물에 의하여 예배되다가 8세기 초에는 觀音으로서 신앙의 대상이 되었다.

42) 『日本書紀』 卷22 <推古天皇 원년(593) 4월 己卯>조에 의하면, "聖德太子는 태어나자마자 말을 하였으며 聖智가 있었다. 장성해서는 한 번에 열 사람의 말을 듣고 능히 답변할 수 있었고, 아직 일어나지 않은 일을 알았다. 內敎는 高麗의 승려 惠慈에게 배우고 外典은 博士 覺哿에게 배워 모두 통달하였다."라고 한다.

43) 『日本書紀』 卷22 <推古天皇 14년(606) 7월>조에 의하면, "天皇이 皇太子에게 청하여 勝鬘經을 講解시키자 3일을 넘겨서까지 계속하였다"고 한다.

44) 曼陀羅華는 聖花인 흰 연꽃이다. "하늘로부터 曼陀羅華가 비처럼 내렸다(天雨曼陀羅華)"는 말은 『法華經』에 나오는 구절이다.

에 해당되는데 바다 건너 중국에 사신을 보내 『법화경』을 구해 갔다.45)

> 次崇峻天皇, 次推古天皇, 欽明天皇之女也. 次舒明天皇, 次皇極天皇. 次孝德天皇, 白雉四年, 律師道照求法至中國, 從三藏僧玄奘受經·律·論, 當此土唐永徽四年也. 次天豐財重日足姬天皇, 令僧智通等入唐求大乘法相教, 當顯慶三年, 次天智天皇, 次天武天皇, 次持總天皇. 次文武天皇, 大寶三年, 當長安元年, 遣粟田眞人入唐求書籍, 律師道慈求經. 次阿閇天皇, 次皈依天皇. 次聖武天皇, 寶龜二年, 遣僧正玄昉入朝, 當開元四年, 次孝明天皇, 聖武天皇之女也. 天平勝寶四年, 當天寶中, 遣使及僧入唐求內外經教及傳戒. 次天炊天皇. 次高野姬天皇, 聖武天皇之女也. 次白璧天皇, 二十四年, 遣二僧靈仙·行賀入唐, 禮五臺山學佛法. 次桓武天皇, 遣藤元葛野與空海大師及延曆寺僧澄入唐, 詣天台山傳智者止觀義, 當元和元年也. 次諾樂天皇, 次嵯峨天皇, 次淳和天皇. 次仁明天皇. 當開成·會昌中, 遣僧入唐, 禮五臺. 次文德天皇, 當大中年間, 次淸和天皇, 次陽成天皇. 次光孝天皇, 遣僧宗睿入唐傳教, 當光啓元年也.

다음은 숭준천황(崇峻天皇)이고, 다음은 추고천황(推古天皇)46)으로서 흠명천황(欽明天皇)

---

45) 隋 文帝 開皇 20년(600)과 隋 煬帝 大業 3년(607)에 사신을 파견하였던 것을 가리킨다. 『隋書』 卷81에는 이때의 사정에 대해, "大業三年, 其王多利思北孤, 遣使朝貢. 使者曰: 「聞海西菩薩天子重興佛法, 故遣朝拜, 兼沙門數十人, 來學佛法."라 적고 있다.

46) 推古天皇: 제33대 天皇으로서 百濟系 大臣 蘇我馬子(소가노우마코)의 甥姪女이다. 즉위 이후 政務는 天皇의 조카이자 蘇我氏의 外孫이면서 사위인 聖德太子를 攝政으로 삼아 담당하게 하였다(593년). 推古天皇은 佛敎를 받아들여 불교문화를 발전시켰고, 한편 新羅·隋에서 선진문화를 도입하여 왕권이 강화된 중국적 정치체제를 수립하여 古來의 氏姓制度에 대신하였다. 이와 같은 정치체제의 골격이 바로 중국으로부터 받아들인 律令이므로 정치사적으로 律令國家라 표현한다. 또한 天皇의 계보 가운데 推古天皇은 實在가 확실한 첫 번째 존재이다. 역대 천황 중 누구부터 實在한 것으로 볼 것인가는 論者에 따라 다르나 빠르게 보는 이는 10대 崇神부터로 잡고, 혹은 15대 應神이나 16대 仁德부터 잡는 사람도 있다. 하지만 天皇이란 칭호는 실제로는 7세기 초의 외교문서나 佛敎 鳴文에 비로소 나타나는 것이고, 그 이전은 大和政權의 首長을 大王(오기미)·倭王이라고 불렀다. 『隋書』에 의하면 文帝 開皇 20년(600)에 姓은 阿每, 字는 多利思比孤, 號는 阿輩雞彌라고 하는 倭王이 入貢하였다고 기록되어 있다. 일본 記紀(『古事記』와 『日本書紀』)의 신빙도를 감안하고, 또 그것에 중국 측 기록을 대비하여 판단할 때,

의 딸이었다. 그 다음은 서명천황(舒明天皇)이고, 다음은 황극천황(皇極天皇)이다. 다음은 효덕천황(孝德天皇)으로서 백치(白雉) 4년(653)에 율사(律師) 도조(道照)47)가 불법을 구하여 중국에 와서 삼장(三藏)의 승려 현장(玄奘)48)로부터 경(經)·율(律)·론(論)49)을 받아 갔다. [이때가] 중국의 당나라 영휘(永徽) 4년(653)이었다. 다음은 천풍재중일족희천황(天豊財重日足姬天皇)인데, 승려 지통(智通)50) 등으로 하여금 당나라에 들어가 대승법상교(大乘法相教)51)를 구해오게 했다. [이때가] 현경(顯慶) 3년(658)이었다. 그 다음은 천지천황(天智天

일본의 천황 계보 가운데 實在가 확실히 인정되는 것은 推古天皇부터라 해야 할 것이다. 더욱이 여러 대립되는 강대 세력 중 天皇族의 우세가 확정되는 것은 그보다 뒤인 645년의 大化改新을 기다려야 한다. 그러므로 그 이전 시기의 倭 또는 倭王은 天皇族이나 大和政權과 동일시할 수 없다. 나아가 그 大和政權이 한반도에 식민지를 가졌다든지, 出兵했다든지, 혹은 한반도로부터 일본의 大和政權에 歸化人이 渡來했다든지 하는 것은 신빙성이 전연 없다 할 것이다.

47) 道照: 唐 高宗 永徽 4년(653)에 파견된 제2차 遣唐使에 포함된 인물 道昭를 잘못 표기한 것이다. 당시 일본은 大使 小山上 吉士長丹 휘하의 121명 및 別組로 大使 大山下 高田根贄 휘하의 120명을 파견하고 있다. 이에 대해서는, 和田淸·石原道博, 『舊唐書倭國日本傳 宋史日本傳·元史日本傳』(1956: 53) 및 藤家禮之助(1988: 93~98)를 참조.

48) 玄奘(602?~664): 당대의 고승으로 俗名은 陳褘로 河南의 洛陽 동쪽에 있는 緱氏縣 출생이다. 10세에 洛陽의 淨土寺에 들어갔으며, 13세에 僧籍에 올랐다. 長安·成都와 그 밖의 중국 중북부 여러 지역을 여행하며 불교 연구에 진력한 뒤, 불교에 대한 의문의 해소 및 불교 경전의 입수를 위해 627년 인도로 떠났다. 도중 高昌國王 麴文泰의 대접을 받았으며, 인도에 도착한 후 날란다 사원에 들어가 戒賢(시라바드라) 밑에서 불교 연구에 힘썼다. 당시 카나우지에 도읍하고 있던 하르샤 대왕 등도 그를 크게 환대하였다. 641년 많은 경전과 불상을 가지고 귀국길에 올라, 힌두쿠시와 파미르의 두 험로를 넘어 호탄을 거쳐서 645년 정월에 朝野의 커다란 환영을 받으며 長安으로 돌아왔다. 太宗의 후원을 받아 74부 1,335권의 경전을 漢譯하였는데, 이 譯經은 '新譯'이라 불리며 이전의 번역경전들을 거의 대부분 대체하기에 이른다. 그는 인도 여행의 기록인 『大唐西域記』 12권을 남겼다.

49) 經·律·論: 불경과 계율, 그리고 경전에 대한 해석으로, 三藏이라 총칭한다. 佛滅 100여 년 이후 論(對法)의 성립으로 말미암아 불교의 諸部派 내지 종파가 형성되기에 이른다.

50) 『日本書紀』 卷26 <齊明 4년 7월>조에 의하면 "沙門 智通과 智達이 勅을 받들고 新羅의 배를 타고서 大唐國에 간 다음, 玄奘法師로부터 無性衆生의 義를 받았다"고 한다.

51) 大乘法相教: 玄奘의 教說을 중심으로 하여 형성된 法相宗으로, 인도의 대승불교 학자인 世親의 唯識思想에 기반하고 있다. 法相宗의 教義가 되는 唯識思想은 中觀派와 함께 인도 대승불교의 양대 줄기를 이루는 瑜伽行派의 教學으로서, 玄奘이 중국에 소개한 이후 그의 제자 窺基가 이에 의거하여 독립된 종파를 성립시켰다. 이 종파는 認識의 대상이 되는 一切法의 事相에 대한 논구와 분류 해명을 중심으로 삼는다고 하여 法相宗이란 이름을 붙였는데, 窺基가 慈恩寺를 중심으로 활동하였기 때문에 慈恩宗이라 불리기도 한다.

皇)이고, 다음은 천무천황(天武天皇), 다음은 지총천황(持總天皇)52)이다. 다음은 문무천황(文武天皇)인데 대보(大寶) 3년, 즉 장안(長安) 원년(701)에 속전진인(粟田眞人)을 파견하여 당에 들어가 서적을 구해오게 했으며53) 율사(律師) 도자(道慈)로 하여금 불경을 구해오게 했다. 그 다음은 아폐천황(阿閉天皇)이고 다음은 귀의천황(皈依天皇)이다. 그 다음은 성무천황(聖武天皇)인데 보구(寶龜) 2년에 승정(僧正) 현방(玄昉)을 보내 [당에] 조공을 바치게 하였다.54) [중국의] 개원(開元) 4년(716)에 해당한다. 다음은 효명천황(孝明天皇)으로서 성무천황(聖武天皇)의 딸인데, 천평승보(天平勝寶) 4년,55) 즉 천보(天寶) 연간(742~756)에 사신 및 승려를 당에 들여보내 내외(內外)의 경교(經敎)56)와 계(戒)를 구해 오게 했다. 그 다음은 천취천황(天炊天皇)이고, 다음은 고야희천황(高野姬天皇)으로 성무천황(聖武天皇)의 딸이었다. 그 다음은 백벽천황(白璧天皇)인데, 24년에 영선(靈仙)과 행하(行賀)라는 두 승려를 당에 들여보내 오대산(五臺山)57)을 참배하고 불법을 배우게 했다.58) 그 다음은 환무천황(桓武天皇)인데, 등원갈야(騰元葛野)와 공해대사(空海大師), 그리고 연력사(延歷寺)의 승려 징(澄)을

---

52) 持總天皇: 제41대 持統天皇의 오류.
53) 『新唐書』卷220「日本傳」에서는 이때의 정황에 대해, "長安元年, 其王文武立, 改元曰大寶. 遣朝臣眞人粟田,貢方物. 朝臣眞人者, 猶唐尙書也. 冠進德冠, 頂有華蘤四披, 紫袍帛帶. 眞人好學, 能屬文, 進止有容. 武后宴之麟德殿, 授司膳卿, 還之."라 전하고 있다.
54) 『續日本紀』卷16, <聖武天皇 天平 18年 6月 己亥>조에 玄昉의 入唐 朝貢과 관련한 記事가 등장한다.
55) 唐 玄宗 天寶 11載(752)에 해당한다.
56) 內外의 經敎: 內典과 外典, 즉 佛經과 佛經 이외의 典籍.
57) 五臺山: 中國 山西省 동북부의 忻州市에 있는 佛敎의 聖山으로 높이는 3,58m이다. 太行山脈의 최고봉으로서 다섯 개에 이르는 主峰들이 모두 帶狀을 이룬다하여 붙여진 이름이다. 山中에는 약 100여 개의 사찰이 있고 산기슭의 臺懷鎭에도 많은 사찰이 叢立하고 있다. 본래 道敎徒에 의해 개발되었으나 5세기 무렵의 北魏 시기부터 『화엄경』에 나오는 文殊菩薩의 거주지인 淸凉山에 해당한다고 믿어, 峨嵋山・普陀山과 함께 중국 불교의 3대 靈山으로 숭상되었다. 그리하여 중국 외에 인도나 그 밖의 여러 지역에서도 불교도가 순례하는 성지가 되었다. 元代에는 라마교가 들어왔으며, 淸代에는 몽골족과 티벳족에 대한 대책으로 특히 라마교를 중시하여 이곳을 중심지로 삼았다. 현재 산중에는 100여 개의 寺廟가 있으며, 그중 특히 유명한 것은 라마계의 鎭海寺와 佛光寺 등이다. 佛光寺의 본전은 857년 건립된 것으로 중국에서 가장 오래된 목조 건축물이다. 특히 新羅의 慧超가 이 산의 乾元菩提寺에서 여생을 보낸 것으로 알려져 있다.
58) 靈仙의 入唐은 唐 德宗 貞元 20年(804)으로서, 五臺山에 수년 동안 체류하다 靈境寺에서 毒殺되었다. 또 行賀의 入唐은 唐 玄宗 天寶 11載(752)였다. 이에 대해서는 和田淸・石原道博, 『舊唐書倭國日本傳 宋史日本傳・元史日本傳』, p.56 참조.

당에 들여보내 천태산(天台山)59)을 참배하고 지자(智者)의 지관의(止觀義)60)를 배워 오게 했다.61) [중국의] 원화(元和) 원년(806)의 일이었다. 그 다음은 낙락천황(諾樂天皇)이고, 다음은 차아천황(嵯峨天皇), 다음은 순화천황(淳和天皇)이다. 그 다음은 인명천황(仁明天皇)인데, 개성(開成, 836~840)·회창(會昌, 841~846) 연간에 승려를 당에 보내 오대산(五臺山)을 참배하게 했다.62) 그 다음은 문덕천황(文德天皇)으로 대중(大中) 연간(847~859)에 해당된다. 그 다음은 청화천황(淸和天皇)이고, 다음은 양성천황(陽成天皇)이다. 그 다음은 광효천황

---

59) 天台山: 중국 浙江省 동부의 台州市에 있는 불교의 聖山으로 높이는 1,094m이다. 寧波·紹興·台州에 걸쳐 있는 天台山脈의 주봉이다. 원래의 명칭은 南岳이었으나 紫微星을 지키는 上中下 三台星의 이름을 따서 天台山으로 개칭되었다고 한다. 八葉 蓮花를 씌운 듯한 모습의 天台山은 남쪽에 赤城山, 서쪽에 石城山, 동쪽에 王愛山으로 둘러싸여 있다. 魏晉南北朝 시기에는 支遁 등의 고승이 입산하여 절을 세웠다가, 575년 智顗가 이곳을 수행지로 정한 이후 天台宗의 근본 도량이 되었다. 智顗가 佛隴峰에 세운 절은 황제로부터 修禪寺라는 이름이 하사되었다. 특히 隋 煬帝가 修禪寺를 國淸寺로 개명하고 이를 天台宗의 중심 도량으로 삼으면서부터 天台山은 불교의 聖地로 명성을 날리게 되었다. 宋代 이후에는 天台敎學의 중심지가 인근의 四明山과 錢塘으로 옮겨갔다.

60) 止觀義: 佛敎의 修行 法門 가운데 하나. '止'는 산스크리트어 '사마타'의 意譯으로서 妄念을 없애고 一境에 專心하는 것이며, '觀'은 산스크리트어 '비발사나'의 意譯으로 '止'의 기초 위에서 智慧를 지니고 事理를 辨別하는 것을 가리킨다. 불교에서는 '止觀'을 얻으면 '悟'와 '性空'의 경지에 이르러 成佛하게 된다고 말한다. 중국 불교 天台宗의 창시자 智顗는 특히 '止觀'을 강조하여 『摩訶止觀』, 『蒙止觀』 등의 저작을 남기고 있다.

61) 본문 가운데 騰元葛野는 唐 德宗 貞元 19년(803) 遣唐大使에 임명되었으나 폭풍을 만나 되돌아온 후 이듬해인 貞元 20년(804) 7월 다시 唐으로 파견되는 藤原葛野麻呂일 것으로 이해된다. 空海는 藤原葛野麻呂의 사절단 일원으로 入唐하여 長安의 靑龍寺에서 密敎를 배우고 온 인물이며, 澄은 貞元 20년 副使 石川道益를 따라 入唐하여 天台山에서 天台宗을 배웠던 最澄(사이쵸)의 誤傳이다. 이에 대해서는 和田淸·石原道博, 『舊唐書倭國日本傳 宋史日本傳·元史日本傳』(1956: 56~57) 참조. 最澄은 헤이안 초기 日本의 天台宗을 開宗한 승려로서, 중국 天台宗의 敎義·戒律·禪을 도입한 후 延曆寺(엔랴쿠사)에서 『법화경』을 중심으로 하는 일본 특유의 天台宗을 열었다. 또 天台 승려가 지켜야 할 규정인 『山家學生式』을 저술하였다.

62) 이 시기에 入唐한 승려로는 唐 文宗 開成 3년(838)의 圓行·常曉·圓仁·圓載와 武宗 會昌 원년(841)의 惠蕚, 會昌 2년(842)의 惠運 등이 있지만, 이 가운데 五臺山에 간 인물은 圓仁·惠蕚이다. 이 가운데 圓仁(엔닌)은 838년 7월 45세의 나이로 藤原常嗣를 大使로 하는 제12회 遣唐使(최후의 遣唐使)를 따라 入唐하였다가 五臺山과 長安을 거쳐 돌아온 후 『入唐求法巡禮行記』라는 여행기를 남긴 인물이다. 『入唐求法巡禮行記』는 여행 중의 見聞을 대단히 사실적인 필치로 묘사하고 있다. 渡海의 공포로부터 시작하여 중국 내지의 사정, 당시의 物價, 민간의 동정, 佛敎에 대한 상세한 기술, 나아가 唐代 관료기구의 번쇄하고 복잡한 실태에 이르기까지 대단히 예리하고 정밀한 관찰이 담겨져 있다는 평판을 받고 있다.

(光孝天皇)으로서 승려 종예(宗睿)를 당에 들여보내 불교를 배워오게 하였는데 광계(光啓) 원년(885)의 일이었다.

> 次仁和天皇, 當此土梁龍德中, 遣僧寬建等入朝. 次醍醐天皇, 次天慶天皇. 次封上天皇, 當此土周廣順年也. 次冷泉天皇, 今爲太上天皇. 次守平天皇, 即今王也. 凡六十四世.

다음은 인화천황(仁和天皇)으로서 중국의 후량 용덕(龍德) 연간(921~923)에 승려 관건(寬建) 등을 파견하여 [중국에] 조공을 바쳤다.63) 다음은 제호천황(醍醐天皇)이고, 다음은 천경천황(天慶天皇)이다. 다음은 봉상천황(封上天皇)으로서 중국의 후주(後周) 광순(廣順) 연간(951~953)에 해당한다. 다음은 냉천천황(冷泉天皇)으로서 지금은 태상천황(太上天皇)으로 되어 있으며, 다음은 수평천황(守平天皇)으로 지금의 왕이다. 모두 64대이다.

> 畿內有山城·大和·河內·和泉·攝津凡五州, 共統五十三郡. 東海道有伊賀·伊勢·志摩·尾張·參河·遠江·駿河·伊豆·甲斐·相模·武藏·安房·上總·常陸凡十四州, 共統一百一十六郡. 東山道有通江·美濃·飛驒·信濃·上野·下野·陸奧·出羽凡八州, 共統一百二十二郡. 北陸道有若狹·越前·加賀·能登·越中·越後·佐渡凡七州, 共統三十郡. 山陰道有丹波·丹彼·徂馬·因幡·伯耆·出雲·石見·隱伎凡八州, 共統五十二郡. 小陽道有播麽·美作·備前·備中·備後·安藝·周防·長門凡八州, 共統六十九郡. 南海道有伊紀·淡路·河波·讚耆·伊豫·土佐凡六州, 共統四十八郡. 西海道有筑前·筑後·豊前·豊後·肥前·肥後·日向·大隅·薩摩凡九州, 共統九十三郡. 又有壹伎·對馬·多褹凡三島, 各統二郡. 是謂五畿·七道·三島, 凡三千七百七十二都, 四百一十四驛, 八十八萬三千三百二十九課丁. 課丁之外, 不可詳見, 皆裔然所記云.

---

63) 일본 측의 기록에 의하면 寬建 등이 중국에 간 것은 後唐 明帝 天成 2년(927)으로 되어 있다(和田淸·石原道博, 『舊唐書倭國日本傳 宋史日本傳·元史日本傳』, 1956: 58 참조).

기내(畿內)64)에는 산성(山城)・대화(大和)・하내(河內)・화천(和泉)・섭진(攝津)의 5주(州)가 있으며 모두 53군(郡)을 통할한다.65) 동해도(東海道)에는 이하(伊賀)・이세(伊勢)・지마(志摩)・미장(尾張)・삼하(參河)・원강(遠江)・준하(駿河)・이두(伊豆)・갑비(甲斐)・상모(相模)・무장(武藏)・안방(安房)・상총(上總)・상륙(常陸)의 14주가 있으며 모두 116군을 통할한다. 동산도(東山道)에는 통강(通江)・미농(美濃)・비탄(飛驒)・신농(信濃)・상야(上野)・하야(下野)・육오(陸奧)・출우(出羽)의 8주가 있으며 모두 122군을 통할한다. 북륙도(北陸道)에는 약협(若狹)・월전(越前)・가하(加賀)・능등(能登)・월중(越中)・월후(越後)・

---

64) 여기에 서술되어 있는 고대 일본의 행정구획을 지도로 나타내면 다음과 같다.

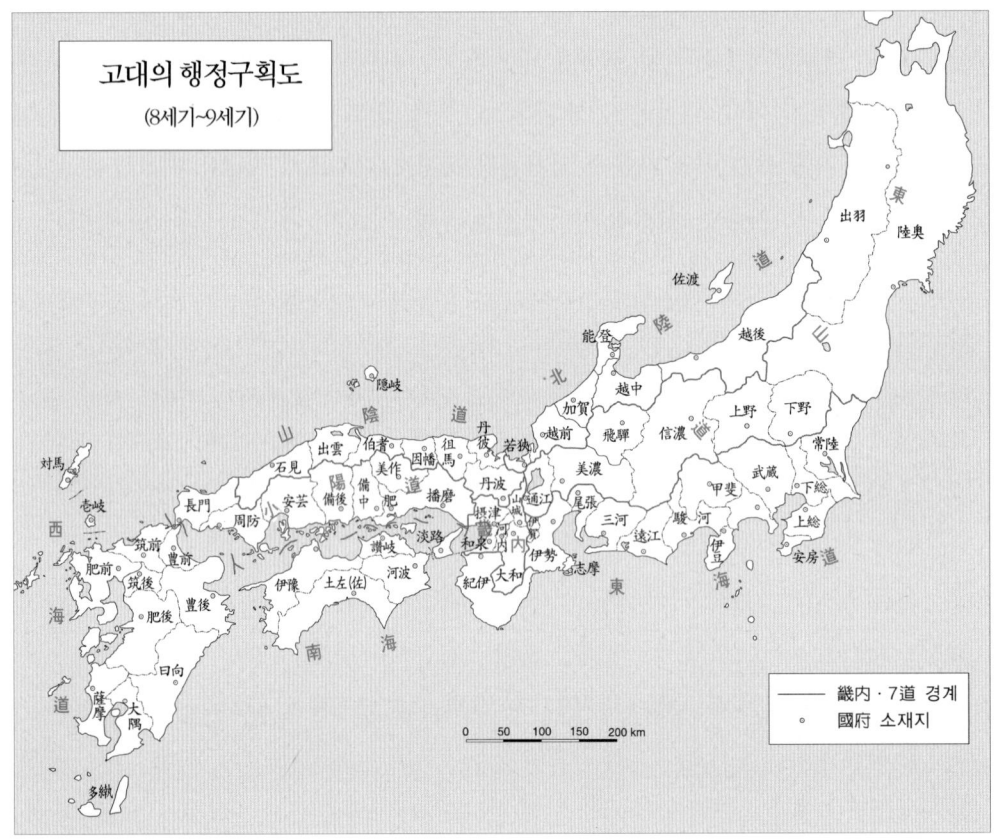

65) 州와 郡은 大化改新 때 도입된 지방 행정 단위. 이후 일본의 지방 제도는 國-郡-里의 3단계로 구성되었다. 州는 國의 별칭으로서 중앙으로부터 國司[고쿠시]가 파견되어 하위의 郡司[군지]를 통할하였다. 郡의 장관인 郡司는 고래의 지방 호족인 國造[구니노미얏코]의 집안에서 채용하였다. 國司는 郡司 선임권을 포함한 상당히 큰 권한을 부여받았으나 임기가 4년으로 비교적 짧았고 職分田도 많지 않았지만, 직권 상으로 國司에 종속하는 郡司는 임기가 종신이었고 國司의 두 배가 넘는 職分田을 부여받았다.

좌도(佐渡)의 7주가 있으며 모두 30군을 통할한다. 산음도(山陰道)에는 단파(丹波)·단피(丹彼)·조마(徂馬)·인번(因幡)·백기(伯耆)·출운(出雲)·석견(石見)·은기(隱伎)의 8주가 있으며 모두 52군을 통할한다. 소양도(小陽道)에는 파마(播麽)·미작(美作)·비전(備前)·비중(備中)·비후(備後)·안예(安藝)·주방(周防)·장문(長門)의 8주가 있으며 모두 69군을 통할한다. 남해도(南海道)에는 이기(伊紀)·담로(淡路)·하파(河波)·찬기(讚耆)·이예(伊豫)·토좌(土佐)의 6주가 있으며 모두 48군을 통할한다. 서해도(西海道)에는 축전(筑前)·축후(筑後)·풍전(豐前)·풍후(豐後)·비전(肥前)·비후(肥後)·일향(日向)·대우(大隅)·살마(薩摩)의 9주가 있으며 모두 93군을 통할한다. 이밖에 일기(壹伎)·대마(對馬)·다집(多䄈)의 3섬이 있으며 각각 2군을 통할한다. 이를 5기(畿)·7도(道)·3도(島)라 부르며 모두 3,772도(都)66)와 414역(驛), 883,329 과정(課丁)67)이 있다. 과정 이외에는 잘 알 수 없다. [이는] 모두 조연(奝然)이 기록한 내용이다.

按隋開皇二十年, 倭王姓阿每, 名自多利思比孤, 遣使致書. 唐永徽五年, 遣使獻琥珀·馬腦. 長安二年, 遣其朝臣真人貢方物. 開元初, 遣使來朝. 天寶十二年, 又遣使來貢. 元和元年, 遣高階真人來貢. 開成四年, 又遣使來貢. 此與其所記皆同. 大中·光啓·龍德及周廣順中, 皆嘗遣僧至中國, 唐書中·五代史失其傳. 唐咸亨中及開元二十三年·大曆十二年·建中元年, 皆來朝貢, 其記不載.

수 개황(開皇) 20년(600), 성(姓)은 아매(阿每)이고 이름은 자다리사비고(自多利思比孤)라는 왜(倭) 왕이 사자를 보내 국서를 보내왔다.68) 당 영휘(永徽) 5년(654), 사자를 보내 호박과

---

66) 都: 里·鄕의 별칭. 鎌倉幕府 시기인 1239년의 통계에도 당시 鄕의 숫자가 3,772라 적혀 있다(和田淸·石原道博, 『舊唐書倭國日本傳 宋史日本傳·元史日本傳』, 1956: 19 참조). 大化改新 당시 里는 50戶로 편성되고 그 안에 5戶로 구성되는 保를 두어 조세 등에 연대 책임을 지게 되어 있었다. 里는 얼마 후 鄕으로 개칭되었다.

67) 課丁: 班田收授法에 따라 口分田이 지급되고 그 대신 국가에 대해 租·庸·調와 雜徭 등을 부담하는 성인 남성.

68) 聖德(쇼토쿠) 태자 시기의 일이다. 즉 隋 煬帝 大業 3년(607) 小野妹子를 隋에 파견하여, "日出處天子, 致書日沒處天子, 無恙"로 시작하는 國書를 보냈다(『隋書』卷81 「倭國傳」). 이에 대해 수 양제는 불쾌감을 표명하였으나, 鴻臚卿에 下詔하여, "蠻夷書有無禮者, 勿復以聞."하는 선에서 마무리 지었다. 일본 측에서

마노를 바쳤다.69) 장안(長安) 2년(702), 조신(朝臣)인 진인(眞人)을 파견하여 특산물을 바쳤다.70) 개원(開元) 연간(713~741)의 초에 [다시] 사신을 보내 조공하였다.71) 천보(天寶) 12년(753), 다시 사신을 보내 조공하였다.72) 원화(元和) 원년(806)에는 높은 품위의 진인을 파견하여 조공하였다.73) 이러한 사실은 [조연이] 기록한 내용과 모두 합치된다. [또 조연은] 대중(大中, 847~859)·광계(光啓, 885~888)·용덕(龍德, 921~923) 및 후주 광순(廣順, 951~953) 연간에 모두 승려를 중국에 파견하였다고 하였으나 『당서(唐書)』 및 『오대사(五代史)』에는 그 내용이 전하지 않는다. 당 함형(咸亨) 연간(670~674) 및 개원 23년(735)·대력(大曆) 12년(777)·건중(建中) 원년(780)에 모두 [사신이] 와서 조공하였으나74) 그 [조연의] 기록에는 실려 있지 않다.

는 이러한 聖德太子의 外交를 두고 중국에 대해 대등한 자세를 보인 것이라 하여 대단히 높이 평가한다.
69) 이때의 朝貢과 관련하여 『新唐書』 卷220 「日本傳」에서는, "永徽初, 其王孝德即位, 改元曰白雉. 獻虎魄大如斗, 碼瑙若五升器."라 기록하고 있다. 『新唐書』에서는 보이지 않는다.
70) 이때의 朝貢에 대해 『舊唐書』 卷199上 「日本傳」에서는, "長安三年, 其大臣朝臣眞人來貢方物. 朝臣眞人者, 猶中國戶部尙書, 冠進德冠, 其頂爲花, 分而四散, 身服紫袍, 以帛爲腰帶. 眞人好讀經史, 解屬文, 容止溫雅. 則天宴之於麟德殿, 授司膳卿, 放還本國."이라 적고 있다. 『新唐書』 卷220 「日本傳」에서는, "長安元年, 其王文武立, 改元曰大寶. 遣朝臣眞人粟田, 貢方物, 朝臣眞人者, 猶唐尙書也. 冠進德冠, 頂有華蘤四披, 紫袍帛帶. 眞人好學, 能屬文, 進止有容. 武后宴之麟德殿, 授司膳卿, 還之."라 기록하고 있다.
71) 이때의 朝貢에 대해 『舊唐書』 卷199上 「日本傳」에서는, "開元初, 又遣使來朝, 因請儒士授經. 詔四門助敎趙玄默, 就鴻臚寺敎之. 乃遣玄默襴幅布, 以爲束修之禮. 題云白龜元年調布. 人亦疑其僞, 所得錫賚, 盡市文籍, 泛海而還. 其偏使朝臣仲滿, 慕中國之風, 因留不去, 改姓名爲朝衡, 仕歷左補闕儀王友. 衡留京師五十年, 好書籍, 放歸鄕, 逗留不去."라 하고 있다. 또한 『新唐書』 卷220 「日本傳」에서는, "開元初, 粟田復朝, 請從諸儒授經. 詔四門助敎趙玄默, 卽鴻臚寺爲師. 獻大幅布爲贄, 悉賞物貿書以歸. 其副朝臣仲滿, 慕華不肯去, 易姓名曰朝衡, 歷左補闕儀王友, 多所該識, 久乃還."라 기록하고 있다.
72) 이때의 朝貢에 대해 『舊唐書』 卷199上 「日本傳」 및 『新唐書』 卷220 「日本傳」 모두 "天寶十二載, 朝衡復入朝."라고 하였다.
73) 이때의 朝貢에 대해 『舊唐書』 卷199上 「日本傳」에서는, "元和元年, 日本國使判官高階眞人上言:「前件學生, 藝業稍成, 願歸本國, 便請與臣同歸. 從之."라 적고 있다. 『新唐書』 卷220 「日本傳」에서는, "歷二十餘年, 使者高階眞人來, 請免勢等俱還. 詔可."라 기록하고 있다.
74) 이 가운데 咸亨 연간(670~674) 및 建中 원년(780)의 朝貢 記事는 『新唐書』 卷220 「日本傳」에 등장하지만, 開元 23년(735)·大曆 12년(777)의 朝貢은 『舊唐書』 및 『新唐書』에 모두 기록되어 있지 않다. 다만 본문에 언급된 사례 이외에, 『舊唐書』 「日本傳」에는 太宗 貞觀 5년(631), 德宗 貞元 20년(804), 文宗 開成 4년(839)의 朝貢 記事가 있으며, 『新唐書』 「日本傳」에는 太宗 貞觀 5년(631), 高宗 永徽 2년(651)의 朝貢 記事가 있다.

> 太宗召見奝然, 存撫之甚厚, 賜紫衣, 館于太平興國寺. 上聞其國王一姓傳繼, 臣下皆世官, 因歎息謂宰相曰:「此島夷耳, 乃世祚遐久, 其臣亦繼襲不絶, 此蓋古之道也. 中國自唐季之亂, 宇縣分裂, 梁·周五代享歷尤促, 大臣世冑, 鮮能嗣續. 朕雖德慚往聖, 常夙夜寅畏, 講求治本, 不敢暇逸. 建無窮之業, 垂可久之範, 亦以爲子孫之計, 使大臣之後世襲祿位, 此朕之心焉.」

태종은 조연을 불러 접견하고 크게 위로한 다음 자의(紫衣)를 하사[75]하고 태평흥국사(太平興國寺)[76]에 묵게 하였다. 또 태종은 일본의 국왕이 하나의 성씨로 쭉 계승되며 그 신하들 역시 세습하여 관료가 된다는 얘기를 듣고, 탄식하며 재상에게 다음과 같이 말했다. "이들은 한갓 섬나라 오랑캐이지만 왕조의 전통이 길고 그 신하들 또한 계속 세습하고 있으니 이는 옛날의 도(道)를 지키고 있는 것이다. 하지만 중국은 당말 이래로 난리가 이어져 국토가 분열되었으며, [후]량(後梁)에서 [후]주(後周)까지 오대(五代)[77] 왕조의 존속 기간은 대단히 짧았다. 대신이나 귀족들[의 영화] 또한 거의 이어질 수 없었다. 짐의 덕(德)은 비록 옛날의 성인에 미치지 못하지만, 늘 밤낮으로 근심하여 통치의 근본을 강구하려 노력하며 조금도 게으름을 피우지 않는다. [그리하여] 무궁한 공업(功業)을 일으키고 오래 이어질 수 있는 전범(典範)을 세워 후세의 자손들을 위한 대계(大計)로 삼고, 또 대신들도 대대로 작록(爵祿)을 세습할 수 있도록 하려 한다. 이것이 짐의 마음이로다."

---

75) 紫衣 하사: 황제가 승려에게 존경과 우대의 표시로 紫色의 袈裟를 하사하는 것이다. 唐 武則天后가 승려 法朗 등 9명에게 袈裟와 銀魚袋를 하사했던 것이 그 嚆矢이다. 唐宋 時代 3품 이상 관원의 公服은 紫色이었으며, 5품 이상 관원은 緋色이었다. 그런데 官位는 미치지 못할지라도 大功이 있거나 혹은 황제의 총애를 받는 자의 경우 특별히 紫色이나 緋色의 복장이 하사되었다. 則天武后 이래 승려에 대한 紫衣의 하사는 이러한 맥락에서 행해진 조치였다.

76) 太平興國寺: 송 도성인 개봉에 있던 사찰이다. 옛 명칭은 龍興寺였으나 後周 世宗 시기 廢佛로 말미암아 龍興倉으로 전용되어 있던 것을 宋初에 복원시켰다. 太祖 開寶 2년(969) 중수되었으며 太宗 太平興國 원년(976) 太平興國寺란 명칭이 下賜되었다(『汴京遺跡志』卷10 참조).

77) 五代: 唐 멸망 이후 宋이 건립될 때까지 華北 일대에 존속했던 5개의 황조, 즉 後梁(907~922)·後唐(923~935)·後晉(936~946)·後漢(947~950)·後周(951~959)를 가리킨다.

其國多有中國典籍, 奝然之來, 復得孝經一卷・越王孝經新義第十五一卷, 皆金縷紅羅標, 水晶爲軸. 孝經即鄭氏注者. 越王者, 乃唐太宗子越王貞. 新義者, 記室參軍任希古等撰也. 奝然復求詣五臺, 許之, 令所過續食. 又求印本大藏經, 詔亦給之. 二年, 隨台州寧海縣商人鄭仁德船歸其國.

일본에는 중국의 전적(典籍)이 많아서 조연이 올 때 『효경』 1권과 월왕(越王)의 『효경신의(孝經新義)』 제15 한 권을 [바쳐서] 다시 얻을 수 있었다. [이들 책은] 모두 금루홍라(金縷紅羅)[78]로 표구하였으며 [누부마리의] 축은 수정으로 되어 있었다. 『효경』은 정씨(鄭氏)[79]가 주(注)를 붙인 것이며, 월왕이란 인물은 당태종의 아들인 월왕 정(貞)[80]으로서 『신의(新義)』는 기실참군(記室參軍)[81]인 임희고(任希古) 등이 찬술한 것이다. 조연은 또 오대산에 참배하기를 청하여, 이를 허락하고 지나는 곳에서 숙식을 제공하도록 하였다. 또한 인본(印本)[82] 『대장경』을 얻기를 청하여 지급해 주었다. [옹희] 2년(985), 태주(台州) 영해현(寧海縣)[83]의 상인 정인덕(鄭仁德)의 배를 타고 자기네 나라(일본)로 돌아갔다.

後數年, 仁德還, 奝然遣其弟子喜因奉表來謝曰:「日本國東大寺大朝法濟大師・賜紫・沙門奝然啟: 傷鱗入夢, 不忘漢主之恩. 枯骨合歡, 猶亢魏氏之敵. 雖云羊僧之拙, 誰忍鴻露之誠. 奝然誠惶誠恐, 頓首頓首, 死罪. 奝然附商船之離岸, 期魏闕於生涯, 望落日而西行, 十萬里之波濤難盡, 顧信風而東別, 數千里之山嶽易過. 妄以下根之卑, 適詣中華之盛. 於是宣旨頻降, 恣許荒外之跋涉. 宿心克協, 粗觀宇內之瓌奇. 況乎金闕曉後, 望堯雲於九禁之中, 巖扃晴前, 拜聖燈於五臺之上. 就三藏而

---

78) 金縷紅羅: 金絲와 紅羅. 紅羅는 붉은 색의 가볍고 얇은 견직물.
79) 鄭氏: 후한 시대의 대학자 鄭玄(127~200)이다.
80) 越王 貞: 唐 太宗의 여덟 번째 아들로 『舊唐書』 卷76에 入傳되어 있다.
81) 記室參軍: 章表와 書記의 정리 등을 관장하는 관원으로 東漢 시대에 두었으며, 記室督・記室 등이라 칭해지기도 했다.
82) 印本: 寫本이 아닌 印刷한 서적.
83) 台州 寧海縣: 오늘날의 浙江省 台州市 寧海縣.

> 稟學, 巡數寺而優游. 遂使蓮華迴文, 神筆出於北闕之北, 貝葉印字, 佛詔傳於東海之東. 重蒙宣恩, 忽趁來跡. 季夏解台州之纜, 孟秋達本國之郊, 爰逮明春, 初到舊邑, 緇素欣待, 侯伯慕迎. 伏惟陛下惠溢四溟, 恩高五嶽, 世超黃‧軒之古, 人直金輪之新. 翕然空辭鳳凰之窟, 更還螻蟻之封, 在彼在斯, 只仰皇德之盛, 越山越海, 敢忘帝念之深, 縱粉百年之身, 何報一日之惠. 染筆拭淚, 伸紙搖魂, 不勝慕恩之至. 謹差上足弟子傳燈大法師位嘉因‧幷大朝剃頭受戒僧祚乾等拜表以聞.." 稱其本國永延二年歲次戊子二月八日, 實端拱元年也.

　　몇 년 후 [정]인덕이 돌아올 때 조연은 제자 희인(喜因)[84]을 파견하여 감사의 표(表)를 올렸다. [즉] "일본국 동대사(東大寺)[85]의 대조법제대사(大朝法濟大師)이자 사자(賜紫)[86]의 승려 조연이 아룁니다. 상린(傷麟)이 꿈에 보여도 중국 황제의 은혜를 잊지 않으며, 고골(枯骨)은 합환(合歡)하면서도 위씨(魏氏)의 원수에 저항한다 하였습니다. [제가] 비록 어리석고 못난 승려이지만 어찌 황은(皇恩)에 감사하지 않을 수 있겠습니까? 조연은 진실로 황공하여 죽을 죄를 무릅쓰고 머리를 조아립니다. [돌아보건대] 저는 [일본의] 해안을 떠나는 상선을 타고 살아서 [중국의] 조정을 보겠다는 일념 아래, 지는 해를 바라보며 서쪽으로 향하여 10만 리의 파도를 어렵사리 넘었으며 또 순풍을 믿으며 동쪽을 떠나 수천 리의 험산을 건넜습니다. [그리하여] 망령되이 비천한 몸으로서 성대한 중화(中華)의 땅에 이르렀습니다. 그러자 선지(宣旨)[87]를 수차례나 내려서 마음대로 황외(荒外)의 땅[88]까지 발섭(跋涉)[89]할 수 있도록 허락해 주셨습니다. [이로써 저의] 숙원(宿願)이 실현되어 천하의 진기한 경관을 두루 돌아볼

---

84) 喜因: 조연의 제자인 嘉因의 誤脫이다. 뒤에 실려 있는 조연의 上表에서는 嘉因이라 정확하게 적혀 있다.
85) 東大寺: 奈良(나라)시에 있는 사찰로 나라 시대인 740년대에 건립되었다. 특히 大佛殿 안의 大佛(비로자나불)은 743년 기공되어 753년에 완성된 것으로서 높이 16m(5丈 3尺)에 달한다. 大佛殿과 大佛은 율령국가 시대 鎭護佛敎의 면모를 잘 보여주는 것이라 평가된다.
86) 賜紫: 紫衣가 하사된 인물.
87) 宣旨: 帝王의 명령, 즉 詔書.
88) 荒外의 땅: 八荒, 즉 荒服 바깥의 땅으로, 邊遠地方을 가리킨다. 荒服은 五服의 하나로서 京師로부터 2,000리~2,500리 떨어진 지역이다.
89) 跋涉: 登山涉水, 즉 여러 지방을 遍歷하는 것.

수 있었습니다. 더욱이 궁궐에서는 구금(九禁)90) 속에서 요운(堯雲)91)까지 뵈었습니다. 암경(巖扃)92)이 밝기 전에서는 오대산(五臺山) 위에 올라 성등(聖燈)을 들고 예배하였습니다. 또한 삼장(三藏)93)을 열람하며 공부하였으며, 그 밖의 여러 사찰들을 찾아서 편안히 유람하기도 했습니다. [그러한 후] 마침내 연화(蓮華)의 회문(廻文)94)을 궁궐의 북쪽에서 신필(神筆)로 적으셔서, 패엽(貝葉)에 인자(印字)95)하여 부처님의 뜻을 동해(東海)의 동방에 전하도록 하셨습니다. [나아가] 거듭 폐하의 은혜를 입어, 왔던 길을 되짚어 돌아갈 수 있게 되었습니다. 늦여름 태주(台州)96)를 출발하여 초가을에 본국의 영내에 도착하였다가, 이듬해 봄이 되기를 기다려 예전의 거처97)로 돌아왔습니다. 승려와 신도들 모두 기쁘게 맞이해 주었고, 후백(侯伯)의 귀족들은 경모하며 기다리고 있었습니다. 엎드려 생각하건대 폐하의 은혜는 사해에 넘치고 은택은 오악(五嶽)98)만큼 높습니다. 지금 세상은 저 옛날 황제(黃帝) 헌원씨(軒轅氏)99) 시절보다 나으며, [폐하의] 사람됨은 새로운 태양과 같습니다. 저는 어쩔 수 없이 봉황과 같으신 폐하의 땅을 하직하고 소국에 돌아왔습니다. [하지만] 그곳에 있으나 이곳에 있으나 한결같이 폐하의 성대한 덕을 앙모하고 있습니다. 산과 바다로 떨어져 있다한들 어찌 감히 폐하의 깊으신 배려를 잊을 수 있겠습니까? 또한 설령 이 몸이 가루가 된다한들 어찌 [폐하가 베풀어 주신] 하루의 은혜라도 갚을 수 있겠습니까? 눈물을 훔치며 붓을 들어 종이를 펼치니 마음이 요동쳐서, [폐하의] 은혜를 앙모하는 마음을 이기지 못하겠습니다. 삼가 제가

---

90) 九禁: 宮禁, 즉 帝王이 거주하는 곳.
91) 堯雲: 盛德을 갖추어 太平盛世의 功業을 이룬 제왕, '堯天'이라고도 한다.
92) 巖扃: 山洞의 門, 隱居의 조용한 공간을 가리킨다.
93) 三藏: 經·律·論의 총칭.
94) 蓮華의 廻文: 장엄하고 아름다운 회람 문장.
95) 佛經을 간행하는 일. 여기서 貝葉은, "遂使給園精舍, 幷入提封, 貝葉靈文, 咸歸冊府."(釋道宣, 『廣弘明集』 卷2 「謝敕賚經序啓」)라 하는 것처럼 고대의 인도인들이 寫經하던 나뭇잎을 가리킨다.
96) 台州: 오늘날의 浙江省 台州市.
97) 東大寺를 말한다. 조연은 어릴 때 나라의 東大寺로 출가하여 駐錫하다가 入宋하였고 귀국 후에는 다시 東大寺로 되돌아간다. 이에 대해서는 藤家禮之助(1988: 133~134) 참조.
98) 五嶽: 중국 5대 名山의 총칭으로 통상 東嶽 泰山·南嶽 衡山·西嶽 華山·北嶽 恒山·中嶽 嵩山을 가리키지만, 서적에 따라 東嶽 泰山·南嶽 霍山·西嶽 華山·北嶽 恒山·中嶽 嵩山, 혹은 泰山·衡山·華山·嶽山·恒山을 가리키기도 한다.
99) 黃帝 軒轅氏: 五帝의 첫 번째 帝王, 軒轅은 이름이다. 姓은 公孫이며, 軒轅의 언덕에 거주하여 軒轅이라 칭해졌다고 한다.

신뢰하는 제자 전등대법사(傳燈大法師) 가인(嘉因)과 저로부터 계(戒)를 받아 머리를 자른 승려 조건(祚乾) 등을 파견하여 표(表)를 올리나이다"라고 하였다. 자기 나라의 영연(永延) 2년 무자(戊子) 2월 8일이라 칭하고 있는데, 단공(端拱) 원년(988)에 해당한다.

> 又別啟, 貢佛經, 納青木函. 琥珀·青紅白水晶·紅黑木槵子念珠各一連, 並納螺鈿花形平函. 毛籠一, 納螺杯二口. 葛籠一, 納法螺二口, 染皮二十枚. 金銀蒔繪筥一合, 納髮鬘二頭, 又一合, 納參議正四位上藤佐理手書二卷·及進奉物數一卷·表狀一卷. 又金銀蒔繪硯筥一合, 納金硯一·鹿毛筆·松煙墨·金銅水瓶·鐵刀. 又金銀蒔繪扇筥一合, 納檜扇二十枚·蝙蝠扇二枚. 螺鈿梳函一對, 其一納赤木梳二百七十, 其一納龍骨十枚. 螺鈿書案一·螺鈿書几一. 金銀蒔繪平筥一合, 納白細布五四. 鹿皮籠一, 納貉裘一領. 螺鈿鞍轡一副, 銅鐵鐙·紅絲鞦·泥障. 倭畫屏風一雙, 石流黃七百斤.

또 다른 상주문을 올려서, 불경을 푸른 나무 상자에 담아 바쳤다. 또 호박(琥珀)과 청홍백(青紅白)의 수정, 붉은색과 검은색의 환자나무로 만든 염주 각각 한 개씩을, 나전(螺鈿)으로 꽃 모양을 새겨 넣은 네모 상자에 넣어 바쳤고, 모롱(毛籠)100) 하나에 나배(螺杯)101) 두 개를 담아 바쳤다. 또 갈롱(葛籠)102) 하나에 법라(法螺)103) 두 개, 염색한 가죽 20매를 담아 바쳤다. 또 금은 빛의 시라(蒔蘿)104)로 짜서 그림을 그려 넣은 광주리 하나에 가발 두 개, 다른 [광주리] 하나에는 참의정(參議正) 4위 상등좌리(上藤佐理)105)의 서예 작품 2권과 진봉물(進奉物)의 품목 1권 및 [進奉] 표장(表狀) 1권을 담아 바쳤다. 또 금은 빛의 시라로 짜서 그림을 그려 넣은 벼루 광주리 하나에, 금빛 벼루 하나와 사슴 털로 만든 붓, 소나무 그을음으로 만든 먹, 금동(金銅) 물병, 쇠칼을 담아 바쳤다. 또 금은 빛의 시라로 짜서 그림을 그려 넣은

---

100) 毛籠: 가는 羊毛 실로 짠 주머니.
101) 螺杯: 조개껍데기로 만든 술 잔.
102) 葛籠: 칡넝쿨로 짠 주머니.
103) 法螺: 소라 고동을 말하는 것으로 부처님의 說法이 大衆에게 두루 미치는 것을 상징한다.
104) 蒔蘿: 小茴香이며, 한약재로 쓰인다.
105) 上藤佐理(934년~998): 일본의 名筆家로서, 兼明親王·藤原行成과 함께 三筆이라 칭해졌다.

부채 광주리 하나에, 노송나무로 만든 부채 20매와 박쥐로 만든 부채 2매를 넣어 바쳤다. 또 나전으로 만든 빗 상자 한 쌍을 바쳤는데, 그 하나에는 붉은 색 나무 빗 270개가, 다른 하나에는 용골(龍骨) 10개가 들어 있었다. 또 나전으로 만든 큰 책상 하나와 나전으로 만든 작은 책상 하나를 바쳤다. 또 금은 빛의 시라로 짜서 그림을 그려 넣은 납작한 광주리 하나에, 백세포(白細布) 5필을 담아 바쳤다. 또 사슴 가죽으로 만든 바구니 하나에 여우 털로 만든 갖옷 한 벌을 담아 바쳤다. 또 나전으로 만든 안장과 고삐 한 벌, 동철(銅鐵)의 등자, 붉은 실로 짠 그네, 이장(泥障)106)을 바쳤다. 또 왜화(倭畵)의 병풍 1점과 석류황(石流黃)107) 700근을 바쳤다.

咸平五年, 建州海賈周世昌遭風飄至日本, 凡七年得還, 其與國人滕木吉至, 上皆召見之. 世昌以其國人唱和詩來上, 詞甚雕刻膚淺無所取. 詢其風俗, 云婦人皆被髮, 一衣用二三縑. 又陳所記州名年號. 上令滕木吉以所持木弓矢挽射, 矢不能遠, 詰其故, 國中不習戰鬥. 賜木吉時裝錢遣還. 景德元年, 其國僧寂照等八人來朝, 寂照不曉華言, 而識文字, 繕寫甚妙. 凡問答並以筆札. 詔號圓通大師, 賜紫方袍. 天聖四年十二月, 明州言日本國太宰府遣人貢方物, 而不持本國表, 詔卻之. 其後亦未通朝貢, 南賈時有傳其物貨至中國者.

[진종] 함평(咸平) 5년(1002) 건주(建州)108)의 해상(海商) 주세창(周世昌)이 폭풍을 만나 일본에 표류하였다가 7년 만에 그 나라 사람 등목길(滕木吉)과 함께 되돌아와서, 진종이 함께 불러 만나보았다. [주]세창은 그 나라 사람과 창화(唱和)한 시를 바쳤는데, 구절에 많은 조탁(彫琢)이 있으되 천박하여 취할 것이 없었다. [일본의] 풍속을 물으니, '부인들은 모두 머리를 풀어 늘어뜨리고 옷 한 벌에 비단 2~3필을 쓴다'고 대답하였다. 또한 기억하고 있는 주(州)의 이름과 연호를 말했다. 황제가 등목길로 하여금 가지고 온 나무 활과 화살을 당겨서 쏘게

---

106) 泥障: 관문서 封緘 용도의 인장으로 泥章이라고도 한다. 문서 꾸러미의 매듭 부분에 膠泥로 封緘을 하고 그 위에 찍는 인장이었다.
107) 石流黃: 한약재인 石硫黃을 말한다. 石留黃·硫黃이라고도 부른다. 『初學記』卷7에서는, "凡水源有石硫黃, 其泉則溫. 或云神人所暖, 主療人疾."라 적고 있다.
108) 建州: 오늘날의 福建省 建甌市.

하니, 화살이 그다지 멀리 날아가지 못했다. 그 까닭을 물은즉, 나라에서 전투를 익히지 않는다고 하였다. [등]목길에게 당시의 동전과 복장을 하사하여 지니고 돌아가게 했다. [진종] 경덕(景德) 원년(1004) 일본의 승려 적조(寂照)[109] 등 8명이 와서 조공을 바쳤다. 적조는 중국말은 모르지만 문자를 알고 있었으며, 필치가 아주 정묘(精妙)하여 필찰(筆札)로 모든 문답을 주고받았다. [적조에게] 조(詔)를 내려 원통대사(圓通大師)라 부르게 하였으며 자색(紫色)의 방포(方袍)[110]를 하사하였다. [인종] 천성(天聖) 4년(1026) 12월, 명주(明州)[111]에서 보고하기를, '일본국 태재부(太宰府)[112]에서 사람을 파견하여 토산물을 바쳤으나 그 나라의 표(表)를 갖고 오지 않았다'고 하여, 조를 내려 물리쳤다. 그 후로는 다시 조공을 바치러 오지 않았는데, 남방의 상인들이 간혹 그 땅의 산물을 중국에 실어오기도 하였다.

> 熙寧五年, 有僧誠尋至台州, 止天台國清寺, 願留. 州以聞, 詔使赴闕. 誠尋獻銀香爐, 木穗子・白琉璃・五香・水精・紫檀・琥珀所飾念珠, 及青色織物綾. 神宗以其遠人而有戒業, 處之開寶寺, 盡賜同來僧紫方袍. 是後連貢方物, 而來者皆僧也. 元豐元年, 使通事僧仲回來, 賜號慕化懷德大師. 明州又言得其國太宰府牒, 因使人孫忠還. 遣仲回等貢絁二百匹・水銀五千兩, 以孫忠乃海商, 而貢禮與諸國異, 請自移牒報, 而答其物直, 付仲回東歸. 從之.

[신종] 희녕(熙寧) 5년(1072), 승려 성심(誠尋)[113]이란 자가 태주에 도착한 다음 천태산(天

---

109) 寂照: 寂昭의 誤傳이다. 源信의 제자로서 스승의 부탁을 받고 天台宗에 관한 의문 27개조를 지니고 入宋하였던 인물이다. 神宗을 알현한 다음 歸路에 杭州에서 죽었다(藤家禮之助, 1988: 133 참조).
110) 方袍: 승려가 입는 가사.
111) 明州: 오늘날의 浙江省 寧波市로, 이미 唐代의 遺唐使 시기부터 日本의 薄多(하카다)를 출발하여 동중국해를 가로질러 가는, 이른바 南路의 寄港地로 이용되었다.
112) 太宰府: 大化改新 이후 외교・국방상의 요지인 규슈 북부의 搏多에 설치한 특별 지방 관청 大宰府(다자이후)의 誤傳이다. 본래 대외방위 및 대외교섭 창구로서의 직능을 지니고 있었으나, 점차 九州(규슈) 일대를 관할하며 통제하는 정치적・군사적 거점 기구로 변모해 갔다.
113) 誠尋: 北宋 熙寧 5년(1072) 7인의 제자를 이끌고 入宋한 일본 승려 成尋의 誤傳이다. 이듬해 제자 가운데 賴緣 등 5명을 먼저 宋商 孫忠의 배로 귀국시키고, 자신은 남아서 天台山과 五臺山 등을 두루 순례하였다. 여행기로 『參天台五臺山記』를 남기고 있다(藤家禮之助, 1988: 129 참조).

台山)의 국청사(國淸寺)114)에 와서 머물기를 청하였다. 태주에서 이를 보고하니, [조정에서는] 조를 내려 궁성으로 올려 보내게 했다. 성심은 은제의 향로와 환자나무·흰 유리·오향(五香)115)·수정·자단(紫檀), 호박(琥珀)으로 장식한 염주, 그리고 파란색의 비단 등을 바쳤다. 신종은 그가 멀리서 온 사람이고 또 계업(戒業)116)이 있음을 [가상히 여겨], 개보사(開寶寺)117)에 머물게 하고 같이 온 승려 모두에게 자색의 방포를 하사하였다. 이후로 연이어 토산물을 조공하였는데, 온 사람들은 모두 승려였다. [신종] 원풍(元豊) 원년(1078) 통사승(通事僧) 중회(仲回)118)를 [조정에] 오게 하여 모화회덕대사(慕化懷德大師)란 이름을 하사하였다. 명주에서 또 보고하기를, "그 나라 태재부의 첩문(牒文)을 받았는데, 사자 손충(孫忠)이 돌아가는 편에 중회 등을 [함께] 파견하여 비단 2백 필과 수은 5천 냥(兩)을 바친다고 하였다. 손충은 해상(海商)이며 [일본의] 조공 태도도 다른 나라들과 다르다. [명주에서] 직접 첩보(牒報)를 처리하고 그 조공물에 대한 답례품을 중회에게 주어 동쪽으로 돌아가게 하기를 청한다"고 하였다. 그대로 조치하도록 하였다.

乾道九年, 始附明州綱首以方物入貢. 淳熙二年, 倭船火兒滕太明毆鄭作死, 詔械太

---

114) 國淸寺: 浙江省 台州 天台縣의 天台山 佛隴峰의 南麓에 있는 사찰이다. 隋 文帝 開皇 18년(598) 天台大師 智顗에 의해 창건되었다가 煬帝 大業 연간에 國淸寺로 改名되어 天台宗의 근본 도량이 되었다. 武宗 會昌 연간의 廢佛 때 廢寺되었다가 이후 다시 중건되었다(『嘉定赤城志』卷22 참조).

115) 五香: 都梁香·郁金·丘隆·附子·安息 등 5종의 香料로, 4월 초파일의 佛誕日에 이를 물에 담가 浴佛한다.

116) 戒業: 불교의 계율을 지키는 자세, 즉 戒行을 말한다.

117) 開寶寺: 北齊 시기에 창건되었다가 宋 太祖 開寶 3년(970) 開寶寺로 개명하며 殿閣 280餘 區를 증축하였다. 太宗 端拱 연간(988~989)에는 경내에 8각 13층으로 높이가 360尺(108m)에 달하는 壯麗한 탑을 건설하였는데, 그 규모나 화려함이 불교 전래 이래 견줄 상대가 없을 정도라고 일컬어졌다. 眞宗 大中祥符 6년(1013)에는 이 탑에서 金光의 相輪이 출현하여 眞宗이 행차한 후 靈感塔이란 이름을 하사하였으나, 仁宗 慶曆 4년(1044)의 화재로 탑이 소실되고 靖康의 變 때 나머지 殿宇와 廊廡·僧舍도 金兵에 의해 모두 파괴되었다(『汴京遺跡志』卷10 참조).

118) 通事僧 仲回 : 成尋의 歸路에 宋 神宗이 勅書와 國信物을 하사하자, 이에 대한 報聘使의 파견 여부를 둘러싸고 3년여에 걸친 논란을 벌이다 결국 神宗 元豊 원년(1078) 일본 측에서 중국에 파견한 사신이자 승려이다. 仲回는 중국 상인 孫忠의 배를 타고 入宋하였으며 答信物로 神宗의 勅書에 대한 答書와 六丈絹織 200필, 수은 5,000냥을 지니고 갔다(藤家禮之助(1988: 130) 참조).

> 明付其綱首歸, 治以其國之法. 三年, 風泊日本舟至明州, 衆皆不得食, 行乞至臨安
> 府者復百餘人. 詔人日給錢五十文、米二升, 俟其國舟至日遣歸. 十年, 日本七十三
> 年復飄至秀州華亭縣. 給常平義倉錢米以振之. 紹熙四年, 泰州及秀州華亭縣復有倭
> 人爲風所泊而至者, 詔勿取其貨, 出常平米振給而遣之. 慶元六年至平江府, 嘉泰二
> 年至定海縣, 詔並給錢米遣歸國.

[남송 효종] 건도(建道) 9년(1173), 처음으로 명주의 강수(綱首)[119]에 의부(依附)하여 토산품을 입공하였다. 순희(淳熙) 2년(1175), 왜선(倭船)을 타고 온 화아(火兒) 등태명(滕太明)[120]이 정작(鄭作)을 구타하여 죽였다. 하조(下詔)하여 [등]태명을 구금한 다음, 그 강수에게 교부하여 데리고 돌아가서 그 나라 법에 따라 징치하도록 하였다. [순희] 3년(1176) 일본의 선박이 폭풍을 만나 표류하여 명주로 들어왔는데, 그 무리들이 모두 먹을거리가 없어 걸식하며 임안부(臨安府)까지 들어온 자가 100여 명이나 되었다. 조를 내려 1인당 매일 전(錢) 50문과 쌀 2되를 지급하고, 그 나라 배가 들어오는 날을 기다려 돌려보내게 하였다. [순희] 10년(1183) 일본인 73명이 다시 표류하여 수주(秀州)의 화정현(華亭縣)[121]에 들어와서, 상평의창(常平義倉)[122]의 전미(錢米)로 구제하게 하였다. [광종] 소희(紹熙) 4년(1193), 태주(泰

---

119) 綱首: 海船의 荷物 수송을 총괄하는 상인의 首腦을 가리킨다. 朱彧의 『萍州可談』 卷2에서는 "海舶大者數百人, 小者百餘人, 以巨商爲綱首・副綱首・雜事."라고 하였다.
120) 여기서 火兒는 地名인 肥後를 의미한다. 和田淸・石原道博 編譯, 『舊唐書倭國日本傳・宋史日本傳・元史日本傳』(1956, 70) 참조.
121) 秀州 華亭縣: 오늘날의 上海市 松江區.
122) 常平義倉: 常平倉과 義倉. 常平倉은 穀價의 조절을 위한 倉儲로서 太宗 淳化 3년(992) 京畿에 최초로 설치되었으며 眞宗 景德 3년(1006)에는 沿邊州郡을 제외한 전국으로 확대하였다. 各州에 人口의 多少에 따라 上供錢 數萬貫 내지 數千貫을 糴本으로 하여, 매년 夏秋에 穀價가 저렴할 때 增價 收糴하였다가 穀價가 등귀할 때 減價 出賣하였다. 때로 荒年의 賑濟에 나서기도 하였다. 仁宗 景祐 연간(1034~1038) 이후 常平倉의 貯積에 여유가 있는 반면 三司의 兵食이 부족하여 軍費로 전용하기 시작하였다. 神宗 熙寧 2년(1069) 新法이 시행되면서 常平倉이 폐지되고 靑苗法으로 대체시켰다. 南宋 高宗 紹興 9년(1139)에는 常平倉이 重建되었으나 남송 멸망 때까지 유명무실한 상태가 지속되었다. 義倉은 흉년의 賑濟를 목적으로 설립된 倉儲로서 神宗 이전에는 定制가 없었으나 熙寧 10년(1077) 開封府 소속의 各縣에 義倉을 설립하였으며 이듬해에 전국으로 확대하였다. 夏秋의 兩稅 납입시에 斗當 米 5合을 별도로 징수하여 義倉米의 所本으로 삼았다. 남송말까지 시행되었으나 대부분 관리가 부실하여 비축

州)123) 및 수주 화정현에 다시 바람을 만나 표류한 왜인이 들어와서, 조를 내려 그 화물을 압수하지 말도록 하고 상평미(常平米)를 내어 지급한 다음 돌려보내게 했다. [영종] 경원(慶元) 6년(1200)에는 평강부(平江府)124)에, [영종] 가태(嘉泰) 2년(1202)에는 정해현(定海縣)125)에 [표류한 왜인이] 들어왔다. 조를 내려 모두 전미(錢米)를 지급하여 본국에 돌아가게 하였다.

党項, 古析支之地, 漢西羌之別種, 後周世始強盛, 有細風氏·費聽氏·往利氏·頗超氏·野亂氏·房當氏·來禽氏·拓拔氏最爲強族. 唐貞觀至上元間內附, 散居西北邊, 元和以後, 頗相率爲盜. 會昌初, 武宗置三使以統之: 在邠·寧·延者爲一使, 在鹽·夏·長澤者爲一使, 在靈武·麟·勝者爲一使. 五代亦嘗入貢. 今靈·夏·綏·麟·府·環·慶·豐州, 鎭戎·天德·振武軍並其族帳.

당항(党項)은 옛날 석지(析支)126)의 땅에 있었고 한(漢)대 서강[족](西羌族)127)의 별종(別種)으로 후주(後周) 때부터 강성해지기 시작하였다. [그 부족으로는] 세풍씨(細風氏), 비청씨(費聽氏), 왕리씨(往利氏), 파초씨(頗超氏), 야란씨(野亂氏),128) 방당씨(房當氏), 내금씨(來禽

미곡이 부패하거나 혹은 다른 용도로 전용되는 사례가 허다하였다.
123) 泰州: 오늘날의 江蘇省 泰州市.
124) 平江府: 오늘날의 江蘇省 蘇州市.
125) 定海縣: 兩浙路 明州에 위치하며, 오늘날의 浙江省 寧波市 鎭海區이다.
126) 析支: 賜支라고도 하는데 古代 西戎의 國名이다. 오늘날 青海省 東南部의 海南藏族自治州와 果洛藏族自治州의 黃河 유역에 있었다. 『尚書』「禹貢」<雍州>에는 "織皮, 昆侖·析支·渠搜, 西戎即敘."라고 하였고, 『水經注』「河水」에는 "司馬彪曰, 西羌者, 自析支以西, 濱於河首左右居也. 河水屈而東北流徑析支之地, 是爲河曲矣. 應劭曰, 『禹貢』析支屬雍州, 在河關之西, 東去河關幹餘里, 羌人所居, 謂之河曲羌也."라고 되어있다. 『後漢書』「西羌傳」에는 羌地가 "濱於賜支, 至乎河首, 綿地千里. 賜支者, 『禹貢』所謂析支者也."라고 하였다.
127) 西羌: 漢나라 때 지금의 青海省 黃河와 湟水 두 유역의 지역을 중심으로 거주하고 있었던 羌族을 西羌이라고 하였다. 즉 섬서, 감숙과 청해, 사천 일부 지역에 거주하였던 고대 민족의 명칭이다. 商·周·秦·漢에 걸쳐 일부는 중원 왕조의 통치 아래 놓이면서 점차 한족에 융화되었고, 일부는 토번에 흡수되어 오늘날 티벳인을 형성했다. 현재에도 四川省 阿壩藏族羌族自治州와 사천 일부 지역에 30만 정도의 羌族이 거주한다. 『後漢書』卷77「西羌傳」참조.

氏),129) 탁발씨(拓拔氏)가 가장 강족(强族)이었다. 당(唐) 정관(貞觀)130)부터 상원(上元)131) 연간까지 내부(內附)하여 [당의] 서북(西北) 변방에 흩어져 살았고 원화(元和)132) 이후에는 서로 이끌어서 자주 도둑질을 하였다. 회창(會昌) [연간]133) 초에 [당] 무종(武宗)134)이 삼사(三使)135)를 두어 그들을 다스렸다. [즉] 빈(邠),136) 영(寧),137) 연(延)138) 등을 일사(一使)로

---

128) 野亂氏: 『宋史』「校勘記」에 의하면 『舊唐書』 卷198 「党項羌傳」과 『新唐書』 卷221上 「党項傳」에는 '野辭氏', 『新五代史』 卷74 「四夷附錄」 <党項>條에는 '野利氏', 『通典』 卷190 「邊防」6과 『通考』 卷334 「四裔考」에는 '野律氏'로 되어있다. 『宋史』「鄭文寶傳」에는 "守環州甜水穀, 獨家原, 傳箭野狸十族."이라 하였고, 『續資治通鑑長編』 卷54에는 "環州野狸族慶香來貢馬."라고 되어있는데 여기서 野狸는 곧 野利와 같은 말이다. 野利族은 唐 貞觀 연간에 慶州 地區로 이주해 와서 그 후 銀州와 夏州 地區로 옮겼고, 또한 延, 綏 地區로, 혹은 河東 지역으로 옮겨서 그 分布가 매우 광범위하였다. 宋代에는 '南山野利'의 說과 '環州野狸'의 說, 또한 '原州野狸'의 說 등이 있다. 뿐만 아니라 文獻 가운데에는 때로 党項을 지칭하고 때로는 吐蕃을 지칭하기도 해서 매우 복잡하다(湯開建,1993: 125).

129) 『宋史』「校勘記」에 의하면 來禽氏가 『舊唐書』 卷198 「党項羌傳」・『新唐書』 卷221上 「党項傳」 및 『通典』 卷190 「邊防」6・『通考』 卷334 「四裔考」에는 모두 '米禽氏'로 기록했다고 하였다.

130) 貞觀: 唐 太宗 때의 연호. 627~649년.

131) 上元: 唐 高宗 때의 연호(674~676)와 唐 肅宗 때 연호(760~761)로 두 번 사용되었는데 『舊唐書』 卷196 「西戎傳」 <党項羌>과 『新唐書』 卷221上 「西域傳」 <党項>에 의하면 당 숙종 때로 보는 것이 타당하다.

132) 元和: 唐 憲宗 때의 연호로, 806~820년에 해당한다. 재위기간 동안 唐朝에 단기간의 統一이 이루어져 역사에서 '元和中興'이라고 칭한다.

133) 會昌: 唐 武宗 때의 연호. 841~846년.

134) 武宗(李炎, 814~846; 재위 840~846): 本名은 瀍, 죽기 바로 전에 炎이라 改名하였다. 唐 穆宗의 다섯 번째 아들이자 文宗의 동생이다. 武宗은 재위하는 동안 李德裕를 재상으로 임용하여 唐朝 후기의 弊政을 어느 정도 改革하려고 하였다. 또한 그는 道教를 믿어서 會昌 5년(845)에 불교 사원을 폐쇄하고 寺院의 大量 土地를 몰수하라고 명령하여 이에 따라 唐朝 정부의 稅源을 확대하고 중앙집권을 회복하고자 하였다. 그러나 곧 세상을 떠나 계속 이어가지 못했다.

135) 使: 官名으로 唐 이후에 某種의 政務를 부여받고 特派된 관원을 使라고 지칭한다. 예를 들어 節度使, 轉運使 등이 있고 明清 시기에는 常設된 正規官 가운데에도 역시 使라고 지칭하였는데 通政使, 布政使, 按察使 등이다. 본문에서는 당항족 등 이민족이 거주하는 변방 지역을 세 개의 구역으로 나누어 파견한 관리 혹은 부서를 의미한다고 보아야 할 것이다.

136) 邠: 北魏 太和 14년(490)에 豳州를 바꾸어 설치하였다. 治所는 定安縣(현재 甘肅省 寧縣)에 있었고 관할 영역은 현재 甘肅省 寧縣에 해당한다. 太和 20년(496)에 豳州로 改名하였다.

137) 寧州: 西魏 廢帝 3년(554) 豳州를 바꾸어 두었고 治所는 定安縣(현재 甘肅省 寧縣)이었다. 『元和志』 卷3에는 "以撫寧戎狄爲名."이라 하였다. 隋代에 관할 영역은 오늘날 甘肅省 寧縣・正寧과 陝西省 彬縣・旬邑・長武・永壽 등의 지역이었다. 大業 3년(607)에 北地郡으로 바꾸었다가 唐 武德 원년(618) 다시

하고, 염(鹽),139) 하(夏),140) 장택(長澤)141) 등을 일사로, 영무(靈武),142) 인(麟),143) 승(勝)144)

寧州로 바꾸었다.

138) 延州: 西魏 廢帝 3년(554) 東夏州를 고쳐서 설치하였다. 治所는 循城郡 廣武縣으로 지금의 陝西省 延安市 東北 甘穀驛鎭 부근이다. 관할 구역은 섬서의 延安市, 延川縣과 延長縣 대부분에 해당한다. 隋 大業 3년(607)에 延安郡으로 고쳤다. 唐 武德 원년(618) 다시 延州로 하였으며, 治所는 膚施縣으로 현재의 陝西 延安市 동쪽 延河 東岸이다. 天寶 원년(742) 다시 延安郡으로 고쳤으며, 乾元 원년(758)에 다시 延州로 하였다. 北宋 慶曆 7년(1047)에 치소를 지금의 延安市로 옮겼으며 元祐 4년(1089), 延安府로 승격하였다.

139) 鹽州: 西魏 廢帝 3년(554) 西安州를 고쳐서 설치하였다. 治所는 五原縣으로 현재의 섬서성 定邊縣이다. 『元和志』 卷4 <鹽州>조에는 "似其北有鹽池, 故名"이라 하여 鹽池로 인해 이름이 유래되었음을 알 수 있다. 隋 大業 3년(607)에는 鹽川郡으로 하였다가 唐初 다시 鹽州라 하였다. 天寶 원년(742) 五原郡이라 고쳤다가 乾元 원년(758) 다시 鹽州라 하였다. 建中 연간 이후 吐蕃에 속했다가 建元 연간에 수복하였다. 11세기 이후에는 西夏에 속했으며, 蒙古제국 시기에 폐지되었다.

140) 夏州: 北魏 太和 11년(487) 統萬鎭으로 승격되었으며, 治所는 현재의 陝西省 靖邊縣 북쪽 白城子村이다. 隋 大業 3년(607) 朔方郡으로 개칭되었으며, 唐 貞觀 2년(628) 다시 夏州로 되었다. 天寶 원년(742) 朔方郡으로 개칭했다가 乾元 원년(758) 다시 夏州라 했다. 唐末 이래, 党項族 탁발씨가 이곳에서 대대로 거주하면서 서하 정권을 건립하는 지역적 근거지로 되었다.

141) 長澤: 西魏 大統 12년(546) 析山鹿縣 東部에 두었고 長州 大安郡의 영역이었다. 治所는 현재 內蒙古 鄂托克旗 東南 城川吉城에 있었다. 隋에는 朔方郡에 속하였고 唐 貞觀 7년(633)에 長州에 속했다. 후에 宥州에 속했다가 宋代에 폐지되었다.

142) 靈武: 隋 大業 3년(607)에 靈州를 바꾸어 두었고 治所는 回樂縣(현재 寧夏 吳忠市 북쪽)에 있었다. 관할 영역은 현재 寧夏의 中衛·同心縣 및 그 以北 지역이다. 唐 武德 원년(618) 다시 靈州로 바꾸었고, 開元 9년(721)에는 여기에 朔方節度使를 두었다. 天寶 원년(742)에 다시 靈武郡이라고 하였다. 천보 15년(756) 安祿山이 潼關을 함락시켰을 때, 玄宗은 蜀으로 피난가고, 太子인 亨이 여기에서 즉위하였으니 바로 肅宗이다. 乾元 원년(758) 다시 靈州로 바꾸었다. 宋 咸平 5년(1002)에 이곳이 党項에 속하면서 西平府라고 바꾸었고, 寶元 원년(1038) 西夏가 建國하면서 한때 임시 수도였다. 그런데 靈州와 靈武가 漢代에 동시에 설치된 두 개의 縣城이었고 당대 이전에는 두 개의 지방이었다는 주장이 있고, 후대에 두 지방의 駐所는 당의 靈州가 여러 차례 변천하여 복잡하다. 하지만 서하 시기의 영무군은 당대 영주를 계승한 것으로 보고 있다. 또 현재 학계에서 唐 靈州의 위치가 대체로 오늘날 영하 吳忠, 永寧의 사이에 있다고 보지만 구체적으로 그 위치를 확정하기가 어렵다(楊蕤, 2007: 376 참조).

143) 麟州: 唐 開元 12년(724)에 설치되었으며, 治所는 新秦縣으로 현재의 陝西 神木縣 북쪽 10리에 위치하고 있다. 開元 14년(726)에 폐지되었다가 天寶 원년(742) 다시 新秦郡이 되었으며, 乾元 원년(758) 麟州로 바뀌었다. 관할 영역은 현재의 陝西 神木縣 지역이다. 五代 後周 때 치소가 小堡로 옮겨졌으며, 北宋 乾德 원년(963) 때에는 吳兒堡(현재 神木縣 西北 楊家城)로 옮겨졌다. 金 皇統 8년(1148)에 西夏에 편입되어 폐지되었다.

144) 勝州: 隋 開皇 20년(600) 雲州에 설치하였으며, 治所는 楡林縣으로 현재의 內蒙古 准格爾旗 東北 黃河

등을 일사로 하였다. 오대(五代)에 역시 일찍이 입공(入貢)하였다. 오늘날 영(靈),145) 하(夏), 수(綏),146) 인(麟), 부(府),147) 환(環),148) 경(慶),149) 풍(豊)150) [등] 주(州)와 진융(鎭戎),151)

南岸 十二連城 古城이다. 大業 3년(607) 楡林郡으로 고쳤다가 唐 貞觀 3년(629) 다시 勝州라 하였다. 天寶 원년(742) 다시 楡林郡이라 하였다가 乾元 원년(758) 다시 勝州라 하였다. 五代 후량 貞明 2년(遼 神冊 원년, 916)에 遼가 흥기하여 勝州의 백성들을 모두 河東으로 옮기면서 폐지하였다. 西夏에서 다시 설치하였다가 이후 다시 폐지하였다.

145) 靈州: 北魏 孝昌 연간(525~527)에 설치되었으며, 治所는 舊薄骨律鎭으로 현재의 寧夏 吳忠市 북쪽이다. 北周에서는 回樂縣을 설치하였으며, 州治로 되었다. 隋 大業 3년(607) 다시 靈武郡으로 하였다가 唐 武德 원년(618) 다시 靈州라고 하였다. 관할 구역은 현재 寧夏의 中衛・中寧 두 현의 북쪽 지역이다. 開元 연간(713~741) 후에 朔方節度使가 다스리는 곳으로 되었다. 天寶 원년(742)에 다시 靈武郡으로 되었다가 乾元 원년(758) 다시 靈州로 되었다. 11세기 무렵 西夏에 속했으며, 西平府로 이름을 바꾸었다.

146) 綏州: 西魏 廢帝 원년(552)에 설치되었다. 治所는 安寧郡 安寧縣으로, 현재 陝西省 楡林市 綏德縣 東南쪽이다. 관할 구역은 현재 陝西의 綏德・清澗・子長・子洲・米脂・佳縣・吳堡 등의 현과 橫山縣 東部, 楡林市 南部 지역을 포함한다. 隋 大業 원년(605) 上州라 고쳤으며, 3년에 雕陰郡이라 改置하였다. 唐 武德 3년(620) 다시 綏州를 설치하였다. 이후 治所가 여러 차례 변하다가 貞觀 2년(628)에 이르러 처음으로 上縣(현재 綏德縣)으로 옮겨졌다. 당시 관할 영역이 축소되었는데, 현재의 綏德・吳堡・清澗의 세 縣과 子長・子洲의 일부 지역이다. 天寶 원년(742)에 上郡으로 고쳤으며, 乾元 원년(758) 다시 綏州라 하였다. 西夏 건국 이래 서하에 속하다가 북송 仁宗 治平 4년(1067)에 宋에 점령되었다. 神宗 熙寧 2년(1069) 폐지하여 綏德城으로 하였다. 이후 서하와 북송 간 영토분쟁의 핵심 지역이 되었다.

147) 府州: 五代 後梁 乾化 원년(911)에 설치되었으며, 治所는 府穀縣(현재의 陝西省 府穀縣), 관할 영역도 현재의 陝西省 府穀縣 지역이다. 金에서 폐지했다가 元初에 다시 설치되었고, 至元 6년(1269)에 폐지되었다.

148) 環州: 治所는 通遠縣(현재 甘肅 環縣)이다. 『輿地廣記』 卷14 <環州>조에는 "以大河環曲爲名."라 되어 있다. 관할 영역은 오늘날 甘肅省 環縣 및 慶陽縣의 西北部이다. 五代 시기 後周 廣順 2년(952)에 威州를 고쳐 환주를 두었다. 後周 顯德 4년(957) 通遠軍으로 강등되었다. 송대에 陝西 永興軍路에 속했으며, 처음에는 通遠軍이었는데, 태종 淳化 5년(994)에 다시 州로 되었다(『宋史』「地理志」). 北宋 淳化 5년(994) 다시 環州로 승격되었다. 원대에는 鞏昌路에 속했으며, 明 洪武 初에 環縣으로 강등되었다.

149) 慶州: 隋 開皇 16년(596)에 두었고. 治所는 合水縣(唐代에 安化라 改名, 오늘날 甘肅省 慶陽縣)이었다. 『元和志』 卷3 <慶州>조에는 "(隋)割寧州好德縣置慶州, 立嘉名也."라고 하였는데 관할 영역은 현재 甘肅省 西峰・慶陽・環縣・合水・華池 등의 市縣 및 陝西 志丹縣 서부이다. 大業 3년(607)에 弘億郡으로 바꾸었다가 唐 武德 원년(618) 다시 慶州라고 하였다. 天寶 원년(742)에 安化郡으로 바꾸고, 至德 원년(756)에는 順化郡으로 바꾸었다가 乾元 원년(758)에 다시 慶州라고 하였다. 北宋代에는 관할 영역이 축소되어 현재 慶陽・西峰・合水・華池 등 市縣 지역이었다. 慶曆 원년(1041) 이후에 環慶路에 속하였는데 宣和 7년(1125)에는 慶陽府로 바꾸었다.

150) 豊州: 오늘날 섬서 府谷縣 서북쪽에 위치한다. 隋 開皇 5년(585)에 永豊鎭을 승격시켜 설치하였고, 治所는 九原縣(현재 內蒙古 烏拉前旗 서북쪽 西小召鄕 土城村의 古城, 一說에는 五原縣의 서남쪽 黃河

천덕(天德),152) 진무(振武)153) [등] 군(軍)은 모두 그들의 거주지였다.154)

太祖建隆二年, 代州刺史折乜理來朝. 乜埋, 党項之大姓, 世居河右, 有捍邊之功, 故授以方州, 召令入覲而遣還.

北岸이라고도 함)에 있었다. 관할 영역은 內蒙古 河套 西北部 및 그 以北 일대에 걸쳐 있었다. 大業 초에 五原郡으로 바꾸었다가 후에 폐지하였다. 唐 貞觀 4년(630)에 다시 두었다가 11년에 폐지, 정관 23년(649)에 다시 두었다. 永徽 4년(653)에 九原縣을 두고 州治로 삼았다. 天寶 원년(742) 九原郡으로 바꾸었다가 乾元 원년(758)에 다시 豐州로 고쳤고 唐末에 폐지되었다.

151) 鎭戎軍: 北宋 至道 원년(995)에 설치하였으며, 治所는 지금의 寧夏 固原縣이다. 관할 영역은 오늘날 寧夏 固原·彭陽縣 지역에 해당한다. 金 大定 22년(1182)에 鎭戎州로 바뀌었다.

152) 天德軍: 唐 乾元 연간에 大(天)安軍을 바꾸어 설치하였다. 豐州에 속했고 治所는 현재 內蒙古 烏拉特前旗 東北 額爾登布拉格蘇木阿拉奔 古城에 있었다. 후에 서남쪽으로 3리 떨어진 永濟(淸)柵으로 옮겼다가 다시 서북쪽 180리에 위치한 西受降城(현재 烏拉特中旗 烏加河 北岸, 烏加河는 五加河라고도 하는데 內蒙古 西部 河套平原 北部)으로 옮겼다. 元和 8년(813) 謠受降城이 黃河로 훼손되어 다음 해 大同川 西쪽 舊城으로 치소를 바꾸었다. 遼初에 폐지했다가 다시 설치하였고 치소는 永濟(淸)柵으로 옮겼다. 遼 末年에 天祚帝가 여기에까지 도망했다. 金代에 폐지하였다.

153) 振武軍: 唐 景龍 2년(708)에 두었고 朔方軍 總管(후에 朔方節度使)에 속했다. 治所는 東受降城(현재 內蒙古 托克托縣 남쪽)이었다. 天寶 4년(745) 單於大都護府의 古盛樂城(현재 內蒙古 和林格爾縣 서북쪽 土城子)로 치소를 옮겼다. 乾元 원년(758)에 節度使를 두어 大都護府·東受降城 및 麟州·勝州 등으로 나누어 관할하였다. 관할 영역은 대략 오늘날 內蒙古 烏蘭察布盟 南部·伊克昭盟 東北部 및 陝西省 神木·府穀 두 縣 지역에 해당한다. 五代 後梁 貞明 2년(契丹 神州 원년, 916) 耶律阿保機의 침략으로 파괴되어 후에 폐지되었다.

154) 당항족의 이주는 夏州를 중심으로 하는 平夏部, 橫山 이남의 南山部와 慶州를 중심으로 하는 東山部 등이 唐末에 형성되었다. 오대 송초에 이르면 서북지구의 黃河 이동과 이북, 橫山 지구, 隴山의 左右, 渭水 상류, 湟水 유역 등 광대한 지역에 모두 당항인의 족적이 있었다. 송조가 건립한 다음 河東路의 石·隰·麟·府·豊 등 주와 陝西 연변의 秦鳳·涇原·環慶·鄜延·熙河 五路의 秦·隴·儀·渭·涇 原·邠·寧·鄜·延·環·慶 등 州에 모두 크고 작은 당항 부락의 族帳이 분포하여 거주하고 있었다. 당항은 건국 전에 부족이 서로 단결할 것을 널리 호소하여 이 지구의 당항부락 중에는 부족을 모두 이끌고 서하에 투항하여 귀부하였다. 그러나 더욱 많은 부락은 그 땅을 대대로 시켜서 송조의 屬民이 되었다. 또한 일부 부족은 宋夏 접경 지구의 당항부락으로 남아 있어서 양국 세력의 신장에 따라 叛服이 일정하지 않았다. 송조의 경내에 거주하면서 아울러 송조의 통치를 접수한 당항인들을 송인은 '熟戶' 혹은 '蕃部'라고 불렀다. 송조는 "以漢法治蕃部"를 표방하였고 당항부족이 집중적으로 거주하는 州縣과 地方에서 조정은 중요한 행정관리로부터 부족의 大小 수령에 대해서 관직을 봉해주고 그들이 본족의 사무를 관리하도록 해서 실제로 당항에 대해 羈縻 통치를 실행하였다(白濱, 1989: 33~34).

[송] 태조(太祖) 건륭(建隆) 2년(961)에 대주(代州)155) 자사(刺史)156) 절먀리(折包理)가 내조(來朝)하였다. [절]먀리는 당항의 대성(大姓)으로 대대로 하우[河右]157)에 거주하였으며 변방을 막은 공로가 있었다. 그래서 방주(方州)158)를 수여하였고 불러서 조정에 들어와 [황제를] 알현시키고 돌려보냈다.

> 開寶元年, 直蕩族首領啜佶等引幷人寇府州, 爲王師所敗, 詔內屬羌部十六府大首領屈遇與十二府首領羅崖領所部誅啜佶, 啜佶懼, 以其族歸順. 以屈遇爲檢校太保·歸德將軍, 羅崖·啜佶並爲檢校司徒·懷化將軍.

---

155) 代州: 隋 開皇 5년(585) 肆州를 바꾸어 설치하였다. 治所는 廣武縣(개황 18년에 雁門縣으로 改名, 현재 山西省 代縣)에 있었다. 大業 3년(607)에 바꾸어 雁門郡이 되었다. 唐 武德 원년(618) 다시 代州를 두었고, 天寶 연간 초에 또 雁門郡이라 바꾸었다 乾元 원년(758) 다시 代州라고 했다. 관할 영역은 山西 代縣·繁峙·原乎·五臺 등의 지역이다. 元代에는 冀寧路에 속했고 明代에는 太原府에 속했는데 洪武 2년(1369)에 代縣으로 강등되었다가 홍무 8년(1375)에 다시 代州로 복귀시켰다. 淸 雍正 2년(1724)에 直隸州로 승격되었고 1912년에 다시 代縣이 되었다.

156) 刺史: 漢代 武帝 元封 5년(전106)에 처음으로 두었으며 '刺'는 일에 대해 그 핵심을 검사한다는 의미이다. 원래 郡·國을 감독하기 위하여 각 州에 둔 검찰관이었다. 행정장관이 아니므로 정해진 位置 없이 항상 관내를 이동하였다. 처음에는 직위가 郡의 太守보다 낮았으나 점차 지위가 높아져 한 州의 장관으로서 군사·민정을 관장하는 軍閥로 발전하였다. 唐·宋을 거쳐 明代에 폐지되었으나, 후에 地主의 존칭으로 쓰였다.

157) 河右: 河西라고도 한다. 오늘날 甘肅·青海 등 黃河 以西 지구를 지칭한다. 春秋戰國 때에는 오늘날 山西·陝西 두 省의 黃河 南段의 서쪽을, 漢·唐 때에는 甘肅·青海 두 省의 黃河 以西 즉 河西走廊과 湟水 流域을 의미하였다.『爾雅』「釋地」에는 "河西曰雍州. 亦曰河右"라 하였고,『晉書』「張軌傳」에는 "永寧初, 出爲護羌校尉·涼州刺史, 於是鮮卑反叛, 寇盜以橫, 軌到官, 即討破之, 斬首萬餘級. 遂威著西州, 化行河右."라고 되어있다.

158) 方州: 첫째 大地를 의미한다. 고대에는 '天圓地方'이라고 하였기 때문에 그렇게 부른 것이다.『淮南子』「覽冥訓」에는 "背方州, 抱圓天."이라고 하였고 高誘의 注에는 "方州, 地也."라고 하여 역시 域內를 지칭한다. 둘째, 帝都를 의미한다.『文選』「班固」<典引>에는 "卓犖乎方州, 洋溢乎要荒."라 되어있고 李周翰의 注에 "方州, 帝都也."라고 설명하였다. 셋째 州郡을 의미한다. 唐 王維의 <責躬薦弟表>에는 "顧臣謬官華省, 而弟遠守方州."라 하였고, 宋 洪邁의『容齋三筆』「帝王諱名」에는 "帝王諱名方 …… 州科擧尤甚, 此風殆不可革."이라고 되어 있다. 넷째, 州郡의 長官을 뜻한다.『資治通鑑』<宋 順帝 昇平 원년>조에는 "訴以其私用人爲方州."라고 하였는데 이에 대한 胡三省의 注에는 "古者八州八伯, 謂之方伯, 後世遂以州刺史爲方州."라고 하였고 宋 王安石의 詩 <韓持國從富幷州辟>에는 "他年佐方州, 說將尙不納."이라고 되어있다. 원문에서는 州郡의 장관을 의미한다고 볼 수 있다.

개보(開寶) 원년(968), 직탕족(直盪族)159)의 수령(首領) 철길(啜佶) 등이 병[주](幷州)160) 사람들을 이끌고 부주(府州)에 침입하였다가, 왕사(王師)에게 패배하였다. 내속(內屬)한 강부(羌部) 16부(府)의 대수령(大首領) 굴우(屈遇)와 12부의 수령 나애(羅崖)에게 부족들을 이끌고 철길을 주살하라고 조서를 내리니 철길이 두려워서 그 부족을 데리고 귀순하였다. 굴우를 검교(檢校)161) 태보(太保)162)와 귀덕장군(歸德將軍)163)으로 삼고, 나애와 철길을 함께 검교 사도(司徒)164)와 회화장군(懷化將軍)165)으로 삼았다.166)

太平興國二年二月, 靈州部送歲市官馬, 略所過族帳物麤惡, 羌人恚不受, 知州·比

---

159) 直盪族: 애초에는 契丹에 속했다가 후에 宋에 歸附한 부족이다.『太平寰宇記』卷38에는 "府州北至 …… 直盪吸娘等蕃族四百八十里"라고 하였으니 遼東의 勝州에 해당한다.『武經總要』前集 卷18에 "勝州 …… 河鎭二, 紫河 …… 今謂之紫河漢, 地産良馬"라고 하였는데 勝州는 곧 遼東 勝州 지역이고 紫河漢은 東勝州에 속한다고 볼 수 있다(湯開建, 1993: 107).

160) 幷州: 오늘날 山西省 太原市의 別稱.

161) 檢校: 사실을 조사한다는 뜻으로 일반적으로 임시라는 의미가 강하며, 官職名 앞에 붙였다. 남북조 시대부터 두었는데 정식 官銜은 아니었다. 宋에서는 太師, 太尉에서 國子祭酒 등 까지 19等에 모두 檢校의 官을 더하여 散官으로 삼아서 正職과 並存시켰다.

162) 太保: 古代 官職名으로, 西周 때에 처음으로 설치하여 國君을 監護하고 輔弼하는 관직이었다. 고대 三公의 하나로 지위는 太傅 다음이었다. 혹은 太子를 보좌하고 이끄는 太子太保를 이르기도 한다.

163) 歸德將軍: 唐代 武散官名이다. 從3品下로 武官의 第7級에 해당하였다. 雲麾將軍(從三品上)의 以下, 忠武將軍(正四品上)의 以上에 위치한다(『唐六典』). 宋에서도 계속 두었는데, 從3品으로 第7級이었다.

164) 司徒: 三公의 하나로 고대 중국에서 戶口·田土·財貨·敎育에 관한 일을 맡아보던 관직이다. 前漢 때에 大司徒로 이름을 고치고, 大司馬·大司空과 아울러 三公이라고 했다. 春秋戰國時代 이후 秦이나 前漢에서는 行政을 담당한 丞相, 軍事를 담당한 太尉, 監察을 담당한 御史大夫를 三公이라 하였고, 뒤에 그 명칭을 각각 大司徒, 大司馬, 大司空 등으로 바꾸었다. 後漢에서는 다시 명칭을 司徒, 太尉, 司空으로 바꾸어, 이를 三公이라 했으며, 三司라고도 불렀다. 이후 唐宋 시대까지는 대체로 司徒, 太尉, 司空의 직위를 三公이라 불렀다. 하지만 隋唐 시대 이후 三省六部制가 확립되자 政務가 각 部의 장관인 尙書를 중심으로 이루어져 三公은 실권을 잃고 명예직으로 바뀌어갔다.

165) 懷化將軍: 唐代 武散官名이다. 正3品下로 懷化大將의 아래에 있었으며 武官의 第6級에 해당하였다.

166)『長編』卷9 <開寶 원년 戊戌>조에는 원문의 기사가 "是歲, 党項直盪族首領啜佶等引北漢人寇府州, 爲守將所敗. 詔內屬蕃部十六府大首領屈遇與十二府首領羅崖帥所部誅啜佶. 啜佶懼, 挈族來歸, 乃以屈遇爲歸德將軍, 羅崖及啜佶並爲懷化將軍"이라고 되어있어 幷이라는 지명 대신 北漢이라고 명기하고 있고, 王師가 아니라 守將이 패배했으며, 송의 관직을 수여했다는 것도 기록하지 않고 있다.

部郞中張全操捕得十八人殺之, 沒入其兵仗羊馬, 戎人遂擾. 上遣使齎金帛撫賜其族, 與之盟, 始定. 召全操下有司鞫之, 決杖流登州沙門島. 是歲, 靈州通遠軍界嗓咩族·折四族·吐蕃村族·奈喝三家族·尾落族·奈家族·嗓泥族剽略官綱, 詔靈州安守忠·通遠軍董遵誨討平之. 六年, 府州外浪族首領來都等來貢馬. 七年, 豐州大首領黃羅幷弟乞蚌等來貢馬. 又銀州羌部拓跋遇來訴本州賦役苛虐, 乞移居內地, 詔令各守族帳. 又保細族結集扇動諸部, 夏州巡檢使梁逈率兵討平之.

[송 태종] 태평흥국(太平興國) 2년(977) 2월, 영주(靈州)에서 세시(歲市)167)의 관마(官馬)를 분류하여 보내는데 지나가는 곳의 부족[族帳]168)들에게 주는 물건들이 조야하고 나빠서 강인(羌人)들이 화를 내고 받지 않았다. 지주(知州)이자 비부(比部)169) 낭중(郎中)170)인 장전조(張全操)가 18명을 잡아서 죽여 버리고 그 무기[兵仗]171)와 양마(羊馬)는 몰수해버리자

---

167) 歲市: 每年 행하는 貿易이다. 『宋史』 「王禹偁傳」에 "外則停歲市之物, 內則罷工巧之伎."라고 되어 있다.
168) 族帳: 우선 中國 古代 北方과 西北 少數民族이 거주하던 帳幕을 가리킨다. 宋 蘇軾의 <答李琮書>에는 "去年, 乞弟領兵至羅介牟屯, 殺害兵官王宣等十二人, 其地去遠安夷寨至近, 涉歷諸夷族帳不少, 自來自去, 殊無留難."이라 하였고, 宋 司馬光의 『涑水記聞』 卷12에 "峨等於二日起兵, 有衆二千餘人, 刦掠村社族帳."라고 하였다. 다음으로는 中國 古代 北方과 西北에서 帳幕을 치고 모여서 살던 部族을 뜻한다. 『宋史』 「寇準傳」에 "帝因命準使渭北, 安撫族帳, 而徙仲舒鳳翔."이라고 되어 있다. 본문에서는 부족을 의미한다.
169) 比部: 魏晉 時代에 설치하였고 尙書 列曹의 하나로 簿籍을 관리하고 조사하는 업무를 담당하였다. 후대에도 이어져 唐代에는 刑部에 소속된 四司의 하나로 郎中과 員外郎 각 1명, 主事 4명을 두었다. 宋代에는 刑部 三司의 하나였고 金元 시기에 폐지되었다. 明淸代에는 刑部司官의 通稱이었다. 『新唐書』 「百官志」1에는 "比部郎中·員外郎, 各一人, 掌句會內外賦斂·經費·俸祿·公廨·勳賜·贓贖·徒役課程·逋欠之物, 及軍資·械器·和糴·屯收所入"이라고 되어있다.
170) 郎中: 員外級에 속하고 各司의 事務를 나누어 관장하였다. 그 職位는 尙書·侍郎·丞相 등 高級 官員의 바로 아래에 있었다. 郎中은 본래 官名으로 帝王의 侍從官의 通稱이었다. 그 직무 또한 원래는 護衛와 陪從, 혹은 建議하거나 顧問 및 差遣 등이었다. 戰國시대부터 있었고 後世에는 侍郎·郎中·員外郎 등은 各部의 要職에 속했다.
171) 兵仗: 兵杖이라고도 한다. 일반적으로 兵器를 이르는 말이다. 『漢書』 「梁懷王劉揖傳」에 "盡出馬置外苑, 收兵杖藏私府."이라 하였고, 『周書』 「賀拔勝傳」에는 "性又通率, 重義輕財, 身死之日, 唯有隨身兵仗及書千餘卷而已."라고 하였다. 또한 『續資治通鑑』 <宋 太祖 開寶 8년(975)>조에 "禽其戰櫂都虞候王暉等, 獲兵仗數萬."이라 되어있다.

융인(戎人)들이 드디어 소요를 일으켰다. 황제는 사신을 보내서 금백(金帛)을 가지고 가서 부족들을 위무하고 [금백을] 내리도록 하고 그들과 더불어 맹약을 맺으니 안정되기 시작하였다. [장]전조를 소환하여 담당부서에서 국문하도록 명령을 내리니 장[형](杖刑)을 한 후에 등주(登州)172)의 사문도(沙門島)173)로 유배[杖流]174)하도록 결정하였다. 이해에 영주(靈州)와 통원군(通遠軍)175) 지역의 상미족(嘍咩族)·절사족(折四族)·토번촌족(吐蕃村族)·내괴삼가족(柰咼三家族)·미락족(尾落族)·내가족(柰家族)·상니족(嘍泥族) 등이 관강(官綱)176)을 위협하여 노략질하였다. 영주(靈州)의 안수충(安守忠)177)과 통원군의 동준회(董遵誨)178)

---

172) 登州: 唐 武則天 如意 원년(692)에 설치하였고 河南道에 속했다. 治所는 牟平縣(현재 山東省 煙台市 동남쪽 寧海鎭)에 있었다. 神龍 3년(707) 치소를 蓬萊縣(현재 山東省 蓬萊市)로 옮겼다. 天寶 원년(742)에 東牟郡으로 바꾸었다가 乾元 원년(758)에 다시 登州라고 하였다. 관할 영역은 오늘날 山東省 龍口·棲霞·乳山 以東 지역이다. 北宋代에는 京東東路에, 金代에는 由東東路에, 元代에는 般陽路에 속했다. 明 洪武 9년(1376)에 登州府로 승격되었다.

173) 沙門島: 오늘날 山東省 長島縣 서쪽의 廟島 群島 가운데 廟島이다. 예전에 이 섬은 유배를 보내거나 범인을 가두어 놓는 곳이었다. 대체로 唐末 五代 시기부터 史書에 출현한다.『舊五代史』「隱帝紀」下에는 "庚午, 前永興軍節度副使安友規除名, 流登州沙門島"라고 하였고,『宋史』「太祖本紀」建隆 3년(962)에는 "索內外軍不律者配沙門島.", 또한『寰字記』卷20 蓬萊縣에는 "沙門島在縣北海中五十里."라고 하였다. 북송 시기부터 이 섬은 膠東에서 海路로 遼東에 가려면 반드시 거치는 것이었기 때문에 중요한 지점이었다. 北宋 一代에 沙門島라는 명칭이 자주 보이는데, 宣和 4년(1122)에 漁民들이 海神들이 보호해줄 것을 기원하며 沙門島 鳳凰山에 天後宮을 지어서 娘娘廟라고도 불렀다. 廟島라는 명칭은 여기에서 유래한 것이다. 沙門島라고 한 것은 섬에 廟宇가 많기 때문에 불교식으로 '沙門'이라고 한 것이다.

174) 杖流: 예전 刑罰의 종류로 먼저 杖刑을 시행한 연후에 유배 보내는 것이다. 淸 陸以湉의『冷廬雜識』「典獄」에 "康王氏以受賄私和, 石文平以威偪人致死, 皆問杖流."라 되어있다.

175) 通遠軍: 五代 後周 顯德 4년(957)에 環州를 강등하여 通遠軍으로 하였다. 治所는 通遠縣(현재 甘肅省 環縣)에 있었고 관할 영역은 오늘날 甘肅省 環縣 및 慶陽縣의 西北部에 해당한다. 北宋 淳化 5년(994)에 다시 승격시켜 環州로 바꾸었다.

176) 官綱: 예전에 官府에서 貨物을 운송하는 組織을 말한다.『長篇』<宋 太宗 太平興國 2년(977)>조에는 "靈州通遠軍界諸蕃族剽略官綱, 詔知靈州通遠軍使董遵誨討之"라고 되어있다.

177) 安守忠(932~1000): 字는 信臣, 並州 晉陽人이다. 父親인 安審琦가 後周의 平盧軍節度였고 陳王에 봉해졌다. 後晉 天福 8년(943), 安審琦가 山南東道에 나갈 때 安守忠은 牙內指揮使, 繡州刺史가 되었고, 後周 顯德 4년(957)에는 鞍轡庫使가 되었다. 宋初에 左衛將軍이 되어 湖南과 蜀에서 관직을 역임하였다. 開寶 연간 초에는 濮州刺史, 개보 5년(972)에는 知遼州, 9년에는 太原 정벌에 참가하여 전공을 세웠다. 太平興國 초에 知靈州로 옮겨서 7년 동안 부임하였고 雍熙 2년(985)에는 知易州를 맡았다. 西戎이 변경을 침략할 때마다 전공을 세워서 濮州團練使가 되었다. 이후 咸平 3년(1000)에 죽을 때까지 주로 지방장관을 역임하였다. 太尉에 추증되었다.『宋史』卷275「列傳」第34에 입전되어 있다.

에게 그들을 토벌하여 평정하라고 조서를 내렸다. [태평흥국] 6년(981), 부주(府州) 외랑족(外浪族) 수령 내도(來都) 등이 와서 말을 바쳤다. [태평흥국] 7년에는 풍주(豊州) 대수령(大首領) 황나(黃羅)와 아울러 그 동생 [황]걸방(黃乞蚌) 등이 와서 말을 바쳤다. 또한 은주(銀州) 강부(羌部)의 탁발우(拓跋遇)가 와서 그 곳의 부역(賦役)이 가혹하다고 하소연하며 내지(內地)로 이주하여 살도록 빌자, 각기 [이주하지 말고] 족막[族帳]을 지키라고 조령을 내렸다. 또한 보세족(保細族)은 여러 부족들을 결집하여 선동하니 하주(夏州) 순검사(巡檢使)[179] 양형(梁迥)[180]이 군대를 이끌고 가서 그들을 토벌하고 평정하였다.

---

178) 董遵誨(926~981): 涿州 范陽(현재 河北 涿縣) 사람이다. 後漢 때 父親인 董宗本을 따라서 契丹의 남쪽에서 도망 와서 劉知遠에게 투항하였다. 後周 때에는 世宗을 따라서 北漢·後蜀·南唐 등을 정벌하는데 공을 세워 驍武指揮使가 되었다. 宋初에 太祖가 重用하여 乾德 6년(968)에는 通遠軍使를 제수받았다. 太宗 때에는 靈州 巡撿을 겸임하여 環州(즉 通遠軍, 치소는 현재 甘肅省 環縣)에서 14년 동안 各族의 酋長을 단결시키고 각기 封疆을 지키도록 하여 공격이나 소요가 없었다. 그는 글을 몰랐지만 方略이 많았고 武藝가 모두 뛰어났다고 한다. 通遠軍에서 보낸 14년 동안 安撫하여 夏人들이 기꺼이 복종하였다. 일찍이 靈武 進奉使의 鞍馬와 兵器들을 뺏어갔을 때에도 董遵誨가 部落의 帳下에서 그들을 토벌하려고 하자 夏人들이 두려워서 탈취한 물품을 모두 돌려주고 엎드려 罪를 청하였으나 그는 즉시 慰撫해서 돌려보냈다. 이때부터 각기 자신들의 영역을 엄수하고 추호도 침범하지 않았다고 한다. 太祖와 太宗朝를 거치면서 계속 같은 대우를 받았고 軍事를 편의대로 처리할 수 있도록 허락 받았다. 太平興國 6년(981)에 죽었을 때 태종은 오랫동안 애도하고 中使를 보내어 부의를 후하게 주고, 장례를 돕도록 하였다.

179) 巡檢: 巡檢은 일반적으로 巡視를 뜻한다. 『魏書』 「張彝傳」에 "每東西馳使有所巡檢, 彛恒充其選."이라 하였고 唐 白居易의 <錢唐湖石記>에는 "其石函·南筧·並諸小筧閘, 非澆田時, 並須封閉築塞, 數令巡檢."이라 한 것은 巡視하여 檢查하는 것을 의미한다. 다음으로 官署의 名稱으로는 巡檢司와 官名으로 巡檢使를 생략하여 巡檢이라고 지칭하는데 五代 後唐 莊宗 때부터 사용하기 시작하였다. 宋代에는 京師府界의 東西 兩路에 각기 都同巡檢 2명을 두었고 京城 四門에는 巡檢 각 1명을 두었다. 또한 沿邊, 沿江, 沿海 등에 巡檢司를 두어 甲兵을 훈련시키고 州邑을 巡邏하는 임무를 맡아 職權이 꽤 중요하였다. 후에는 所在하는 縣令의 통제를 받았다. 明淸 때에는 대체로 鎭市와 要害處에 巡檢司를 설치하여 縣令의 管轄을 받도록 했다.

180) 梁迥(928~986): 博州 聊城 사람이다. 젊어서 吏部의 小史가 되었고 後周 世宗 때 殿直, 供奉官 등을 지냈다. 宋 太祖가 西蜀을 토벌할 때부터 참전하였고 전공을 쌓았다. 太宗이 즉위한 후에는 四方館事를 맡으면서 太原 정벌에도 참여하였다. 특히 李繼遷이 변경 지역을 침범한 후부터 銀州와 夏州를 지켰는데 雍熙 2년(985) 都巡檢使 曹光實을 유인하여 죽이고 승기를 타서 계속 변경을 괴롭히자 다시 양형을 불러서 銀州, 夏州의 都巡檢使로 임명하여 그들을 방어하도록 하였다. 이듬해에 銀州 官舍에서 죽었다.

雍熙初, 諸族渠帥附李繼遷爲寇, 詔判四方館事田仁朗及閤門使王侁等相繼領兵討擊, 幷賜麟·府·銀·夏·豐州及日利·月利族敕書招諭之.

옹희(雍熙) 원년(984)에 여러 부족의 수령[渠帥][181]들이 이계천(李繼遷)[182]에게 붙어서 노략질을 하였다. 판사방관사(判四方館事) 전인랑(田仁朗)[183] 및 합문사(閤門使)[184] 왕신(王

---

181) 渠帥: 首領을 뜻하는 말로, 統治階級이 武裝하고 反抗하는 집단의 首領 혹은 部落의 酋長을 지칭하였다. 渠首, 渠魁, 渠長, 渠魋 등으로도 불렀다. 『史記』「司馬相如列傳」에는 "郡又多爲發轉漕萬餘人, 用興法誅其渠帥, 巴蜀民大驚恐."라 하였고, 『晉書』「武帝紀」에는 "西域戊己校尉馬循討叛鮮卑, 破之, 斬其渠帥."라는 기사가 있다. 원문에서는 首領, 大首領, 渠帥 등으로 구분해서 지칭하고 있는데 이 경우에는 李繼遷의 반란에 가담하는 무리의 수령이기 때문에 渠帥로 표현한 것이다.

182) 李繼遷(963~1004): 西夏를 개국한 李元昊의 조부로, 党項族 平夏部 수령이자 서하 왕조 건립에 기반을 제공했다. 송 태종 太平興國 7년(982)부터 송에 저항하면서 독립하여 점차 강대해졌다. 雍熙 2년(985) 송의 장군 曹光實을 유인해 살해하고 銀州(현재 陝西省 楡林 남쪽)를 공략하였다. 至道 2년(996) 浦洛河에서 송의 군대를 격파한 후 靈州(현재 寧夏回族自治區 靈武 서남쪽)를 포위하고 공격하여 패배시켰다. 咸平 5년(1002), 다시 靈州를 함락시키고 西平府라고 명칭을 고친 후, 都邑으로 삼았다. 함평 6년(1003) 西涼府(현재 甘肅省 武威)를 공격하였고, 吐蕃의 수령 潘羅支를 공격하다가 실패했으며 이듬해 죽었다. 아들 李德明이 수령의 지위를 계승했다. 손자 이원호가 나라를 세운 후, 이계천의 廟號를 太祖라고 추증하였다.

183) 田仁朗(930~989): 大名 元城人이다. 父親은 田武로 後晉의 昭義軍節度使를 지냈는데 田仁朗은 西頭供奉官으로 임명되었다. 宋 太祖가 즉위하고 李重進을 토벌하는데 따라가서 城을 공격하는데 功을 세우고 돌아와서 右神武統軍 陳承昭와 五丈河를 준설하여 漕運을 통하게 하였다. 開寶 7년(974)에 西北 邊境에 침입을 받자 知慶州로 부임하여 그들을 크게 패배시켰다. 그 酋長들은 서로 이끌고 와서 화의를 청하여 邊境이 안정되었다. 太平興國 初에 秦州羌이 쳐들어와서 田仁朗은 淸水에 屯兵하였으나 마침 李飛雄의 일이 패하여 西上閤門使로 불려갔다. 太平興國 4년(979)에는 太原을 정벌하는데 참가하였다. 李繼遷이 亂을 일으키자 田仁朗은 군대를 이끌고 銀州, 夏州 등을 순찰하다가 일 년여 만에 召還되었다. 얼마 후 이계천이 麟州를 공격하여 曹光實을 유인해서 죽이고 三族砦를 포위하였다. 이때 田仁朗은 閤門使 王侁·副使 董願·宮苑使 李繼隆 등과 邊兵 수천 명을 동원하여 막으라는 명령을 받고 싸웠다. 이 전쟁에서 공을 세웠으나 처음에는 황제의 오해를 받아서 좌천되었다가 몇 개월 만에 右神武軍大將軍이 되었다. 또한 河北 東路 諸州의 城池를 수리하였고, 知雄州와 澄州 刺史 등을 지냈다. 端拱 2년(989)에 60세의 나이로 죽었다. 그는 성품이 沉厚하고 謀略이 있다는 평가를 받고 있다. 또한 『書經』을 섭렵하고 善政을 베풀었다고 한다.

184) 합문사: 官名으로 唐末 五代의 合門使는 乘輿를 供奉하는 것을 관장하였고, 朝會의 遊幸과 大宴 引贊을 맡았다. 또한 親王과 宰相, 관료들이 藩國과 朝見할 때 의례의 잘잘못을 따지기도 하였다. 五代 이래로

侁)185) 등으로 하여금 서로 이어서 군대를 이끌고 토벌하여 격퇴하라고 조를 내리고 아울러 인(麟)·부(府)·은(銀)·하(夏)·풍주(豐州) 및 일리(日利)·월리(月利)족186)에게 칙서(勅書)를 내려 그들을 초유(招諭)187)하였다.

> 二年四月, 侁等於銀州北破悉利諸族, 斬首三千六百餘級, 生擒八十人, 俘老小一千四百餘口, 器甲一百八十六, 梟僞署代州刺史折羅遇幷弟埋乞, 獲馬牛羊三萬計. 五月, 又於開光谷西杏子平破保寺·保香族, 追奔二十餘里, 斬首八百餘級, 梟其首領埋乞已等五十七人, 生擒四十九人, 俘其老小三百餘人, 獲牛羊馬驢凡千餘計. 又破保·洗兩族, 俘三千人, 降五十五族, 獲牛羊八千計.

[옹희] 2년(985) 4월, [왕]신(王侁) 등은 은주(銀州)의 북쪽에서 실리(悉利)188)의 여러 부족

武臣들이 많이 담당하였다. 宋에서는 東·西上 合門使 각 3명을 두었고 副使로 각기 2명을 두었는데 대개 外戚과 勳貴들이 맡았다. 紹興 5년(1135)에 右武大夫 이상을 知合門事로 並稱하라는 詔書를 내렸는데 官이 이르지 못하면 同知合門事라고 칭하고 知合門의 아래에 두었다. 『宋史』 「職官志」 6과 『文獻通考』 「職官」 12 참조.

185) 王侁(?~994): 字는 秘權, 開封 浚儀人이다. 부친은 王朴으로 일찍이 後周에서 樞密使를 역임하고 '籌邊之策'을 상주한 것으로 유명한 인물이다. 『宋史』 卷274 「王侁傳」에 의하면 開寶 연간에 江南을 평정할 때 공을 세워 閤門祗候가 되었고 여러 지역에서 전쟁에 참가했다. 특히 太平興國 4년(979)에는 太原 정벌에 참가했고, 태평흥국 9년(984)에는 河西 三族 首領 折遇乜가 李繼遷의 편이 되어 송에 반기를 들자 王侁은 군대를 이끌고 토벌한 공으로 蔚州刺史가 되었다. 또한 北征을 통해 幷州 駐泊都監이 되었고 또한 雲·應 等州의 兵馬都監을 지냈다. 그는 名門의 후예였고 본인도 戰功을 세웠으나 성품이 剛愎하였다고 전한다.

186) 日利·月利族: 『宋會要』 「方域」 18 <豐州>條에는 "契丹日利·月利·沒細·兀瑤等十一族七萬餘帳內附, 斬首二千餘級, 獲僞天德軍節度使韋太及生口·羊·馬萬計", "獲天德軍節度使, 可見這十一族是從契丹天德軍境歸附的, 後徙居宋豐州"라 되어있고, 『舊五代史』 「安重榮傳」 및 『舊五代史』 「太祖紀」에는 日利와 月利가 "逸利, 越利"로 번역되어있다. 『西夏文字典』 가운데에는 "蘇履一利"라는 姓이 있다(湯開建, 1993: 107 참조).

187) 招諭: 招喩라고도 한다. 帝王이 敵對勢力을 招撫하는 諭旨를 가리킨다. 또한 帝王의 名義로 敵對 勢力에 대해 招撫를 하는 것을 말하기도 한다. 『三國志』 「魏志」 <劉放傳>에는 "放善爲書檄, 三祖詔命有所招喩, 多放所爲."라 하였고, 『北史』 「魏紀」 1 <太祖道武帝>에는 "帝以中山城內爲普隣所脅, 乃招喩之.", 또한 『資治通鑑』 <唐 高祖 武德 6년(623)>조에는 "上復遣人招諭苑君璋."라는 기사가 있다.

188) 悉利: 오늘날 陝西省 橫山縣 동쪽에 위치하며 북송 대에 砦를 쌓았던 곳이다. 『宋史』 「太宗紀」에는

을 패배시켜 3천6백여 급(級)을 참수하고, 팔십 명을 생포하였다. [또한] 노소(老小) 1천4백여 명을 사로잡고 무기[器甲] 186점을 얻었으며 가짜로 대주자사(代州刺史)를 맡고 있던 절라우(折羅遇)와 아울러 그 동생 [절]매걸(折埋乞)을 효수(梟首)[189]하였다. 삼만을 헤아리는 말과 소, 양을 얻었다. [옹희 2년] 5월, 또한 개광곡(開光谷)의 서쪽 행자평(杏子平)에서 보사(保寺)·보향족(保香族)을 격파하고 20여 리를 달아나는 것을 추격하여, 팔백여 급(級)을 참수하였고, 그 수령(首領) 매먀이(埋乜已) 등 57명을 효수하고, 49명을 생포하였다. [또] 그 노소(老小) 삼백여 명을 사로잡았으며 무릇 천여 마리를 헤아리는 소, 양, 말, 당나귀 등을 얻었다. 또한 보(保)·세(洗) 두 부족을 깨뜨려 3천 명을 사로잡고 55개의 부족을 항복시켜 팔천을 헤아리는 소와 양을 얻었다.

> 侁等又言, 麟州及三族砦羌人二千餘戶皆降, 酋長折御乜等六十四人獻馬首罪, 願改圖自効, 爲國討賊, 遂與部下兵入濁輪川, 斬賊首五十級·酋豪二十人, 李繼遷及三族砦監押折御乜皆遁去. 旋命內客省使郭守文自三交乘驛亟往, 與王侁等同領邊事. 五月, 王侁·李繼隆等又破銀州杏子平東北山谷內沒邵·浪悉訛等族, 及濁輪川東·兔頭川西諸族, 生擒七十八人, 梟五十九人, 俘二百三十六口, 牛羊驢馬千二百六十, 招降千四百五十二戶.

[왕]신(王侁) 등은 또 말하기를 "인주(麟州) 및 삼족채(三族砦)[190]의 강인(羌人) 2천여 호(戶)가 모두 항복하였다. 추장(酋長) 절어먀(折御乜) 등 64명이 말을 바치고 자수하여 죄를 인정하면서 나라를 위하여 적(賊)을 토벌할 것이라고 하였다. 드디어 부하 병사들과 탁륜천(濁輪川)[191]에 들어가서, 적의 머리 50급(級)과 추호(酋豪) 20명을 참수하자 이계천(李繼遷)

雍熙 2년(985)에 "夏州行營破西蕃息利族."이라 하였고, 『方輿紀要』 卷57 <悉利砦>조에는 "在廢銀州北. 宋雍熙二年, 王優等討李繼遷, 出銀州北, 破悉利諸砦, 入獨論川, 又敗之."라고 되어있다.

189) 梟首: 斬首하여 그 머리를 매달아 많은 사람들에게 보여주는 것이다. 『史記』「秦始皇本紀」에는 "衛尉竭·內史肆·佐弋竭·中大夫令齊等二十人皆梟首."라고 하였는데 裵駰의 集解에는 "懸首於木上曰梟."라고 해석하고 있다.

190) 三族砦: 오늘날 陝西省 米脂縣의 서쪽에 위치한다. 『方輿紀要』 卷57 <米脂縣>에는 "宋雍熙二年, 李繼遷叛, 誘殺綏州團練使曹光實, 襲據銀州, 圍三族砦. 砦將折遇乜附之, 乘勝進攻撫寧, 是也."라고 되어 있다.

및 삼족채(三族砦) 감압(監押) 절어먀(折御乜)가 모두 숨어버렸다"고 하였다. 얼마 후 내객성사(內客省使) 곽수문(郭守文)192)에게 명령하여 삼교(三交)에서 역(驛)의 말을 타고 빠르게 가서 왕신(王侁) 등과 함께 변방을 지키게 하였다. [옹희 2년(985)] 5월, 왕신(王侁)과 이계륭(李繼隆)193) 등은 또 은주(銀州) 행자평(杏子平)의 동북쪽 산곡(山谷) 안의 몰부(沒鄜)·낭실와(浪悉訛) 등 부족 및 탁륜천의 동쪽과 토두천(兔頭川) 서쪽의 여러 부족들을 격파하여 78명을 생포하고, 59명을 효수하였으며, 236명을 사로잡고 소, 양, 당나귀, 말 1,260마리를 얻고, 1,452호를 불러서 항복시켰다.

---

191) 濁輪川: 오늘날 陝西省 北部 屈野河의 동쪽 지류이다. 『宋史』 「夏國傳」上, 大中祥符 8년(1015)에, "築堡於石州濁輪谷."이라고 하였는데 石州는 곧 현재 山西省 離石縣이고, 濁輪谷은 離石縣의 서쪽에 있다. 탁륜천은 탁륜곡 가운데서 흐르기 시작하여 남쪽으로 神木縣을 거쳐서 黃河로 들어간다.

192) 郭守文(936~990): 竝州 太原人이다. 後周 때 아버지 郭暉이 戰死한 후 당시 14세이던 郭守文은 군대에 들어가 廣順 연간 初에 左班殿直, 東第二班副都知 등을 지냈다. 송 초에는 西頭供奉官이 되었고 潘美가 嶺南을 정벌할 때 공을 세워 翰林副使가 되었다. 太平興國 연간 초에 秦州가 內附하자 蕃部가 소동을 일으키니 당항족들을 위무하여 복종시키는 임무를 수행하였다. 태평흥국 3년(978) 西上閤門使로 옮겼고, 太原을 정벌할 때 전공을 세웠다. 雍熙 2년 (985) 郭守文은 군대를 이끌고 三交에 주둔하라는 조서를 받고 武州團練使를 더하여 계속되는 당항족의 소요를 토벌하라는 명령을 받았다. 여기에서 그는 銀·麟·夏 3州에서 125族·1만 6천여 戶를 歸附시키는데 공헌하여 송의 서쪽 변방이 드디어 안정되었다. 옹희 5년(988) 봄에는 대거 北伐에 나서 幽州道 行營前軍步軍 水陸都監으로써 遼의 군대와 만나 화살을 맞으면서도 氣色이 변하지 않고 더욱 督戰하여 軍中에서 그의 기량에 감복하였다. 그러나 결국 패하여 右屯衛大將軍으로 좌천되었는데 이 일은 『宋史』 「曹彬傳」에 나와 있다. 端拱 원년(988)에 南院使·鎭州路 都部署가 되었고 또한 北面行營 都部署 兼 鎭定·高陽關 兩路排陣使가 되었다. 이해 겨울, 遼의 騎兵이 南侵하다 唐河에서 크게 패배시켰다. 淳化 원년(990)에 55세의 나이로 죽으니 太宗이 애석하게 여겨 侍中을 추증하고, 시호는 忠武라고 하였으며 譙王을 追封하였다. 곽수문은 俸祿을 모두 士卒들에게 나누어 주어 그들이 잘 따랐고, 남긴 재산이 거의 없었다. 태종은 탄식하고 재물을 내려주었으며 그의 딸을 진종의 부인으로 삼았는데 바로 章穆皇后이다.

193) 李繼隆(950~1005): 宋의 名將으로 李處耘의 長子로써 蔭補로 관직에 올랐다. 騎射를 잘하고 音律에 통달하였으며 『春秋左氏傳』을 즐겨 읽었다. 儒士를 禮로 대우하고 智謀가 많았으며 겸손하고 신중하였다고 한다. 後蜀, 江南을 평정하는데 참여하여 軍功을 세웠고 李繼遷이 변경을 침범했을 때 田仁朗 등과 군대를 이끌고 擊敗시켰다. 曹彬이 幽州를 정복하는데 참여하여 契丹 군대를 패배시켰다. 雍熙 3년(986), 侍衛馬軍都虞侯로 옮겨 滄州 都部署가 되었다. 淳化 4년(993), 河西 行營都部署로 李繼遷을 패배시키고 趙保忠을 사로잡았다. 至道 初에 靈, 環十州都部署를 맡았다. 眞宗이 즉위한 다음 同中書門下平章事를 제수 받았다. 죽은 후 中書令에 追贈되었다.

六月, 夏州尹憲等引兵至鹽城, 吳移・越移等四族來降, 憲等撫之. 岌伽羅臘十四族拒命, 憲等縱兵斬首千餘級, 俘擒百人, 焚千餘帳, 獲馬牛羊七千計. 又降銀麟夏等州・三族砦諸部一百二十五族, 合萬六千一百八十九戶. 酋豪折御乜窮蹙來歸, 守文置之部下. 又夏州咩嵬族魔病人乜崖在南山族結黨爲寇, 招懷不至, 擒斬之, 梟首徇衆, 幷滅其族. 又府州女乜族首領來母崖男社正等內附, 因遷取茗乜族中.

[옹희 2년(985)] 6월, 하주의 윤헌(尹憲)194) 등은 병사를 이끌고 염성(鹽城)195)에 갔다. 오이(吳移)・월이(越移) 등 4속(族)이 와서 항복하자 [윤]헌 등은 그들을 안무하였다. 급가나니(岌伽羅臘) 14족은 명령에 복종하지 않아서 [윤]헌 등이 병사들을 풀어서 천여 급(級)을 참수(斬首)하고 백 명을 사로잡았으며 천여 장(帳)을 불태우고 말・소・양 7천 마리 정도를 얻었다. 또한 은(銀)・인(麟)・하(夏) 등 주(州)와 삼족채(三族砦)의 여러 부(部) 125족을 합해서 16,189호(戶)의 항복을 받았다. 부족의 수령[酋豪] 절어먀(折御乜)가 궁지에 몰려 귀순해 오자 [곽]수문은 그를 부하로 두었다. 또한 하주 미외족(咩嵬族) 마병인(魔病人) 먀애(乜崖)가 남산족(南山族)에서 무리를 모아서 도적이 되었는데 귀부하도록 회유해도 오지 않으니 사로잡아 베어버리고 효수(梟首)를 사람들에게 조리돌리고 아울러 그 족을 제거하였다. 또한 부주(府州)의 여먀족(女乜族) 수령 내모애(來母崖)의 아들[男] 사정(社正) 등이 내부(內附)함에 따라 명먀족(茗乜族) 가운데로 옮겨 살도록 하였다.

---

194) 尹憲(932~994): 竝州 晉陽人이다. 開寶 연간에 宋 太宗을 藩邸에서 섬겼다. 太宗이 즉위하자 殿直에 발탁되었고 延州 保安軍使, 供奉官 등을 지냈다. 太平興國 4년(979)에는 府州의 屯兵을 이끌고 鄜州의 三族과 함께 嵐州를 공격하여 천여 명의 적을 물리치고 황하 연변의 여러 砦를 공격하였다. 그 공으로 西京作坊副使로 옮겼다. 朔州 지역에 들어가서 寧武軍을 공격하여 그 軍使를 살해하고 人馬와 器甲을 많이 얻었다. 다시 夏州 군대를 이끌고 供備庫使로 옮겼다. 雍熙 원년(984)에 夏州의 知州로 가라는 조서를 받고 李繼遷의 무리를 地斤澤에서 공격하여 李繼遷이 도망가자 4백여 帳을 사로잡아 빼앗았다. 端拱 2년(989), 滄州의 知州를 지냈고, 邢州로 옮겼는데 모두 鈐轄을 겸하였다. 淳化 연간 초에 王文寶와 함께 四方館使가 되어 鎭・定州에서 계속 屯兵을 통솔하였고, 知貝州, 高陽關 兵馬鈐轄 등을 지냈다. 순화 5년(994) 定州의 知州로 있을 때 兵馬部署 王榮과 불화한 가운데 병을 얻어 63세에 죽었다. 『宋史』 卷276 「尹憲傳」에 입전되어 있다.
195) 『宋史』 「校勘記」에 의하면 鹽城은 원래 '監城'으로 되어있었으나 『宋史』 卷259 「郭守文傳」과 『太平治蹟統類』 卷2에 의거하여 '鹽城'으로 고친 것이다.

七月, 賜宥州界咩兀十族首領·都指揮使遇乜布等九人敕書, 以安撫之. 十一月, 以勒浪族十六府大首領屈遇·名波族十二府大首領浪買當豐州路最爲忠順, 及兀泥三族首領佶移等·女女四族首領殺越都等歸化, 並賜敕書撫之.

[옹희 2년(985)] 7월, 유주(宥州) 경계 미올(咩兀) 10족(族) 수령·도지휘사(都指揮使)[196] 우먀포(遇乜布) 등 9명에게 칙서를 내려서 그들을 안무(安撫)하였다. 11월, 늑랑족(勒浪族) 16부(府) 대수령(大首領) 굴우(屈遇)·명파족(名波族) 12부 대수령 낭매(浪買)가 풍주로(豐州路)에서 가장 충성스럽게 따르고, 올니(兀泥) 3족의 수령 길이(佶移) 등과 여녀(女女) 4족의 수령 살월도(殺越都) 등이 귀화(歸化)하자 모두 칙서를 내려 그들을 안무하였다.

端拱元年三月, 火山軍言河西羌部直蕩族內附. 二年四月, 夏州趙保忠言:「臣準詔市馬, 已獲三百匹, 其宥州御泥市·囉樹等二族黨附繼遷, 不肯賣馬, 臣遂領兵掩殺二百餘人, 擒百餘人, 其族卽降, 各已安撫.」 詔書獎諭之. 十月, 繼遷寇會州熟倉族, 爲其首領咩嘿率來離諸族擊走之.

단공(端拱) 원년(988) 3월, 화산군(火山軍)[197]에서 하서(河西)[198]의 강부(羌部) 직탕족(直

---

196) 都指揮使: 官名으로 五代부터 여러 將領을 統帥하는 역할을 담당하였다. 宋에서는 殿前司·侍衛親軍步軍司·侍衛親軍馬軍司 등과 各軍은 모두 都指揮使를 長官으로 삼았다. 遼에서도 南面官과 北面官·金殿前司·京城武衛軍과 諸總管府에 모두 都指揮使가 있었다. 元은 各軍에 都指揮使와 兵馬指揮使司를 두고, 都指揮使·副都指揮使 등 官을 두었다. 明도 각지에 衛所를 두고 都指揮使司를 상설 통솔 기구로 삼았는데 都司라고 약칭하였다. 長官인 都指揮使는 지방의 最高 軍事長官으로 조정의 五軍都督府에 속해있었다.

197) 火山軍: 北宋 太平興國 7년(982)에 두었고, 治所는 현재 山西省 河曲縣 東南쪽에 있었으며 金 大定 22년(1182)에 火山州로 바꾸었다. 『寰宇記』 卷50에는 "火山軍在嵐州火山之下, 皇朝平晉後置, 控臨邊境, 仍以火山爲名. 火山在軍東四十里."라고 되어있다.

198) 河西: 河右라고도 한다. 오늘날 甘肅과 靑海 등 黃河 以西 지역을 지칭한다. 春秋戰國 때에는 오늘날 山西, 陝西 두 성의 黃河 南段의 서쪽을, 漢, 唐 때에는 甘肅, 淸海 두 성의 黃河 以西 즉 河西走廊과 湟水 유역을 의미하였다. 『爾雅』 「釋地」에는 "河西曰雍州. 亦曰河右"라 하였다. 또한 唐代의 方鎭 명칭으로도 사용되었다. 景雲 2년(711)에 河西節度使를 두었는데 開元, 天寶 연간에는 10개 節度使의 하나

蕩族)이 내부(內附)하였다고 말하였다. [단공] 2년199) 4월, 하주(夏州)의 조보충(趙保忠)200)이 말하기를 "신(臣)은 말을 사들이라는 조서에 따라 이미 3백 필을 얻었으나 그 유주(宥州) 어니시(御泥市)·나수(囉樹) 등 2족이 [이]계천(李繼遷)에게 무리를 지어 아부하여 말을 팔지 않으니 신이 결국 병사들을 이끌고 2백여 명을 엄살(掩殺)201)하고 1백여 명을 생포하였는데 그 [부]족이 바로 항복하여 각기 이미 안무시켰습니다."라고 하니 조서를 내려 그들을 칭찬하여 주었다. [단공 2년] 10월 [이]계천이 회주(會州)202) 숙창족(熟倉族)에 침입하였으나 그

였다. 治所는 涼州(현재 甘肅省 武威市)에 있었고 涼·甘·肅·伊·西·瓜·沙 등 7州를 다스렸는데, 오늘날 甘肅 武威市 以西와 新疆 東北部에 해당한다. 廣德 초에 吐蕃이 涼州를 함락시키면서 치소를 沙州(현재 甘肅省 敦煌市 西쪽)로 옮겼다. 大中 5년(851)에 沙州人 張義潮가 河湟 등 지역을 수복하면서 歸義節度使를 다시 두었다. 원문에서는 구체적으로 어느 지역을 지칭하는지 불분명하다.

199) 『宋史』 「校勘記」에 의하면 '二年'은 원래 '三年'으로 되어 있었으나, 端拱은 三年이 없고, 『文獻通考』 卷334 <四裔考>를 참고하여 고친 것이다.

200) 趙保忠(962~1004): 원래 이름은 李繼捧으로 송 조정에서 趙保忠이라는 성명을 내려주었다. 원문에서 李繼遷은 趙保吉이라는 賜姓名을 쓰지 않고 이계천이라고 썼는데 이는 그가 대부분 송에 反旗를 들었기 때문이고, 조보충은 송 조정에 우호적이었기 때문으로 해석할 수 있다. 조보충은 宋朝 초기 党項族의 首領이자 定難 節度使였던 李光睿의 아들이다. 太平興國 5년(980), 당시 定難 節度使이자 조보충의 형인 李繼筠이 죽자 嗣位하여 留後로 自立하였다. 宋 太宗은 그에게 定難軍 節度使를 수여하였다. 太平興國 7년(982), 조보충은 자신의 나이가 어리고 아랫사람들이 不服하자 東京 開封府에 朝覲하였다. 이는 세습적으로 割據하지 않겠다는 의미였다. 宋 太宗은 크게 기뻐하여 조보충에게 彰德軍 節度使와 重賞을 내렸다. 그 후에 조보충의 族弟였던 李繼遷이 反宋하자 宋 太宗은 趙普의 제안에 따라 조보충을 다시 定難節度使로 임명하고 賜名하였던 것이다. 이후에 조보충이 李繼遷과 사적으로 연결되어 있다는 혐의가 있어 宋 太宗은 그를 免官시키고 宥罪侯에 봉하며 京師에 거처를 주고 후에 右金吾衛上將軍으로 옮겨주었다. 景德 원년(1004), 宋 眞宗은 永州 別駕를 수여하고 監軍에게 감시하도록 하였다. 趙保忠이 얼마 안 있어 죽자 威塞軍 節度使를 追贈하였다.

201) 掩殺: 방어하고 있지 않은 틈을 타서 進攻하여 죽이는 것을 말한다. 宋 范仲淹 <奏馬懷德乞轉閣門祗候靑澗城都監>에는 "自後掩殺蕃賊, 破蕩族帳, 累度得功."이라 하였고 宋 岳飛의 <奏招曹成不服乞進兵劄子>에도 "臣今進兵 …… 即行措置用兵掩殺, 務速除蕩."이라고 되어있다.

202) 會州: 西魏 廢帝 때 설치되었으며, 治所는 會寧縣으로 현재의 甘肅省 靖遠縣 東北쪽이다. 北周 保定 2년(562) 會寧防으로 되었으며, 隋 開皇 원년(581) 會寧鎭으로 고쳤다. 唐 武德 2년(619) 西會州로 고쳤으며, 貞觀 8년(634) 粟州로 하였다가 같은 해에 다시 會州로 고쳤다. 관할 구역은 대략 현재의 甘肅省 靖遠·景泰·會寧과 寧夏省 海原 등의 縣 지역이다. 天寶 초에 다시 會寧郡으로 되었으며, 乾元 초에는 다시 會州로 바꾸었다. 廣德 2년(764) 吐蕃에 함락되어 폐지되었다가 北宋 초에 다시 설치되었다. 天聖 연간 이후 西夏가 차지했으며, 元符 2년(1099) 다시 會州를 설치하였다. 崇寧 3년(1104) 敷川縣을 설치하여 州治로 삼았다. 관할 구역은 현재의 甘肅省 靖遠·定西·會寧 등의 縣 지역이다.

수령 미실(咩嘇)이 내리(來離)의 여러 부족을 이끌고 그를 격퇴하였다.

> 淳化元年, 藏才三族都判啜尾卒, 其子啜香來請命, 乃令代其父. 二年七月, 以黃乜族降戶七百餘散于銀·夏州舊地處之. 八月, 李繼遷居王庭鎭, 趙保忠往襲之, 繼遷奔鐵斤澤, 貎奴·猥才二族奪其牛畜二萬餘. 十一月, 繼遷寇熟倉族, 刺史咩嘇率來離諸族擊退之. 先是, 兀泥大首領泥中佶移內附, 詔授愼州節度, 俄復歸繼遷, 其長子突厥羅與首領黃羅至是以千餘帳降, 府州折御卿以聞, 降詔慰諭之. 趙保忠又襲破宥州御泥布·囉樹二族, 尋各降之, 以其朋附繼遷, 來上.

    순화(淳化) 원년(990), 장재(藏才)의 3족 도판(都判) 철미(啜尾)가 죽자 그 아들 철향(啜香)이 와서 명령을 듣기를 청하니 그 부친을 대신하도록 하였다. [순화] 2년(991) 7월, 황먀족(黃乜族)의 투항한 7백여 호(戶)를 은(銀)·하주(夏州)의 옛 지역에 살도록 하였다. 8월, 이계천(李繼遷)이 왕정진(王庭鎭)203)에 살고 있었는데 조보충(趙保忠)이 가서 그를 습격하였다. [이]계천은 철근택(鐵斤澤)204)으로 도망갔는데 모노(貎奴)·외재(猥才) 두 [부]족이 그 소와 가축[牛畜] 2만여 [마리]를 빼앗았다. [순화 2년] 11월, [이]계천이 숙창족(熟倉族)을 침범하자 자사(刺史) 미실(咩嘇)이 내리(來離)의 여러 부족을 이끌고 그를 격퇴하였다. 이보다 앞서 올니(兀泥) 대수령 이중길이(泥中佶移)가 내부하여 신주(愼州) 절도(節度)를 제수한다는 조서를 내렸는데 갑자기 [이]계천에게 다시 귀순하였다. [그런데] 그 장자(長子) 돌궐라(突厥羅)와 수령 황라(黃羅)가 이때에 이르러 1천여 장(帳)을 데리고 투항하였다. 부주(府州)의 절어경(折御卿)이 보고하자 조서를 내려 그들을 위무하고 깨우쳤다. 조보충이 또한 유주(宥州) 어니포(御泥布)·나수(囉樹) 두 [부]족을 습격하여 패배시키고 그들이 각기 항복하도록 하였으나 그의 무리들과 [이]계천에게 붙으니 [조정에] 와서 [보고를] 올렸다.

    金 大定 22년(1182) 敷川縣을 保川縣으로 고쳤다가 다시 서하가 점령하였다.
203) 王庭鎭: 현재의 內蒙古自治區 烏審旗 경내에 위치하며, 王亭鎭이라고도 불렸다.
204) 鐵斤澤: 地斤澤이라고도 하며 오늘날 內蒙古 伊金霍洛旗 서남쪽에 위치한다.

四年三月, 直蕩族大首領啜尾・子河汉大首領馬一並來貢, 詔以啜尾叔羅買爲本族都監, 又啜尾下首領十人・馬一下首領十二皆賜錦袍・銀帶・器幣. 是年, 鄭文寶獻議禁青鹽, 羌族四十四首領盟于楊家族, 引兵騎萬三千餘人入寇環州石昌鎭, 知環州程德玄等擊走之, 因詔屯田員外郎・知制誥錢若水馳驛詣邊, 弛其鹽禁, 由是部族寧息. 十二月, 鹽州羌人酋長巢延渭爲本州刺史. 是年, 藏才西族大首領羅妹來貢.

[순화] 4년(993) 3월, 직탕족(直蕩族)의 대수령 철미(啜尾)・자하의(子河汉)의 대수령 마일(馬一)이 함께 와서 진공(進貢)하였다. 철미(啜尾)의 숙부 나매(羅買)를 본족(本族)의 도감(都監)으로 삼고, 또한 철미 이하 수령 십 명과 마일 이하 수령 12명에게 모두 금포(錦袍)・은대(銀帶)・기폐(器幣)를 하사한다는 조서를 내렸다.205) 이해에 정문보(鄭文寶)206)가 청렴(青鹽)을 금지하자는 계획을 올렸는데 강족(羌族) 44[명] 수령들이 양가족(楊家族)에서 회맹(會盟)207)하고 보병과 기병 1만 3천여 명을 이끌고 환주(環州) 석창진(石昌鎭)에 들어와 침입하

---

205) 송조의 蕃官에 대한 민족 차별정책에 따라 諸路의 번관은 그 직위의 고하를 막론하고 일률적으로 漢官의 아래에 두었고 아울러 번관은 한관의 差遣을 허용하지 않도록 규정하였다. 『長編』 卷337~338에 따르면 작전 시에도 "번관부의 堡砦兵이 출전하면 항상 漢官이 작전계획을 구사한다", "적에 맞설 때는 반드시 蕃兵을 먼저 보낸 다음 漢兵이 계속한다", "비록 강적을 만나도 퇴각하면 안된다" 등의 규정이 있었다. 이러한 불합리한 규정은 党項 등 蕃族의 불만을 일으켰을 뿐 아니라 송조의 인사 역시 이를 바꾸자는 건의가 있었지만(『長編』 卷375) 끝내 규정을 바꾸지 않았는데 이는 "所貴不失中國外夷尊卑之限, 絶蕃酋驕慢覬望之心, 統制有常, 不爲後患"라는 이유였다. 이는 적나라한 민족차별과 민족억압 정책을 보여준다. 송조는 번관제도를 실시하면서 당항 수령을 끌어들여서 '以夷制夷'하려고 하였기 때문에 蕃官에 대해서도 또한 은총을 시행하여 실직이 없는 官衛을 주거나 姓名을 내려서 은총을 표시하였다. 특별히 귀순하거나 전공이 있는 자에게도 주었는데 예를 들어 인종 慶曆 2년(1042) 5월에 서하의 侍中 密香이 송에 귀부한 후 順德軍節度使・順德軍王에 봉하고 白守忠이라는 성명을 하사하였고, 『宋史』 「列傳」에 입전되어 있는 당항인 李士彬이나 高永年도 번관으로 성명을 받은 자이다.
206) 鄭文寶(953~1013): 字는 仲賢으로 寧化縣 水茜郷 사람이다. 처음에는 南唐에서 校書郎을 지냈고 宋 開寶 8년(975)에 宋이 南唐을 멸망시킨 후 宋 朝廷에 임용되었다. 太平興國 8년(983)에 進士에 합격한 후 兵部員外郎 등을 지냈다. 詩를 잘 하고 篆書에 능하였다. 文集 20권이 남아 있다.
207) 會盟: 원래 古代 諸侯들이 서로 모여 結盟하는 것으로 『春秋左傳』 <昭公 3년>조에 "令諸侯三歲而聘, 五歲而朝, 有事而會, 不協而盟."이라고 하였고 漢의 賈誼는 <過秦論> 上에서 "諸侯恐懼, 會盟而謀弱秦."라고 한 바 있다. 대체적인 의미는 두 政權 사이에 우호적으로 만나서 맹세하는 것이다. 예를 들어

였다. 환주(環州)의 지주(知州) 정덕현(程德玄)208) 등이 그들을 격퇴하였다. 이에 둔전원외랑(屯田員外郎)209) · 지제고(知制誥)210) 전약수(錢若水)211)를 치역(馳驛)212)하여 변경에 가서 그 청렴의 금지[鹽禁]를 완화시키라는 조서를 내리니 이때부터 부족들이 편안하게 안정되었다. 12월, 염주(鹽州)의 강인(羌人) 추장 소연위(巢延渭)를 본주(本州)의 자사로 삼았다. 이해에 장재(藏才)의 서족(西族) 대수령 나매(羅妹)가 와서 진공하였다.

西藏 拉薩의 大昭寺 앞에 있는 '唐蕃會盟碑'는 唐 長慶 3년(823)에 吐蕃 贊普 墀祖德贊이 唐蕃의 會盟을 기념하여 세운 것이다.

208) 程德玄(940~1004): 宋의 大臣으로 字는 禹錫, 鄭州 榮澤(현재 榮陽市 東部와 鄭州市 西北郊 일대) 사람이다. 醫術을 잘 하였다고 한다. 太宗이 즉위하기 전부터 휘하에서 일하였고 즉위한 후에는 翰林使를 맡았다. 太平興國 5년(980) 겨울에 太宗이 魏府에 갔을 때, 諸軍에 資糧을 공급하는 일을 맡아서 太宗의 신뢰를 더욱 얻었고, 이로부터 그를 따르는 사람들이 많았다. 淳化 3년(992)에 懷州 團練使와 邢州 知州를 비롯해서 여러 관직을 역임하였다. 咸平 연간에 入朝하니 眞宗은 그를 위로하고 변방의 일에 대해 물었다. 景德 원년(1004)에 享年 65세로 죽었다.

209) 員外郎: 官名으로 員外란 定員이외로 增置 되었다는 의미이다. 원래 正額 이외의 郎官을 두는 것을 의미했다. 三國 시대 魏末에 처음으로 員外散騎常侍를 두기 시작하였고, 晉 이후에 員外郎은 員外散騎侍郎(皇帝 近侍官의 하나)을 이르는 명칭이었다. 南北朝 때 또한 殿中員外將軍, 員外司馬督 등이 있었고, 모두 官名 앞에 '員外'를 더하였다. 隋 開皇 6년(568)에 尙書省 24司에 員外郎 1명씩을 두어 各司의 次官으로 삼았다. 唐 · 宋 · 遼 · 金 · 元 · 明 · 淸도 그 제도를 답습하여 郎中과 員外郎은 六部 各司의 正副主官이 되었다. 따라서 '員外'라고 부르는 것은 실로 편제상 定員의 안에 있었다. 이외에 唐 · 宋 · 遼 · 金은 尙書省 左右司 郎中 아래에 또한 員外郎이 있었고, 元代에는 中書省에 속했다.

210) 知制誥: 官名으로 주로 詔令을 起草하는 일을 담당하였다. 南北朝 때에 이미 知詔誥 · 掌詔誥 · 典詔誥 등의 名稱이 出現하였고, 唐代에 발전하여 知制誥라는 專門的인 職稱이 성립되었다. 唐初에는 詔敕을 草擬하는 것은 원래 中書舍人이 전적으로 담당하였는데 또한 다른 관직도 學士가 되어 詔敕을 작성하기도 했다. 唐 玄宗 開元 시기에 他官이 詔 · 敕 · 策 · 命 등을 작성하면 兼知制誥라고 하였는데, 결국 知制誥가 差遣 職名이 되었다. 이로부터 中書舍人이 詔令을 起草하는 권한이 점점 축소되고 知制誥의 권한이 늘어나게 되었다.

211) 錢若水(960~1003): 字는 淸成 혹은 長卿으로 河南 新安人이다. 어려서부터 총명하여 10살 때부터 문장을 잘 지을 줄 알았다고 한다. 雍熙 연간(986년경) 進士에 합격하여 樞密院士 등을 지냈다. 眞宗 때 황제의 명에 따라 禦敵 安邊의 方策을 상소하기도 하였다. 후에 並 · 代經略史와 知幷州事 등을 맡았다. 諡號는 宣靖이다.

212) 馳驛: 驛馬를 타고 빠르게 가는 것을 의미한다. 『魏書』 「邢巒傳」에는 "司徒崔浩對曰: '穎臥疾在家.'世祖遣太醫馳驛就療."라고 하였고 唐 高適의 <錢宋八充彭中丞判官之嶺南> 詩에 "北雁送馳驛, 南人思飮冰."라는 구절이 있다.

五年正月, 以綏州羌酋蘇移·山海咬·母馱香三人並爲懷化將軍, 野利·嵬名乇屈·啜泥三人並爲歸德郞將. 四月, 府州折御卿言: 銀·夏州管勾生戶八千帳族悉來歸附, 錄其馬牛羊萬計. 邈二族大首領崖羅·藏才東族首領歲囉啜克各遣其子弟朝貢. 六月, 繼遷所驅脅內屬戎人橐駝路熟藏族首領乇遇率部族反攻繼遷, 其弟力戰而死, 旣敗繼遷之衆, 復來歸附, 以遇爲檢校司空, 領會州刺史. 是年, 兀泥族首領黃羅內附, 以爲懷化將軍, 領昭州刺史.

[순화] 5년(994) 정월, 수주(綏州) 강[족]의 추장 소이(蘇移)·산해야(山海咬)·모태향(母馱香) [등] 3명을 모두 회화장군(懷化將軍)으로 삼고 야리(野利)·외명먀굴(嵬名乇屈)·철니(啜泥) [등] 3명을 모두 귀덕낭장(歸德郞將)으로 삼았다. [순화 5년] 4월, 부주(府州) 절어경(折御卿)이 말하기를, 은(銀)·하주(夏州)가 관리[管勾]213)하는 생호(生戶)214) 8천 장(帳)의 족들이 모두 와서 귀부하였는데 1만을 헤아리는 그 말과 소, 양을 등재하였다고 하였다. 막이족(邈二族) 대수령 애라(崖羅)와 장재(藏才) 동족(東族)의 수령 세라철극(歲囉啜克)이 각각 그 자제를 보내어 조공하였다. [순화 5년] 6월, [이]계천이 핍박하고 위협하여 내속(內屬)했던 융인(戎人) 탁타로(橐駝路)의 숙장족(熟藏族) 수령 먀우(乇遇)가 부족을 이끌고 [이]계천에게 반격하여 그 동생이 힘써 싸우다 죽었으며 이미 [이]계천의 무리를 패배시키고 다시 와서 귀부하였다. [먀]우를 검교(檢校) 사공(司空)215)으로 삼고 회주(會州) 자사로 [발]령하였다.

213) 管勾: 管句라고도 한다. 관리하는 것을 말한다. 宋 歐陽脩의 <擧留胡瑗管勾太學狀>에는 "自瑗管勾太學以來, 諸生服其德行, 遵守規矩."라고 하였고 宋 朱彧은 『萍洲可談』 卷2에서 "廣州蕃坊, 海外諸國人聚居, 置蕃長一人, 管勾蕃坊公事."라고 하였다. 『長編』<宋 眞宗 大中祥符 4년>조에는 "詔遣使臣一人, 管句故太師趙普家事."라는 구절도 있다.

214) 生戶: 대체로 州城에 들어와서 定居하지 않는 人戶를 가리킨다. 宋 歐陽脩의 <論水洛城事宜乞保全劉滬等劄子>에는 "今忽見滬先得罪, 帶枷入獄, 則新降生戶豈不驚疑."라고 하였고, 宋 司馬光『涑水記聞』卷11에서는 "其間自涇原章川堡至秦州麻穰寨, 一百三十里, 幷是生戶所居."라 하였다.『宋史』卷191「兵志」5에는 "西北邊羌戎, 種落不相統一, 保塞者謂之熟戶, 餘謂之生戶."라고 하였고, 이와 비슷하게 曾公亮의『武經總要』前集 卷18「邊防」上에는 "今之夷內附者, 吐蕃·党項之族, 散居西北邊, 種落不相統一, 款塞者, 謂之熟戶, 餘謂之生戶"라고 하였다. 이외에『長編』<太宗 淳化 5년>조에서도 "大約党項·吐蕃, 風俗相類, 其帳族有生熟戶, 接連漢界, 入州城者謂之熟戶, 居深山僻遠者謂之生戶."라고 기록되어 있다. 이들에 의하면 生戶와 熟戶의 구분은 党項 뿐이 아니라 吐蕃에도 적용되는 것이다.

215) 司空: 中國 古代 官名이다. 西周에서부터 두기 시작하였는데 三公의 다음 서열로 六卿에 相當하고,

이해에 올니족(兀泥族) 수령 황라(黃羅)가 내부(內附)하여 회화장군으로 삼고 소주(昭州) 자사로 [발]령하였다.

> 至道元年四月, 以勒浪嵬女兒門十六府大首領馬尾等內附, 以馬尾爲歸德大將軍·領恩州刺史, 以勒浪樹李兒門首領沒崖爲安化郎將, 副首領遇兀爲保順郞將. 六月, 賜慶州界首領順州刺史李奉明·澄州刺史李彥咩·鹽州刺史巢延渭·演州刺史李順忠·環州界首領會州刺史乜遇及靈州界幷河外保安·保靖·臨河·懷遠·定遠五鎭等部敕書慰撫之. 七月, 睡泥族首領你乜逋令男詣靈州, 言族內七百餘帳爲李繼遷劫略, 首領咩逋一族奔往蕭關, 你乜逋一族乞賜救助, 詔賜以資糧. 環州熟倉族乩遇略奪繼遷牛馬三十餘, 繼遷令人招撫之, 乩遇答云;「吾一心向漢, 誓死不移.」詔以遇爲會州刺史, 賜帛五十四·茶五十斤.

지도(至道) 원년(995) 4월, 늑랑(勒浪)의 외녀아문(嵬女兒門) 16부(府) 대수령 마미(馬尾) 등이 내부하였다. 마미를 귀덕대장군으로 삼고, 은주(恩州) 자사에 발령하였다. [또한] 늑랑(勒浪)의 수리아문(樹李兒門) 수령 몰애(沒崖)를 안화낭장(安化郎將)으로 삼고, 부수령 우올(遇兀)을 보순장랑(保順郞將)으로 삼았다. [지도 원년] 6월, 경주(慶州) 경계 수령 순주(順州)216) 자사 이봉명(李奉明)·징주(澄州)217) 자사 이언미(李彥咩)·염주(鹽州) 자사 소연위

司馬·司寇·司士·司徒 등과 並稱하여 五官이라 하였다. 水利를 관장하고 건설하는 일을 담당했다. 金文에서는 모두 司工이라고 기록되어 있는데 春秋戰國시대에도 계속 설치했다. 漢에서는 원래 司空이 없었는데 成帝 때에 御史大夫를 바꾸어 大司空으로 삼았으나 맡은 임무는 周代의 司空과는 달랐다. 後漢 光武帝는 '大'字를 없애고 司空이라고 불렀다. 獻帝 建安 13년(208)에 司空을 폐지하고 다시 御史大夫를 두었는데 職掌은 司空과 같았다. 晉에도 司空을 '八公'의 하나로 地位가 특히 높았으나 때때로 權臣에게 주는 加官으로 사용되었다. 南北朝 때에도 이어서 두었다. 隋唐은 비록 司空을 三公의 하나로 두었지만, 일종의 높은 虛銜에 불과하였다. 宋代에도 역시 司空은 大官의 加銜이었고, 遼·金에서도 비슷하였다. 元 이후에 폐지되었는데 습관적으로 大司空을 工部尙書의 존칭으로 사용하기도 하였다.

216) 順州: 西夏에서 설치했으며 치소는 靈武鎭(현재 寧夏省 靑銅峽市 서북쪽에 있는 邵剛堡의 서쪽)이었다. 元初에 폐지되었다.

217) 澄州: 豊州와 같은 곳으로, 오늘날 內蒙古 翁牛特旗(烏丹鎭)에 위치한다. 北宋 沈括의 <熙寧使虜圖抄>에 廣寧館은 "東北行五里至澄州, 路由西門之外, 州有土垣, 崇六·七尺, 寬度一里, 其中半空, 有民家一二百, 屋多泥墁, 間有瓦覆者, 舊曰豊州州將率其部落和扣河西內附 詔置豊州以處之. 自爾改今名."이라 하였다.

(巢延渭)・연주(演州) 자사 이순충(李順忠)・환주(環州) 경계 수령이자 회주(會州) 자사 먀우(乜遇) 및 영주(靈州) 경계와 아울러 하외(河外)218)의 보안(保安)219)・보정(保靖)220)・임하(臨河)221)・회원(懷遠)222)・정원(定遠)223) 5진(鎭) 등 부(部)에 칙서를 내려 그들을 위무하였다. [지도 원년] 7월, 수니족(睡泥族) 수령 이먀포(你乜逋) 영주(靈州)에 아들을 보내어 말하기를, [부]족 내의 7백여 장(帳)이 이계천의 위협과 약탈을 당하여 수령 안포(啀逋) 일족이 소관(蕭關)224)으로 달아났고, 이먀포(你乜逋) 일족은 도와주기를 청한다고 하니 조서를 내려 물자와 식량[資糧]을 하사하였다. 환주(環州) 숙창족(熟倉族) 가우(乢遇)가 [이]계천의 소와 말 30여 마리를 약탈하였는데 [이]계천은 사람을 시켜 그들을 초무(招撫)하였지만 가우(乢遇)는 답하여 말하기를 "나는 일심으로 한(漢)을 사모하고 있으니 맹세컨대 죽어도 달라지지 않는다"고 하였다. [가]우를 회주(會州) 자사로 삼고 백(帛) 50필과 차 50근을 하사한다는

218) 河外: 春秋時代 晉人들은 黃河 以北을 河內, 黃河 以南을 河外라고 칭하였다. 『左傳』에는 僖公 15년(전 645)에, "晉賂秦伯以河外列城五."라 하였는데 이에 대한 杜預의 注에는 "河外, 河南也."라고 되어있다. 戰國時代 魏人들은 河南과 河西를 河外라고 보았다. 『史記』「魏世家」의 "所亡於秦者, 山南・山北・河外・河內."라고 한 것으로 보아 오늘날 陝西省 華陰에서 河南省 陝具 일대 지역을 가리키는 것이다. 趙人들도 역시 河南을 河外로 보았다. 『史記』「張儀列傳」에는 "驅韓・梁軍於河外"라 하고 이에 대한 『正義』의 해석은 "河外, 謂鄭・滑州(현재 河南省 鄭州市・滑縣 일대), 北臨河."라 되어있다. 秦人은 河東을 河外라 하였다. 『資治通鑑』周赧王 4년(전311)에, "張儀曰: 梁效河外."라고 하였는데 이에 대한 胡三省의 注는 "秦蓋以河東爲河外, 梁則以河西爲河外."라고 되어있다.
219) 保安: 北宋 太平興國 2년(977) 永康鎭을 승격해서 두었으며 永興路에 속했다. 治所는 오늘날 陝西省 志丹縣에 있었다.
220) 保靜: 唐 至德 원년(756)에 安靜縣을 고쳐서 保靜縣을 만들었고 靈州에 속했다. 후에 이를 폐지하여 保靜鎭으로 만들었다. 오늘날 寧夏省 永寧縣 남쪽 望洪鄕 부근에 있었다. 西夏에서는 여기에 靜州를 두었다.
221) 臨河鎭: 北宋에서 설치한 것으로 靈州에 속했다. 현재 寧夏省 平羅縣에 위치하였다.
222) 懷遠鎭: 北宋에서 懷遠縣을 바꾸어 鎭으로 삼았는데, 오늘날 寧夏省 銀川市의 老城이다. 河外五鎭(城) 가운데 하나로써 天禧 4년(1020)에 党項族 首領 李德明이 여기를 興州라 하고 國都로 삼았다.
223) 定遠鎭: 北宋에서 설치하였고 靈州에 속했다. 바로 오늘날 寧夏省 平羅縣 南쪽의 姚伏鎭이다. 西夏에서는 여기에 定州를 두었다.
224) 蕭關: 오늘날 寧夏省 固原縣 東南쪽에 위치한다. 關中 四關의 하나이다. 西涼을 둘러싸고 막아주며, 靈武의 咽喉로써 북쪽으로 험준한 요새였다. 『漢書』「匈奴傳」에서 보면 "文帝十四年(전166), 匈奴單於十四萬騎入朝那蕭關, …… 燒回中富, 侯騎至雍曹泉."라 하였고, 또한 「武帝紀」에는 "元封四年(전107), 通回中道, 遂北出蕭關, 歷獨鹿, 鳴澤, 自代麗歸還."라 되어있다. 魏晉南北朝시기에도 關中에 많은 사건이 일어나서 蕭關은 南北 交通의 중요한 역할을 했다.

조서를 내렸다.

> 二年三月, 以府州界五族大首領折突厥移爲安遠大將軍, 父死來請命也. 六月, 勒浪族副首領遇兀等百九十三人歸附, 貢馬七匹. 遇兀舊隸契丹, 淳化初, 遷族帳於府州界, 東至河百五十里, 南至府州三百里, 至是, 始朝貢. 上召問慰勞, 賜錦袍銀帶. 遇兀言部族多良馬, 今始來朝, 所貢未備. 上曰:「吾嘉爾忠順之節, 慕化來歸, 固不以多馬爲意也.」

[지도(至道)] 2년(996) 3월, 부주(府州) 경계 5족(族)의 대수령 절돌궐이(折突厥移)를 안원대장군(安遠大將軍)225)으로 삼았는데 부친이 죽자 와서 청명(請命)226)한 것이다. 6월, 늑랑족(勒浪族)의 부수령 우올(遇兀) 등 193명이 귀부하고 말 7필을 진공하였는데 우올은 이전에는 거란에 예속되어 있었다. 순화(淳化) 연간 초에 족장(族帳)을 부주(府州) 경계로 옮겼는데 동쪽으로는 [황]하 1백5십 리에 이르고 남쪽으로는 부주 3백 리에 이르렀다. 이때에 처음으로 조공한 것이다. 황제 [태종]은 불러서 위로하고 금포(錦袍)와 은대(銀帶)를 하사하였다. 우올은 [자기] 부족에게 좋은 말[良馬]이 많은데 이제 처음으로 내조(來朝)하느라 공물이 미비하다고 상언하니 황제는 "나는 너의 충순한 절개와 모화(慕化)하여 와서 귀순한 것을 가상히 여기니 단지 말이 많은 것에 의미를 두지 않는다"라고 말하였다.

---

225) 安遠將軍: 三國 때 雜號 將軍의 하나였다. 南朝의 梁에 두었고, 北魏·北齊에도 역시 두었다. 金에서는 安遠大將軍을 武散官으로 삼아서 從四品에 해당하였고, 元에서는 從三品으로 올렸다. 明은 從三品이 처음에 懷遠將軍을 받고, 승진하면 定遠將軍을 받았다. 이에 더하여 安遠將軍을 받기도 했다.

226) 請命: 任命해 주기를 請求하는 것이다. 『左傳』<襄公三十年>조에는 "伯有旣死, 使大史命伯石爲卿, 辭. 大史退, 則請命焉. 復命之, 又辭. 如是三, 乃受策入拜."라고 하였고 이에 대한 杜預의 注에는 "請命, 請大史更命已."라고 되어있다. 이외에 請命은 生命을 保全하거나 困苦를 없애달라고 請求한다는 의미도 있다. 예를 들면 『書經』「湯誥」에는 "聿求元聖, 與之戮力, 以與爾有衆請命."라고 되어있고, 『新唐書』「李光顔傳」에 "光顔躍馬入賊營大呼, 衆萬餘人投甲請命."라고 하였다. 뿐만 아니라 지시해주기를 청구하여 명령을 듣기 원한다고 표시하는 뜻도 있다. 『儀禮』「聘禮」에는 "幾筵旣設, 擯者出請命."이라 하였고, 『新五代史』「盧光稠傳」에는: "梁初, 江南·嶺表悉爲吳與南漢分據, 而光稠獨以虔韶二州請命於京師, 願通道路, 輸貢賦."라고 하였다.

七月, 李繼隆出討繼遷, 賜麟府州兀泥巾族大首領突厥羅・女女殺族大首領越都・女女夢勒族大首領越移・女女忙族大首領越置・女女䶂兒族大首領党移・沒兒族大首領莫末移・路乜族大首領越移・細乜族大首領慶元・路才族大首領羅保・細母族大首領羅保保乜凡十族敕書招懷之. 閏七月, 懷安鎭羌誘諸寇慶州, 監軍趙繼昇率師擊敗之, 斬首三百級, 獲羊馬千計.

[지도 2년(996)] 7월, 이계륭(李繼隆)은 나가서 [이]계천을 토벌하고, 인(麟)·부주(府州)의 올니건족(兀泥巾族) 대수령(大首領) 돌궐나(突厥羅)·여녀살족(女女殺族) 대수령 월도(越都)·여녀몽륵족(女女夢勒族) 대수령 월이(越移)·여녀망족(女女忙族) 대수령 월치(越置)·여녀확아족(女女䶂兒族) 대수령 당이(党移)·몰아족(沒兒族) 대수령 막말이(莫末移)·노먀족(路乜族) 대수령 월이(越移)·세먀족(細乜族) 대수령 경원(慶元)·노재족(路才族) 대수령 나보(羅保)·세모족(細母族) 대수령 나보보먀(羅保保乜) 등 모두 10족(族)에게 칙서(敕書)를 내려서 그들이 귀순하도록 회유[招懷]하였다. [지도 2년] 윤7월, 회안진(懷安鎭)227)의 강(羌)[족]이 여러 [족을] 유인하여 경주(慶州)를 노략질하자, 감군(監軍)228)인 조계승(趙繼昇)이 군사를 이끌고 그들을 격퇴하여 3백 급(級)을 참수하고 양과 말 모두 천 [마리]를 얻었다.

三年二月, 泥巾族大首領名悉俄, 首領皆移・尹遇・崔保羅・沒佶, 凡五人來貢馬.

---

227) 懷安鎭: 唐 開元 10년(722)에 두었고 慶州에 속했다. 治所는 오늘날 甘肅省 華池縣의 서북쪽 懷安鄕이었다. 『元和志』卷3 <懷安縣>에는 "古居近党項藩落, 開元十年, 檢逃戶初置, 故以'懷安'爲名."이라고 되어있다. 五代 시기에 폐지되었다.

228) 監軍: 원래 軍隊를 감독한다는 의미이다. 『史記』「司馬穰苴傳」에 "穰苴曰: '…… 願得君之寵臣, 國之所尊, 以監軍, 乃可.'於是景公許之, 使莊賈往."이라 하였고, 『舊唐書』「宦官」<高力士傳>에는 "監軍則權過節度, 出使則列郡辟易."이라고 한데서 알 수 있다. 하지만 본문에서는 官名으로 軍隊를 監督하는 官員을 의미한다. 古代에 監軍은 모두 임시적인 差遣으로써, 조정을 代表하여 軍務에 협조하여 처리하고 將帥에 대해 감독하는 임무를 맡고 있었다. 漢 武帝 때에 監軍使를 두었는데 後漢·魏晉 시대에도 모두 있었으며 監軍이라고 생략하여 불렀다. 또한 監軍事라고도 하였다. 한편 軍師·軍司도 역시 監軍의 직책이었다. 또한 『新唐書』「宦者傳」<劉貞亮傳>에도 "出監宣武軍, 自置親兵千人 …… 高崇文討劉辟, 復爲監軍."라고 되어있다.

> 名悉俄等舊皆內屬, 因李繼遷之叛, 徙居河北, 今復來貢.

[지도] 3년 2월, 이건족(泥巾族)의 대수령 명실아(名悉俄)와 수령 개이(皆移)·윤우(尹遇)·최보라(崔保羅)·몰길(沒佶) 등 모두 5명이 와서 말을 [공물로] 바쳤다. 명실아 등은 오랫동안 내속(內屬)하였는데 이계천의 반란 때문에 하북(河北)229)으로 옮겨서 거주하다가 지금에 다시 내공(來貢)한 것이다.

> 咸平元年三月, 熟倉族虬遇來朝, 眞宗嘉其誠節, 親見撫勞, 賜以器幣. 十月, 兀泥族大首領·昭州刺史黃羅對于崇德殿. 兀泥族在靑岡嶺·三角城·龍馬川, 領族帳千五百戶, 初隸繼遷, 俄投府州, 淳化中數敗契丹, 及與繼遷相攻擊. 及繼遷內附, 黃羅懼. 北徙過黃河. 今遷舊地, 遂入貢, 且言繼遷旣受朝命, 不敢侵伐. 上面加獎慰, 賜賚甚厚. 十二月, 詔直蕩族大首領鬼啜尾于金家堡置渡, 令諸族互市.

[송 진종] 함평(咸平) 원년(998) 3월, 숙창족(熟倉族) 가우(虬遇)가 내조(來朝)하였다. 진종은 그 충성스러운 절개[誠節]를 가상하게 여겨서 친히 만나보고 노고를 위로하면서 기폐(器幣)230)를 내렸다. [함평 원년] 10월에 올니족(兀泥族)의 대수령이자 소주(昭州) 자사 황라(黃羅)를 숭덕전(崇德殿)에서 응대하였다. 올니족은 청강령(靑岡嶺)231)·삼각성(三角城)·용마천(龍馬川)에 있었는데 다스리는 족장(族帳)이 1천5백 호(戶)였다. 처음에는 [이]계천에게 속해 있었는데, 얼마 있다가 부주(府州)에 투항하였고, 순화(淳化) [연간] 중에 거란을 여러 번 패배시켰다. [이]계천과 서로 공격하게 되었는데 [이]계천이 내부(內附)하게 되자 황라는 두려워서 북쪽으로 황하를 건너서 옮겨갔다. 지금에 옛 땅[舊地]으로 옮겨와서 드디어 입조하여 진공한 것이다. 또한 [이]계천이 이미 조정의 명령을 받았으니 감히 침범하여 공격하지

---

229) 河北: 광범위하게 오늘날 黃河 以北의 지역을 뜻한다.『史記』「樂毅列傳」에는 "樂毅報遺燕惠王書曰, 起兵擊齊. 以天之道, 先王之靈, 河北之地隨先王而舉之濟上. 濟上之軍受命擊齊, 大敗齊人."라고 하였다.
230) 器幣: 禮器와 玉帛을 의미한다.
231) 靑岡嶺: 靑岡峽이라고도 부른다. 현재 甘肅省 環縣 서북쪽에 있다.『資治通鑑』에는 "唐開元四年(716), 突厥降戶叛, 張知運不設備, 與之戰於靑岡嶺, 爲虜所擒."이라는 기사가 있다.

않을 것이라고 말하였다. 황제는 직접 면대하여 칭찬과 위로를 더해주고 하사품을 아주 많이 내렸다. [함평 원년] 12월에는 직탕족의 대수령 귀철미(鬼啜尾)가 금가보(金家堡)에 나루를 설치하여 여러 [부]족들이 호시(互市)를 두도록 하였다.

> 二年正月, 以咩逋族開道使泥埋領費州刺史. 十月, 以勒浪族十六府大首領·歸德大將軍·恩州刺史馬泥領本州團練使. 十一月, 藏才八族大首領皆賞羅等來獻名馬. 四年七月, 以會州刺史乩遇爲保順郎將, 蘇家族屈尾·鼻家族都慶·白馬族埋香·韋移族都香爲安化郎將. 九月, 環州言, 繼遷所掠羌族嵬逋等徒帳來歸, 又繼遷諸羌族明葉示及撲咩·訛猪等首領率屬內附, 並令給善地處之. 其年·卑寧族首領喝鄰半祝貢名馬, 自稱有精騎三萬, 願備驅策. 有詔慰獎, 厚償其直.

[함평] 2년(999) 정월, 미포족(咩逋族) 개도사(開道使) 이매(泥埋)를 비주(費州) 자사(刺史)로 발령하였다. 10월에는 늑랑족(勒浪族) 16부(府) 대수령·귀덕대장군(歸德大將軍)·은주(恩州) 자사(刺史) 마니(馬泥)[232]를 본주(本州) 단련사(團練使)로 발령하였다. 11월에는 장재(藏才) 8족(族) 대수령 개상라(皆賞羅) 등이 와서 명마(名馬)를 헌상하였다. [함평] 4년(1001) 7월, 회주(會州) 자사 가우(乩遇)를 보순낭장(保順郎將)에, 소가족(蘇家族) 굴미(屈尾)·비가족(鼻家族) 도경(都慶)·백마족(白馬族) 매향(埋香)·위이족(韋移族) 도향(都香)을 안화낭장(安化郎將)으로 삼았다. 9월에 환주(環州)에서 말하기를, [이]계천이 약탈한 강족(羌族)의 외포(嵬逋) 등이 부족을 이끌고 와서 귀부하였고 또한 [이]계천의 [아래에 있던] 여러 강족 [즉] 명엽시(明葉示) 및 박미(撲咩)·와저(訛猪) 등의 수[령]이 부하를 이끌고 내지(內地)에 귀부하였다고 하자 모두 그들에게 좋은 땅을 주어서 안치시키라고 명령하였다. 같은 해에 비녕족(卑寧族) 수령 갈린반축(喝鄰半祝)이 명마를 진공하면서 정예 기병 3만이 있다고 자칭하고 [조정의] 명령대로 따르고 싶다고 하였다. 조서를 내려서 위로하고 칭찬하였고 그 [공물의] 가치를 후하게 갚아주라고 하였다.

---

232) 『宋史』「校勘記」에 의하면 馬泥는 위의 원문에서는 '馬尾'로 되어있고, 『長編』 卷45에는 '馬斡'로 표기되어 있다.

五年, 哶逋族開道使·費州刺史泥埋遣子城逋入貢, 上嘉泥埋數與繼遷戰鬥有勞, 授錦州團練使, 以其族弟屈子爲懷化將軍充本族指揮使, 城逋爲歸德將軍充本族都巡檢使, 餘首領署軍主以下名識者凡十數人. 又以黑山北莊郞族龍移爲安遠大將軍, 昧克爲懷化將軍. 八月, 河西敎練使李榮等向化. 其年, 羌寇抄金明縣, 李繼周擊走之.

[함평] 5년(1002), 미포족(哶逋族) 개도사(開道使)·비주(費州) 자사인 이매(泥埋)가 아들을 성포(城逋)에 보내어 입조하여 진공[入貢] 시키니, 황제 [진종]은 이매가 여러 차례 [이]계천과 전투하는데 노고가 있었던 점을 가상하게 여겨 금주(錦州) 단련사(團練使)를 수여하고, 그 족제(族弟)인 굴자(屈子)를 회화장군(懷化將軍)으로 삼아서 본족(本族)의 지휘사(指揮使)로 충임(充任)하고 성포를 귀덕장군(歸德將軍)으로 삼아서 본족의 도순검사(都巡檢使)로 충임하였으며, 나머지 수령 가운데 군주(軍主) 이하의 명목으로 벼슬을 준 사람이 모두 십 수 명이었다. 또한 흑산(黑山) 북쪽의 장랑족(莊郞族) 용이(龍移)를 안원대장군(安遠大將軍)으로 삼고, 매극(昧克)을 회화장군(懷化將軍)으로 삼았다. 8월, 하서(河西) 교련사(敎練使) 이영(李榮) 등이 귀순해왔다. 같은 해에 강[족]이 금명현(金明縣)233)을 노략질하자 이계주(李繼周)234)가 그들을 격퇴하였다.

---

233) 金明縣: 隋 仁壽 원년(601) 廣洛縣을 바꾸어 설치하였고 延州에 속했다. 관할 영역은 오늘날 陝西省 安塞縣 동남쪽 沿河灣鎭이었다. 大業 연간 초에는 延安郡에 속했는데 대업 13년(617)에 폐지되었다가 唐 武德 2년(619)에 北武州 관할로 다시 두었다. 貞觀 2년(628)에는 다시 延州에 속했고 北宋 熙寧 5년(1072)에 膚施縣에 다시 편입되었다.

234) 李繼周(943~1009): 延州 金明人이다. 祖父는 計都, 父는 孝順으로 모두 金明鎭使를 지냈는데 李繼周는 이어서 本族을 이끌었다. 宋 太宗 太平興國 3년(978), 東山의 蕃落들이 무리를 모아서 淸化砦에 침입했을 때 그는 무리를 이끌고 그들을 패배시켜 죽인 자가 3천여 명에 달했다. 이 戰果로 殿前承旨에 補任되었다. 雍熙 연간에는 또한 侯延廣과 더불어 未藏·未腋 등 부족을 渾州 西山에서 패배시켰다. 淳化 4년(993)에 殿直으로 옮기고 介胄·戎器·茶彩 등을 하사 받았다. 다음 해 李繼遷을 토벌하고 族帳 수령 20여 명을 항복시켰으며 그들 부족 사람들을 이끌고 夏州에 들어가 蕃兵 수천 명을 石堡砦에서 패배시켰다. 이러한 공로로 供奉官이 되었고 다시 恩賞을 더 받았으며 官第도 하사받았다. 李繼周는 阿都關·塞門·盧關 등 변방의 요충지가 되는 砦를 수리하고 城을 수축하였다. 盧關 가까이에 거주하는 磨盧家·媚哶·拽藏 등 部族들이 귀순하지 않자 李繼周는 밤에 습격하여 태워버려서 많은 사람들을 斬首하거나 포로로 삼았다. 至道 2년(996), 西京 作坊副使를 제수 받고, 袍帶·銀彩·雕戈 등을 하사받는 등 조정의 신임을 받았다. 眞宗 咸平 원년(998), 西京 左藏庫副使가 되었고, 함평 3년(1000)에도

十月, 詔河西戎人歸投者遷內地, 給以閑田. 時勒厥麻等三族千五百帳以濁輪砦失守, 越河內屬, 分處邊境. 邊臣屢言勒厥麻往來賊中, 恐復叛去, 乃徙置憲州樓煩縣, 遣使賜金帛撫慰. 十二月, 咩逋族遣使來貢. 上聞賀蘭山有小涼·大涼族甚盛, 常恐與繼遷合勢爲患, 近知互有疑隙, 輒相攻掠, 朝廷欲遂撫之, 乃召問咩逋使者, 因其還特詔賜之, 以激其立効.

[함평 5년(1002)] 10월, [황]하 서쪽의 융인(戎人)들 [중] 귀순하여 투항하는 자들을 내지(內地)로 옮겨 살도록 하고 한전(閑田)235)을 지급하라는 조서를 내렸다. 이때 늑궐마(勒厥麻) 등 3[부]족의 1천 5백 장(帳)이 탁륜채(濁輪砦)가 함락되자 [황]하를 건너서 내속(內屬)하여 변경에 분산하며 거주하였다. 변경의 신하들은 늑궐마가 적들과 왕래하여 다시 반란을 일으켜 갈지 모른다고 여러 번 상언하였다. 이에 헌주(憲州)236) 누번현(樓煩縣)237)에 옮겨 살도록

  당항족을 공격하여 많은 사람과 가축을 살상하고 획득한 무기만 60여 만에 달하는 전공을 세워 供備庫使를 제수 받고, 金明縣 兵馬都監이 되었다. 景德 원년(1004), 당항족이 麟州를 포위했을 때 공을 세워 誠州 刺史를 더하였다. 大中祥符 2년(1009), 향년 67세에 죽었다.

235) 閑田: 閒田이라고도 한다. 첫째, 中等 田地를 의미한다. 『管子』 「山國軌」에는 "穀爲上, 幣爲下. 高田撫, 閑田山不被, 穀十倍."라 되어있다. 둘째, 兩側의 邊界 사이에 있는 土地를 말한다. 셋째, 古代에 封賜되지 않은 土地를 가리킨다. 『禮記』 「王制」에는 "名山大澤不以封, 其餘以爲附庸閑田."라 하였는데 孔穎達의 疏에는 "若封人附於大國, 謂之附庸, 若未封人, 謂之閑田."라고 하였다. 넷째, 주인이 없는 토지, 혹은 경작하는 사람이 없는 荒地를 말한다. 『孔子家語』 「好生」에는 "虞芮二國爭田而訟, 連年不決, 乃相謂曰: '西伯 仁也, 盍往質之?' 入其境則耕者讓畔 …… 遂自相與而退, 咸以所爭之田爲閑田也."라고 되어있다. 끝으로 政治의 인 用語로 '空閑'이라고도 하는데 이는 쌍방이 서로 接觸하지 않기로 정한 地帶를 의미한다. "中間悉爲閑田"이라고 했을 때 양측에서 떨어져 있는 空地라고 해석할 수 있다. 唐 建中 4년(783) 봄에 당과 토번은 淸水(현재 甘肅省 淸水 서북)에서 會盟한 바 있다(淸水會盟). 淸水會盟의 주요 내용은 雙方의 邊界를 劃定하는 것이었다. 즉 黃河 以北의 賀蘭山으로써 '閑田'을 區劃했다. 黃河 以北 혹은 黃河 以南(吐蕃이 占領한 原州·會州와 唐의 靈州·鹽州·慶州의 사이)에서 雙方의 군대가 閑田 안에 駐守하여 현상을 유지하고 서로 進攻하지 않는다는 것이다. 쌍방이 똑같이 駐防하지 않는 閑田 또한 현상을 유지하는 방법이다. 黃河 以南은 六盤山·隴山에서부터 岷江·大渡河를 따라서 남으로 磨些諸蠻(현재 雲南省 西北部)까지를 劃界로 하여 동쪽은 唐에 속하고 서쪽은 吐蕃에 속한다고 하였다. 본문에서는 송이나 당항에 직접 속하지 않은 주인이 없는 토지를 의미한다고 볼 수 있다.

236) 憲州: 唐 龍紀 원년(889)에 설치하였고, 治所는 樓煩縣(현재 山西省 婁煩縣)이었다. 관할 영역은 오늘날 山西省 婁煩縣 및 靜樂縣의 東南部에 이른다. 北宋 咸平 5년(1002)에 치소를 靜樂縣(현재 靜樂縣)으로

하고 사신을 보내어 금백(金帛)을 하사하고 위무하였다. 12월, 미포족(咩逋族)이 사신을 보내어 내조하고 진공하였다. 황제 [진종]은 하란산(賀蘭山)238)에 소량(小涼)·대량족(大涼族)이 매우 [강]성하다는 말을 듣고 항상 [이들이] [이]계천과 합세하여 걱정거리가 될까봐 항상 걱정하고 있었다. 근자에 서로 의심하고 사이가 벌어져서 갑자기 서로 공략하는 것을 알고 조정에서 마침내 그들을 안무하고자 하였다. 이에 미포의 사자를 불러서 위문하고 그가 돌아가게 되자 특별한 조서를 내려서 하사하고 그들이 세운 공을 격려하였다.

上又謂樞密使王繼英等曰:「邊臣言遷賊擧兵, 屢爲龍移·昧克所敗. 此族在黃河北數萬帳, 或號莊郎昧克, 常以馬附藏才入貢, 頗勤外禦.」, 六年, 遂降詔獎慰之. 二月, 葉市族囉埋等持繼遷僞署牒率百餘帳來歸, 以囉埋爲本族指揮使, 囉胡爲軍使. 邠寧部署言牛羊·蘇家等族殺繼遷族帳有功, 上曰:「此族恃遠與險, 久爲賊援, 屢遣邊吏招諭, 近聞有志內附, 尙疑其詐, 果能格鬥立劾.」詔厚賜首等茶綵以獎激之. 涇原部署言, 者龍移卑陵山首領廝敦琶遣使稱已集本族騎兵, 願隨軍討賊.

황제 [진종]은 또한 추밀사(樞密使)239) 왕계영(王繼英) 등을 불러 말하기를, "변신(邊臣)들

옮겼고 熙寧 3년(1070)에 폐지하였다가, 희녕 10년(1077)에 다시 憲州라고 하였고 金 天德 3년(1151)에 管州로 바꾸었다.
237) 樓煩縣: 唐 龍紀 원년(889)에 두었고 憲州에 속해 있었다. 治所는 오늘날 山西省 婁煩縣이었는데 北宋 咸平 5년(1002)에 嵐州에 속하게 하였다. 蒙古 징기스칸 16년(1221)에 폐지하였다.
238) 賀蘭山: 寧夏回族自治區와 內蒙古自治區의 交界에 있는 하란산맥에 위치하고 있다. 북으로는 巴彦敖包에서 시작하여, 남쪽으로 毛土坑敖包 및 靑銅峽에 이른다. 山勢가 웅장하고 軍馬가 뛰어오는 것 같은 형태를 하고 있다. 蒙古語로 駿馬를 '賀蘭'이라고 하기 때문에 賀蘭山이라고 불렀다는 설이 있다. 그러나 唐代 韋蟾의 詩에 "賀蘭山下果園成"이라는 구절이 있는 것으로 보아 蒙古人은 13세기에 되어서 위세를 떨쳤기 때문에 어원이 몽고어라는 말은 확실하지 않다. 賀蘭山脈은 해발 2,000~3,000m 정도인데 主峰인 敖包圪壋은 銀川의 서북쪽에 있으며 해발 3,556m로 寧夏 境內의 最高峰이다. 역사적으로 11세기 초에서 13세기 전반까지 약 200여 년 동안 賀蘭山에서 발생한 전투는 기본적으로 党項人과 契丹 사이에 일어난 것이었다.
239) 樞密使: 官名으로 唐 後期부터 두기 시작하여 宦官으로 充任하였다. 五代에서 이를 바꾸어 士人으로 充任하였는데 후에 점점 武臣이 장악하게 되었고, 일을 처리하는 기구 또한 날로 완비되었다. 전쟁이 계속되는 국면에 적응하기 위해서 樞密使는 軍政의 大權을 자신의 손에 두고 편의대로 일을 처리했다.

이 말하기를 적[당] [이계]천이 군대를 일으켰는데 거듭 용이(龍移)·매극(昧克)에게 패배당하였다고 하였다. 이 부족들은 황하의 북쪽에 수만 장(帳)이 있고 혹은 장랑매극(莊郞昧克)이라고도 부르는데 항상 말을 가지고 장재(藏才)와 함께 입조하여 진공하니 제법 열심히 외적을 막는다"라고 하였다. [함평] 6년(1003), 조서를 내려 그들을 칭찬하고 위로하였다. 2월, 엽시족(葉市族)의 나매(囉埋) 등이 [이]계천이 위조한 서첩(署牒)을 가지고 1백여 장(帳)을 이끌고 와서 귀순하였다. 나매를 본족(本族)의 지휘사로 삼고 나호(囉胡)를 군사(軍使)240)로 삼았다. 빈녕(邠寧) 부서(部署)에서 우양(牛羊)·소가(蘇家) 등 [부]족이 [이]계천의 족장(族帳)을 죽이는데 공이 있다고 상언하니 황제는 말하기를, "이 [부]족은 [길이] 멀고 험한 것을 믿고 오랫동안 적(賊)들의 후원 노릇을 하였는데 거듭하여 변경의 관리를 보내서 초무하고 달래려 하였다. 요즈음 듣자하니 내부(內附)하고 싶은 뜻이 있어도 오히려 거기에 속임수가 있을까 의심하고 있었다. 과연 전쟁을 하여 큰 공을 세웠도다"라고 하였다. [또한] 수[령] 등에게 차와 비단을 넉넉히 하사하여 그들을 칭찬하고 격려하라고 조서를 내렸다. 경원(涇原)

따라서 樞密使의 관장 범위가 매우 확대되었고, 지위 또한 신속하게 상승되어 '權侔於宰相'이라고 할 정도였다. 그러나 宋代에 이르러 樞密使 제도 또한 변화하여 任職者가 五代 시대의 武將으로부터 점점 文官이 맡는 것으로 바뀌고, 職權의 범위도 점점 축소되었다.

240) 軍使: 송대의 관직명이다. 宋代 地方行政 단위의 하나가 軍으로 그 長官을 知軍이라 하고 혹은 軍使라고도 불렀다. '軍'은 宋代 縣 이상의 행정 구역으로 일반적으로 요충지에 설치하였다. 軍은 州 혹은 府와 동급으로 路에 直轄되어 있었다. 軍의 長官은 일반적으로 중앙에서 파견되었는데 '權知軍州事'로 그 의미는 잠시 동안 地方 軍隊와 民政의 事務를 주로 맡는 것이다. 이를 知軍이라고 약칭하는데 이는 실제로 宋代에 朝臣의 신분으로 知州를 맡는 것이다. 아울러 그 지역의 군대를 관장한다. 이에 대해 龔延明의 『宋代官制辭典』에는 "軍一級長吏稱'軍使'或'知軍事', 如雲安軍使·知光化軍." 아울러 『宋會要輯稿』 「職官」에서는 "軍·監使, 掌同諸州, …… 亦有稱知軍·監事者"라고 되어있다. 宋代 軍使와 知軍은 서로 대치하여 사용될 정도로 비슷하였다. 軍使와 知軍이 混用되게 된 역사적 원인을 보면 軍은 원래 唐代 軍事制度의 단위였다. 唐初에 변방을 지키는 군대 가운데 큰 것은 軍, 작은 것은 守捉, 城, 鎭 등으로 불렀고 그것을 총괄하여 道라고 하였다. 道의 長官은 節度使, 軍의 長官이 軍使였다. 五代 後期 군대의 주둔지에서 軍政 區域이 地方行政 단위로 바뀌었을 때 그 長官을 軍使라는 명칭으로 사용하였다. 송에서도 軍使가 地方行政 단위인 軍 長官의 명칭으로 사용되었다. 그런데 宋初에 中央集權을 강화하면서 地方長官을 임용할 때 差遣制를 사용하면서 京朝官으로써 지방의 사무를 맡을 때 守臣이라고 칭하였다. 따라서 그 지역에 상응하여 '知某府軍府事'·'知某州軍州事'·'知某縣事'라 하였고 '知府'·'知州'·'知縣'이라 약칭하였다. 또한 地方行政 단위가 軍이었을 경우 그 長官은 守臣이 되고 '知某軍事'라 하고 '知軍'이라고 약칭하였던 것이다. 따라서 두 가지 명칭이 생기게 되었다. 즉 軍의 長官을 원래 '軍使'라고 하고 그가 京朝官으로써 出任했을 때는 '知軍'이라 하였다.

부서에서 말하기를 자룡(者龍) 이비릉산(移卑陵山)의 수령 시돈파(廝敦琶)가 사자를 보내 이미 자기 [부]족의 기병을 소집해서 [송]군대를 따라서 적을 토벌하기 원한다고 하였다.

> 三月, 以咩逋族首領泥埋領鄯州防禦使, 充靈州河外五鎭都巡檢使. 時潘羅支已授河西節制, 上以泥埋實與羅支掎角捍賊, 故加恩寵. 是月, 綏州羌部軍使拽白等百九十五口內屬. 原州熟戶裴天下等請率族兵掩擊遷黨移湖等帳, 來求策應, 部署司不報. 上以戎人宣力禦賊, 不應沮之, 卽詔諭諸路以精甲策應. 環州酋長蘇尙娘擊賊有勞, 及屢告賊中機事, 以爲臨州刺史, 賜錦袍銀帶. 環慶部署張凝言: 「內屬戎人與賊界錯居, 屢爲脅誘, 臣領兵離木波鎭直湊八州原下砦, 招降岑移等三十二族, 又至分水嶺降麻謀等二十一族, 柔遠鎭降巢迷等二十族, 遂抵業樂, 降㪍樹羅家等一百族, 合四千八十戶, 第給袍帶物綵, 慰遣還帳.」

[함평 6년(1003)] 3월, 미포족(咩逋族)의 수령 이매(泥埋)를 선주(鄯州)[241] 방어사(防禦使)로 삼고, 영주(靈州) 하외(河外)의 5진(鎭) 도순검사(都巡檢使)로 충임하였다. 이때에 반라지(潘羅支)가 이미 하서의 절제(節制)[242]를 제수 받았는데 황제는 이매가 실제로 [반]라지와 기각(掎角)을 이루어 적을 막아주기를 바라고 은총을 더해준 것이다. 같은 달에 수주(綏州)의 강부(羌部) 군사(軍使) 예구(拽白) 등 195구(口)가 내속(內屬)하였다. 원주(原州)[243] 숙호(熟

---

241) 鄯州: 北魏 孝昌 2년(526)에 鄯善鎭을 바꾸어 설치하였고, 治所는 西都縣(현재 靑海省 樂都縣)에 있었다. 관할 영역은 오늘날 靑海省 西寧市 및 湟中・平安・樂都 등 縣의 지역이었다. 隋 大業 연간 초에 西平郡으로 바꾸고, 縣은 湟水縣으로 바꾸었다가 唐 武德 2년(619)에 다시 鄯州라고 하였다. 天寶 연간 초에 또 西平郡이라 하였다가 乾元 연간 초에 鄯州라고 하였다. 일찍이 隴右道 采訪使 및 隴右節度使가 다스렸다. 上元 2년(761)에 吐蕃의 영역이 되었다.

242) 節制: 원문에서는 節度使를 가리킨다. 唐 元稹 <故中書令贈太尉沂國公墓誌銘>에 "近世動將尤貴富者言李郭, 然而汾陽・西平猶不得父子幷世爲節制."라 하였고, 『舊唐書』「李德裕傳」에도 "<鄴郡道士>謂予曰: '公當爲西南節制, 孟冬望舒前, 符節至矣.'"라 되어있다. 宋 范仲淹도 <依韻答幷州鄭大資政見寄>에서 "節制重幷汾, 淹留又見春."라 한데서 알 수 있다.

243) 原州: 北魏 正光 5년(524)에 설치하였고, 治所는 高平郡(현재 寧夏省 固原縣)이었다. 관할 지역은 현재 寧夏省 固原縣에서 甘肅省 平涼市 일대에 이른다. 隋 大業 3년(607)에는 州를 폐지하여 平涼郡으로 삼았다. 唐초에 다시 厥州로 바꾸었다가 天寶 원년(742)에 平涼郡으로 하였다. 乾元 원년(758)에 다시 原州라고 하였는데 廣德 원년(763)에 吐蕃의 영역으로 들어갔다.

戶)244) 배천하(裴天下) 등이 [부]족의 군사를 이끌고 [이계]천의 무리 이호(移湖) 등의 [장]막(帳幕)을 엄습할 것을 청하고 와서 협동 작전을 구하였으나 부서에서는 답하지 않았다. 황제는 융인(戎人)들이 있는 힘을 다하여 적을 막겠다고 한다면 그들을 막아서는 안 된다고 여겨서 곧 제로(諸路)에서는 정예 군대가 작전에 응해주라고 조서를 내려 고유(告諭)하였다. 환주(環州) 추장 소상랑(蘇尙娘)이 적을 물리치는데 공을 세웠고 여러 차례 적중의 기밀 사항을 알려주어 임주(臨州)245) 자사로 삼고 금포(錦袍)와 은대(銀帶)를 하사하였다. 환경(環慶) 부서 장응(張凝)이 말하기를 "내속(內屬)한 융인(戎人)이 적들과 잡거하면서 여러 차례 위협과 회유를 받았습니다. 신은 군대를 이끌고 목파진(木波鎭)246)을 떠나서 바로 팔주원(八州原)의 아래에 있는 채(砦)에 가서 잠이(岑移) 등 32족(族)을 불러서 항복시키고, 다시 분수령(分水嶺)으로 가서 마모(麻謀) 등 21족을 항복시켰으며, 유원진(柔遠鎭)247)에서는 소미(巢迷) 등

---

244) 熟戶: 党項族이 지금의 寧夏와 陝西 북부에서 세력을 넓혀가면서 涇水와 渭水 유역에 들어와서 중국과 서역이 왕래하는 길을 방해하였다. 북송 왕조는 서하와 그 지역의 기반을 쟁탈하면서 涇, 渭水 상류의 토번과 당항인들을 生戶와 熟戶로 구분하였다. 대체로 漢界에 접하여 살거나 州나 城에 들어와 사는 자들을 熟戶라고 하고, 深山이나 멀리 떨어져 살면서 때때로 침략하는 자들을 生戶라 하였다. 또 生戶는 "비록 말과 무기가 있어도 통솔하는 魁首가 없고 대개 山川에 흩어져 사니 항상 걱정거리가 되지는 않는다"고 하였다(『長編』 卷35 <淳化 5년 춘정월 甲寅>조). 송조는 그 지역에 통치기구를 두고 屯田制度를 실시하였다. 州와 城 부근의 평지에서 거주하는 熟戶에 대해서는 토지를 나누어 주고 면세의 혜택을 주어 그들이 경작하게 해주었다. 또한 봄, 가을에는 군대를 보내어 그들의 경작과 수확을 도와주었다. 또한 熟戶에게 분급해준 田地는 漢民이 구입하지 못하도록 엄금하였다. 동시에 吐蕃의 熟戶와 生戶 가운데서 弓箭手를 모집하기도 하고, 壕를 파거나 砦・堡를 건설하는데 징발하기도 하였다. 그리하여 토번 주민을 방위하고 서하군대의 침략을 막도록 하였다. 송조는 토번민간의 분규에 대해서는 일률적으로 토번의 관습법에 의해 처리했고 漢族의 邊民에 대해서는 송조의 법률에 의거하였다(陳佳華 등, 2007: 302~303). 宋琪는 송초에 邊事를 논하면서 말하기를 "党項과 土蕃은 풍속이 서로 비슷하며 그 안에 生戶와 熟戶가 있는데 漢界와 접하여 柵城에 들어온 자를 숙호라 하고 深山에 멀리 피하여 살면서 함부로 약탈하는 자를 生戶라고 한다. 오랫동안 원수가 되어 서로 왕래하지 않다가도 전투를 하게 되면 서로 도우며 …… 비록 각각 鞍甲이 있으나 통섭하는 魁首는 없다 모두 山川에 흩어져 있으니 항상 걱정거리가 되지는 않는다"라고 하였다(『宋史』 卷264 「宋琪傳」).

245) 臨州: 唐 乾元 원년(758) 狄道郡을 바꾸어 두었고, 治所는 狄道縣(현재 甘肅省 臨洮縣)이었다. 관할 영역은 甘肅省 臨洮・康樂 등 縣 지역이었다. 寶應 연간 初에 폐지하였다.

246) 木波鎭: 五代 때에 木波堡를 승격시켜 설치하여 寧州에 속하게 하였다. 『資治通鑑』에는 "唐貞元九年(793), 朔方都虞侯楊朝晟戍木波堡."라는 기사가 보인다. 오늘날 甘肅省 環縣의 동남쪽 45리 木鉢鄕에 있다. 宋에서는 環州 通遠縣에 속하였는데. 元代에 폐지하였다.

247) 柔遠砦: 北宋에서 설치하였고 安化縣에 속했다. 현재 甘肅省 華池縣에 해당하며 元代에 폐지하였다.

20족을 항복시키고 끝으로 업락(業樂)248)에 가서 자수라가(葤樹羅家) 등 1백 족을 항복시켜 합계 4천8십 호에게 순서대로 포대(袍帶)249)와 물채(物綵)를 지급하고 위로한 다음 장막으로 되돌아가도록 하였습니다"라고 하였다.

> 四月, 繼遷寇洪德砦, 酋長慶香與乩夠慶族合勢擊之, 以砦兵策援, 大敗繼遷, 擒四十九人, 墜崖死者甚衆, 獲馬七十餘匹, 旗鼓鎧甲數百計. 上考陣圖以問入奏使, 使者言砦兵拒賊千餘步, 慶香等親率部族與賊接戰, 上曰:「慶香等假王師爲援, 而交鋒俘獲, 乃其功也.」 悉與所獲物, 加賜銀綵, 以慶香領順州刺史, 乩夠慶領羅州刺史. 河西內屬折勒厥麻等三族請以精兵千人·馬三百備征討, 詔嵐州撫諭. 環州白馬族與繼遷戰鬥, 屢徒帳乏食, 賜廩粟. 又詔洪德砦歸附戎人, 給內地土田, 資以口粮.

[함평 6년(1003)] 4월, [이]계천이 홍덕채(洪德砦)250)에 침입하자 추장 경향(慶香)과 가자경족(乩夠慶族)이 힘을 합해 싸우고 채(砦)의 군대가 응원하여 [이]계천을 대패시켰다. 49명을 사로잡고 벼랑에 떨어져서 죽은 자들도 매우 많았으며 말 7십여 필을 얻었고, [노획한] 기고(旗鼓)251)와 갑옷[鎧甲]도 수백을 헤아렸다. 황제는 작전도[陣圖]를 살펴보고 입주사(入奏使)에게 물으니 사자(使者)는 채병(砦兵)이 적들을 천여 보(步) 막았고 경향(慶香) 등이 친히 부족을 이끌고 적과 접전했다고 상언하였다. 황제가 말하기를 "경향 등은 짐짓 왕사(王師)라 하고 후원 역할을 하며 교전[交鋒]252)하여 [적군을] 사로잡았으니 이 또한 그들의 공로

---

248) 業樂鎭: 北宋 范仲淹이 築城하였고, 安化縣에 속했다. 현재 甘肅省 華池縣 서남쪽에 있는 悅樂鎭이다.
249) 袍帶: 錦袍와 腰帶로, 古代 君王과 貴官의 常服를 뜻한다. 『新唐書』「西域傳」上 <天竺>에는 "(南天竺)使者曰 '蕃夷惟以袍帶爲寵.' 帝以錦袍·金革帶·魚袋幷七事賜之."라 하였고, 宋 王闢之의 『澠水燕談錄』卷1에는 "眞宗一日晩坐承明殿, 召學士對, 旣退, 中人就院宣諭曰 '朕適忘禦袍帶, 卿無訝焉.'"라 되어 있다. 또한 『宋史』「李繼周傳」에도 "至道二年, 授西京作坊副使, 賜袍帶·銀綵·雕戈以寵之."라 하였다.
250) 洪德砦: 北宋에서 설치하였고 通遠縣에 속했다. 오늘날 甘肅省 環縣 북쪽 60리에 있는 洪德鄕이다. 『宋史』「眞宗紀」에 "咸平五年(1002) 七月, 戎人寇洪德砦, 守將擊走之. …… 六年(1003) 四月, 李繼遷寇洪德砦, 蕃官慶香·乩卷慶等擊走之."라는 기사가 나와 있다.
251) 旗鼓: 깃발과 북으로 고대에 軍中에서 전투를 지휘하던 용구이다. 『左傳』<成公二年>조에는 "師之耳目, 在吾旗鼓, 進退從之."라 하였는데 楊伯峻의 注에 『孫子』「軍爭篇」을 인용하여 "軍政曰 言不相聞, 故爲之金鼓; 視不相見, 故爲之旌旗. 夫金鼓·旌旗者, 所以一人之耳目也."이라 해석하고 있다.

이다"라고 하였다. 노획한 물품을 모두 [그들에게] 돌려주고 더하여 은채(銀綵)를 하사하였다. [또한] 경향(慶香)을 순주(順州) 자사, 가자경(乱移慶)을 나주(羅州) 자사로 명하였다. 하서(河西)에 내속(內屬)한 절륵궐마(折勒厥麻)253) 등 3족이 정예 병사 천 명과 말 3백 필로 [이계천을] 토벌하는 용도로 써 달라고 요청하여, 남주(嵐州)254)에게 안무하고 고유하라는 조서를 내렸다. 환주(環州) 백마족(白馬族)이 [이]계천과 전투하다가 여러 차례 족막을 옮기고 식량이 없어서 창고의 곡식[廩粟]을 하사해 주었다. 또한 홍덕채(洪德砦)에서 귀부(歸附)한 융인(戎人)들에게 내지(內地)의 전토를 지급해서 식량을 마련하는데 도움을 주라고 조서를 내렸다.

> 五月, 唐龍鎭上言: 鎭有貿易于府州者, 爲州人邀殺, 盡奪資畜. 乃詔府州自今許令互市, 切加存撫. 六月, 瓦窨·沒剤·如羅·眛克等族濟河擊敗繼遷黨, 優詔撫問. 七月, 補野狸族首領子阿宜爲懷安將軍. 八月, 原·渭等州言本界戎人來附者八部二十五族, 今詣吏納質. 以環州蘇尙娘子孼娘爲臨州刺史. 府州八族都校明義等言, 屢于麟州屈野川擊繼遷, 及緣邊六七柵防遏, 皆有克獲. 詔獎賚之, 仍令府州常以勁兵援助, 勿失機便.

[함평 6년(1003)] 5월, 당룡진(唐龍鎭)255)에서 상언하기를, [당룡]진에 부주(府州)에 가서 무역하는 사람이 있었는데 [부]주 사람에게 살해당하고 물자와 가축을 전부 빼앗겼으니 부주에 지금부터 호시(互市)를 허락한다는 명령을 내려서 절실히 보존하고 위무해 주라는 조서를

---

252) 交鋒: 鋒刃이 서로 接하는 것으로 雙方이 交戰하는 것을 뜻한다.『東觀漢記』「光武帝紀」에는 "交鋒之日, 神星晝見, 太白淸明."이라 하였고,『宋書』「殷孝祖傳」에 "今與賊交鋒, 而以羽儀自標顯, 若善射者十手相攢射, 欲不斃, 得乎?"라는 용례가 있다.
253) 折勒厥麻:『宋史』「校勘記」에 의하면 위의 원문에서 두 번 모두 '勒厥麻'라고 되어있어 '折'字가 없다.『長編』卷54에는 '拉爾結馬'로 표기되어 있다.
254) 嵐州: 唐 武德 6년(623)에 東會州를 바꾸어 설치하였는데 治所는 宜芳縣(현재 山西省 嵐縣 北쪽 25리 嵐城鎭)이었다.『元和志』卷14 <嵐州>조에는 "因州西岢嵐山爲名."이라 하였다. 관할 영역은 오늘날 山西省 岢嵐·興縣·嵐縣·靜樂 등 縣의 지역이다. 天寶 원년(742)에 樓煩郡으로 바꾸었다가 乾元 원년(758)에는 嵐州라고 하였다. 蒙古 至元 2년(1265)에 폐지하였다가 지원 5년(1268)에 다시 설치하여 冀寧路에 속하도록 하였다. 明 洪武 연간 초에 嵐縣으로 강등시켰다.
255) 唐龍鎭: 唐隆鎭이라고도 불렀으며 오늘날 內蒙古 准格爾旗 동남쪽, 黃河의 서쪽 20리에 위치한다. 遼는 여기에 寧邊州의 治所를 두었다.

내렸다. 6월, 와요(瓦窰)·몰제(沒劑)·여라(如羅)·매극(昧克) 등 [부]족들이 [황]하를 건너서 [이]계천의 무리들을 격퇴하여 우조(優詔)[256]를 내려 위문하였다. [함평 6년] 7월, 야리족(野狸族)[257] 수령의 아들 아의(阿宜)를 회안장군(懷安將軍)으로 보임(補任)하였다. 8월, 원(原)·위(渭) 등 주(州)에서 말하기를 본계(本界)의 융인(戎人)들 [가운데] 와서 귀부한 8부(部) 25족(族)이 현재 관부에 도착하여 인질을 보냈다고 하였다. 환주(環州) 소상랑(蘇尙娘)의 아들 얼랑(孼娘)을 임주(臨州) 자사로 삼았다. 부주(府州) 8족 도교(都校) 명의(明義) 등이 말하기를 여러 차례 인주(麟州) 굴야천(屈野川)[258]에서 [이]계천을 공격하였는데 연변의 6~7책(柵)이 방위하여 모두 이기고 포로를 사로잡았다고 하였다. [이에] 그들에게는 장려하고 하사품을 내리며, 또한 부주(府州)는 항상 정예부대로서 원조하고 좋은 기회를 놓치지 말라는 조서를 내렸다.

景德元年正月, 麟府路言:「附契丹戎人言泥族拔黃太尉率三百餘帳內屬. 拔黃本大族, 居黃河北古豐州, 前數犯邊, 阻市馬之路. 其首領容貌甚偉, 有智勇, 桀黠難制, 契丹結之, 署爲太尉, 今悉衆款塞.」詔府州厚賜茶綵, 給公田, 依險居之, 計口賦粟, 且戒唐龍鎭無得侵擾. 三月, 宋師恭破羌賊於柳谷川, 驅其帳族千餘人以還. 六月, 洪德砦言羌部羅泥天王等首領率屬來附. 八月, 野雞族侵掠環慶界, 詔邊臣和斷, 如其不從, 則脅以兵威. 九月, 鎭戎軍言, 先叛去熟魏族酋長茄羅·兀臧·成王等三族應詔撫諭, 各率屬來歸.

경덕(景德) 원년(1004) 정월, 인부로(麟府路)가 말하기를 "거란에 귀부하였던 융인(戎人)

---

256) 優詔: 아름답고 훌륭한 것을 칭찬하는 詔書이다. 『後漢書』「東平憲王蒼傳」에 "蒼聲望日重, 意不自安, 上疏歸職 …… 帝優詔不聽."라고 하였고, 『南齊書』「張欣泰傳」에도 "上書陳便宜二十條, 其一條言宜毀廢塔寺. 帝竝優詔報答."이라 하였다. 唐 白居易 <唐贈尙書工部侍郞張公神道碑銘>에는 "優詔褒美, 特授密縣主簿."라는 구절이 있다.
257) 野狸族: 『宋史』 「校勘記」에 의하면 원래 '野狸' 두 字가 바뀌어 있었는데 아래의 원문과 『長編』 卷55에 의거하여 바로잡은 것이다.
258) 屈野川: 오늘날 內蒙古 伊金霍洛旗의 동남쪽과 陝西 神木縣 서북쪽의 木倫河·窟野河로써 黃河의 支流이다.

언니족(言泥族) 발황태위(拔黃太尉)가 3백여 장(帳)을 이끌고 내속(內屬)했습니다. 발황(拔黃)은 본래 대족(大族)인데 황하의 북쪽 옛 풍주(豐州)에 살면서 전에 수차례 변경을 침범하여 말을 거래하는 길을 막았습니다. 그 수령의 용모가 매우 훌륭하고 지략과 용기가 있으며 출중하지만 간교[桀黠]하니 제압하기 어려워서 거란이 그를 묶어두려고 태위(太尉) 벼슬을 내린 것인데 오늘날 모든 무리를 이끌고 성채에 귀순(款塞)한 것입니다."라고 하였다. 부주(府州)에게 조서를 내리기를 차와 비단[綵]을 넉넉히 하사하고, 공전(公田)을 지급하며 험준한 곳을 기대어 거주시키고 사람 수를 계산하여 속을 부과[賦粟]하며, 또한 당룡진(唐龍鎭)을 침범하여 소란스럽게 하지 말라고 타이르도록 하였다. 3월, 송사공(宋師恭)이 강적(羌賊)을 유곡천(柳谷川)259)에서 물리치고 그 장족(帳族) 천여 명을 쫓아버린 후 돌아왔다. 6월, 홍덕채(洪德砦)에서 말하기를 강부(羌部) 나니천왕(羅泥天王) 등 수령이 [부족의] 무리를 이끌고 와서 귀부하였다고 하였다.260) 8월, 야계족(野雞族)이 환경(環慶)지역을 침략하여 조서를 내리기를 변신들은 화단(和斷)261)할 것이며 만약 따르지 않으면 무력으로 위엄을 보여서 위협하라고 하였다. 9월, 진융군(鎭戎軍)에서 말하기를 이전에 배반하고 떠났던 숙위족(熟魏族) 추장 가라(茄羅)·올장(兀臧)·성왕(成王) 등 3족이 안무하고 깨우치는 조서에 응하여 각기 부족들을 이끌고 와서 귀순하였다고 하였다.

二年, 熟戶旺家族擊夏兵, 擒軍主一人以獻. 環州言:「戎人入寇, 擊走之, 擒酋將慶蓼送闕下, 請斬于藁街.」上特貰死, 配淮南. 原州野狸族首領廝多逋丹卒, 其子阿酌代爲首領, 且乞奉料. 詔諭以立功則賜之.

[경덕] 2년(1005), 숙호(熟戶)인 왕가족(旺家族)이 [서]하 군대를 공격하여 군주(軍主) 한

---

259) 柳穀川: 오늘날 新疆省 哈密市 東南쪽에 있다. 『元和志』卷40 <柔遠縣>조에는 "柳穀水有東西二源, 出縣東北天山, 南流十五里合."이라 하였고 『寰宇記』卷153 <柔遠縣>조에는 "柳穀水南流入冀賀延磧."이라 되어있다.

260) 『宋史』「校勘記」에 의하면 원문의 "羌部羅泥天王等首領率屬來附"의 '部'는 원래 '俗'으로 되어 있었으나, 『宋史』卷7 「眞宗紀」와 『長編』卷56에 모두 "蕃部羅泥天王"이라 하여 고친 것이다.

261) 和斷: 公斷 혹은 裁決로, 재량하여 결단하거나 裁斷하는 것을 의미한다. 『宋史』「范仲淹傳」에는 "若讎已和斷, 輒私報之及傷人者, 罰羊百, 馬二, 已殺者斬."이라 하였고, 『遼史』「西夏外記」에 "(其俗)喜報仇 …… 訴於官, 官擇舌辯氣直之人爲和斷官, 聽其屈直."이라 되어있다.

명을 사로잡아 바쳤다. 환주(環州)에서 말하기를 "융인들이 침입하여 그들을 격퇴시키고 추장(酋將) 경자(慶孳)를 사로잡아 조정[闕下]으로 보냈으니 고가(藁街)262)에서 참수해 주기를 요청합니다"라고 하였다. 황제는 특별히 죽을 죄를 용서하여 회남(淮南)263)에 유배 보냈다. 원주(原州) 야리족(野狸族) 수령 시다포단(厮多逋丹)이 죽자 그 아들 아작(阿酌)이 대신하여 수령이 되었고 또한 봉료(奉料)를 달라고 청하였다. 그가 공을 세우면 주겠다는 조서를 내려 고유(告諭)하였다.

> 三年, 府州折惟昌言兀泥族大首領名崖從父盛佶, 爲趙德明白池軍主, 密遣使諭名崖云, 德明雖外託修貢之名, 而點閱兵馬尤急, 必恐劫掠山界, 名崖以告. 上嘉之, 降詔撫諭, 就賜錦袍銀帶. 九月, 秦州言野兒和尙族部落尤大, 能稟朝命, 凡諸族爲寇盜者輒遏絶之, 請加旌別. 詔補三岩都首領. 十一月, 鎭戎軍曹瑋言叛去酋長蘇尙娘復求歸附. 詔報瑋曰: 「尙娘反覆無信, 特恐狙詐, 以誤邊吏, 又使德明緣此爲詞, 不可納也.」

[경덕] 3년(1006), 부주(府州)의 절유창(折惟昌)이 말하기를, 올니족(兀泥族) 대수령 명애(名崖)가 아버지 성길(盛佶)을 따라서 조덕명(趙德明)264)의 백지(白池)265) 군주(軍主)가 되

---

262) 藁街: 槀街라고도 한다. 漢代의 거리 이름으로 長安城의 南門 안에 위치했는데 屬國 使節들의 館舍가 있던 곳이다. 晉 陸機의 <飲馬長城窟行>에는 "振旅勞歸土, 受爵槀街傳."이라는 구절이 있고 唐 元稹의 <授牛元翼深冀州節度使制>에는 "苟獲戎首, 置之藁街."라 하였고, 淸 錢謙益의 <李將軍國樑挽詞>에는 "誰懸槀街首, 酹酒向銅駝."라 하였다.

263) 淮南: 唐의 方鎭으로 至德 원년(756)에 淮南節度使를 두었고, 治所는 揚州(현재 江蘇省 揚州市)에 있었다. 관할 영역은 여러 차례 변동이 있었지만, 장기적으로 揚·楚·滁·和·壽·廬·舒 등 州와 일시적으로는 泗·濠·宿 등 州가 들어가 있었다. 즉 현재 江蘇·安徽 두 省과 江北·淮南 지역의 대부분이다. 唐 景福 원년(892)에 楊行密을 節度使로 삼았다가 天復 2년(902)에 吳王으로 봉하였는데 결국 五代 시대에 吳國을 건립하였다.

264) 趙德明(980~1031): 唐이 내린 賜姓에 따라 李德明으로 부르기도 하는데 원문에서는 조덕명으로 표기하였다. 西夏 王國의 기틀을 만든 인물로 李繼遷의 아들이다. 小字는 阿移이며 송 眞宗 景德 원년(1004) 李繼遷이 죽은 후 왕위를 이어받았을 당시 24세였다. 대내적으로 西夏 太宗 趙德明은 영토를 보전하고 백성들을 쉬도록 하여 생산을 회복하는데 주력하였고, 대외적으로는 遼와 宋과는 가까이하고 서쪽으로 발전시키는데 힘을 쏟았다고 평가되고 있다. 경덕 2년(1005), 遼는 그를 西平王으로 册封하였다. 이듬

었는데 은밀히 사자를 보내 명애가 말하기를 [조]덕명은 비록 표면상으로는 수공(修貢)한다는 이름을 걸고 있지만 특히 급히 병마(兵馬)를 점검[點閱]하는 것이 반드시 산계(山界)를 침략하려는 것일까 두려워 명애가 고한다고 하였다. 황제는 그를 가상하게 여겨서 안무하고 고유하는 조서를 내리고 금포(錦袍)와 은대(銀帶)를 하사하였다. [경덕 3년] 9월, 진주(秦州)266)에서 말하기를 야아화상족(野兒和尙族)의 부락이 특히 강대한데 조정의 명령을 받을 수 있으므로 모든 각 부족들 중에서 약탈하는 도적의 무리가 된다면 바로 저지하고 소탕할 것이니 정별(旌別)267)을 더해주시기를 요청한다고 하였다. 삼채(三砦)의 도수령(都首領)에 보임한다는 조서를 내렸다. 11월, 진융군(鎭戎軍)의 조위(曹瑋)268)가 말하기를 배반하고 떠났

해에 宋은 그에게 定難軍 節度使를 부여하고 西平王에 봉했으며, 銀 1만 兩·絹 1만 匹·錢 2만 貫·茶 2만 斤을 내려주었다. 아울러 保安軍에 榷場을 設立하도록 허락하였다. 趙德明의 統治 後期는 西夏의 農業經濟가 확실하게 발전한 모습을 보여준다. 서쪽으로 進兵해서는 吐蕃의 大首領 潘羅支를 죽이고 西涼府(현재 甘肅省 武威)를 奪取하였다. 또한 甘州(현재 甘肅省 張掖 북쪽) 回鶻을 공격하여 初戰에서는 승리하지 못했으나 그들이 宋朝와 通貢하는 道路를 막았다. 天聖 6년(1028), 아들 李元昊를 보내어 드디어 甘州 回鶻을 멸망시키고, 2년 후에는 瓜州(현재 甘肅省 安西 동쪽)과 沙州(현재 甘肅省 敦煌 동쪽)를 略取하였다. 이에 따라 서하의 세력은 직접 玉門關에까지 이르고 河西走廊을 검거하게 되었다. 그는 宮室을 짓고, 館驛과 橋道를 만들었으며, 禮儀制度를 정했다. 李繼遷을 皇帝로 追尊하고 李元昊를 후계자로 삼았다. 그의 사후 景宗 李元昊 때에 光聖皇帝로 追諡하였고, 廟號는 太宗, 陵號는 嘉陵이다.

265) 白池: 白鹽池라고도 부른다. 오늘날 內蒙古自治區 鄂托克前旗의 南北에 있는 호수이다.『新唐書』「地理志」에 "鹽州五原縣有白(鹽)池"라 하였고,『元和志』卷4 <白池縣>조에는 "以地近白池, 因以爲名."이라 하였으니 원문에서는 白池縣을 가리킨다. 白池縣은 唐 景龍 3년(709)에 興寧縣을 바꾸어 설치하였는데 鹽州에 속하게 하였다. 治所는 오늘날 內蒙古 鄂托克前旗 남쪽에 있는 白池村의 古城 북쪽 호수의 부근에 위치하였다. 天寶 원년(742)에는 五原郡에 속하도록 했다가 乾元 원년(758)에 鹽州에 속하게 했는데 西夏에서 폐지하였다.

266) 秦州: 삼국 시대에 魏나라가 隴右를 분할하여 처음으로 秦州를 설치하는데, 치소는 현재 甘肅省 甘谷縣에 해당된다. 후에 점차 관할 범위가 축소되었고, 隋 大業 연간에 天水郡으로 개명했다가 唐 武德 초에 다시 秦州로 복원되었다. 開元 22년(734)에는 치소를 현재 감숙성 秦安縣에 위치했던 成紀縣으로 옮겼다. 天宝 원년(742)에 天水郡으로 고쳤다가 乾元 원년(758)에 다시 秦州로 회복되었다. 寶應 연간(762)에 吐蕃에게 함락되었고, 大中 3년(849)에 수복하여 치소를 成紀縣으로 옮겼다. 北宋代에는 秦州와 州治인 成紀縣이 현재 감숙성 天水市 쪽으로 이동시켰다.

267) 旌別: 識別 혹은 區別을 뜻한다.『書經』「畢命」에는 "旌別淑慝, 表厥宅里."라 하였는데 孔傳에는 "言當識別頑民之善惡"이라고 되어 있다. 唐 白居易는 <論孟元陽狀>에서 "況元陽功効忠勤, 天下有數, 今以無能者一例除改, 無所旌別, 臣恐今日已後, 無以勸人."이라 하고 있다.

268) 曹瑋: 그가 知秦州 겸 涇·原·儀·渭·鎭戎 연변의 按撫使로 있을 때 서하를 막기 위해 당항인을 포함하는 邊民과 熟戶의 단결을 매우 중시하였다. 그는 변민들이 숙호의 전토를 사는 것을 금지하고

던 추장 소상랑(蘇尙娘)이 다시 귀부하겠다고 요구한다고 하였다. [조]위에게 답하는 조서를 내리기를 "[소]상낭은 반복(反覆)하여 믿을 수 없으니 특히 교활하고 거짓말[狙詐]을 잘해서 변리(邊吏)들을 현혹시키려고 하지 않을까 두렵다. 또한 [조]덕명이 이것으로써 이유를 삼을 테니 받아들일 수 없다"라고 하였다.

> 四年, 唐龍鎭羌族來美與其叔璘不叶, 召契丹破之, 來依府州. 璘·美非大族, 嘗持兩端, 頃亦寇鈔近界, 發兵趣之, 則走河之東曰東壖, 契丹加兵, 則入河之西曰西壖, 地極險阻, 介卒騎兵所不能及. 至是, 上亦憫其窮而款塞, 特優容之. 會契丹使至, 卽令諭其事, 仍還所掠璘·美人畜. 其族人懷正又與璘互相讎劫, 側近帳族不寧, 詔遣使召而盟之, 依本俗法和斷.

[경덕] 4년(1007), 당용진(唐龍鎭) 강족(羌族) 내미(來美)와 그 숙[부] [내]인(來璘)이 불화하여 거란을 불러서 그들을 패배시키고 와서 부주(府州)에 의탁하였다. [내]인·[내]미는 대족(大族)이 아닌데 일찍이 [태도가] 이쪽과 저쪽을 옮겨 다녔고[兩端] 요즈음에는 역시 근계(近界)를 침입하여 병사를 일으켜 쫓아갔다. [그들이] [황]하의 동쪽 즉 동전(東壖)이라 불리는 곳으로 달아나니 거란이 병사를 증원하여 공격해 왔고, [또한] [황]하의 서쪽 즉 서전(西壖)이라 불리는 곳으로 달아나니 지세가 극히 험준하여 갑옷 입은 사졸[介卒]과 기병조차 나아갈 수 없었다. 이때에 황제는 또한 그들이 곤궁에 처하여 귀순[款塞]해 온 것을 불쌍하게 생각하여 특별히 관용을 베풀었다. 바로 거란의 사자가 도착하자 그 일에 대해 알려주라고 명하였고 이어서 [내]인·[내]미가 약탈해간 사람과 가축을 돌려주도록 하였다. 그 족인(族人) 회정(懷正)이 또한 [내]인과 원수를 지고 서로 약탈하여 부근의 부족들이 안정되지 않으므로 사신을 보내어 [그들을] 소집하여 맹세시키고 본지의 습속과 법령에 의거하여 화단(和斷)하라는 조서를 내렸다.

이미 전토를 매입한 경우에는 전부 물려주도록 하여 숙호들이 편안하게 살 수 있도록 해주었다. 또한 반항하고 도망간 숙호에 대한 살육을 금지하여 "令入馬贖罪"의 형식으로 招安하여 많은 '叛羌'들이 집으로 돌아오도록 하였다. 조위의 은혜를 베푸는 위무정책은 매우 큰 효과를 가져왔다. 즉 숙호의 번민들은 그에 대해 아주 감사하며 "每言及瑋, 則加手于頂, 呼之爲父"라고 하였다고 한다(朱熹, 『五朝名臣言行錄』 卷3 참조).

大中祥符元年, 鄜延鈐轄言, 小胡臥浪族軍主最處近塞, 往時出師皆命爲前鋒, 甚著誠節. 詔補侍禁. 二年六月, 麟府鈐轄言杜慶族依援唐龍鎭, 數侵別帳, 請發熟戶兵擊之. 上曰:「戎落皆吾民也, 宜以道撫之.」不許. 其年, 兀泥族大首領名崖同府州折惟昌入貢, 上親加撫問, 特詔副都知張繼能賜射於瓊林苑. 四年, 藏才西族·中族首領奴移·橫全等並遣子來朝. 五年, 環慶熟戶有酗酒劫奪使臣馬纓者, 上怒, 令部署司重罰之.

대중상부(大中祥符) 원년(1008), 부연(鄜延) 검할(鈐轄)[269]이 말하기를 소호와랑속(小胡臥浪族) 군주(軍主)가 변방에서 가장 가까운 곳에 거주하였다. 이전에 출병하면 언제나 선봉에 서라는 명령을 받았는데 충성스러운 절개가 매우 뛰어났다. 시금(侍禁)에 보임한다는 조서를 내렸다. [대중상부] 2년(1009) 6월, 인부(麟府) 검할이 말하기를 두경족(杜慶族)이 당용진(唐龍鎭)에 의지하며 여러 차례 다른 부족[別帳]을 침략하니 숙호병을 징발하여 그들을 격퇴시킬 것을 요청한다고 하였다. 황제는 "융인 부락도 모두 나의 백성이니 마땅히 [좋은] 방법으로 그들을 위무해야 한다."고 말하고 허락하지 않았다. 그해에 올니족(兀泥族) 대수령 명애(名崖)가 부주(府州) 절유창(折惟昌)과 함께 입조하여 진공하였다. 황제는 친히 안무하고 위문하였으며 특별히 부도지(副都知) 장계능(張繼能)[270]에게 조(詔)를 내려 경림원(瓊林苑)[271]에

---

269) 鈐轄: 官名으로 兵馬鈐轄이라고도 한다. 朝官으로부터 諸司使 이상으로 充任하였다. 北宋 전기에는 원래 임시로 위임하여 파견한 統兵官이었다가 후에 고정적인 差遣이 되었다. 路分鈐轄, 州鈐轄을 두었는데 그 관할 구역은 一州, 一路, 兩路, 三路 등으로 달랐다. 軍旅의 屯戌을 맡거나 守禦 등을 운영하였다. 관위가 높고 자질이 훌륭하면 都鈐轄, 都鈐轄와 副都鈐轄이라 하였고, 관위가 낮고 자질이 모자라면 鈐轄과 副鈐轄이라 칭하였다. 知州兼安撫使, 經略安撫使兼路分鈐轄 등이 있었고, 知州兼州鈐轄도 있었다. 王安石 變法 후에 將兵法이 실행되면서 鈐轄의 지위는 점점 낮아져 南宋代에는 虛銜 내지는 閑職이 되었다.
270) 張繼能(957~1021): 父親 張贇은 後晉 末에 宦官이 되었고, 宋이 건국한 후에 張繼能 역시 15세 무렵에 入宮하여 太監이 되었다. 근면하고 학문을 좋아했던 그는 총명하고 능력을 인정받았고 점점 황제의 눈에 들어 宋 太宗 太平興國 初에 內班에 들어갔다. 張繼能은 太祖·太宗과 眞宗 三代에 걸쳐서 契丹의 침입을 막아내고, 党項 李繼遷의 反宋 軍事活動을 토벌하는데 있어 軍隊를 監督하고, 城池를 修築하거나 전투에 참여하였다. 內侍省副都知, 鄜延(今陝西延安)都鈐轄, 西京左藏庫使, 邠寧(今陝西彬縣)鈐轄 등을 지냈고 死後 조정에서는 汀州團練使를 내렸다.
271) 瓊林苑: 현재 하남성 開封市의 西郊에 있었다. 北宋 皇家의 園林으로 乾德 2년(964)에 조성되었다.

서 [연]사(宴射)를 베풀어 주도록 하였다. [대중상부] 4년(1011)에 장재(藏才) 서족(西族)·중족(中族)의 수령 노이(奴移)·횡전(橫全) 등이 함께 아들을 보내어 내조(來朝)하였다. [대중상부] 5년(1012)에는 환경(環慶) 숙호(熟戶) 중 어떤 사람이 술에 취해 사신의 마영(馬纓)272)을 겁탈(劫奪)하였는데 황제는 노하여 부서사(部署司)에서 그에게 중벌을 주라고 명령하였다.

六年, 北界尪山軍主率衆過大里河侵熟戶, 爲羅勒族都囉擊走之, 詔以都囉爲本族指揮使, 且諭邊臣約飭族帳, 謹守疆界, 勿出境追襲. 九月, 夏州略去熟戶旺家族首領都子等來歸, 隨而至者又三族. 遣使存勞之.

[대중상부] 6년(1013) 북계(北界) 극산(尪山)의 군주(軍主)가 무리를 이끌고 대리하(大里河)273)를 건너서 숙호를 침범하였으나 나륵족(羅勒族) 도라(都囉)에게 격퇴 당하였다. 도라를 본족(本族)의 지휘사(指揮使)로 삼는다는 조서를 내리고, 또한 변신(邊臣)들이 부족[族帳]들을 약속대로 정돈하도록 설득하고, 강계(疆界)를 엄하게 지켜서 국경을 넘어서 쫓아가 습격하지 말라고 고유(告諭)하였다. 9월, 하주(夏州)에서 약탈하고 떠났던 숙호 왕가족(旺家族) 수령 도자(都子) 등이 와서 귀순하였다. 이어서 또 3[부]족이 이르자 사신을 보내어 그들을 위로하였다.

七年, 涇原鈐轄曹瑋請署熟戶百帳以上大首領爲本族軍主, 次指揮使, 又次副指揮使, 百帳而下爲本族指揮使, 從之. 五月, 瑋言葉市族大首領艷奴歸順. 七月, 瑋又言北

南宋 孟元老의 『東京夢華錄』 卷7에 瓊林苑은 "在順天門大街, 西北與金明池相對."라 하였는데 北宋末 兵亂으로 파괴되었다.

272) 馬纓: 말의 가슴에 걸어 안장을 매는 가죽 끈.
273) 大理水: 大力川 혹은 平水라고도 부른다. 오늘날 陝西省의 北部에 있는 無定河의 支流이다. 원래 靖邊縣의 동남쪽에서 발원하여 동쪽으로 子洲縣의 남쪽을 거쳐서 綏德縣에 이르러 無定河로 들어간다.『寰宇記』 卷38 <綏洲廢龍泉縣>조에는 "長城, 一在州西一十五里大力川."이라 하였고,『宋史』「夏國傳」上에는 "大中祥符三年(1010), 德明出大里河築柵蒼耳平."라는 기사가 있는데 大力河 혹은 大里河는 곧 오늘날의 大理河이다.『淸一統志』, <綏德州>에 "大理蓋即大力之訛."라고 되어있다.

界萬子族謀鈔略, 發兵逆之, 大敗于天麻川, 又爲魏埋等族掩擊, 殺其酋帥, 斬首千餘級. 八年, 北界酋長·指揮使浪梅娘等來投, 諭邊臣令追取熟戶亡入北界者, 即遣還梅娘.

[대중상부] 7년(1014), 경원(涇原) 검할(鈐轄) 조위(曹瑋)가 숙호 백 장(帳) 이상의 대수령을 본족(本族)의 군주(軍主)로 삼고,274) 다음을 지휘사(指揮使)로 그 다음을 부지휘사(副指揮使)로 삼고, 백 장 이하는 본족의 지휘사로 삼자고 요청하여 이에 따랐다.275) 5월, [조]위가 엽시족(葉市族)의 대수령 염노(艶奴)가 귀순하였다고 말하였다. 7월, [조]위가 또 말하기를 북계(北界) 만자족(萬子族)이 노략질[鈔略]을 도모하여, 출병해서 그들을 막아 천마천(天麻川)에서 크게 패배시켰으며, 또한 위매(魏埋) 등 [부]족이 엄습하여 그 추장[酋帥]을 살해하고, 천여 급을 참수하였다고 하였다. [대중상부] 8년(1015), 북계의 추장·지휘사 낭매랑(浪梅娘) 등이 와서 투항하여, [낭매랑에] 명하여 북계로 도망간 숙호들을 쫓아가 얻도록 한 다음 이를 곧 [낭]매랑에게 돌려보내라고 변신(邊臣)들에게 고유하였다.

---

274) 『宋史』 「校勘記」에 의하면 "本族軍主"의 '本'은 원래 '大'로 되어 있었는데, 『宋史』 卷258 「曹瑋傳」과 『長編』 卷82에 의거하여 고친 것이다.

275) 송조 蕃官의 주요 임무의 하나는 부족 蕃兵의 통솔을 책임지는 소위 "管句部族人馬"를 송조에 제공하는 것이다. 『宋史』 卷191 「兵志」5 鄕兵2 <蕃兵>에는 부족수령에 대해 규정하기를 "籍城砦兵馬, 計族望大小, 分隊伍, 給旗幟, 使各繕堡壘, 人置器甲, 以備調發."이라 하였다. 또한 그 수령이 받는 官職과 지급하는 물품을 기재하고 있는데 즉 "其大首領爲都軍主, 百帳以上爲軍主, 其次爲副軍主·都虞候·指揮使·副兵馬使, 以功次補者爲刺史·諸衛將軍·諸司使副使·承制·崇班·供奉官至殿侍. 其充本族巡檢者, 奉同正員, 月添支錢十五千, 米麴儀馬有差. 刺史·諸衛將軍請給, 同蕃官例. 首領補軍職者, 月奉錢自三千至三百, 又歲給冬服綿袍凡七種, 紫綾三種. 十將而下皆給田土."라고 되어있다. 부족 번병의 편제는 부족을 단위로 하여 획일적으로 이루어진 것은 아니었다. 송 神宗 熙寧 연간에 통일적인 규정을 정하였는데 "並年二十以上, 涅手背, 毋過五丁. 每十人置十將一, 五十人置副兵馬使一, 百人置軍使一·副兵馬使一, 二百人置軍使一·副兵馬使三, 四百人加軍使一·副兵馬使一, 五百人又加指揮使一·副兵馬使一, 過五百人每百人加軍使一·副兵馬使一, 卽一族三十人已上亦置副兵馬使一, 不及二十人止置十將. 月受奉, 仍增給錢, 指揮使一千五百至十將有差."라고 하여 부족의 사람 수와 丁員 수에 상응하여 蕃官을 탄력적으로 둔 것을 의미한다. 이러한 규정은 당항족의 원래 부족의 大小에 따라서 송조 병제의 편제체계에 편입시킨 것이다.

九年, 羌兵寇小力族, 巡檢李文貞率兵奮擊, 追斬籍遇太保首級, 賜文貞錦袍銀帶. 五月. 北界毛尸族軍主浪埋·骨咩族酋長乩唱·巢迷族酋長馮移埋率其屬千一百九十口·牛馬雜畜千八百歸附, 降詔撫之.

[대중상부] 9년(1016), 강병(羌兵)이 소력족(小力族)을 침략하여 순검(巡檢) 이문정(李文貞)이 군사를 이끌고 분격(奮擊)하여 쫓아가서 적우태보(籍遇太保)의 수급을 참수하였다. [이문정에게 금포(錦袍)와 은대(銀帶)를 하사하였다. 5월에 북계 모시족(毛尸族) 군주 낭매(浪埋)·골양족(骨咩族) 추장 가창(乩唱)·소미족(巢迷族) 추장 풍이매(馮移埋)가 그 [부]속(部屬) 1,190구(口)와 소와 말, 기타 가축 1,800[마리]를 이끌고 귀부하여 그들을 안무하는 조서를 내렸다.

天禧元年, 環州言北界騎兵數千來剽熟戶, 擊走之. 二年, 涇原路言樊家族九門都首領客廝鐸內屬, 以廝鐸爲軍主. 三年, 鄜延路言亡去熟戶委乞等六百九十五人, 及骨咩·大門等族來歸. 四年正月, 又言宥州羌族臘兒率衆劫熟戶咩魏族, 金明都監李士彬擊之, 斬臘兒, 梟七十二級, 俘餘衆, 獲甲馬三百餘. 五月, 小湖族都虞候喏嵬·巡檢胡懷節等擊賊有功, 並進秩. 環州七白族軍主近臘納質歸化, 以近臘領順州刺史, 首領惹都等十五人補官有差. 七月, 撲咩族馬訛等率屬來附. 十月, 以淮安鎮六族都軍主乞埋爲三班借職, 充羌部巡檢. 五年, 北界羅骨等劫剽熟戶, 環慶部署田敏追擊之, 俘獲甚衆, 詔獎敏等, 賜器幣.

천희(天禧) 원년(1017), 환주(環州)에서 말하기를 북계의 기병(騎兵) 수천 [명]이 와서 숙호를 약탈하여 그들을 격퇴시켰다고 하였다. [천희] 2년(1018)에 경원로(涇原路)에서 말하기를 번가족(樊家族) 9문(門)의 도수령 객시탁(客廝鐸)이 내속(內屬)하여 [객]시탁을 군주로 삼았다고 하였다. [천희] 3년(1019), 부연로(鄜延路)에서 말하기를 도망해 갔던 숙호 위걸(委乞) 등 695명과 골미(骨咩)·대문(大門) 등 [부]족이 와서 귀순했다고 하였다. [천희] 4년(1020) 정월, [부연로에서] 또 말하기를 유주(宥州) 강족(羌族) 납아(臘兒)가 무리를 이끌고 숙호 미위족(咩魏族)을 겁략하여 금명(金明) 도감 이사빈(李士彬)276)이 그들을 격퇴하였는데 납아(臘兒)를 참수하고, 72급(級)을 효수하였으며 나머지 무리들은 사로잡고 갑마(甲馬)277) 3백여 [필]을 얻었다고 하였다. 5월, 소호족(小湖族) 도우후(都虞候) 야외(喏嵬)・순검 호회절(胡懷節) 등이 적을 격퇴하는 데 공이 있어서 모두 관질을 높여주었다. 환주 칠구족(七臼族) 군주 근니(近膩)가 인질을 보내고 귀화하여 근니를 순주(順州) 자사로 임명하고, 수령 야도(惹都) 등 15명을 보관(補官)하였는데 차등을 두었다. 7월, 박미족(撲咩族) 마와(馬訛) 등이 [부]속을 이끌고 귀부하였다. 10월, 회안진(淮安鎭)의 6족 도군주(都軍主) 걸매(乞埋)를 삼반차직(三班借職)278)으로 삼고 강부의 순검에 충임하였다. 5년(1021), 북계 나골(羅骨) 등이 숙호를 약탈[劫剽]하여 환경(環慶) 부서(部署) 전민(田敏)279)이 그들을 추격하여 많이 사로잡거나 얻었다. 조서를 내려 [전]민 등을 장려하고 기폐(器幣)를 하사하였다.

---

276) 李士彬: 北宋 將領으로 金明砦의 部都監을 지냈다. 北宋 康定 원년(1040) 3월, 西夏 李元昊가 사람을 보내 李士彬에게 거짓으로 항복하게 하고 아울러 패배하도록 함으로써 그를 교만하게 하였다. 이후에 降卒들이 內應하여 金明砦를 갑자기 공격하니 일거에 무너지고 李士彬은 포로가 되었다. 李士彬은 金明砦를 잃어서 宋이 西夏와의 三川口의 戰役에서 직접 慘敗를 당하도록 만들었다. 이로부터 李元昊가 立國할 수 있는 기반을 조성 해준 것이다.

277) 甲馬: 鎧甲과 戰馬로, 일반적으로 軍備 혹은 戰事를 가리키는 말이다. 唐 杜甫의 <嚴氏溪放歌行>에는 "天下甲馬未盡銷, 豈免溝壑常漂漂."라 하였고, 『宋史』 「兵志」4에는 "臣竊謂陝西・河東弓箭手, 官給良田, 以備甲馬."라고 되어있다. 본문에서는 갑옷을 씌운 戰馬라는 뜻으로 쓰였다.

278) 三班借職: 宋代 武臣의 최저 職級으로 東・西・橫 등 三班으로 나뉘어 있었다. 入仕者는 우선 三班借職이 되고난 다음 三班奉職으로 옮기고 점점 승진하면 최고로 節度使에까지 이를 수 있었다.

279) 田敏: 北宋의 將領이다. 字는 子俊으로 원래 易州의 牙吏를 지냈다. 송 太宗 雍熙 연간(984~987)에 王師가 幽薊를 토벌할 때 공을 세워 易州의 靜砦 指揮使가 되었다. 李繼隆이 夏州를 토벌할 때 그 휘하에 들어가 田敏은 군대를 이끌고 靈州 橐駝口에서 對敵하여 3천 級을 斬首하고, 수만의 羊馬・橐駝・鎧仗을 얻었다. 李繼隆이 그 功을 상주하여 禦前忠佐馬步軍 副都軍頭로 임명되었다. 眞宗이 天雄軍에 출행할 때, 高瓊에게 소속되어 賊을 寧遠軍까지 추격한 공으로 涿州刺史가 되었다. 咸平 연간(998~1003)에 契丹이 침입했을 때에도 田敏은 王顯을 따라서 先鋒이 되어 遂城에서 거란군을 대패시켜 單州刺史가 되었고, 나중에 邢州 兵馬鈐轄이 되었다. 鎭定路 都鈐轄과 鎭定路 總管, 鄜延・環慶・鳳翔 3路 總管을 거쳐서 環慶路 都總管을 지냈다. 後橋에서 羌族들이 자주 邊境을 어지럽히자 田敏은 명령을 어긴 18族을 주살하였고, 三店川에서 羅骨을 패배시켰다. 그는 20여 년을 변경에서 지내면서 많은 공을 세운 인물이다.

참고문헌

『二十五史』, 北京: 中華書局, 1959~1977

동북아역사재단 편, 『譯註 中國 正史 外國傳 1~15』, 동북아역사재단, 2009~2012

라시드 앗 딘, 金浩東 譯, 『집사: 부족지』, 사계절, 2002

季羨林, 『大唐西域記校注』, 北京: 中華書局, 1985

羅福萇, 羅福頤(集注), 彭向前(補注), 『宋史夏國傳集注』, 銀川: 寧夏人民出版社, 2004

戴錫章, 羅矛昆(校點), 『西夏紀』 西北史地資料叢書, 銀川: 寧夏人民出版社, 1988

杜佑, 『通典』, 北京: 中華書局, 1988

藤田豊八, 『慧超往五天竺國傳箋釋』, 北平: 錢稻孫校印, 1931

馬端臨, 『文獻通考』, 北京: 中華書局 影印本, 1986

范成大, 『桂海虞衡志』, 成都: 四川民族出版社, 1986

司馬光, 胡三省 音注, 『資治通鑑』, 北京: 中華書局, 1976

舍人親王, 『日本書紀』, 東京: 岩波書店, 1965

徐松, 『宋會要輯稿』, 北京: 中華書局 影印本, 1957

蘇晉仁·蕭鍊子 校證, 『册府元龜 吐蕃史料校證』, 成都: 四川民族出版社, 1982

水谷眞成 譯注, 『大唐西域記』 全3卷, 東京: 平凡社, 1999

楊仲良, 『皇宋通鑑長編紀事本末』, 哈爾濱: 黑龍江人民出版社, 2006

余太山 撰, 『兩漢魏晉南北朝正史西域傳要注』, 北京: 中華書局, 2005

葉隆禮, 『契丹國志』, 上海古籍出版社, 1985

汪大淵, 『島夷志略』, 北京: 中華書局, 1981

王邦維, 『南海寄歸內法傳校注』, 北京: 中華書局, 1995

王欽若 等, 『册府元龜』, 北京: 中華書局, 1982

熊克, 『中興小紀』, 福州: 福建人民出版社, 1984

李燾, 『續資治通鑑長編』, 北京: 中華書局, 1979~1995

李心傳, 『建炎以來繫年要錄』, 北京: 中華書局, 1988

佚名, 『宋史全文』, 哈爾濱: 黑龍江人民出版社, 2005

張星烺, 『中西交通史料匯編』 5冊, 北京: 中華書局, 2003

長澤和俊 譯注, 『法顯傳·宋雲行記』, 東京: 平凡社, 1971

趙汝适, 『諸蕃志』, 北京: 中華書局, 2000

周去非,『嶺外代答』, 北京: 中華書局, 1999
陳邦瞻,『宋史紀事本末』, 北京: 中華書局, 1977
彭百川,『太平治迹統類』, 四庫全書本

김영신,『대만의 역사』, 서울: 지영사, 2001
김한규 外,『中國의 天下思想』, 서울: 民音社, 1988
김한규,『고대중국적세계질서연구』, 서울: 일조각, 1982
김한규,『遼東史』, 서울: 문학과 지성사, 2004
무함마드 깐수,『新羅·西域交流史』, 서울: 檀國大學校出版部, 1992
朴玉杰,『고려시대의 귀화인 연구』, 서울: 국학자료원, 1996
王柯 지음, 김정희 역,『민족과 국가: 중국 다민족통일국가 사상의 계보』, 서울: 동북아역사재단, 2005
이근명 外『동북아 중세의 한족과 북방민족: 최근 중국 학계의 연구동향과 그 성격』, 동북아역사재단 연구총서 55, 서울: 동북아역사재단, 2010
李成市,『만들어진 고대: 근대 국민 국가의 동아시아 이야기』, 서울: 삼인, 2009.
주완요, 손준식·신미정 역,『대만: 아름다운 섬 슬픈 역사』, 서울: 신구문화사, 2003.
高榮盛,『元代海外貿易研究』, 成都: 四川人民出版社, 1998
羅香林,『唐代文化史研究』, 臺北: 臺灣商務印書館, 1944
孟凡人,『北庭史地研究』, 烏魯木齊: 新疆人民出版社, 1985
白濱 編,『西夏史論文集』, 銀川: 寧夏人民出版社, 1984
白濱,『党項史研究』, 長春: 吉林敎育出版社, 1989
史金波,『西夏文化』, 長春: 吉林敎育出版社, 1986
徐中舒,『西夏史稿』, 成都: 四川人民出版社, 1980
蘇北海,『西域歷史地理』, 烏魯木齊: 新疆大學出版社, 1988
孫進己,『東北民族史研究』, 鄭州: 中州古籍出版社, 1994
安應民,『吐藩史』, 銀川: 寧夏人民出版社, 1989
楊銘,『吐蕃統治敦煌研究』, 臺北: 新文豐出版公司, 1997
楊蕤,『西夏地理研究』, 北京: 人民出版社, 2008
余太山,『兩漢魏晉南北朝正史西域傳研究』, 北京: 中華書局, 2003
余太山,『西域通史』, 鄭州: 中州古籍出版社, 1996
余太山,『兩漢魏晉南北朝與西域關係史研究』, 北京: 社會科學出版社, 1995

閻明恕, 『中國古代和親史』, 貴陽: 貴州民族出版社, 2003
榮新江, 『中古文明與外來文明』, 北京: 三聯書店, 2001
吳景敖, 『西陲史地研究』, 上海: 中華書局, 1948
吳松弟 編著, 『兩唐書地理志彙釋』, 合肥: 安徽教育出版社, 2002
吳天墀, 『西夏史稿』, 成都: 四川人民出版社, 1980
劉建麗, 『宋代西北吐蕃研究』, 蘭州: 甘肅文化出版社, 1998
李桂芝, 『遼金簡史』, 福州: 福建人民出版社, 2001
李文學, 『吐谷渾研究』, 蘭州大學 博士學位論文, 2007
李范文 主編, 『西夏通史』, 銀川: 寧夏人民出版社, 2005
李錫厚·自濱, 『遼金西夏史』, 上海: 上海人民出版社, 2008.
李云泉, 『朝貢制度史論: 中國古代對外關係體制研究』, 北京: 新華出版社, 2004
李蔚, 『西夏史研究』, 銀川: 寧夏人民出版社, 1989
林幹·高自厚, 『回紇史』, 呼和浩特: 內蒙古人民出版社, 1994
張希淸, 『宋朝典制』, 長春: 吉林文史出版社, 1997
丁謙, 『宋史外國傳地理考證』(浙江圖書館叢書), 蓬萊閣地理學叢書本, 1915
周偉洲, 『唐代党項』, 西安: 三秦出版社, 1988
周偉洲, 『吐谷渾史入門』, 西寧: 青海人民出版社, 1988
周偉洲, 『吐谷渾史』, 銀川: 寧夏人民出版社, 1985
陳佳華·蔡家藝·莫俊卿·楊保隆, 『宋遼金時期民族史』(再版), 北京: 社會科學文獻出版社, 2007
陳高華 外, 『宋元時期的海外貿易』, 天津: 天津人民出版社, 198.
陳炳應 譯, 『西夏諺語』, 太原: 山西人民出版社, 1993
蔡鴻生, 『中外交流史考述』, 鄭州: 大象出版社, 2007
种侃·吳峰雲·李范文, 『西夏簡史』(修訂本), 銀川: 寧夏人民出版社, 2001
漆俠 主編, 『遼宋西夏金代通史』 6, 周邊民族與政權卷, 北京: 人民出版社, 2010
湯開建, 『宋金時期安多吐蕃部落史研究』, 上海: 上海古籍出版社, 2006
巴塔拉伊, 劉健 等 譯, 『尼泊爾與中國』, 天津: 天津人民出版社, 2007
岡崎精郎, 「唐代党項的發展」, 『東方史論叢』 第1卷, 東京: 養德社, 1947.
岡崎精郎, 『古代党項史研究』, 東京: 東洋史研究會, 1972
對外關係史綜合年表編輯委員會, 『對外關係史綜合年表』, 東京: 吉川弘文館, 1999
嶋崎昌, 『隋唐時代の東トウルキスタン研究』, 東京: 東京大學出版會, 1977
藤家禮之助, 『日中交流二千年』, 東京: 東海大學出版社, 1988

山口瑞鳳,『チベット』上·下, 東京: 東京大學出版會, 1987~1988
森克己,『續夕日宋貿易の研究』, 東京: 國書刊行會, 1975
森克己,『新訂日宋貿易の研究』, 東京: 國書刊行會, 1975
三上次男,『古代東アジア史の研究』, 東京: 吉川弘文館, 1966
桑山正進 編,『慧超往五天竺國傳研究』, 京都: 京都大學人文科學研究所, 1992
西尾賢隆,『中世の日中交流と禪宗』, 東京: 吉川弘文館, 1999
石原道博,『譯註中國正史日本傳』, 東京: 國書刊行會, 1975
石井正敏 外,『增補改訂日中·日麗關係文獻目錄』, 東京: 國書刊行會, 1996
石井正敏,『日本渤海關係史の研究』, 東京: 吉川弘文館, 2001
松田壽男,『古代天山の歷史地理學的研究』(增補版), 東京: 早稻田大學出判部, 1970.
魏榮吉,『元·日關係史の研究』, 東京: 教育出版センター, 1993
李成市,『古代東アジアの民族と國家』, 東京: 吉川弘文館, 1998
日野開三郞,『日野開三郞東洋史學論集』第14·15·16卷, 東京: 三一書房, 1991
前田正名,『河西の歷史地理學的研究』, 東京: 吉川弘文館, 1964
田坂興道,『中國における回教の傳來とその弘通』上·下, 東京: 東洋文庫, 1964
中村榮孝,『日宋關係史の研究』上, 東京: 吉川弘文館, 1965
池內宏,『元寇の新研究』, 東京: 東洋文庫, 1931
川添昭二,『對外關係の史的展開』, 東京: 文獻出版, 1996
川添昭二,『蒙古襲來研究史論』, 東京: 雄山閣, 1975
村井章介,『アジアのなかの中世日本』, 東京: 校倉書房, 1988
諏訪春雄,『日中比較藝能史』, 東京: 吉川弘文館, 1994
出口晶子,『日本と周邊アジアの傳統的船舶』, 東京: 文獻出版, 1995
護雅夫,『古代トルコ民族史研究』I, 東京: 山川出版社, 1967
和田淸·石原道博,『舊唐書倭國日本傳 宋史日本傳·元史日本傳』, 東京: 岩波書店, 1956
曾我部靜雄,『日宋金貨幣流通史』, 東京: 宝文館, 1949

魯人勇,「西夏監軍司考」,『寧夏社會科學』, 2001-1
馬成富,「金川東女國及其文化遺俗探秘」,『西藏藝術研究』, 2006-4
樊文禮,「遼代的豐州, 天德軍和西南面招討使」,『內蒙古大學學報』, 1993-3
聶鴻音,「党項人方位概念的文化內涵」,『寧夏社會科學』, 1999-3
楊富學·陳愛峰,「大食與兩宋之貿易」,『宋史研究論叢』9, 2008

楊蕤,「「天盛律令」所見西夏地名考略」,『歷史地理』22, 上海人民出版社, 2007
楊蕤,「北宋初期党項內附初探」,『民族研究』, 2005-4
楊蕤,「宋夏時期河隴地區民族關係格局簡論」,『青海民族學院學報』, 2003-3
吳小强,「評李元昊」,『廣州師院學報(社會科學版)』, 21-1, 2000
吳天墀,「論党項拓拔氏族屬及西夏國名」,『西北史地』, 1986-1
王永莉,「唐置西州問題再探索」, 西北大學 碩士學位論文, 2006
李范文,「西夏在中國歷史中的地位」,『寧夏社會科學』, 2002-5
李珍,「試論遼宋夏金時期的民族史觀」,『史學月刊』, 2002-2
李昌憲,「西夏的疆域和政區」,『歷史地理』19, 上海人民出版社, 2003
李華瑞,「北宋朝野人士對西夏的看法」,『安徽師大學報(哲學社會科學版)』25-4, 1997
張雲,「論吐蕃和党項民族的融合」,『西北民族研究』, 1988-2
錢伯泉,「大石・黑衣大食・喀喇汗王朝考實」,『民族研究』, 1995-1
陳高華,「十四世紀來中國的日本僧人」,『文史』18, 1983
湯開建,「契丹境內党項部落的分布」,『寧夏社會科學』, 1990-2
湯開建,「五代遼宋時期党項部落的分布」,『西北民族研究』, 1993-1
許序雅,「『新唐書・寧遠傳』疏證」,『西域研究』, 2001-2
許序雅,「『新唐書・西域傳』所記'曹國'考」,『浙江師大學報(社會科學版)』, 2000-3
許序雅,「『新唐書・西域傳』所記中亞宗教狀況考辦」,『世界宗教研究』, 2002-4
許序雅,「『新唐書・石國傳』考辦」,『貴州師範大學學報(社會科學版)』, 2000-1
閆春新・張穩,「正統觀念與宋夏和戰」,『山東大學學報(哲學社會科學版)』, 2007-6
榎本涉,「順帝朝前半期における日元交通」,『日本歷史』640, 2001
榎本涉,「明州市舶司と東シナ海交易圈」,『歷史研究』756, 2002
榎本涉,「宋代の'日本商人'の再檢討」,『史學雜誌』110-2, 2001
島田次郎,「平氏政權の對宋貿易の歷史的前提のとその展開」,『日本中世の領主制と村落』上, 吉川弘文館, 1985
山內晋次,「日宋貿易の展開」,『日本の時代史』6, 吉川弘文館, 2002
西尾賢隆,「墨蹟にみる日中の交流」,『京都産業大學日本文化研究所紀要』30・31, 2001
石原道博,「中國における隣好的日本觀の全開」,『茨城大學文理學部紀要』, 人文學報 2, 1952
水野敬三郎,「宋代美術と鎌倉彫刻」,『日本彫刻史研究』, 中央公論美術出版, 1996
伊勝幸司,「中世對外關係史研究における禪宗の規覺」,『中世日本の外交と禪宗』, 吉川弘文館 2002.
田中健夫 「十四世紀以前における東アジア諸國との關係」,『中世對外關係史』, 東京大學出版會,

1975

田中健夫 他,「蒙古襲來」,『日本歷史大系』2, 山川出版社, 1985

井原今朝男,「宋錢流入の歷史的意味」,『錢幣』, 靑木書店, 2001

足立啓二,「東アジアにおける錢幣の流通」,『アジアのなかの日本史』, 東京大學出版社, 1992

足立啓二,「中國から見た日本貨幣史の二・三の問題」,『新しぃ歷史學のために』203, 1991

佐久間重男,「中世宋元明時代の日中文化交流」,『日中文化交流史叢書』1, 1995

池內宏,「鐵利考」,『滿鮮地理歷史硏究報告』3, 1933

池田英淳,「重源・白蓮社等の入宋と其意味」,『淨土學』16, 1940

川添昭二,「蒙古襲來と中世文藝」,『中世文藝の地方史』, 平凡社, 1982

村井章介,「元代の東アジア貿易と五山文化」,『日本の時代史』9, 吉川弘文館, 2003

関周一,「中世對外關係史硏究の動向と課題」,『史境』28, 1994

Al'baum, L. I. *Zhivopis' Afrasiaba*. Tashkent: Izdatel'stvo Fan Uzbekskoi SSR, 1975

Azarpay, G. *Sogdian Painting: The Pictorial Epic in Oriental Art*. Berkeley: University of California Press, 1981

Barthold, W. *Turkestan down to the Mongol Invasion*. 1928; 4th ed. Philadelphia: Porcupine Press, 1977

Beal, S. *Si-yu Ki. Buddhist Records of the Western World*. London: Tübner, 1884; 1981 Reprint

Bretschneider, E. *Mediaeval Researches from Eastern Asiatic Sources*. 2 vols. London: Routledge & Kegan Paul, 1967; original in 1888

Chavannes, Édouard. *Documents sur les Tou-kiue (Turcs) occidentaux*. Paris: Librairie d'Amérique et d'Orient. Reprint, 1900: Taipei. Reprint: Cheng Wen Publishing Co., 1969. 馮承鈞 譯,『西突厥史料』, 上海: 商務印書館, 1934

Clauson, G. *An Etymological Dictionary of Pre-Thirteenth Century Turkish*. Oxford: Clarendon Press, 1972

Daffinà, Paolo, "The Han Shu Hsi Yü Chuan Re-translated," T'oung Pao vol. 68, no. 4-5, 1982, 308~339.

Frye, R. N. *The Heritage of Persia*. London: Weidenfeld & Nicolson, 1962.

Grousset, R. The Empire of the Steppes. Tr. N. Walford, New Brunswick, New Jersey: Rutgers University Press, 1970; 金浩東・柳元秀・丁載勳 譯,『유라시아 유목제국사』, 사계절, 1998.

Herrmann, Albert. *An Historical Atlas of China*(based on 1933 ed., Chicago: Adline Publishing Co., 1966)

Hirth, F. *China and the Roman Orient*. Leipsic Munich: G. Hirth, 1885

Hodgson, Marshall. *The Venture of Islam*. Vol. 1, Chicago: Chicago University Press, 1974

Hourani, A. *A History of the Arab Peoples*. London: Faber & Faber, 1991

Hulsewé, A. F. P. *China in Central Asia: The Early State: 125 B.C.~A.D. 23*. Leiden: E. J. Brill, 1979

Le Strange, G. *The Lands of the Eastern Caliphate*. Cambridge: Cambridge University Press, 1905

Legge, J. tr. *A Record of Buddhistc Kingdoms*. Oxford: Clarendon Press, 1886; 1965 ed.

Lévi, Sylvain. "Le 'Tokharien B', langue de Koutcha." *Journal asiatique*, 1913

Pelliot, Paul. *Notes on Marco Polo*. vol 1. Paris: Adrien-Maisonneuve, 1959

Pelliot, Paul. *Notes on Marco Polo*. vol 2. Paris: Adrien-Maisonneuve, 1963

Petech 1950. Petech, Luciano, *Northern India according to Shui-ching chu*, Roma: Instituto del medio ed estremo oriente, 1950

Schafer, Edward H. *The Golden Peaches of Samarkand: A Study of T'ang Exotics*. Berkeley: University of California Press, 1963. 吳玉貴 譯, 『唐代的外來文明』, 北京: 中國社會科學出版社, 1995.

Stein, R. *La civilisation Tibétaine*. Paris, 1962. 안성두 譯, 『티벳의 문화』, 무우수, 2002

Whitfield 2004. Whitfield, Susan. *The Silk Road: Trade, Travel, War and Faith*(London: British Library, 2004).

Yule, H. *Cathay and the Way Thither*. vol. 1, London: The Hakluyt Society, 1915

『アジア歴史事典』 全10卷, 東京: 平凡社, 1962

龔延明, 『宋代官制辭典』, 北京: 中華書局, 1997

紀大椿 主編, 『新疆歷史事典』, 烏魯木齊: 人民出版社, 1993

羅竹風 主編, 『漢語大詞典』, 上海: 漢語大詞典出版社, 1990~93

譚其驤 主編, 『中國歷史地圖集』, 第5冊: 隋・唐・五代十國時代, 北京: 中國地圖出版社, 1982

雪梨 主編, 『中國絲綢之路辭典』, 烏魯木齊: 新疆人民出版社, 1994

臧勵龢 等編, 『中國古今地名大辭典』, 臺灣: 商務印書館, 1972; 原刊 1931

諸橋轍次 著, 『大漢和辭典』, 東京: 大修館書店, 1966

趙文潤・趙吉惠 主編, 『兩唐書辭典』, 濟南: 山東教育出版社, 2004

陳佳榮・謝方・陸峻嶺 編, 『古代南海地名匯釋』, 北京: 中華書局, 1986

馮承鈞 原編, 陸峻嶺 增訂, 『西域地名』(增訂本), 北京: 中華書局, 1980

토번·곡시라·동전·아리골·할정·조사충전 (吐蕃·唃厮囉·董氈·阿里骨·瞎征·趙思忠傳)

송사(宋史) 권492 외국(外國) 8

- 역주: 김상범
- 교열: 박지훈

> 宋史 外國傳 譯註
>
> # 「토번·곡시라·동전·아리골·할정·조사충전(吐蕃·唃廝囉·董氈·阿里骨·瞎征·趙思忠傳)」 해제

  7~8세기에 전성기를 구가하다가 안사의 난을 틈타 농우(隴右), 하서(河西), 북정(北庭) 3도를 정복하며 위세를 떨치던 토번은 8세기 후기 이래로 점차 쇠락하는 징후를 드러낸다. 지속된 전쟁과 이로 인한 부세(賦稅)의 가중 그리고 당(唐), 회홀(回紇), 대식(大食), 남조(南詔)의 협공으로, 토번은 대내외적인 위기에 봉착하였다. 본격적인 파국은 9세기 중엽부터 시작된다. 당과 우호관계를 유지하며 내정개혁에 착수한 낭달마(朗達磨)는 불교사원 축조와 승려의 증가로 야기된 재정위기를 타개하고 황권을 강화하기 위해서, 과감하게 폐불정책(廢佛政策)을 펼쳤다. 그러자 일찍부터 호족세력들과 긴밀한 관계를 형성했던 불교세력이 강력하게 반발하였다. 회창(會昌) 6년(846) 낭달마가 사망한 후, 왕위계승을 둘러싸고 무려 28년간에 걸쳐서 내란이 발생하면서 정치혼란이 더욱 가중되었다. 여기에 자연재해까지 겹치면서, 함통(咸通) 9년(868)부터는 전국각지에서 대대적인 내란이 발생하였다. 토번왕국의 중앙집권체제는 마침내 붕괴되었고, 지방정권이 난립하면서 할거국면에 접어들게 된다. 이에 따라 대중(大中) 2년(848)부터 함통 7년(866)까지 하서·북정 등 11개 주가 다시 당조로 귀속되었고, 사주(沙州)에는 귀의군(歸義軍) 정권이, 감주(甘州)에는 회골세력이 굴기하면서, 국제관계를 좌우하던 역학관계가 다방면으로 분산되었고 토번 지역도 지방 세력들이 난립하는 복잡한 형국이 조성되었다.

  『송사』「토번전」은 이처럼 분열되어 난립한 토번의 서북부 지방 세력들이, 서하의 성립으로 더욱 복잡해지는 정치지형도 속에서 송조와 어떤 형태의 외교관계를 형성하고 유지해갔는지를 기술하고 있다. 일반적으로『송사』는 단기일에 여러 작자들의 공동 작업으로 찬수되어『25사(史)』가운데 가장 번잡하고 착오가 많은 사서로 평가된다. 이 점에 있어서는「토번전」

역시 자유롭지 못하다. 고길진(顧吉辰)은 『송사비사질의(宋史比事質疑)』에서 「토번전」에 보이는 사건이나 시간 서술에 나타나는 오류와 문제점들을 일일이 제기한 바 있고, 마홍포(馬鴻波) 역시 후속 논문을 통해서 이러한 오류들을 정정한 바 있다. 그럼에도 불구하고 『송사』 <토번전>은 송대 토번연구에 있어서 가장 기본이 되는 자료이다. 특히 이 시기는 토번의 분열로 인해 토번 측 사료 또한 거의 찾아보기 힘들기 때문에, 그 사료가치는 배가된다고 볼 수 있다. 『송회요집고(宋會要輯稿)』와 『속자치통감장편(續資治通鑑長編)』의 기사와 교차 검증하며 엄밀한 고증의 과정을 거친다면, <토번전>은 여전히 중요한 사료적 가치를 지닌 것으로 판단된다.

『송사』 <토번전>의 내용 가운데 가장 많은 편폭이 할애된 것은 서량부(西涼府) 일대의 육곡번부(六谷蕃部)에 관한 부분이라고 할 수 있는데, 이들은 분열된 토번부족 가운데 중국 서북부에서는 처음으로 출현한 정치연맹체라고 할 수 있다. 육곡연맹이 정식으로 모습을 드러내는 것은 오대 후당 시기이다. 당시 권지서량부유후(權知西涼府留後)였던 손초(孫超)는 탁발승회(拓拔承誨)를 파견하여 조공을 올리고, 이 지역에 토번인들 외에 주둔병들의 후예인 한인들도 거주하고 있음을 밝혔다. 손초가 사망한 후 양주 현지인들은 절포가시(折逋嘉施)를 권지유후(權知留後)로 추대하였다가 다시 한인관료를 요청했는데, 이에 따라 후주 광순(廣順) 3년(953)에는 처음으로 신사후(申師厚)가 하서절도사에 임명되었다. 하지만 신사후는 결국 토번인들을 제대로 통제하지 못하여 귀국하였고, 절포지(折逋支)가 정권을 장악하게 된다.

향후 육곡연맹은 절포아유단(折逋阿喻丹)과 주독연파(鑄督延巴), 절포유룡파(折逋喻龍波)의 통치 시대로 이어지는데, 새롭게 흥기한 당항족(党項族)의 계속된 침략으로 참담한 피해를 입게 된다. 이런 과정 속에서 육곡연맹은 토번부락 자체에 대한 통제를 강화해가면서 송조와의 관계를 긴밀하게 구축하는 전략을 채택한다. 이 시기 육곡연맹의 전성기를 이끈 것은 반라지(潘羅支)였다. 그는 기본적으로 송과의 협력 관계를 통해서 서하에 대항하는 정책을 견지하였는데, 양 세력은 수차례 사신을 교환하며 동맹관계를 확인하였다. 송 진종 함평(咸平) 6년(1003)에는 당항족 이계천(李繼遷)이 군대를 이끌고 내습하자 거짓으로 항복하였다가 허점을 노려 급습하여 서하군을 격퇴시키고 이계천을 사살하는 대승을 거두게 된다.

이에 부친의 원수를 되갚기 위해 와신상담하던 이덕명(李德明)은 새로운 전략을 채택하였다. 육곡연맹과 송조와의 관계를 단절시키는 한편 감주회골과의 관계를 강화함으로써 육곡연맹을 고립시키는 전략이었다. 또 이덕명은 자룡족에 귀순해 있던 당항계의 미반촉(迷般嘱)과 일포길라단(日逋吉羅丹)도 이용하였다. 서하가 자룡족을 공격한다는 원군 요청에 반라지는 친히 100여 기의 원병을 이끌고 자룡 부락으로 달려왔다. 두 종족이 군막에 숨어 있다가 육곡연맹군을 급습하여 반라지는 전사하게 된다. 반라지가 살해된 후 동생인 시탁독(廝鐸督)이 군대를 이끌고 내란을 진압한 뒤 육곡연맹의 새로운 수령으로 등장하였다. 시탁독은 송과의 연맹을 통해 서하에 대항하는 반라지의 정책을 계승하였고 수차례 승리를 거두었다. 그러나 이덕명의 공세는 계속되었는데, 결국 대중상부(大中祥符) 8년(1015)에 시탁독은 대패하였고 하황(河湟)의 곡시라(唃廝囉) 정권에 의탁하는 신세가 되었다. 후당 때부터 약 85년(930~1015)간 유지되어온 토번의 육곡연맹은 이렇게 종말을 고한 것이다.

곡시라는 청당(靑唐) 토번정권의 전성기라고 할 수 있다. 본래 토번 찬보(贊普)의 후예인 곡시라는 고창(高昌) 마유국(磨楡國)에서 출생하여 하주(河州)를 거쳐 종가족 승려 이립준(李立遵)에 의해 수령으로 추대된다. 그러나 이립준과 갈등이 발생하면서 막천으로 옮겨가서 이 지역의 추장인 온포기(溫逋奇)에게 의탁하게 되는데, 이때 송조는 그에게 영원대장군을, 온포기에게는 귀화장군을 제수하였다. 곡시라가 점차 권력의 핵심으로 부상하자, 위협을 느낀 온포기는 정변을 일으켜 곡시라를 제거하려 하였다. 하지만, 사전에 이를 알아차린 곡시라는 온포기를 살해하고 거처를 청당으로 옮겼다. 곡시라는 이곳의 지리적 조건을 활용하여 무역을 통해 많은 이익을 남기고, 이 이익을 바탕으로 송 인종 경우(景祐) 원년(1034)부터 경우 4년(1037)까지 침략한 서하의 이원호(李元昊) 군대를 궤멸시킬 수 있었다. 후에 이원호가 서량부를 점령하자 반라지의 구세력들까지 곡시라에 귀부해 왔으며, 수차례에 걸친 이원호의 공격을 무력화시키며 전성기를 구가하였다. 거란(契丹)에서 공주를 곡시라의 작은아들 동전(董氈)에게 출가시킨 것은 바로 청당 토번정권의 위상을 반영한 것이라 할 수 있다.

송 영종 치평(治平) 2년(1065) 곡시라가 예순아홉의 나이로 사망하자 동전이 그 뒤를 계승하였다. 동전은 부친과 송조 사이에 건립된 우호관계를 중시하였다. 물론 신종(神宗) 역시 서하의 침략을 효과적으로 막기 위해서는 동전의 협력이 중요했다. 신종 희녕(熙寧) 3년(1070) 서하가 환주(環州)와 경주(慶州)를 침략하여 송군이 궤멸 직전에 몰리자 동전은 원군을 파견하여 서하군을 격파하였다. 원풍(元豐) 4년(1081) 송군이 서하를 토벌할 때에도, 동전은 말정(抹征) 등으로 하여금 3만 명을 이끌고 합류하여 송군을 지원하게 함으로서 변함없는 동맹관계를 확인하였다.

원우(元祐) 원년(1086) 동전이 사망하자 양자 아리골(阿里骨)이 계위하였다. 송조는 기복

관군대장군(起復冠軍大將軍)·검교사공(檢校司空)·하서군절도사로 임명하고 영새군공(寧塞郡公)에 분봉하였다. 그러나 아리골의 대외전략은 앞에서 언급한 토번 수령들과는 차이를 보였는데, 특히 즉위 초에는 서하와의 동맹관계를 통해 희녕 연간에 송조에 의해 점령된 희하(熙河) 6주의 수복을 기도하기도 하였다. 그러나 수차례에 걸쳐 서하와의 관계에 문제가 발생하자 다시 친송 정책으로 돌아서게 되었다. 원우 3년(1088)에 사신을 파견하여 내공했을 뿐 아니라, 철종(哲宗) 소성(紹聖) 원년(1094)에는 내조하여 사자(獅子)를 헌상하기도 하였다.

소성 3년(1096) 아리골이 57세로 사망하자 할정(瞎征)이 계위하였다. 송조는 할정을 하서군절도사·검교사공에 임명하고 영새군공에 분봉하였다. 그러나 할정은 성격이 포악하여 살인을 일삼았는데, 이로 인해 지배층 사이에 내홍이 발생하였다. 결국 할정은 부하들에 의해 축출되었고, 후에 송조에 귀부하여 아리골 가족이 하황을 통치해온 역사도 막을 고하게 된다. 조사충(趙思忠)은 할전(瞎氈)의 아들 목정(木征)이다. 할전이 죽자 목정은 자립할 역량이 없었다. 청당족의 추장 할약계라(瞎藥雞囉) 및 승려 녹준(鹿遵)이 그를 맞이하여 조주(洮州)에 거주하도록 하였다.

宋史 外國傳 譯註

「토번·곡시라·동전·아리골·할정·조사충전(吐蕃·唃廝囉·董氊·阿里骨·瞎征·趙思忠傳)」 역주

吐蕃本漢西羌之地, 其種落莫知所出. 或云南涼禿髮利鹿孤之後, 其子孫以禿髮爲國號, 語訛故謂之吐蕃. 唐貞觀後, 常來朝貢. 至德後, 因安·史之亂, 遂陷河西·隴右之地. 大中三年, 其國宰相論恐熱以秦·原·安樂及石門等七關來歸. 四年, 又克成·維·扶三州. 五年, 其國沙州刺史張義潮以瓜·沙·伊·肅十一州之地來獻. 唐末, 瓜·沙之地復爲所隔. 然而其國亦自衰弱, 族種分散, 大者數千家, 小者百十家, 無復統一矣. 自儀·渭·涇·原·環·慶及鎭戎·秦州曁于靈·夏皆有之, 各有首領, 內屬者謂之熟戶, 餘謂之生戶. 涼州雖爲所隔, 然其地自置牧守, 或請命於中朝.

토번은 본래 한나라 서강(西羌)[1]의 땅으로, 종족과 부락의 기원은 알지 못한다.[2] 혹자는

---

[1] 西羌: 漢代 西羌에 대해서는 『한서 외국전 역주』의 역주를 참조. 일부에서는 이 기록 때문에 현재 중국 사천성에 거주하고 있는 羌族을 티벳인의 조상과 연결시켜 이해하기도 하지만, 漢代 西羌과 현재 소수민족인 羌族은 전혀 다르다. 전자가 中原 서북에 거주하는 다양한 민족과 정권을 포괄하는 반면, 후자는 근대 민족지학적인 분류에 의한 것으로 주변에 거주하는 다수 집단인 티벳인과 구별하기 위한 분류에 다름 아니다.

[2] 현재 吐蕃 민족의 기원에 관한 연구는 대체적으로 두 방면으로 진행되고 있다. 첫째는 스스로 '푀(bod)'라고 일컫는 티벳 민족공동체가 토번의 '蕃人'에서 기원한다는 전제 아래, 푀를 토번의 역사적 전개와 연계하여 접근하는 방법이고, 둘째는 '토번왕실'의 기원을 중심으로 논하는 방법이다. 전자의 경우에 대해서도 다양한 의견이 존재하는데, 대다수의 중국학자들을 포함하는 일군의 학자들은 西戎의 일부였던 羌(Qiang)을 토번민족의 기원으로 간주한다. 고대 중국에서 '羌'은 야크를 가축화했던 중국 서부의 유목민을 통 털어서 일컫는 말로, 羌 내부의 계통도 매우 다양하다. 예를 들어 토번을 형성한 羌 이외에도

남량(南涼)3) 독발리록고(禿髮利鹿孤)4)의 후예로서,5) 그 자손들이 독발(禿髮)을 국호로 삼았는데, 발음이 잘못 전해진 까닭에 토번(吐蕃)으로 일컫게 되었다고 한다. 당 [태종] 정관(貞觀) 연간(627~649)이래로 항시 내방하여 조공을 올렸다. [숙종] 지덕(至德) 연간(756~757) 후

훗날 청해에서 夏州로 이주하여 西夏를 세우는 党項羌이 있으며, 元代 이래 오랫동안 四川 岷江 상류에 기거하면서 일부는 한족과 융화되고, 일부는 四川省 金川, 茂縣 등지에 남아 있다가 현재 羌族自治州로 편입된 세력이 있다.

중국학자들은 이들이 고대 토번과 직접 연결된다고 주장하지만, 티벳 학자들은 이들과 토번을 구성했던 羌을 동일시 할 수 없을 뿐 아니라, 중국 사서에 등장하는 고대의 羌 집단을 토번의 핵심구성원으로 파악하는 견해에도 반대한다. 이에 대해 Matthew T. Kapstein은 역사적으로 토번시대를 포함하여 티벳인 '쾨'의 형성 과정에 있어서 전체적으로 민족의 이동이 동부에서 서부로 진행되었음을 인정하면서도, 현재 내몽고 서부에서 감숙·청해로 이어지는 몽골고원으로부터의 인구 유입이 토번시대 이전부터 장기간에 걸쳐 진행되었음을 지적하였다. 이와 더불어 티벳 서쪽의 신강과 라다크, 파키스탄 그리고 티벳 남쪽의 네팔, 인도 북부로부터 이루어진 인구이동에 대해서도 주의할 필요가 있음을 지적하였다 (Matthew T. Kapstein, 2006).

두 번째, 토번왕실의 기원에 대해서는 '인도기원설', '鮮卑기원설' 등이 있으나, 전자는 주로 종교적인 면을 지나치게 강조하고 있다는 점에서, 후자는 주로 중원과 연결시키려는 의도가 강하게 담겨져 있다는 점에서 정설로 받아들여지지는 않는다. 티벳 사람들은 일반적으로 야르룽 계곡을 중심으로 활동했던 푸겔(pu rgyal)의 냑치젠뽀(nya khri btsan po)를 중시조로 받드는 정치집단이 토번왕실로 발전한 것으로 이해하고 있다.

3) 南涼: 5胡16國 시대에 존속했던 국가 중에 하나로 東晉 隆安 원년(397)에 河西 선비계통의 禿髮烏孤가 西平王을 칭하면서 현재 청해성 西寧에 해당하는 西平(현재 靑海省 西寧市)에서 건국하였다. 연호는 太初라고 했으며, 태초 3년(399)에 樂都(현재 靑海省 樂都縣)으로 천도하였고, 현재 甘肅省 서부와 靑海省 일대를 차지하였다. 義熙 10년(414)에 西秦에게 멸망한다.

4) 禿髮利鹿孤: 본문에서는 5호16국 시대 南涼 정권의 禿髮利鹿孤가 토번의 조상이라고 기록하고 있다. 이러한 내용은 기본적으로 『魏書』 卷99에 나오는 내용에 그대로 부합하는 것이다. 즉 南涼은 鮮卑 계통으로 禿髮烏孤가 397년에 건국하였는데, 武威王 禿髮利鹿孤가 이를 계승하여 400년부터 402년까지 재위하고, 涼王 傉檀(402~414)이 그의 뒤를 계승하였다는 것이다(三崎良章, 2006 참조). 하지만 토번왕실의 연원을 拓跋 鮮卑係에 연결시키는 것은 토번 자체에 전해지는 내용과는 상당한 차이를 보여주는데, 이는 『舊唐書』「吐蕃傳」이 편찬될 당시까지는 중국 왕조의 토번에 대한 이해가 상당히 부족했음을 반영해주는 것이기도 하다. 이에 반해 『新唐書』「吐蕃傳」에서는 鶻提勃悉野를 토번의 조상으로 기록하고 있는데, 이는 토번의 전승에 등장하는 오데푸갤('o lde spu rgyal)과 일치하는 것으로, 『新唐書』「吐蕃傳」의 편찬 당시에 토번자료가 일정부분 보충되었을 가능성을 보여준다.

5) 『舊唐書』「吐蕃傳」의 첫 부분은 아래와 같다. "吐蕃, 在長安之西八千里, 本漢西羌之地也. 其種落莫知所出也, 或云南涼禿髮利鹿孤之後也." 장안과의 거리를 표시한 부분과 구절마다 접미사 '也'를 넣어 짧게 단구한 부분을 제외하고는 완전히 일치함을 알 수 있다.

에는, [토번이] 안사의 난을 틈타 하서(河西)[6]와 농우(隴右)[7] 지역을 함락시켰다. [선종] 대중 3년(849)에는 [토번]국의 재상인 논공열(論恐熱)[8]이 진(秦)[9]·원(原)[10]·안락(安樂)[11]과 석문(石門)[12]등 7관(七關)을 [가지고] 귀순하였다.[13] [대중] 4년에는 또 다시 성주

---

6) 河西: 漢唐시기에 河西는 黃河 서부의 甘肅省과 靑海省 일대를 폭넓게 지칭할 때에도 사용되지만, 본문의 내용은 方鎭의 명칭을 가리킨다. 河西節度使는 景雲 2년(711)에 처음 설치되며, 唐 玄宗 開元, 天寶 연간에는 전국 10개 節度使 가운데 하나였다. 治所는 涼州(현재 甘肅 武威市)에 있었고 涼·甘·肅·伊·西·瓜·沙 등 7州를 다스렸는데, 오늘날 甘肅省 武威市 以西와 新疆省 東北部에 해당한다. 廣德 연간 초에 吐蕃이 涼州를 함락시키면서 치소를 沙州(현재 甘肅 敦煌市 서쪽)로 옮겼다. 大中 5년(851)에 沙州人 張義潮가 河湟 등 지역을 수복하면서 歸義節度使를 다시 두었다.

7) 隴右: 隴右 역시 대략 두 가지 용법으로 사용되었다. 첫째는 隴山 以西 지역 전체를 가리킬 때 사용되는데, 보통 河西·安西·北庭 등 현재 新疆 동부 지역을 포함한다. 둘째는 역시 方鎭의 명칭으로 사용되는데, 開元 원년(713)에 처음으로 농우절도사가 설치되고, 治所는 鄯州(현재 靑海省 樂都縣)에 있었다. 위 내용과 같이 '안사의 난' 때 토번에 점령되어 폐지되었다.

8) 論恐熱: 대중 연간에 토번의 재상을 지낸 뢴콩셰르(blon khong bsher)를 음차한 것이다. 『舊唐書』「吐蕃傳」에서는 尙恐熱로 기록하고 있다.

9) 秦州: 삼국시대에 魏나라가 隴右를 분할하여 처음으로 진주를 설치하는데, 치소는 현재 감숙성 甘谷縣에 해당된다. 후에 점차 관할 범위가 축소되었고, 隋 대업 연간에 天水郡으로 개명하였다가 唐 武德 初에 다시 秦州로 복원한 후 변화를 거쳐 開元 22년(734) 秦州로 회복되었다. 寶應 연간(762)에 吐蕃에 함락되었고, 大中 3년(849)에 수복하여 치소를 成紀縣(현재 秦安縣)으로 옮긴다. 天寶 원년(742)에 天水郡으로 고쳤다가 乾元 원년(758)에 다시 옮긴다. 北宋대에는 秦州와 州治인 成紀縣이 현재 감숙성 天水市 쪽으로 이동시킨다.

10) 原州: 北魏 正光 5년(524)에 처음으로 설치되며, 治所는 高平郡으로 지금의 寧夏省 固原縣 일대였다. 隋 大業 3년(607)에 州를 폐지하여 平涼郡으로 칭했다가 唐初에 厥州로 개명하였다. 天寶 원년(742)에 다시 平涼郡으로 바꾸었고, 乾元 원년(758)에 原州로 복원되었다가 廣德 원년(763)에 吐蕃에 귀속된다. 貞元 19년(803)에 치소를 平涼縣 일대(현재 甘肅省 平涼市)로 옮긴다.

11) 安樂州: 唐 咸亨 3년(672)에 처음으로 州가 설치 되었다. 靈州都督府에 속했으며, 주로 部落들을 관할하였다. 治所는 寧夏 同心縣 동북의 下馬關鎭에 위치하였다. 至德 연간 이후 재차 吐蕃에 함락되었다가, 大中 3년(849)에 수복하여 威州로 개명한다.

12) 石門關: 당시 토번이 반납한 7關 가운데 하나로 현재 寧夏 回族자치구의 固原縣 須彌山에 있었다. 『隋書』「突厥傳」에는 開煌 2년(582)에 沙鉢略이 군사를 이끌고 木硤과 石門으로 공격해왔다는 기록이 보인다. 明 嘉靖 연간에 편찬된 『固原州志』卷1에서는 근처 須彌山을 언급하며 산상에 古刹과 石門關 遺址가 남아있다고 기록하였다.

13) 이 부분에 대해서 『舊唐書』「吐蕃傳」에서는 大中 3년(849) 봄에 宰相 尙恐熱이 東道節度使를 죽이자, 秦·原·安樂 등 3개 州와 石門·木硤 등 7개 關을 반납하였다고 기록하였다("大中三年春, 宰相尙恐熱殺東道節度使, 以秦·原·安樂等三州幷石門·木硤等七關款塞, ……").

(成州)14)・유주(維州)15)・부주(扶州)16) 등 세 주를 탈취하였다. [대중] 5년에는 그 나라(토번)의 사주(沙州)자사인 장의조(張義潮)17)가 과주(瓜州)18)・사주(沙州)19)・이주(伊州)20)・

14) 成州: 唐 武德 원년(618)에 漢陽郡의 이름을 바꾸어 처음 成州를 설치하였는데 治所는 上祿縣으로 현재 甘肅省 禮縣에 해당된다. 天寶 원년(742)에 同谷郡으로 개명했다가 乾元 원년(758)에 成州로 복원하였다. 寶應 원년(762)에 吐蕃에 함락되어, 貞元 5년(789)에 치소를 泥公山 쪽으로 옮겨 설치하였고, 咸通 7년(866)에는 치소를 다시 寶井堡로, 후에 同谷縣으로 옮긴다. 後梁 開平 연간 초에 文州로 하였다가 後唐 同光 연간에 成州로 복원한다. 南宋 寶慶 3년(1227)에는 同慶府로 승격되었다.
15) 維州: 唐 武德 7년(624)에 설치되며, 治所는 현재 四川省 理縣 薄城鎭에 위치하였다. 『元和郡縣志』 卷32에는 유주에 대해 "白狗羌首領舊附, 於姜維城置維州以統之"라고 기록하여 州名이 姜維城에서 유래한 것을 알 수 있다. 貞觀 2년(628)과 儀鳳 2년(677)에는 잠시 羈縻州로 변경하여 茂州에 예속시키기도 했으며, 결국 垂拱 3년(687)에 이르러 다시 正州가 되었다. 관할 지역은 현재 四川省 理縣에 해당되며, 廣德 원년(763)에 吐蕃에 함락되었다가, 太和 연간에 수복된 뒤 大中 3년(849)에 다시 주가 설치되었다. 지리적으로 吐蕃에 인접해 있어서, 蜀西 지역의 문호로 불리었으며, 吐蕃도 이곳을 얻으면 근심이 없다고 '無憂城'으로 칭했다고 한다. 北宋 景祐 3년(1036)에 威州로 개명하였다.
16) 扶州: 隋 開煌 7년(587)에 鄧州를 개명하여 처음 설치되며, 治所는 尙安縣이다. 大業 3년(607)에 同昌郡으로 개명했다가, 唐 武德 원년(618)에 다시 扶州로 복원된다. 天寶 원년(742)에도 同昌郡으로 바꾸었다가 乾元 원년(758) 扶州로 회복된다. 관할 범위는 현재 四川省 南坪縣에 해당되며, 廣德 연간 이후 吐蕃에 함락되었다. 후에 文州라고 하였는데, 『寰宇記』 卷134 <文州>에는 "廢扶州, 義取扶持以立州名."이라고 기록되어 있다.
17) 張義潮(799~872): 沙州(현재 甘肅省 敦煌) 출신으로 安史의 난 이후 토번에 함락되었던 瓜州와 沙州를 회복하여 金山國을 세웠다. 唐 宣帝 大中 2년(848)에는 당에 내조하여 沙州防禦使에 임명되었고, 그 후 河西十一州節度管內觀察處置等使, 河西萬戶侯 등의 관직을 하사받았다.
18) 瓜州: 春秋時代까지는 주로 羌族과 氐族의 활동범위에 속하였다. 北魏 孝昌 연간에 州가 설치되었는데 당시의 治所는 현재 敦煌市의 서편에 있었던 敦煌縣이었다. 수대에 없앴다가, 당 武德 5년(622)에 다시 설치하였는데, 치소는 오늘날 甘肅省 安西縣 동남편의 鎖陽城으로 추정된다. 『元和郡縣圖志』 卷40에는, "瓜州 지명이 현지 특산물인 예쁜 오이(美瓜)에서 유래하며, 여우가 그걸 먹으면 머리와 꼬리가 안보인다(地出美瓜, 故取名焉. 狐食其瓜, 不見首尾.)"는 내용이 전한다. 대략 현재의 甘肅省 安西縣 일대에 해당한다.
19) 沙州: 5호16국 시기에 前涼의 張駿이 설치하는데, 치소는 敦煌縣에 있었으며 현재 감숙성 돈황시에 해당된다. 『元和郡縣圖志』 卷40에는 沙州의 지명이 鳴沙山에서 유래하였다는 기록("盖因鳴沙山爲名")이 보인다. 역시 수대에 폐지되었다가 당 武德 4년(621)에 州가 다시 설치되었으며, 당 玄宗 天寶 원년(742)에 돈황군으로 하였다가, 乾元 원년(758)에 沙州로 복원하였다. 현재 감숙성 敦煌市 서부에서 新疆省 羅布泊과 且末縣 일대까지 아우르며, 大曆 11년(776)에 吐蕃에게 함락되었다가, 大中 5년(851)에 수복된다.
20) 伊州: 唐 貞觀 6년(632)에 西伊州를 설치하고 治所를 伊吾縣에 설치하는데 현재 신강 위구르자치구의 哈密市에 해당된다. 관할 범위가 대체로 현재의 哈密市 경내에 해당되는데, 安史의 亂 때 吐蕃에 예속되었다. 大中 5년(851)에 沙州刺史 張義潮에게 수복되고, 北宋대에는 다시 伊州라 하였다.

숙주(肅州)21) 등 11개 주의 토지를 가지고 와서 봉헌하였다. 당말에는 과주·사주의 땅이 다시금 떨어져나갔다. 그러나 이 나라 역시 스스로 쇠약해져갔고 종족은 분산되었는데, 큰 것은 수천 가(家), 작은 것은 백십 가로 다시는 통일하지 못하였다. 의주(儀州)22)·위주(渭州)23)·경주(涇州)·원주(原州)·환주(環州)24)·경주(慶州)로부터 진융(鎭戎)25)·진주(秦州) 그리고 영주(靈州)·하주(夏州)에 이르기까지 널리 분포했는데, 각각의 수령이 있었으며, 내지에 귀속한 사람들은 숙호(熟戶)26)라 불렸고, 나머지는 생호(生戶)27)라 일컬었다. 양주

---

21) 肅州: 隋 仁壽 2년(602)에 甘州를 분할하여 설치하였다. 治所는 현재 甘肅省 酒泉市에 해당하는 福祿縣이었다. 大業 연간 초에 폐지되었다가, 唐 武德 2년(619)에 다시 설치된다. 관할 경내는 현재 甘肅省 疏勒河 동쪽으로부터 高台縣 이서 지역에 이른다. 大曆 연간(766~779)에 吐蕃에 함락되며, 송대에는 西夏에 속하였다.

22) 儀州: 원래 명칭은 義州인데 五代 後唐 同光 원년(923)에 처음 설치하였는데, 治所는 현재 甘肅省 華亭縣이다. 관할 범위도 현재 감숙성 화정현과 유사하다. 後周 顯德 6년(959)에 다시 華亭縣을 州治로 확정했으며, 北宋 太平興國 2년(977)에는 太宗 趙光義의 諱를 避하여 儀州로 개명하였다.

23) 渭州: 北魏 永安 3년(530)에 처음 州가 설치되었고, 治所는 隴西郡 襄武縣이다. 주의 명칭은 渭水에서 유래하며, 관할 범위는 현재 甘肅省 隴西·渭源·漳縣·定西·武山 등을 포함한다. 唐 武德 연간 初에 다시 주가 설치되며, 天寶 연간 초에 隴西郡으로 개명했다가, 乾元 연간 초에 渭州로 복원된다. 寶應 연간 이후 吐蕃에 넘어가 元和 4년(809)에는 原州 平涼縣에 별도로 渭州를 두었지만, 廣明 원년(880)에 이것마저도 吐蕃에게 함락 되었다. 大中 5년(851)에 수복한 뒤 中和 4년(884)에 平涼縣에 다시 주를 설치하며, 北宋 때 관할범위는 오늘날 감숙성 平涼·華亭·崇信縣과 寧夏 회족자치구 涇源이다.

24) 環州: 後周 廣順 2년(952)에 威州를 바꾸어 환주를 설치하였는데, 治所는 通遠縣이다. 『輿地廣記』卷14 <環州>에서는 "以大河環曲爲名."으로 지명의 유래를 설명하고 있으며, 관할 범위는 현재 감숙성 환현과 慶陽縣 서북부 일대이다. 顯德 4년(957)에 通遠軍으로 강등되었다가, 北宋 淳化 5년(994)에 다시 환주로 복원된다.

25) 鎭戎(軍北): 宋 至道 원년(995)에 처음 설치되며, 치소는 현재 寧夏 회족자치구 固原縣 일대이다. 관할 범위는 영하 회족자치구 固原·彭陽縣 일대이며 金 大定 22년(1182)에 鎭戎州로 바뀐다.

26) 熟戶: 송대에 이미 귀복해 온 주변민족이나 어느 정도 발전한 주변민족을 가리킬 때 사용한 용어이다. 『宋史』「兵志」5에도 "西北邊羌戎, 種落不相統一, 保塞者謂之熟戶, 餘謂之生戶."라는 내용이 있다.

27) 生戶: 숙호와 상반되는 개념으로, 宋人의 입장에서 州城에 定居하지 않은 호구나 아직 미개하다고 생각하는 주변민족을 가리킬 때 사용하였다. 『續資治通鑑長編』<太宗 淳化 5년>조에서는 "大約党項·吐蕃, 風俗相類, 其帳族有生熟戶, 接連漢界, 入州城者謂之熟戶, 居深山僻遠者謂之生戶."라고 언급한 바 있는데, 역시 州城에 들어와 사는 자를 '숙호', 편벽한 深山에 거주하는 자들을 '생호'로 취급하고 있음을 알 수 있다(이하 『長編』으로 약칭). 歐陽脩도 <論水洛城事宜乞保全劉滬等劄子>에서 "今忽見滬先得罪, 帶枷入獄, 則新降生戶豈不驚疑."라고 언급한 바 있고, 司馬光은 『涑水記聞』卷11에서 "其間自涇原章川堡至秦州麻穰寨, 一百三十里, 幷是生戶所居."라는 기록을 남긴 바 있다.

(涼州)28)는 비록 떨어져있지만 그 곳에 스스로 목수(牧守)를 설치하였고, 때때로 중국 조정에 임명을 청하기도 하였다.

> 天成中, 權知西涼府留後孫超遣大將拓拔承謅來貢, 明宗召見, 承謅云:「涼州東距靈武千里, 西北至甘州五百里. 舊有鄆人二千五百爲戍兵, 及黃巢之亂, 遂爲阻絶. 超及城中漢戶百餘, 皆戍兵之子孫也. 其城今方幅數里, 中有縣令·判官·都押衙·都知·兵馬使, 衣服言語略如漢人.」卽授超涼州刺史, 充河西軍節度留後. 乾祐初, 超辛, 州人推其上人折逋嘉施權知留後, 遣使來貢, 卽以嘉施代超爲留後.

[후당(後唐)] 천성(天成) 연간(926~929)29) 중에 권지서량부유후(權知西涼府留後) 손초(孫超)가 대장 탁발승회(拓拔承謅)를 파견하여 조공했는데, 명종(明宗)이 불러 만났을 때 [탁발]승회가 아뢰기를, "양주(涼州)는 동으로는 영무(靈武)30)에서 1천 리 떨어져있고, 서북으로는 감주(甘州)31)까지 5백 리입니다. 이전에 운주사람[鄆人]32) 2,500여 명을 주둔병[戍兵]으로

---

28) 涼州: 前漢 元封 5년(전106)에 처음으로 州治가 설치되어 12주 刺史部 가운데 하나가 되었다. 후한 대에는 治所를 隴縣으로 옮겨 현 甘肅, 寧夏, 靑海와 내몽고 일부에 이르기까지 넓은 지역을 관할하였다. 위진 이후 관할 범위가 대거 축소되어 감숙의 黃河 이서 지역으로 한정되었다. 16국시기에 前涼·後涼·北涼 등이 모두 이곳에서 건국하였다. 隋 大業 연간에는 잠시 武威郡으로 지명을 변경하였고, 唐 武德 2년(619)에 다시 涼州로 회복시켰다. 당대에는 관할 범위가 대략 현재 감숙성 永昌縣 以東 지역과 감숙성 天祝 藏族自治縣 以西 일대로 축소된다. 天寶 원년(742)에도 다시 武威郡으로 하였다가 乾元 원년(758) 涼州로 회복되었다. 廣德 2년(764)에 吐蕃에 함락되었으며, 五代에 西涼府로 개칭하였고 西夏에서는 西涼府라고 불렸다.

29) 天成: 五代 後唐 시기에 明宗 李嗣源이 처음 사용한 연호이다.

30) 靈武: 隋 大業 3년(607)에 처음으로 靈州를 靈武郡으로 개칭하는데, 治所는 현재 寧夏 회족자치구 吳忠市에 위치했던 回樂縣이다. 唐 武德 원년(618)에 다시 靈州로 개명하였다가, 開元 9년(721)에는 이곳에 朔方節度使를 설치하였다. 天寶 원년(742)에 다시 靈武郡으로 회복되는데, 천보 15년(756)에 안록산이 潼關을 함락하자 현종은 四川으로 피난하였고, 太子 亨이 영무로 들어와 즉위하니 바로 肅宗이다. 숙종 乾元 원년(758)에 다시 靈州로 개명하였다. 이 지역은 宋 咸平 5년(1002)에 西夏의 李繼遷에 의해 함락되었다.

31) 甘州: 西魏 廢帝 3년(554)에 西涼州를 폐지하고 설치하였는데, 治所는 현재 감숙성 張掖市 서북쪽의 永平縣에 두었다. 『元和郡縣志』 卷40에 의하면 동쪽 '甘峻山'의 이름을 따서 '감주'라 칭하였다고 하고 혹자는 감초가 많이 나서 '감주'라 지었다고 한다("因州東甘峻山爲名. 或言地多甘草, 故名."). 隋 大業 3년(607)에 張掖郡이라 고쳤다가 唐 武德 2년(619)에 다시 甘州로 복원하였다. 天寶 원년(742)에 다시

삼았는데, 황소의 난[黃巢之亂]33)에 이르러 두절되고 말았습니다. 손초(孫超)를 위시한 성(城) 안의 한인(漢人) 100여 호는 모두 주둔병들의 자손입니다. 그 성은 현재 사방의 너비가 수 리에 달하고, 성 안에는 현령(縣令)34)·판관(判官)35)·도압아(都押衙)36)·도지(都知)37)·병

張掖郡으로 개명하였다가 乾元 원년(758)에 다시 甘州로 고쳤다. 永泰 2년(766) 吐蕃에 함락되었고, 大中 연간 이후에는 回鶻에 넘어간다. 北宋 天聖 6년(1028)에는 西夏가 침입하여 점령하였다. 宣化府로 개치하였다.

32) 鄆: 春秋時代의 邑名으로 지금의 산동성 鄆城縣 동쪽 60리 지점과 沂水縣 동북 16리 지점 등 두 곳을 가리킨다. 『寶宇記』卷23에서도 『十三州志』을 인용하여 "동·북 2개의 鄆이 있는데, 西鄆은 노나라 昭公 이 거처하던 兗州 東平郡을 가리키고, 東鄆은 魯나라와 莒나라가 쟁패하던 沂水縣 일대를 가리킨다"고 기록하였다. 隋 開皇 10년(590)에 처음으로 州가 설치되는데, 치소는 萬安縣으로 현재 鄆城縣 동쪽 16리 지점에 위치한다. 大業 연간(605~616) 초에 東平郡으로 개명하였다가, 唐 武德 연간(618~626) 초에 다시 鄆州로 바꾸었다. 貞觀 8년(634)에는 치소를 須昌縣으로 옮기는데, 당시 鄆州는 현재 산동성 東平·梁山·鄆城·巨野縣 등을 포함한다. 天寶 연간(742~755) 초에 東平郡으로 하였다가, 乾元 연간 (758~759) 초에는 다시 鄆州로 바꾼다. 북송 대에는 치소를 須城縣으로 옮기는데, 관할 지역도 약간 축소되었다. 宣和 원년(1119)에 東平府로 승격된다.

33) 黃巢之亂: 唐 僖宗 乾符·中和 연간(875~884)에 발생한 농민반란으로 당조 멸망의 결정적 계기가 된 사건이다. 안사의 난 이후 지방의 藩鎭 세력이 강화되고 당쟁과 환관의 횡포로 국가권력의 지배력은 급속히 약화되었고, 백성들에 대한 수탈은 심해지면서, 裘甫의 난과 龐勛의 난 등 농민반란이 연이어 발생하였다. 乾符 연간에 들어서는 대규모 기근까지 발생했는데, 정부가 세수증진을 위해 염세를 올리면 서 소금밀매가 성행하였고 밀매업자들이 늘어났다. 결국 조직화된 소금밀매업자 가운데 王仙之와 黃巢 가 반란을 일으키는데, 황소는 河南·山東·江西·福建·廣東·湖南·湖北 등을 휩쓸고 수도 長安까지 함락시킨다. 황소는 장안에서 정권을 수립하고 국호를 大齊, 연호를 金統이라고 하였다. 이 반란은 후에 사타족 출신의 李克用에게 진압되지만 향후 당조는 23년간 명맥만 유지하다가 결국 멸망하였다. 당조 붕괴의 결정적 계기가 된 반란이다.

34) 縣令: 縣의 行政長官을 말한다. 周代에는 縣正이 縣의 政令을 장악했으며, 춘추전국시대에는 縣邑의 長을 宰, 尹, 公, 大夫 등으로 칭했다. 秦漢대에는 현의 규모가 萬 戶이상이면 縣令으로 칭했고, 그 이하일 때는 縣長이라 불렀다. 晉代 이후 이러한 호칭이 계승되다가, 唐代에 들어서면서 縣의 규모에 따라 등급이 달라도 일괄적으로 현령으로 칭하기 시작한다. 宋도 기본적으로 唐制를 계승하였다.

35) 判官: 관직명이다. 唐代에 節度使, 觀察使, 防禦使 아래에 설치된 지방관의 屬僚로서, 지방관을 보좌하여 제반 정무를 처리하였다. 宋도 唐制를 계승하여 團練, 宣撫, 制置, 轉運, 常平 諸使 밑에 判官을 설치하였다.

36) 都押衙: 원래는 당대에는 押衙의 무관직이었으나, 五代 시기에 절도사들이 스스로 예하에 牙職을 신설하여 임명권을 행사하면서 성격에 변화가 발생한다. 북송대에는 오대의 관직을 계승하여 州, 郡의 胥部에 左·右押衙, 都押衙 등의 관직이 있었다.

37) 都知: 일반적으로 五代 시기와 宋代에 殿前에서 근무하는 武官을 지칭하며 殿前司에 속하였다. 여기서는 西涼府 내에서 비슷한 업무에 종사하던 무관직을 가리키는 것으로 추정된다.

마사(兵馬使)38)등이 있는데, 의복과 언어는 대략 한인과 비슷합니다"라고 하였다. 이에 [손]초에게는 양주자사(涼州刺史)를 제수하였고, 하서군(河西軍) 절도유후(節度留後)39)를 맡게 하였다. 건우(乾祐) 연간(948~950)40) 초에 [손]초가 죽자, 양주 사람들은 현지인 절포가시(折逋嘉施)를 권지유후(權知留後)로 추천하였고 사신을 보내 내공해왔는데, 이에 [손]초 대신에 [절포]가시를 유후(留後)로 삼았다.

涼州郭外數十里, 尙有漢民陷沒者耕作, 餘皆吐蕃. 其州帥稍失民情, 則衆皆嘯聚. 城內有七級木浮圖, 其帥急登之, 紿其衆曰:「爾若迫我, 我卽自焚於此矣.」衆惜浮圖, 乃盟而舍之. 周廣順三年, 始以申師厚爲河西節度. 師厚初至涼州, 奏請授吐蕃首領折逋支等官, 並從之. 顯德中, 師厚爲其所迫, 擅還朝, 坐貶. 涼州亦不復命帥.

양주(涼州) 성곽 밖 수십 리41)까지 또한 정복당한 한족들이 경작을 하였는데, 그 나머지는 모두 토번(吐蕃)사람들이었다. 그 주의 통수[州帥]가 점차 민심을 잃어, 민중[衆人]들 모두 불만을 토로하며 모여 들었다. 성내에 7층 목조불탑[七級木浮圖]42)이 있었는데 통수는 급하게 탑에 올라 민중들을 협박하며 말하기를, "너희가 만약 나를 압박하면 나는 여기서 바로

---

38) 兵馬使: 西涼府 내에서 군사업무를 총괄하던 관직을 일컬었던 명칭이라고 볼 수 있다.
39) 節度留後: 唐代 중기 이후 중앙권력이 약화되고 藩鎭 세력이 커지면서 節度使가 사고를 당하게 되면 중앙의 임명에 앞서 자식이나 조카 혹은 親信 등이 직무를 대행했는데, 이를 節度留后 혹은 觀察留后라 하였다. 때로는 叛將들이 統師를 죽이고 스스로 留后를 칭하다가 후에 조정의 정식 임명을 요청하기도 하였다. 이에 대해『新唐書』「兵志」에서는 "兵驕則逐帥, 帥彊則叛上. 或父死子握其兵而不肯代, 或取捨由於士卒, 往往自擇將吏, 號爲'留後', 以邀命於朝."라고 기록하고 있다. 北宋 이후에는 점차 폐지되었고, 주로 皇室 國戚들이 외지 武官職을 형식적으로 제수할 때 사용되었다.
40) 乾祐: 五代 後漢 시기에 高祖 劉知遠이 사망한 후 隱帝 劉承祐가 즉위하여 사용한 연호이다.
41)『宋史』「校勘記」에 의하면 "양주 성곽 밖 수십리(涼州郭外數十里)"의 '十'은 원래 '千'으로 기재되어 있었으나,『宋會要』「方域」21-14와『文獻通考』卷335 "四裔考"에 의거하여 수정하였다.
42) 七級木浮圖: 浮圖는 원래 산스크리트어로 '붓다(Buddha)' 즉 부처님을 일컫는 말이다. 아소카 왕 시기에 부처님의 성지마다 탑을 세워 기념하면서 浮圖는 점차 '불탑'을 지칭하는 용어로도 사용된다. 당송 시기에는 보통 불탑의 층수를 級으로도 일컬었는데, 蘇軾도 <薦城禪院五百羅漢記>에서 "또한 철조불탑 13층을 세웠는데 높이가 120척이다(且造鐵浮屠十有三級, 高百二十尺)."라고 언급한 바 있다. 그러므로 七級木浮圖는 7층 목조 불탑으로 해석할 수 있다.

분신할 것이다"라고 하였다. 민중들이 워낙 부도를 아끼는지라, 이에 맹세를 하게하고는 그를 풀어주었다. [후]주 광순(廣順)43) 3년(953)에, 처음으로 신사후(申師厚)를 하서절도사에 임명했다. [신]사후는 양주에 처음 도착했을 때, 토번 수령 절포지(折逋支) 등에게 관직을 제수해줄 것을 주청했는데, 이에 따랐다. 현덕(顯德)44) 연간(954~958)에, [신]사후는 그들에게 압박을 받자 제멋대로 조정으로 돌아와서 좌천되었다. 양주 또한 더 이상 주(州)의 통수를 임명할 수 없게 되었다.

> 建隆二年, 靈武五部以橐駝良馬致貢, 來離等八族酋長越嵬等護送入界, 敕書獎諭. 秦州首領尙波于傷殺采造務卒, 知州高防捕繫其黨四十七人, 以狀聞. 上乃以吳廷祚爲雄武軍節度代防安輯之, 令廷祚齎敕書賜尙波于等曰:「朝廷制置邊防, 撫寧部落, 務令安集, 豈有侵漁? 曩者秦州設置三砦, 止以采取材木, 供億京師, 雖在蕃漢之交, 不妨牧放之利. 汝等占據木植, 傷殺軍人. 近得高防奏汝等見已拘執, 聽候進止. 朕以汝等久輸忠順, 必悔前非, 特示懷柔, 各從寬宥. 已令吳廷祚往伸安撫及還舊地. 所宜共體恩旨, 各歸本族.」仍以錦袍銀帶賜之, 尙波于等感悅. 是年秋, 乃獻伏羌地.

[송 태종] 건륭(乾隆) 2년(961), 영무(靈武) 5부에서 낙타와 양마(良馬)로 진공했는데, 내리(來離) 등이 8족 추장 월외(越嵬) 등을 호송하여 입경한지라 칙서를 내려 상으로 위로하였다. 진주(秦州)의 수령 상파우(尙波于)가45) 채조무(采造務)의 병졸들을 살상하자, 진주 지주(知州)46) 고방(高防)이 무리 47명을 생포하고 이 사실을 위에 보고하였다. 이에 황상께서는 오정

---

43) 廣順: 五代 後周시기에 太祖 郭威가 사용한 첫 번째 연호이다.
44) 顯德: 後周 太祖 郭威가 사망한 뒤 世宗 柴榮이 즉위하여 사용한 연호.
45) 尙波于: 당시 秦州는 토번의 중요한 근거지였다. 尙波于는 '尙巴約'으로도 불렸는데, 진주에 거주하던 주요한 부락 가운데 하나로서 夕陽鎭을 중심으로 활동한다. 『宋史』「太祖本紀」에는 "土蕃尙波于等歸伏羌縣地."라는 내용이 보이고, 『稽古錄』에는 "秦州屬羌尙波于"라는 기록이 있다. 『宋史』「校勘記」에 의하면 '尙波于'가 '尙波干'으로 기록되어 있었으나, 『宋史』卷1「太祖紀」와 卷257「吳廷祚傳」및 『文獻通考』卷335「四裔考」에 의거하여 바로잡았다.
46) 知州: 관직명이다. 宋初에 당말, 오대 시기 藩鎭割據의 교훈을 되새겨, 諸鎭 절도사들을 京師에 머물게 하고 朝臣들을 列郡에 파견하여 '權知某軍州事'라고 일컬었는데, "잠시 某軍과 州의 兵政, 民政사무를 대행한다"는 의미이다. 향후 文武官들이 지방의 知州軍事로 郡政을 총괄하게 되는데 이를 간략하게

조(吳廷祚)를 웅무군(雄武軍)47) 절도사로 삼아 [고]방 대신에 그들을 안무하게 하였으며, [오]정조에게 칙서48)를 가지고 가서 상파우 등에게 하사하여 말하였다. "조정에서 변방을 제치(制置)49)하는 것은 부락을 안무하고 편안하게 모여 살도록 돕기 위함이지, 어찌 침탈하여 이익을 갈취하려는 것이겠는가? 이전에 진주에 세 개의 작은 성채[三砦]를 설치한 것은, 다만 목재를 채취하여 수도에 공급하기 위한 것일 뿐, 비록 번한(蕃漢) 교계에 있다고 해도 방목에는 영향을 주지 않았다. 너희들은 목재를 점거하고 군인들을 살상하였다. 최근 고방(高防)의 상주로 너희들은 이미 체포되어 처분을 기다리고 있다고 들었다. 짐은 너희들이 오랫동안 충성스럽게 순종해왔고, 필히 이전의 잘못을 뉘우치고 있을 것이니, 특별히 회유하여 각각 관대하게 용서하도록 할 것이다. 이미 오정조에게 명하여 나아가 안무하게 하고 옛 땅을 돌려주도록 하였다. 모두 황상의 은지(恩旨)를 깨닫고 본 종족에 귀환하도록 하라." 또한 금포(錦袍)와 은대(銀帶)50)를 사여하니, 상파우 등은 감격하고 기뻐하였다. 그해 가을, 마침내 복강(伏羌)51)의

'知州'라고 부르게 되었다. 『宋史』 「徽宗紀」4에서도 "方臘陷處州, 淮南盜宋江等犯淮陽軍 …… 命知州張叔夜招降之."라고 언급하고 있다.

47) 雄武軍: 현재 天津市 薊縣과 河北省 興隆縣의 접경 지역이다. 『舊唐書』 「安祿山傳」에는 天寶 6년(747) 范陽 절도사 관할 지역의 북쪽에 雄武城을 축조하여 적을 방어하게 하였다는 기록이 보이는데 점차 군사적인 요지가 되었다. 『資治通鑑』<唐 會昌 2년(842)>조에는 회골이 雄武軍을 차지하고 幽州를 노렸으나 張仲至가 격퇴하였다는 기사가 있고, 唐 廣明 원년(880)에는 李克用이 雄武軍에서 군대를 이끌고 나가서 朔州에서 高文集을 격퇴하였다는 기사가 보인다.

48) 高防의 강압적인 목재채벌 정책이 토번 諸部族들의 반발을 사게 되자, 송 태조는 吳廷祚를 파견하여 안무정책을 펴게 하는데, 여기서 칙서는 오정조에게 반포하게 했던 <安撫秦州蕃部尙波于詔>를 가리킨다. 漆俠(主編), 『遼宋西夏金代通史: 周邊民族與政權卷』, 2010: 186.

49) 制置使: 唐 德宗 建中 4년(783)에 처음으로 설치된 관직이다. 주로 변방에서 군사업무를 주관하고 치안질서를 책임지는 업무를 맡는다. 宋初에는 부정기적으로 설치되었으나, 南渡 후에 금과의 전투가 빈번하게 발생하면서 설치 회수가 증가했는데, 대부분 安撫大使가 겸임하였다. 제치사 가운데 가장 계급이 가장 높은 관직은 '制置大使'이며, 制置使는 때로는 수개 路의 軍務를 전담하기도 하였다. 『宋史』 「寧宗紀」3에는 "成都府路安撫使董居誼爲四川制置使"라는 내용이 있고, 宋 羅大經의 『鶴林玉露』 卷14에는 "祖宗朝, 制置使多用名將"이라는 내용이 출현한다.

50) 錦袍와 銀帶: 황제의 일반적인 하사품으로 『資治通鑑』<後晉 齊王 開運 2년>조에도 "今優人一談一笑稱旨, 往往賜束帛·萬錢·錦袍·銀帶, 彼戰士見之, 能不觖望?"라는 구절이 보인다. 물론 官帶에도 격이 있는데 金帶, 玉帶, 銀帶의 순이다.

51) 伏羌: 현재 감숙성 甘谷縣 일대를 가리킨다. 唐 武德 3년(620)에 처음으로 伏羌縣과 伏州를 설치하였다가, 무덕 8년(625)에 州는 폐지하고 縣을 秦州에 속하도록 하였다. 至德 연간에 吐蕃에 함락된다. 北宋 熙寧 3년(1070)에 伏羌城을 세워 秦州에 속하게 하였다. 『宋史』 「寧宗本紀」에는 稷信이 西夏에 군대를

땅을 헌납해왔다.52)

> 乾德四年, 知西涼府折逋葛支上言:「有回鶻二百餘人·漢僧六十餘人自朔方路來, 爲部落劫略. 僧云欲往天竺取經, 並送達甘州訖.」詔褒答之. 五年, 首領閣逋哥·督廷·督南·割野·麻里六人來貢馬. 開寶六年, 涼州令步奏官僧吿龥聲·逋勝拉鐲二人求通道於涇州以申朝貢, 詔涇州令牙將至涼州慰撫之. 八年, 秦州大石·小石族寇土門, 略居民, 知州張炳擊走之.

[태조] 건덕(乾德) 4년(966), 지서량부(知西涼府) 절포갈지(折逋葛支)53)가 상언하였다. "회골(回鶻)54) [사람] 2백여 명과 한승(漢僧) 60여 명이 삭방(朔方)55)로 쪽에서 오다가 부락

청하여 秦州를 공략하려다가 협조를 서하인들이 따르지 않아 복강성으로부터 철수하였다는 기사가 보인다("嘉定十三年冬十月, 稷信邀夏人共攻秦州, 夏人不從, 信遂自伏羌城引軍還, 諸將皆罷兵.").

52) 宋太祖가 吳廷祚를 秦州 知州에 임명하고 蕃部를 안무하기 위해 위에 보이는 <安撫秦州蕃部尙波于詔>를 반포하자, 尙波于가 伏羌 땅을 바치며 내부해온 것인데, 상파우족은 秦州 以西 지역에서 처음으로 귀부한 부족이다.

53) 折逋葛支: 申師厚가 양주를 떠나 좌천된 후, 六谷蕃部의 수령인 折逋(葛)支가 양주 지역의 통치권을 장악하였고 육곡번부의 대수령이 된다.

54) 回鶻: 中國 古代의 北方 西北民族의 하나이다. 원래 回紇이었으나 唐 德宗 때 "鶻과 같이 빠르고 날쌔다"는 뜻으로 回鶻이라 개칭하였다. 唐初에 漠北에 있던 9姓 鐵勒 중의 하나였다. 回鶻의 部落聯盟에서 藥羅葛이 수령이었으며, 이후 回鶻의 可汗은 대다수가 이 氏族에서 나왔다. 唐 天寶 3년(744)에 骨力裴羅를 수령으로 하는 回紇聯盟이 당군의 지휘하에 突厥汗國을 무너뜨리고 漠北回紇汗國을 건립하여 王庭(牙帳)을 鄂爾渾河 유역에 두었다. 나라를 세운 후 回紇과 당의 관계는 비교적 양호하여 다른 유목민족 정권처럼 중국에 대해 침략하거나 약탈하지 않았다. 回紇은 또한 唐이 安史의 亂을 평정하는데 도움을 주기도 하였다. 최대 영역은 동으로는 室韋에, 서로는 金山(현재 알타이산맥)이 이르렀고 남으로는 大漠까지였다. 回紇은 이후 장기간 吐蕃과 전쟁을 벌였으며, 더욱이 통치도 난맥상을 보이고 내분이 끊임없이 일어나다가 당 武宗 會昌 6년(846) 소속 部인 黠戛斯에 의해 멸망하였다. 그 이후 서쪽으로 옮겨갔는데, 대략 세 갈래로 나누어졌다. 하나는 투르판(吐魯番)분지로 갔는데, 高昌回鶻 또는 西州回鶻, 北庭回鶻, 和州回鶻, 阿薩蘭回鶻로도 칭하였다. 관할 영역은 동으로는 하미(哈密), 서로는 쿠차(庫車), 남으로는 於闐, 북으로는 天山을 넘어섰다. 수도는 高昌(현재 新疆省 투르판 동쪽)이며, 國王은 阿薩蘭汗이었는데 그 뜻은 獅子王(이후 亦都護로 개칭)이다. 겨울에는 고창에 거주하였고, 여름에는 北庭(현재 新疆省 吉木薩爾破城子)에 거주하였다. 주로 농업에 종사하면서, 곡식, 면화, 과일(주로 참외·포도) 등의 작물을 심었다. 목축도 겸하였다. 관개시설이 특색이 있는데, '坎爾井'으로 이름이 높다. 佛教를

민에게 약탈 당했습니다. 승려들은 불경을 구하러 천축(天竺)56)에 가기를 원한다고 말하여, 모두 감주(甘州)로 보냈습니다." 조(詔)를 내려 넉넉하게 보상해주도록 하였다. [건덕] 5년에는 수령인 여포가(閭逋哥)·독정(督廷)·독남(督南)·할야(割野)·마리(麻里) 등 6인이 내조하여 말을 조공하였다. 개보(開寶) 6년(973)에는 양주령(涼州令)·보주관(步奏官) 승린전성(僧吝檀聲)과 포승납견(逋勝拉蠲) 두 사람이 경주(涇州)57)로 가는 길을 열어 조공을 할 수 있게 해달라고 요청해 와서, 경주(涇州)에 조(詔)를 내려 아장(牙將)58)들로 하여금 양주(涼州)에 가서 위무하도록 명령하게 하였다. [개보] 8년에는 진주(秦州)의 대석족(大石族)과 소석족(小石族)59)이 토문(土門)60)을 약탈하고 거민(居民)들을 침략하여, 지주(知州)인 장병(張

믿었으며, 마니교와 조로아스터교를 함께 믿기도 하였다. 문자는 回鶻文을 사용하였고, 가무에 능하였을 뿐 아니라 목각 인쇄술과 벽화예술이 뛰어났다. 10~11세기에 오대·북송과의 관계는 아주 밀접하였다. 12세기 초 西遼에 예속되었다가 13세기 초 몽고에 귀부하였다. 명 永樂 18년(1420)부터 차카타이 칸국에 속하였다가 17세기 후반 준가르부에 의해 점령당했으며, 18세기 중엽 청정부의 관할로 들어갔다.

55) 朔方: 唐代 중요한 方鎭 가운데 하나로서 靈鹽·靈武·靈州라고도 부른다. 唐 開元 9년(721)에 설치되었으며, 현종시기의 邊防 十節度使 가운데 하나로 손꼽힌다. 治所는 현재 寧夏자치구 吳忠市 북부에 있었던 靈州이다. 『舊唐書』 「地理志」에 삭방절도사는 北狄을 방어하며 7개의 군부를 관할한다고 기록되어있다 ("朔方節度使, 捍御北狄, 統經略·韋安·定遠·西受降城·東受降城·安北都護·振武等七軍府."). 처음에는 관할하는 범위가 매우 넓었으나 점차 축소되어 후에는 주로 지금의 영하 일대로 제한되었다. 光啓 3년(887)이후에는 韓遵과 韓遜 세력이 할거했으며, 五代 後唐 天成 4년(929) 이후 후당에 병합되었다.

56) 天竺: 고대 중국에서 인도를 지칭하던 호칭이다. 비슷한 명칭으로 天篤·天督·天豆·天定 등이 있는데, 어원은 身毒이나 인도와 마찬가지로 산스크리트어의 신두(인더스강 방면)로 여겨진다. 문헌에서는 『後漢書』 「西域傳」에서 "天竺國은 일명 身毒으로, 月氏의 남동쪽 수천 리에 있다"고 한 것이 최초인데, 이 호칭은 魏晉南北朝 때 널리 이용되었다. 당대에 들어서 玄奘은 『大唐西域記』에서 五印度의 경계가 9만여 리에 달한다고 한 적이 있다. 여기서 五印度는 바로 동·서·남·북·중 인도를 가리키는 것이며, 혜초는 『往五天竺國傳』에서 오천축국이라는 개념을 사용한 바 있다.

57) 涇州: 北魏 神廉 3년(430)에 처음으로 주가 설치되었으며, 治所는 현재 甘肅省 鎭原縣 동남방에 위치한 臨涇縣이다. 후에 치소를 安定郡 安定縣으로 옮긴다. 『元和郡縣志』 卷3에 따르면 涇州라는 지명은 涇水에서 유래하였다고 한다. 隋 開皇 연간 初에 군을 폐지하였다가, 大業 3년(607)에 安定郡으로 개명하였다. 唐初에 다시 涇州로 복원하였다가 天寶 원년(742)에는 安定郡으로, 至德 원년(756)에는 다시 保定郡으로 하였다가 乾元 원년(758)에 다시 涇州로 복원하였다.

58) 牙將: 軍中의 하급군관이다. 『舊唐書』 「秦宗權傳」에 보면 "秦宗權者, 許州人, 爲郡牙將."이었다고 언급하고 있다. 송대에 들어서도 하급군관을 지칭하는 용어로 사용된다.

59) 大石族과 小石族: 秦州 土門 일대에 거주하던 토번의 일족.

60) 土門: 토문은 秦州에 속해있는 堡砦의 하나로서, 당시 大石, 小石은 두 종족이 토문 일선지대에 거주했음을 반영해준다.

炳)이 격퇴하였다.

> 太平興國二年, 秦州安家族寇長山, 巡檢使韋韜擊走之. 三年, 秦州諸族數來寇略三陽・床穣・弓門等砦, 監軍巡檢使周承瑨・任德明・耿仁恩等會兵擊敗之, 斬首數十級, 腰斬不用命卒九人于境上. 太宗乃詔曰:「秦州內屬三族等頃慕華風, 聿求內附, 俾之安輯, 咸遂底寧. 近聞乘蕃育之資, 稔寇攘之志, 敢忘大惠, 來撓邊疆. 豈朕信之未孚, 而吏撫之不至? 並鐲豐咎, 特示威懷. 今後或更剽剝, 吏卽捕治, 寘之于法, 不須以聞.」是年, 又寇八狼砦, 巡檢劉崇讓擊敗之, 梟其帥王泥猪首以徇. 三月, 小遇族寇慶州, 知州慕容德豐擊走之.

[태종] 태평흥국 2년(977), 진주(秦州)의 안가족(安家族)61)이 장산(長山)62)을 공격해 와서 순검사(巡檢使)63) 위도(韋韜)가 격퇴하였다. [태평흥국] 3년에는 진주의 많은 종족들이 수차례 내습하여 삼양(三陽)64)・미양(床穣)65)・궁문(弓門)66) 등 성채(城砦)를 약탈하여, 감군순검사(監軍巡檢使) 주승진(周承瑨)・임덕명(任德明)・경인은(耿仁恩) 등이 병사를 모아 격퇴하였다. 수십 급을 참수하였고, 명령을 듣지 않은 병졸[不用命卒] 9명도 변경에서 요참(腰斬)하였다. 태종이 조(詔)를 내려 말하였다. "진주(秦州)에서 내속(內屬)한 세 종족(族) 등은

---

61) 安家族: 주로 秦州 長山 일대에 거주하던 토번의 일족.
62) 長山: 현재 감숙성 秦安縣 남쪽 2리 지점에 있는 산으로 '三陽山'으로도 불린다.『元豐九域志』卷3 <秦州> 조에는 "靜戎砦에 長山堡가 있는데, 산에 따라 이름을 붙인 것(靜戎砦有長山堡, 以山爲名)"이라는 기사가 보인다.
63) 巡檢使: 五代 後梁 때 처음 설치되어 송대에 주로 설치된 관직으로, 군대를 거느리고 원정을 가거나 변경에서 적군을 방어하는 장군에게 부여한 관직이다. 편제가 일정한 것은 아닌데, 州마다 1명에서 3명까지 두며 많게는 5명을 두기도 한다. 宋代 周輝의『淸波別志』卷中에는, "一巡檢使臣, 敢以劄子直達御前, 固已可駭, 在當時通進司亦何敢傳奏."라고 하였다.
64) 三陽砦: 북송 開寶 원년(968)에 처음 설치된 성채로 秦州에 속한다. 현재 甘肅省 天水市 서북쪽 40리 三陽川 부근에 설치되었던 것으로 추정된다.
65) 『宋史』「校勘記」에 의하면 床穣은 원래 '麻穣'으로 되어 있었으나, 『宋史』卷87「地理志」와『續資治通鑑長編』卷19에 의거하여 고친 것이다.
66) 弓門砦: 북송 太平興國 3년(978)에 설치된 성채로 역시 秦州에 속한다. 현재 감숙성 張家川 회족 자치현 동남편의 恭門鄕 지역에 설치되었던 것으로 추정되며, 후에 弓門鎭으로 개명한다.

이전에 중화의 풍속을 앙모하여 내지로 귀부하겠다고 요구해와, 그들을 안무하여 모두 평안하게 하였다. 최근 듣자하니 늘어난 자산을 바탕으로 약탈하려는 뜻을 품고, 감히 큰 은혜를 저버린 채, 변경을 내습하여 어지럽힌다고 한다. 설마 짐이 그들을 믿은 것이 미덥지 못하고, 관리들이 그들을 안무한 것이 다다르지 못하였다는 말인가? 그들의 죄를 모두 관대하게 면해 주어 위무와 은덕을 확실하게 보여주어라. 금후에도 또다시 침략해오면 관리들은 바로 체포하여 죄로 다스리고 법에 의거하여 처리하며 위에 보고할 필요도 없다." 그해에 다시 팔랑채(八狼砦)67)를 공격해 와서 순검68) 유숭양(劉崇讓)이 격퇴하고, 그 우두머리인 왕니저(王泥猪)69)를 효수(梟首)하여 무리들에게 보였다.70) 3월에는 소우족(小遇族)71)이 경주(慶州)72)를 공격하여, 지주(知州) 모용덕풍(慕容德豐)이 격퇴하였다.

八年, 諸種以馬來獻, 太宗召其酋長對于崇政殿, 厚加慰撫, 賜以束帛, 因謂宰相曰: 「吐蕃言語不通, 衣服異制, 朕常以禽獸畜之. 自唐室以來, 頗爲邊患. 以國家兵力雄

---

67) 八狼砦: 秦州에 속해있는 堡砦 가운데 하나로서, 일대에는 토번의 일족인 王泥猪족이 거주하였다.
68) 巡檢: 관직명으로 巡檢使를 줄인 말. 五代 後唐 莊宗 시기부터 설치되며, 송대에는 京師의 東西 兩路에 각각 都同巡檢 2명, 京城四門巡檢 각 1명을 두었으며, 변경과 沿江, 沿海 지역에도 巡檢司를 설치하였다. 순검사는 군사의 훈련과 관내의 巡邏 업무를 책임지고 있어서 책무가 막중하였고, 후에는 소재지 縣令의 통제를 받게되었다. 『文獻通考』「職官」13과 顧炎武, 『日知錄』의 <鄕亭之職> 참조.
69) 王泥猪: 비슷한 내용이 『長編』卷19에도 보이는데, "진주에서 상언하기를, 戎人들이 팔랑채를 침략하여, …… 그 원수인 왕니저를 생포하였다"는 내용이 보인다. 팔랑채가 秦州에 속해 있는 堡砦라는 점을 감안할 때 당시 왕니저 부족은 팔랑채 일선에 기거한 것으로 추정된다.
70) 『長編』卷19에서는 우두머리의 이름을 王泥猪가 아닌 王寧珠로 기록하고 있는데 토번식 이름을 음차하는 과정에서 달라진 것으로 보인다("壬寅, 秦州言, 戎人寇八狼寨殺掠吏民, 巡檢使劉崇讓率戍兵擊走之, 擒其帥王寧珠, 梟首以徇.").
71) 小遇族: 『宋史』「仁宗本紀」에 "環州小遇族叛."이라는 기록이 출현하고, 『范文正公年譜補遺』에도 "수우족이 환주 石昌鎭에 기거한다고 기록된 것으로 보아 당시 소우족은 환주 일대에 거주하는 党項族으로 추정하기도 한다.
72) 慶州: 隋 開皇 16년(596)에 처음으로 州가 설치되는데 治所는 合水縣(현재 甘肅省 慶陽縣)이다. 大業 3년(607)에 弘億郡으로 개명하였다가 唐 武德 원년(618)에 다시 慶州로 복원된다. 天寶 원년(742)에 安化郡으로 개명하였고, 至德 원년(756)에는 順化郡으로 바꿨다가 乾元 원년(758)에 경주로 복원된다. 北宋代에는 관할 구역이 축소되었으며 宣和 7년(1125)에 慶陽府로 개명하였다.

盛, 聊擧偏師, 便可驅逐數千里外. 但念其種類蕃息, 安土重遷, 倘因攘除, 必致殺戮, 所以置於度外, 存而勿論也.」 九年秋, 秦州言蕃部以羊馬來獻, 各已宴犒, 欲用茶絹答其直. 詔從之.

[태평흥국] 8년(983)에는 여러 종족들이 말을 가지고 와서 헌상했는데, 태종은 추장들을 불러 숭정전(崇政殿)73)에서 환대하고 두텁게 위무를 더해주었으며, 비단 한 묶음[束帛] 씩을 하사하고는 재상에게 말하기를, "토번은 언어도 통하지 않고 의복 양식도 다르니, 짐은 항상 금수로 여기고 축양해왔다. 당실(唐室) 이래로 항상 변경에서 환란을 일삼아왔다. 국가의 병력이 강성한지라 일부 군대만 움직여도 수천 리 밖으로 내몰 수 있도. 다만 종족이 불어나고 고향을 떠나 타지로 옮기려하지 않으니, 만약 그들을 몰아내 제거하려고 하면 반드시 살육을 부를 것이므로 도외(度外)74)에 방치하여 그대로 둔 채 간섭하지 말도록 해라"라고 하였다. [태평흥국] 9년 가을, 진주(秦州)에서 상언하기를, 번부(蕃部)에서 양과 말을 가지고 와서 헌상하여 연회를 열어 위로하게 하고 각각 값어치에 맞게 차와 비단[絹]으로 답하려 한다고 하였다. 조(詔)를 내려 그대로 하도록 하였다.

淳化元年, 秦州大·小馬家族獻地內附. 二年, 權知西涼州·左廂押蕃落副使折逋阿喻丹來貢. 先是, 殿直丁惟清往涼州市馬, 惟清至而境大豐稔, 因爲其所留. 靈州命蕃落軍使崔仁遇往迎惟清. 又吐蕃賣馬還過靈州, 爲党項所略, 表訴其事, 因請留惟清至來年同入朝. 詔答之. 四年, 阿喻丹死, 以其弟喻龍波爲保順將代其任. 五年, 折平族大首領·護遠州軍鑄督延巴率六谷諸族馬千餘匹來貢, 旣辭, 復撾登聞鼓, 言儀州八族首領逋波䳒等侵奪地土. 上降敕書告諭之. 知秦州溫仲舒上言, 每歲伐木, 多爲蕃族

---

73) 崇政殿: 북송 시대 궁궐 건축물 가운데 하나로 大內 중심부에 위치했다. 紫宸門으로 들어가면 紫宸殿 五師殿을 거쳐 崇政殿에 이른다. 숭정전에서는 殿試가 치러지기도 했는데 『宋朝會要』에는 "雍熙二年三月十五日, 太宗御崇政殿試進士, 梁顥首以程試上進, 帝嘉其敏速, 以首科處焉. 十六日, 帝按名一一呼之, 面賜及第.' 唱名賜第, 蓋自是爲始."라고 하였다.
74) 度外: "法度之外"를 줄인 말이다. 법이나 예에 의해 통제될 수 있는 범위의 밖, 즉 통치권역을 벗어난 지역이라는 의미이다.

攘奪, 今已驅其部落於渭北. 太宗慮生邊患, 乃以知鳳翔薛惟吉對易其任, 語見惟吉傳. 是年春, 知西涼府左廂押蕃落副使折逋喻龍波·振武軍都羅族大首領並來貢馬.

[태종] 순화 원년(990), 진주(秦州)의 대·소 마가족(馬家族)75)이 토지를 헌상하며 내부(內附)해왔다. [순화] 2년(992), 권지서량주(權知西涼州)·좌상압번락부사(左廂押蕃落副使) 절포아유단(折逋阿喻丹)76)이 내공해왔다. 이전에 전직(殿直)77) 정유청(丁惟淸)이 양주(涼州)에 가서 말을 구입했는데, [정]유청이 경내에 도착했을 때 대풍년이 들자 그들이 계속 머물도록 했다. 영주(靈州)78)에서 번락군사(蕃落軍使) 최인우(崔仁遇)에게 [정]유청을 영접해올 것을 명령하였다. 또한 토번이 말을 팔고 돌아가며 영주를 경유했는데, 당항(党項)79)으로부터 약탈을 당하게 되자, 표(表)를 올려 이 일을 상소하고, [정]유청을 내년까지 머물게 하였다가 함께 입조하겠다고 청하였다. 조(詔)를 내려 회답하였다. [순화] 4년(994), 아유단(阿喻丹)이 죽자 동생인 유용파(喻龍波)로 하여금 보순랑장(保順郎將)을 맡아 직무를 대행하게 하였다. [순화] 5년(995), 절평족(折平族)80)의 대수령인 호원주군(護遠州軍) 주독연파(鑄督延巴)가 육곡(六谷)81)의 제 부족을 인솔하여 말 천여 필을 가지고 내공하였다. [그들이] 물러난 후에

---

75) 大·小 馬家族: 『長編』 卷89에서 "永寧寨大馬家族軍主阿錫達 ……"이라고 언급하는 것으로 보아 대·소 마가족의 거주지가 秦州 永寧寨 일대 임을 알 수 있다. 청대 초기의 책인 『秦邊紀略』에서는 "河州有大馬家灘, 小馬家灘"이라고 언급하고 있고, 『宋會要輯稿』 195冊 「方域」 21 <西涼府>에서는 "西涼府馬家族"이라고 기록하고 있는데, 마가족이 원래 서량부에 속했음을 알 수 있다.

76) 折逋阿喻丹: 折逋(葛)支의 아들로서 절포지가 사망한 후 權知西涼州를 계위하여 송조에 進貢한 것이다.

77) 殿直: 황제의 侍從官으로, 五代 초에는 殿前承旨라 일컫다가, 後晉 때 殿直으로 개명하였다. 송대 熙寧 연간 이전까지는 左右兩班의 寄祿官을 지칭하였다.

78) 靈州: 北魏 孝昌 연간에 처음으로 행정기관이 설치되었고 唐 武德 원년(618)에 영주로 개명하였다. 송대에도 영주로 부르다가, 11세기부터 西夏에 속하게 되고 西平府라고 불렀다. 원대 이후에 다시 영주로 칭하게 된다.

79) 党項: 토번 제국의 동북부 지역에 거주하던 종족이다. 탕구트라고도 부르며, 오늘날 靑海省 청해호 남부를 중심으로 활동하다가 토번 세력이 동진하면서 현재 寧夏 일대로 이동하였고, 후에 西夏를 건국하였다.

80) 折平族: 위의 『宋史』 「토번전」 내용 가운데 절평족 수령이 六谷의 제 수령들을 인솔한다는 내용이 보이는 것으로 보아 절평족이 六谷 제 부족들의 우두머리임을 알 수 있다. 당시 육곡 제 부족은 양주 일대의 토번부족을 통칭하는 용어로 사용되었는데, 당시 양주 지역의 총수령이 折逋族이었기 때문에 절포와 절평을 같은 부족으로 추정하고 있다.

81) 六谷: 원래 六谷은 祁連山에서 발원한 古浪河, 黃羊河, 雜木河, 金塔河, 西營河, 東大河 등 6개의 하천을

다시 등문고(登聞鼓)82)를 치더니 의주(儀州)의 8부족 수령인 포파치(逋波鵄)등이 토지를 침탈해왔다고 상언하였다. 황상께서 칙서(敕書)를 내려 널리 알렸다. 지진주(知秦州) 온중서(溫仲舒)가 매년 벌목을 하면 대다수가 번족(蕃族)들에게 약탈을 당하게 되어, 근자에 이미 그 부락을 위북(渭北)83)으로 쫓아냈다고 상언하였다. 태종(太宗)은 변방의 환란이 생길까 근심되어, 바로 봉상(鳳翔)84) 지주(知州) 설유길(薛惟吉)과 직무를 맞바꾸게 했는데, 이 일은 「유길전(惟吉傳)」에 보인다. 그해 봄, 지서량부(知西涼府) 좌상압번락부사(左廂押蕃落副使) 절포유룡파(折逋喩龍波)와 진무군(振武軍)85) 도라족(都羅族)86) 대수령이 함께 와서 말을 진공하였다.

至道元年, 涼州蕃部當尊以良馬來貢, 引對慰撫, 加賜當尊虎皮一, 歡呼致謝. 二年四月, 折平族首領握散上言, 部落爲李繼遷所侵, 願會兵靈州以備討擊, 賜幣以答之.

일컫는 말로서, 이들 6개의 하천은 계곡지대를 지나서 涼州 일대에 오아시스 지역을 형성하였다. 六谷蕃部는 양주 남쪽에 살고 있던 吐蕃人이나 토번화된 여러 민족들의 부락연맹을 가리킨다.
82) 登聞鼓: 帝王이 백성들의 간언이나 원성을 듣기 위해 朝堂 밖에 걸어놓은 북을 말한다. 윗사람이 백성들의 북소리를 듣기 원한다는 의미로 '登聞鼓'라 지칭한다. 唐代에 柳宗元은 <先侍御史府君神道表>에서 등문고에 대하여 "有擊登聞鼓以聞於上, 上命先君總三司以聽理, 至則平反之."라고 언급한 바 있다.
83) 渭北: 唐 上元 원년(760)에 渭北鄜坊節度使가 설치되는데, 약칭으로 '渭北'으로 불리었다. 하지만 治所와 관할 범위가 현 陝西省 黃陵縣과 富縣 일대였다는 점을 감안하면, 여기서 지칭하는 위북은 渭州 以北일 가능성이 높다. 渭州는 唐 武德 연간(618~626) 초에 설치되어 天寶 연간(742~755) 초에 잠시 隴西郡으로 개명했다가 乾元 연간(758~759) 초에 다시 渭州로 복원된다. 寶應 연간(762)에 吐蕃에 함락되어, 元和 4년(809)에 原州 平涼縣에 별도로 渭州를 설치한다. 하지만 廣明 원년(880)에 이 지역도 다시 吐蕃에 점령당하여, 大中 5년(851)에 수복한 뒤 中和 4년(884)에 平涼縣에 다시 설치하였다. 北宋 시기의 관할 범위는 현재 감숙성의 平涼·華亭·崇信 등 지역과 寧夏자치구의 涇源 등 지역이다.
84) 鳳翔: 唐 至德 원년(756)에 扶風郡을 개명하여 鳳翔郡을 설치하였는데, 治所는 雍縣(현재 섬서성 봉상현)에 두었다. 관할 영역은 오늘날 陝西省 鳳翔·岐山·四畫鳳襲受卞六扶風·麟遊·寶雞·眉縣·周至 等 縣市 지역이다. 지덕 2년(757)에 風翔府로 승격하였다.
85) 振武軍: 振威軍으로도 불린다. 唐 開元 17년(729)에 予鐵仍城(石堡城)을 설치하고, 鄯州에 속하게 했으니, 지금의 靑海省 湟源縣 서남쪽 哈喇庫圖城 근처의 石城山이다. 개원 21년(733)에 隴右節度使에 속하였다가, 개원 29년(741)에는 吐蕃에 점령당하였다. 天寶 8년(749)에 수복하여 神武軍으로 개칭하였다.
86) 都羅族: 涼州 折逋氏 예하에 있던 토번의 일족이다. 『宋會要輯稿』 195冊 「方域」21 <西涼府>에는 "又以其督六族首領裙下箕等三人爲懷化將軍"이라고 기재되어 있어서 '都羅'와 '督六'은 같은 부족으로 판단된다.

七月, 西涼府押蕃落副使折逋喩龍波上言, 蕃部頻爲繼遷侵略, 乃與吐蕃都部署沒暇拽于會六谷蕃衆來朝, 且獻名馬. 上厚賜之. 是歲, 涼州復來請帥, 詔以丁惟淸知州事, 賜以牌印.

[태종] 지도(至道) 원년(995), 양주(涼州) 번부(蕃部)의 당존(當尊)이 와서 양마(良馬)를 진공하여, 황제께서 직접 소견(召見)한 뒤 안무하고, 이에 더하여 당존에게 호피 한 장까지 하사하니, 기뻐 소리치며 감사를 표하였다. [지도] 2년 4월, 절평족(折平族) 수령 악산(握散)이 이계천(李繼遷)[87]에게 부락을 침략당해 영주(靈州)에서 군사를 모아 토벌 준비를 하기 원한다고 상언하여, 화폐를 내려 그에 화답하였다. 7월, 서량부(西涼府) 압번락부사(押蕃落副使) 절포유룡파(折逋喩龍波)[88]는 부락이 빈번하게 [이]계천에게 침략당한다고 상언하고, 바로

---

87) 李繼遷(963~1004): 党項족 平夏部 출신의 무장으로 銀州防禦使 李光儼의 아들이다. 원래는 拓跋氏지만 그의 조상들이 唐朝 때부터 李氏 姓을 하사 받은 바 있다. 어려서부터 무예와 지략이 출중하였는데, 太平興國 7년(982)에 族兄 李繼捧이 송에 입조하여 夏·綏·銀·宥·靜 등 다섯 주를 헌상하자, 李繼冲과 張浦 등을 거느리고 송에 반기를 든다. 이후 이계천은 張浦를 遼에 파견하여 遼 聖宗에게 귀부를 표명하는데, 북송과 대립하던 聖宗은 이계천을 定難軍節度使 兼 夏·綏·銀·宥·靜 五州觀察使, 特進檢校太師, 都督夏州諸軍事에 임명하였다. 이계천은 요 統和 4년(986)에 요의 지지를 더욱 강화하기 위해서 직접 요의 변경을 방문하여 청혼하였고, 聖宗은 요 統和 7년(989)에 義成公主를 출가시켜 화답하였다. 이듬해에는 이계천을 夏國王에 책봉하였고, 2년 후에는 이계천이 夏州 땅을 헌상하자 西平王에 분봉하였다. 송 眞宗 즉위 후 이계천은 세력을 더욱 확대했는데, 咸平 5년(1002)에는 重兵을 모아 靈州를 함락시켰고, 靈州 知州 裴濟를 살해하였다. 이계천은 靈州를 西平府로 개명하고 궁궐과 종묘 등을 건설하여 수도로 삼았다. 이계천은 또한 기세를 늦추지 않고 環州와 慶州를 공격하겠다고 공언하고 먼저 "畜牧甲天下"로 불리던 西涼府를 공격했는데, 이때 宋朝에 귀부한 吐蕃의 首領 潘羅支가 거짓으로 투항했다가 토번兵 수만 명을 이끌고 급습하여 대패한 뒤 이계천도 화살에 맞아 西平으로 도망하였다. 北宋 景德 원년(1004)에는 결국 부상당한 병세가 위중해져서 사망했는데, 이듬해에 아들인 李德明은 군사를 파견하여 潘羅支를 살해하여 원수를 갚았고, 이계천에게 應運法天神智仁聖至道廣德孝光皇帝라는 제호를 헌상했고, 손자 李元昊는 西夏를 건국한 뒤 이계천을 太祖로 추존하였다.
88) 折逋喩龍波: 六谷蕃部의 수령으로 折逋支의 아들이다. 折逋支가 죽자 兄인 折逋阿喩丹이 계승했으나 淳化 4년(993)에 阿喩丹마저 사망하여 동생인 折逋喩龍波가 계위하게 된다. 당시 육곡번부에 대한 탕구트족의 침략이 거세지자, 折逋喩龍波는 송조에 涼州 州帥를 파견해줄 것을 요청하는 등 친송정책을 주도했지만, 결국 党項족의 공세를 막아내지 못하면서 부족 내에서 위신이 추락하여 육곡대수령의 지위를 潘羅支에게 넘겨주게 된다.

토번도부서(吐蕃都部署) 몰하예우(沒暇拽于)와 육곡번중(六谷蕃衆)들을 모아 내조하고 명마까지 헌상하여, 황상께서 후하게 하사해주셨다. 그해에 양주(涼州)에서 다시 내조하여 주수(州帥)를 청하는지라, 조(詔)를 내려 정유청(丁惟淸)을 지주사(知州事)로 삼고 패인(牌印)89)을 하사하였다.

> 咸平元年十一月, 河西軍左廂副使・歸德將軍折逋游龍鉢來朝. 游龍鉢四世受朝命爲酋, 雖貢方物, 未嘗自行, 今始至, 獻馬二千餘匹. 河西軍卽古涼州, 東至故原州千五百里, 南至雪山・吐谷渾・蘭州界三百五十里, 西至甘州同城界六百里, 北至部落三百里. 周回平川二千里. 舊領姑臧・神鳥・蕃禾・昌松・嘉麟五縣, 戶二萬五千六百九十三, 口十二萬八千一百九十三. 今有漢民三百戶. 城周回十五里, 如鳳形, 相傳李軌舊治也. 皆龍鉢自述云. 詔以龍鉢爲安遠大將軍.

[송 진종] 함평(咸平) 원년(998) 11월, 하서군(河西軍)90) 좌상부사(左廂副使)・귀덕장군(歸德將軍) 절포유룡발(折逋游龍鉢)이 내조하였다. [절포]유룡발은 4대에 걸쳐 조정의 명을 받아서 추장이 되었는데, 비록 방물을 진공해왔지만 이제껏 직접 행한 적은 없었다가, 이번에 처음으로 와서는 말 2천여 필을 바친 것이다. 하서군은 옛날의 양주(涼州)로서, 동으로 고원주(故原州)까지는 1,500리, 남으로 설산(雪山)91)・토욕혼(吐谷渾)92)・난주(蘭州)93) 경내까지는 350리, 서쪽으

---

89) 牌印: 令牌와 印信을 말한다. 고대에는 관직을 수여할 때 印綬를 하사하여 佩用하게 했는데, 唐代에 들어서면 직인은 따로 보관하고, 관직을 나타내는 牌를 별도로 착용하게 된다. 『資治通鑑』 唐 僖宗 中和 4년조에 "將佐已下從行者三百餘人, 幷牌印皆没不返."이라는 기록이 보이는데, 胡三省은 牌印에 대해 다음과 같이 注를 달고 있다. "古者授官賜印綬, 常佩之於身, 至解官則解綬. 至唐始置職印, 任其職者, 傳而用之. 其印盛之以匣, 當官者寘之臥內, 別爲一牌, 使吏掌之, 以謹出入, 印出而牌入, 牌出則印入, 故謂之牌印."

90) 河西軍: 唐 睿宗 景雲 2년(711)에 涼州都督 賀拔延을 처음으로 河西節度使에 임명하여 吐蕃과 突厥을 방어하게 하는데, 치소를 涼州(감숙성 무위 일대)에 두고 涼州・甘州・肅州・瓜州・沙州・伊州・西州 등 7州를 통관하게 하였다. 安史의 亂 때 吐蕃에 점령당했다가, 會昌 2년(842) 吐蕃에 내란이 발생하자 다시 수복하였다. 하지만 당말 黃巢의 亂이 발생하면서 甘州 回鶻과 歸義軍 세력에게 넘어가게 되었고, 오대시기에도 이 지역은 回鶻과 탕구트에 의해 분점된다. 後周 廣順 2년(952)에 申師厚를 하서절도사에 임명하기도 했지만, 토번과 현지 한인들을 제압하지 못하고 양주 일대는 다시 중원과 단절된다. 이후 河西軍은 명목만 남고 토번 六谷部에 의해 점령되어 운영되었다.

로 감주(甘州)와 동성(同城) 경내까지는 600리, 북으로 부락까지는 300리에 달한다. 주위 평원은 2,000리에 달한다. 옛날에는 고장(姑臧)94)·신오(神烏)95)·번화(番禾)96)·창송(昌松)97)·가린(嘉麟)98)등 5개 현을 거느렸고, 호(戶)는 25,693호(戶)와 128,193구(口)에 달하였다. 현재

---

91) 雪山: 현재 甘肅省 夏縣 남쪽과 夏河縣 북쪽 경계에 있던 太子山을 설산이라 지칭했는데, 『方輿紀要』 卷60 「河州」 편에서는 설산을 아래와 같이 언급한 바 있었다. "州西南百五十墨, 接洮州番界. 四時皆有積雪, 一名雪嶺. 又山石如骨露, 一名露骨山." 이밖에 감숙 경내의 祁連山과 靖遠縣 서북쪽에 있던 哈思山도 항상 눈이 쌓여있어서 설산으로 지칭하기도 하였다.

92) 吐谷渾(?~317?): 吐谷渾을 건립한 인물로, 鮮卑 慕容涉歸의 庶長子이다. 동생 慕容廆와 원래 사이가 좋았으나 자신의 말과 모용외의 말이 싸운 것을 계기로 점차 사이가 벌어져, 283년 1,700호를 거느리고 지금의 內蒙古自治區 陰山으로 옮겨갔다. 313년을 전후하여 음산에서 내려와 隴西郡 枹罕縣에 이르렀다. 토욕혼이라는 나라는 토욕혼의 손자 葉延(329~351)이 세웠는데, 唐 高宗 龍朔 3년(663) 吐蕃에게 멸망당할 때까지 300여 년간 존속하였다. 토번이 쳐들어왔을 때 군주였던 諾曷鉢(635~688, 22대)은 涼州로 달아났다가 이후 唐에 귀부하여 安樂州 刺史에 제수되었다. 吐谷渾은 吐蕃에게 멸망당한 후 河東으로 옮겨 거주하였는데 '退渾', '吐渾' 등으로 불렸다. 吐谷渾이 전성 시기였을 때 영역은 지금의 甘肅省 동부, 四川省 西部, 남으로는 青海省 南部, 서로는 新疆省 若羌, 且末, 북으로는 祁連山과 河西走廊과 접하였다(周偉洲, 2006). 吐谷渾의 역사는 크게 전기와 후기로 나누는데, 전기는 11대 慕利延이 죽었을 때(452년)까지 후기는 12대 拾寅의 등극에서 시작한다. 전기는 吐谷渾의 발전 시기라 할 수 있다면 후기는 吐谷渾의 쇠락 시기라 할 수 있다. 전기의 관제는 후기와 많이 다른데, 전기에는 長史, 司馬, 將軍, 博士, 侍郎 등이 자주 보이며, 후기에는 王, 公, 僕射, 尙書, 郎中, 將軍 등의 관함이 자주 보인다(陳新海, 1994). 胡三省은 史家들이 谷은 欲으로 소리 낸다고 하였다(『資治通鑑』 卷90).

93) 蘭州: 蘭州는 金城郡에 皐蘭山이 있으므로 이것으로 州의 이름으로 삼았다고 한다(『資治通鑑』 卷194). 隋 文帝 開皇 원년(581)에 설치하였으며, 治所는 子城縣(지금의 甘肅省 蘭州市)이었고 관할 영역은 甘肅省 蘭州市와 臨洮縣 등의 지역이다. 煬帝 大業 초기에 金城郡이라 하였다가 唐 高祖 武德 2년(619)에 다시 蘭州라 하였다. 天寶 원년(742) 다시 金城郡으로 고쳤다가 乾元 원년(758) 다시 蘭州라 하였다. 廣德 원년(763) 吐蕃에게 함락되었다. 北宋 元豐 4년(1081) 다시 회복하였다. 崇寧 3년(1104)에 蘭泉縣을 치소로 삼았으며 鞏昌路에 속하였다.

94) 姑臧: 西漢 元狩 2년(전121)에 武威郡의 治所로 처음 설치되며 현재 감숙성 武威市에 위치했다. 『元和郡縣志』 卷40에 의하면 지명이 근처의 姑臧山에서 유래했다고 하며, 5호16국 시기에는 前涼·後涼·南涼·北涼의 수도였다. 당대에는 涼州와 河西節度使의 치소가 설치되었으며, 안사의 난 이후에 吐蕃에 함락되어 현이 폐지된다.

95) 神烏: 涼州의 屬縣 가운데 하나이다. 『宋史』 「校勘記」에 의하면 神烏가 원래 「神鳥」로 기록되어 있었는데, 『通典』 卷174와 『長編』 卷43에 의거하여 수정하였다.

96) 番禾: 서한 때 처음 縣이 설치되며 張掖郡에 속하였고 치소는 현재 甘肅省 永昌縣 水寨城이다. 西晉 때 番禾縣으로 개명하며, 唐 武德 2년(619)도 番禾縣이 설치되는데, 涼州의 속현이다.

97) 昌松: 武威郡의 속현으로 설치되었다가, 5호16국 시기 後涼 때에 昌松縣으로 개명한다.

한인(漢人) 300호가 있다. 성의 둘레는 15리에 달하는데, 봉황과 같은 형태로써 옛날 이궤(李軌)[99]의 치소였다고 전해진다. 이 모두가 [절포유]룡발 스스로 진술한 것이다. 조(詔)를 내려 [절포유]룡발을 안원대장군(安遠大將軍)으로 삼았다.

> 二年, 以儀州延蒙八部都首領渴哥領化州刺史, 首領透逋等爲懷化郎將. 四年, 知鎭戎軍李繼和言, 西涼府六谷都首領潘羅支願戮力討繼遷, 請授以刺史, 仍給廩祿. 經略使張齊賢又請封六谷王兼招討使. 上以問宰相, 皆曰:「羅支已爲酋帥, 授刺史太輕; 未領節制, 加王爵非順, 招討使號不可假外夷.」乃以爲鹽州防禦使兼靈州西面都巡檢使. 時西涼使來, 且言六谷分左右廂, 左廂副使折逋游龍鉢實參羅支戎事. 朝廷方務綏懷, 又以龍鉢領宥州刺史, 六族首領褚下箕等三人爲懷化將軍. 其年, 潘羅支遣部下李萬山率兵討賊, 貽書繼和請師期. 先是, 遣宋沆·梅詢等爲安撫使·副, 未行, 上謂宰相曰:「朕看盟會圖, 頗記吐蕃反覆狠子野心之事. 今已議王超等領甲馬援靈州, 若難爲追襲, 卽靈州便可制置, 沆等不須遣, 止走一使以會兵告之.」

[함평] 2년(999), 의주(儀州) 연몽팔부(延蒙八部)[100] 도수령(都首領) 갈가(渴哥)를 화주(化州)[101] 자사로, 수령 투포(透逋) 등을 회화낭장(懷化郎將)으로 삼았다. [함평] 4년(1001), 지진융군(知鎭戎軍) 이계화(李繼和)가 상언하여, 서량부(西涼府) 육곡(六谷) 도수령 반라지(潘

---

98) 嘉麟: 唐 萬歲通天 원년(696)에 涼州의 속현으로 처음 설치되며, 治所는 현재 감숙성 武威市의 서북 70리 지점에 있었다. 안사의 난 이후에 吐蕃에 정복당한다.
99) 李軌(?~619): 武威의 河西 호족집안에서 태어나 隋末唐初 시기에 감숙 지역을 기반으로 한 할거세력으로 성장한다. 처음에 河西大涼王을 칭했다가, 薛擧 세력을 격파하고 張掖, 敦煌, 西平 등지를 기반으로 위세를 떨치면서 武德 원년(618)에는 정식으로 황제에 등극 하였다. 唐 高祖 李淵은 처음에는 그를 '從弟'라고 부르며 회유하였으나, 칭제하며 대립하게 되자 모용복윤을 통해 토욕혼 군대를 동원하여 공격하였다. 후에 '大涼政權' 내에 내분까지 겹치면서 결국 자결하였다.
100) 延蒙八部: 『宋史』 「吐蕃傳」 후반부에 "六月, 知渭州曹瑋言隴山西延家首領禿逋等納馬立誓, 乞隨王師討賊, 以漢法治蕃部, 且稱其忠."이라고 언급되어 있을 뿐 아니라 王安石의 『臨川文集』 卷90에서도 "河西大族 延家"라고 언급하고 있어서 延蒙은 延家를 오기한 것으로 판단된다. 延家族에 대해서는 註)112 참조.
101) 化州: 唐 寶應 원년(762)에 党項 部落의 州로 설치하였고, 秦州 都督府에 속하였다. 오늘날 甘肅省 涇川 및 陝西省 隴縣 일대에 있었는데 唐末에 폐지되었다.

羅支)가 힘을 합쳐 [이]계천을 토벌하길 원하니, 자사 직을 수여해주고 또한 양식과 봉록도 함께 내려주기를 청하였다. 경략사 장제현(張齊賢)도 육곡왕(六谷王) 겸 초토사(招討使)에 책봉해달라고 청하였다. 황상께서 재상들에게 물으니, "[반]라지(潘羅支)가 이미 추수(酋帥) 인데, 자사를 수여하는 것을 너무 가볍다 여겨지고, 아직 절도사직[節制]도 받지 않았으면서 왕작(王爵)을 더해주는 것도 도리에 맞지 아니하며, 또한 초토사(招討使)102)의 이름은 외이 (外夷)에게는 주는 것이 아닙니다"라고 모두가 대답하였다." 그래서 염주(鹽州)103) 방어사(防禦使) 겸 영주(靈州)104) 서면도순검사(西面都巡檢使)로 삼았다. 마침 서량(西涼)에서 사절이 와서, 육곡이 좌우상(左右廂)으로 분열되었으며, 좌상부사(左廂副使) 절포유룡발(折逋游龍鉢)이 실제로 반라지 병변(兵變)에 관여하였다고 상언하였다. 조정은 바로 안무와 회유에 힘쓰며, [절포유]룡발은 유주(宥州)105)자사, 6족의 수령인 저하기(褚下箕) 등 3인은 회화장군(懷化將軍)으로 삼았다. 그해에 [반]라지는 부하 이만산(李萬山)을 파견하여 병사를 거느리고 적을 토벌하게 했는데, 계화에게 편지를 보내서 출병일자를 약정할 것을 요구하였다. 이에 앞서 먼저 송항(宋沆)과 매순(梅詢)을 안무사(安撫使)와 부사(副使)106)로 삼았는데, 출행하기 전에 황상께서 재상들에게 이르기를, "짐이 맹회도(盟會圖)를 보니 이랬다저랬다 하는 토번의 흉폭한 본성을 잘 기록하였다. 현재 이미 왕초(王超) 등에게 병사와 전마를 이끌고

---

102) 招討使: 외족이나 반란세력을 招撫 征討하기 위해서 파견하는 관직이다.
103) 鹽州 : 秦漢 시기에는 北地郡에 속하였으며, 西魏 廢帝 3년(554) 西安州를 고쳐서 鹽州를 설치하였다. 隋 煬帝가 鹽川郡이라 했으며, 당대 鹽州라 하였다(『通典』 卷173). 治所는 五原縣(지금의 陝西省 定邊縣)이었다.
104) 靈州: 황하의 만곡부 서쪽에 위치했으며, 치소는 현재 寧夏回族自治區의 靈武에 있었다. 靈州는 寧夏省 靈武縣을 가리킨다. 咸亨 3년(672) 모용낙갈발 등 토욕혼의 잔당은 토번에 쫓겨 현재 寧夏省 일대로 이주하였고, 당은 이곳에 安樂州를 설치하고 그를 刺史에 임명하였다. 그러나 당 숙종(재위 756~762) 때 이곳이 다시 토번에 함락되자, 토욕혼의 무리는 다시 동북 방향인 현재 내몽고자치구 烏審旗 지역으로 이주하였다가 분산되었다.
105) 宥州: 唐 開元 26년(738)에 처음 설치되며 治所는 延恩縣에 두었는데 현재 내몽고자치구 鄂托克旗의 남부지역에 해당된다. 天寶 원년(742)에 寧朔郡으로, 至德 2년(757)에는 懷德郡으로 개명했다가 乾元 원년(758)에 宥州로 복원된다. 후에 토번에 대패한 뒤 폐기했다가 長慶 4년(824)에 재 설치되며, 송대 에는 대부분 西夏에 예속된다.
106) 『宋史』 「校勘記」에 의하면 원래는 "遣宋沆梅詢等爲安撫使副"로 되어있었는데 '使副'는 '副使'를 거꾸로 쓴 것으로 추정된다. 『宋會要』 「方域」21-16, 『長編』 卷50 모두 宋沆을 安撫使로, 梅詢을 副使로 기록하고 있다.

가서 영주(靈州)를 지원할 것을 상의했지만, 만약 추격하기 어렵다면 영주에 도착해서 군사행동을 계획할 수 있다. [송]항 등은 바로 파견할 필요가 없으며 사자 한 명만 보내서 군사회합을 알리게 하라"고 하였다.

> 五年十月, 羅支又言賊遷送鐵箭誘臣部族, 已戮一人, 繫一人, 聽朝旨. 詔褒諭之, 聽自處置. 十一月, 使來, 貢馬五千匹. 詔厚給馬價, 別賜綵百段·茶百斤. 六年, 又遣咩逋族蕃官成逋馳騎至鎭戎軍, 請會兵討賊, 邊臣疑成逋詐, 護送部署司, 成逋懼, 逸馬墜崖死. 上聞, 甚歎息之. 曰:「此泥埋之子, 族人畏其勇, 父子皆有戰功, 凡再詣闕, 朕皆召見, 獎其向化.」詔劾鎭戎官吏, 仍令渭州以禮葬之.

[함평] 5년(1002) 10월, [반]라지가 다시 상언하기를 적이 쇠 화살을 보내 신(臣)의 부족을 유혹했지만 이미 한 명은 죽였고 한 명을 사로잡았다면서 조정의 뜻을 따르겠다고 하였다. 조(詔)를 내려 그 뜻을 기리고 스스로 처리하게 하였다. 11월에 사신을 보내 말 5천 필을 진공하였다. 말의 가격을 후하게 쳐주라고 조를 내리고, 이와는 별도로 비단[綵] 100단과 차 100근을 하사해주었다. [함평] 6년, 다시 미포족(咩逋族) 번관인 성포(成逋)에게 말을 달려 진융군(鎭戎軍)에 가서 군사를 연합하여 적을 토벌할 것을 청하도록 파견하였다. 변방의 신하들이 성포가 속이는 것이라고 의심하여 부서사(部署司)로 호송하자 성포가 겁을 먹고 말을 달려 달아나다가 절벽에서 추락하여 죽고 말았다. 황상께서 이를 들으시고 크게 탄식하여 이르기를, "그는 니매(泥埋)의 아들로 족인들이 그의 용기를 경외하였고, 부자 모두 전공을 세운바 있으며, 또한 대궐에 왔을 때는 짐이 소견한 뒤 그의 귀화를 장려한 바 있다"라고 하였다. 조를 내려 진융(鎭戎)의 관리들을 탄핵하게 하였고, 또한 위주(渭州)에는 예를 갖추어 장례를 모시라는 명령을 내렸다.

> 其年, 原·渭蕃部三十二族納質來歸. 羅支又遣蕃官吳福聖臘來貢, 表言感朝廷恩信, 憤繼遷倔彊, 已集騎兵六萬, 乞會王師收復靈州. 乃以羅支爲朔方軍節度·靈州西面都巡檢使, 賜以鎧甲器幣. 又以吳福聖臘爲安遠將軍, 次首領兀佐等七人爲懷化將軍.

> 羅支屢請王師助擊賊, 議者以西涼去渭州限河路遠, 不可預約師期. 上曰:「繼遷常在地斤三山之東, 每來寇邊, 及官軍出, 則已遁去. 使六谷部族近塞捍禦, 與官軍合勢, 亦國家之利.」 降詔許之. 六月, 知渭州曹瑋言隴山西延家族首領禿逋等納馬立誓, 乞隨王師討賊, 以漢法治蕃部, 且稱其忠. 詔授本族軍主. 八月, 者龍族首領來貢名馬, 上嘉其嘗與潘羅支協力抗賊, 令復優待之. 其年十一月, 繼遷攻西蕃, 遂入西涼府, 知州丁惟清陷沒. 羅支僞降, 未幾, 集六谷諸豪及者龍族合擊繼遷. 繼遷大敗, 中流矢遁死.

그해(함평 6년)에, 원(原)[107]·위(渭)의 번부(蕃部) 32개 종족이 인질을 받치며 와서 귀부하였다. [반]라지는 또한 번관 오복성랍(吳福聖臘)을 보내 진공했는데, 조정의 은혜와 신뢰에 감동했으며 [이]계천의 고집스러움에 분노를 느낀다며 표(表)를 올려 상언하고, 이미 기병 6만을 소집했으니, 황제의 군대와 연합하여 영주를 수복하게 해달라고 청하였다. 이에 [반]라지를 삭방군절도(朔方軍節度)·영주서면순검사(靈州西面都巡檢使)로 삼고, 갑옷과 기폐(器幣)[108]를 하사하였다. 또한 오복성랍은 안원장군(安遠將軍)으로, 그 다음으로 수령 올좌(兀佐)[109] 등 7인은 회화장군(懷化將軍)으로 삼았다.

[반]라지는 적군을 공격할 때 황제의 군대[王師]가 도와줄 것을 수차례 청하였다. 이에 논자는 서량(西涼)이 위주(渭州)로부터 황하에 의해 격절되고 길도 멀어서 군대를 파견할 시기를 미리 약정할 수 없다고 하였다. 황상은 "[이]계천이 항상 지근삼산(地斤三山)의 동편에 있는데, 매번 변경을 침략하였다가 관군이 출동할 때면 이미 도망가 버린다. 육곡(六谷) 부족[110]으로 하여금 변경 근처에서 방어하고 있다가 바로 관군과 합세하게 하는 것도 국가에

---

107) 原州: 北魏 正光 5년(524)에 처음으로 설치되며, 치소는 현재 영하 회족자치구 固原縣에 해당하는 高平郡에 있었다. 관할 구역은 영하 固原縣 일대에서 현재 甘肅省 平涼市 일대에 달한다. 隋 大業 3년(607)에 주를 폐지하여 平涼郡으로 하였다가 당대 초기에 다시 原州로, 天寶 원년(742)에는 平涼郡으로 개칭하였다가, 乾元 원년(758)에 原州로 복원한다. 廣德 원년(763)에 吐蕃에 함락 당하였다가 수복하는데, 貞元 19년(803) 치소를 平涼縣 일대로, 元和 3년(808)에는 다시 臨涇縣(현재 甘肅省 鎭原縣)으로 옮긴다.
108) 器幣: 천자가 제후왕에게 내리는 禮器와 玉帛을 일컫는다. 『左傳·桓公六年』에도 "不以國, 不以官, 不以山川, 不以隱疾, 不以畜牲, 不以器幣."라고 언급되는데 杜預는 注에서 "幣, 玉帛."으로 설명한 바 있다.
109) 『宋史』 「校勘記」에 의하면 兀佐는 원래 '元佐'로 기록되어 있었는데, 『宋會要輯稿』 「方域」21-18와 『文獻通考』 卷335 「四裔考」에 의거하여 수정하였다. 『長編』 卷54에서는 '烏磋'로 기록하고 있다.

도움이 될 것이다"라고 말하고 조칙을 내려 허락하였다. 6월에 지위주(知渭州) 조위(曹瑋)가 농산(隴山)[111] 서쪽의 연가족(延家族)[112] 수령인 독포(禿逋) 등이 말을 헌납하고 맹서를 하며 관군을 따라 적을 토벌할 수 있게 해달라고 청하여, 한인의 법도로 번부(蕃部)를 다스리게 하고 또한 그 충성심을 칭찬해 주었다고 상언하였다. 조(詔)를 내려 본족의 군주(軍主)로 제수하였다. [함평 6년] 8월 자룡족(者龍族)[113] 수령이 명마를 가지고 내공하자 황상께서 그들이 반라지에 협력하여 적에 항거했음을 가상히 여기고,[114] 거듭 그들을 특별하게 대우해 주도록 명령하였다. 그해 11월 [이]계천이 서번(西蕃)[115]을 공격하며 바로 서량부(西涼府)로

---

110) 六谷部族: 주로 吐蕃人이 결성한 部落群으로 또한 "六谷蕃衆" 혹은 "六谷蕃部"라 칭한다. 당 武宗 會昌 2년(842) 吐蕃이 瓦解된 후 河西 涼州(西涼府, 오늘날 甘肅 武威)에서 점차 형성되었고 五代十國과 송 초기에 河西 吐蕃의 주요 활동 세력이었다. 宋이 건국한 다음 六谷部는 涼州 부근 陽妃谷을 주로 하는 6개 山谷의 聚落이라서 그렇게 부른 것이다. 六谷部 首領은 折逋氏의 折逋葛支, 折逋阿喩丹, 折逋喩龍波, 折逋遊龍鉢 등이었는데 후에 潘羅支가 六谷部의 大首領이 되었다. 이에 宋은 咸平 4년(1001)에 그에게 '朔方節度' 및 '涼州防禦使兼靈州西面都巡檢使'를 수여하였다. 景德 원년(1004), 党項族 수령 李繼遷이 涼州를 공격하자, 潘羅支는 六谷部 및 인근의 龍族을 결집시켜 反擊하였고 李繼遷을 살해하였다. 그 후 얼마 지나지 않아서 潘羅支 역시 피살되어 그의 동생 廝鐸督이 六谷部의 大首領이 되었다. 이계천이 죽고 그 아들 李德明이 즉위한 다음 涼州를 공격하여 潘羅支를 살해하여 복수하였고 이덕명의 아들 李元昊 시기에 토벌 당하여 六谷部의 남은 部는 青海 境内의 湟水 유역으로 도망하거나 새로 일어난 喇廝囉 정권에게 편입되었다. 五代 宋初에 定難軍을 중심으로 하는 党項이 점점 독립하여 陝西 중심부를 위협하였는데 党項의 배후에 있던 六谷部가 중요한 戰略的인 軍事意義를 갖게 되었다. 宋은 大量의 弓箭과 兵器를 주어 六谷部의 역량을 강화시켜 党項의 활동을 견제하고자 하였다. 涼州는 良馬를 생산하여 宋朝 軍馬의 중요한 공급지이기도 하였다. 六谷部는 宋에게 朝貢하거나 戰馬를 공급하였는데 매번 수천 필을 팔았다. 『長編』 卷49에서는 육곡부가 서북 지역 멀리 떨어져 사는 이민족 특히 羌族 가운데 '雄豪'라고 표현하고 있다("六谷者, 西北之遠蕃也, 羌夷之內, 推爲雄豪"). 또한 『武經總要』 卷8 「邊防」에서는 "양주에는 호문하, 육곡, 토욕혼이 거한다(涼州有浩門河, 六谷, 土谷渾所居)"고 기록하였다.

111) 隴山: 현 陝西省 隴縣·寶鷄縣宝과 甘肅省 淸水縣·張家川 回族自治縣 사이에 위치한다. 『元和郡縣志』 卷2 瀍源縣 조목에는 隴山이 瀍源縣 서쪽 62리 지점에 소재한다고 기록하고 있다.

112) 延家族: 渭州 지역의 토번 대족으로 廢儀州 일대에 집거했으며, 8개의 부락으로 이루어졌다. 도수령은 渴哥이고 수령은 禿逋이다.

113) 者龍族: 秦州 일대에 거주한 토번대족 가운데 하나로 예하에 13부가 있었다. 일반적으로 자룡족을 涼州 토번이나 六谷部族으로 보지만, 당시 자룡족이 涼州 반라지 정권에 예속되어있었을 뿐, 실제로는 水落城 서부 일대에 거주했던 것으로 추정된다(湯開建, 2006: 35).

114) 『宋史』 「校勘記」에 의하면 "上嘉其嘗與潘羅支協力抗賊"에서 '其'字는 원래 脫漏되었는데, 『宋會要輯稿』 「方域」21-19와 『文獻通考』 卷335 「四裔考」에 의거하여 보충한 것이다.

들어왔는데, 지주(知州) 정유청(丁惟淸)은 함락된 뒤 죽었다. [반]라지는 거짓으로 항복하였다가 얼마 되지 않아 육곡의 제 호강(豪强)들과 자룡족을 모아서 함께 [이]계천을 공격하였다. [이]계천은 대패한 뒤, 화살을 맞고 도망치다가 죽었다.

> 景德元年二月, 遣其甥廝咃完來獻捷. 六月, 又遣其兄邦逋支入奏, 且欲更率部族及回鶻精兵直抵賀蘭山討除殘孽, 願發大軍援助. 詔涇原部署涇原部署陳興等候羅支已發, 卽率衆鼓行赴石門策應. 邦逋支又言前賜羅支牌印・官告・衣服・器械爲賊劫掠, 有詔別給羅支; 又言修洪元・大雲寺, 詔賜金箔物綵. 先是, 繼遷種落迷般嚼及日逋吉羅丹二族亡歸者龍族, 而欲陰圖羅支. 是月, 會遷黨攻者龍, 羅支率百餘騎急赴, 將議合擊, 遂爲二族戕于帳. 詔贈羅支武威郡王, 道使贈恤其家.

[진종] 경덕(景德) 원년(1004)[116] 2월, [반라지는] 조카 시타완(廝咃完)을 보내 전리품을 헌납하였다. 6월에는 다시 형 방포지(邦逋支)를 입조시켜 상주했는데, 부족과 회골 정병들을 거느리고 직접 하란산(賀蘭山)[117]으로 가서 잔여세력을 토벌해 제거하겠으니 대군을 파견해 원조해 줄 것을 원한다고 하였다. 경원부서(涇原部署) 진흥(陳興) 등에게 조를 내려서, [반]라지가 출병할 때를 기다렸다가 부대를 이끌고 북을 치면서 석문(石門)에 가서 호응하도록 하였다. 방포지는 또한 이전에 [반]라지에게 하사했던 패인(牌印)・관고(官告)[118]・의복・기계(器械)[119]가 모두 적에게 약탈당했으니, 조를 내리셔서 다시 [반]라지에게 하사해달라고

---

115) 西蕃: 『舊唐書』 「馮定傳」에는 "韋休符之使西番也, 見其國人寫(馮)定『商山記』予屛障."이라고 기록하고 있는데, 서번은 바로 吐蕃을 일컫는 것이다. 唐・宋시기에는 吐蕃을 西番(蕃)으로 지칭하기도 했다.
116) 『宋史』 「校勘記」에 의하면 "景德元年"의 '元年'은 원래 '六年'으로 쓰여져 있었으나 『長編』 卷56과 『文獻通考』 卷335 「四裔考」, 『宋會要輯稿』 「方域」21-19, 20에 의거해 수정하였다.
117) 賀蘭山: 阿拉善 몽골의 동쪽, 오늘날 寧夏省 銀川의 서북에 위치한다. 황하가 연접해 있고, 몽골 초원에서 陝西, 甘肅으로 통하는 교통 요지에 위치해 있다.
118) 官告: '告身'으로 관리의 위임장이라 할 수 있다. 『續資治通鑑』 <宋高宗 紹興 31년>조에는 "顯忠軍中有中侍大夫至小使臣官告付身僅二十道, 是役也, 書塡悉盡."이라는 내용이 보인다. 보통 (嗣)官告使를 파견하여 관직의 하사(세습)를 통보한다.
119) 器械: 일반적으로 공구를 가리키는 총칭으로 사용되거나 武器를 지칭하는데, 여기서는 반라지에게 하사했던 무기로 판단된다. 『舊唐書』 「牛仙客傳」에도 기계가 무기를 지칭하는 용례가 보인다("仙客所

상언하였다. 또한 홍원사(洪元寺)와 대운사(大雲寺)120)를 수리해달라고 상언하여, 조를 내려 금박물채(金箔物綵)를 하사해주었다. 전에 [이]계천의 동종부락인 미반촉(迷般囑)과 일포길라단(日逋吉羅丹) 두 종족이 도망하여 자룡족에 귀순해왔는데, 암암리에 [반]라지를 공격하려고 도모하였다. 그 달에 마침 [이]계천 도당이 자룡족을 공격해오자 [반]라지는 황급하게 100여 기를 이끌고 왔는데, 함께 반격하자고 상의하려고 할 때, 바로 두 종족에 의해 군막에서 살해당하였다. 조를 내려 [반]라지에게 무위군왕(武威郡王)을 추증했고, 사신을 파견하여 예물을 보내고 그의 가족들을 위로하였다.

者龍凡十三族, 而六族附迷般囑及日逋吉羅丹. 西涼府既聞羅支遇害, 乃率龕谷·蘭州·宗哥·覓諾諸族攻者龍六族, 六族悉竄山谷中, 詔使者安集之. 六谷諸豪乃議立羅支弟廝鐸督爲首領, 且言鐸督剛決平恕, 每會戎首, 設籩豆飲食必先卑者, 犯令雖至親不貸, 數更戰討, 威名甚著. 詔授鐸督鹽州防禦使·靈州西面沿邊都大巡檢使. 上以遷黨未平, 藉其腹背攻制, 遂加鐸督朔方軍節度·押蕃落等使·西涼府六谷大首領.

자룡(者龍)은 총 13개 부족인데, 6개 부족이 미반촉(迷般囑)과 일포길라단(日逋吉羅丹)에 부속되었다. 서량부(西涼府)121)에서 [반]라지가 살해되었다는 소식을 듣고는 감곡(龕谷)·난주(蘭州)·종가(宗哥)122)·멱낙(覓諾) 제 종족들을 이끌고 자룡 6부족을 공격하였다. 6부족

積, 倉庫盈滿, 器械精勁, 皆如希逸之狀.").
120) 洪元寺와 大雲寺: 송대 西涼府에 있었던 두 사찰이다. 淸初에 세운 『重修大雲寺古刹勸德碑』에 의하면, 현 甘肅省 武威市 동북쪽에 위치한 大雲寺는 前涼王 張天錫에 의해 弘藏寺라는 이름으로 처음 축조되는데, 武則天이 『大雲經』을 이용해 황제에 등극하면서 절의 이름을 대운사로 바꿨다고 한다. 折逋游龍鉢 시기에 이미 송조에 불탑을 세워줄 것을 요청한 바 있으며, 반라지가 이 지역을 수복한 뒤에도 洪元寺와 大雲寺의 보수를 요청한 바 있다. 이는 불교가 당시 지역민들의 신앙으로 중요한 위상을 차지했으며, 그 중심에 두 사찰이 있었음을 반영하는 것이다.
121) 西涼府: 五代 시기에 涼州를 개칭하여 서량부를 두었는데, 치소는 현재 甘肅省 武威市에 있었다.
122) 宗哥族: 宗哥族은 광의와 협의 두 범주에서 얘기할 수 있는데, 먼저 광의의 종가족은 涼州 六谷 聯盟을 계승하여 새롭게 흥기하는 종가연맹을 가리킨다. 이에 반해 협의의 종가족은 宗哥河(湟河)와 宗哥城 일대에 기거하던 부락을 지칭할 때 사용된다. 大中祥符 원년(1008)에 溫逋가 종가족의 첫 번째 수령을 맡은 뒤 세력이 커지기 시작해서 대중상부 7년(1014) 전후로 승려출신의 李立遵이 수령을 맡으면서 종가연맹은 "聚衆數十萬"을 일컬을 정도로 전성기를 구가한다. 하지만 이립준이 三都谷 전투에서 대패

모두 산속계곡으로 숨어들자, 조서를 내려 사자(使者)로 하여금 안무하여 불러 모으게 하였다. 육곡의 모든 호강들이 상의하여 [반]라지의 동생인 시탁독(廝鐸督)을 수령으로 삼았다. [시]탁독은 굳세고 결단력이 있으면서도 공정하고 포용력이 있어서, 매번 오랑캐[戎] 수령들이 모일 때마다 술상을 차리면 반드시 아랫사람을 먼저 챙겼고, 법령을 위반하게 되면 비록 가까운 친척이라고 해도 용서하지 않았으며, 수차례의 전투와 토벌을 거치면서 널리 위엄과 명성을 떨쳤다고 말하였다. 조서를 내려 [시]탁독에게는 염주방어사(鹽州防禦使)·영주서면연변도대순검사(靈州西面沿邊都大巡檢使)를 제수하였다. 황상께서 [이계]천의 무리가 아직 평정되지 않았으므로 그에 의지해 앞뒤에서 공격하여 견제하기 위해서 [시]탁독에게 삭방군절도(朔方軍節度)·압번락등사(押蕃落等使)·서량부육곡대수령(西涼府六谷大首領)을 더해주었다.

> 涇原路言隴山縣王·貍·延三族歸順. 又渭州言龕谷·懶家族首領尊氈磨壁余龍及便囑等獻名馬, 願率所部助討不附者; 又言西涼市馬道出本族, 自今保無他虞. 詔賜馬直, 以便囑等爲郎將. 石·隰州又言河西諸蕃四十五族內附. 其年, 遷黨寇永寧, 爲藥令族合蘇擊敗之, 斬首百餘級. 鎭戎軍上言, 先叛去蕃官茄羅·兀臧·成王等三族及夥移軍主率屬歸順, 請獻馬贖罪, 特詔宥之.

경원로(涇原路)[123]에서 농산현(隴山縣)[124]의 왕(王)[125]·리(貍)[126]·연(延) 세 부족이 귀순해왔다고 상언하였다. 또한 위주(渭州)에서도 감곡(龕穀)[127] 나가족(懶家族)[128]의 수령인

하면서 쇠퇴하기 시작한다.
123) 涇原路: 北宋 康定 2년(1041)에 經略安撫使를 파견하면서 처음 설치되는데, 治所는 渭州였다. 관할 지역은 현재 감숙성 蒲河 이서 지역에서 葫蘆河 이동 지역 그리고 張家川 回族自治縣, 寧夏 固原·隆德·涇源·西吉縣 등 지역이다.
124) 隴山縣: 湯開建은 '隴山縣'이 '隴山西'를 誤記한 것으로 지적한 바 있다(湯開建, 2006: 41).
125) 王家族: 渭州 일대에 기거하던 토번 부족 가운데 하나이다. 『武經總要』 卷18에서는 "水落城, …… 西至熟戶王家族."이라고 언급하고 있으며, 『宋會要輯稿』 <西涼府> 조에서는 "心山王家"로, 『長篇紀事本末』 卷46에서는 "生戶大王家族"으로 기록하였다.
126) 貍家族: 왕가족, 연가족과 더불어 渭州 일대에 거주하던 토번 부족의 하나이다.
127) 龕穀砦: 北宋 元豊 4년(1081)에 설치되었고 蘭州에 속한다. 현재 甘肅省 楡中縣 남쪽 12리 지점에 있던 것으로 추정된다. 『宋史』 「夏國傳」 下에 "元祐 2년(1088), '夏人遂攻龕穀砦, 砦兵及東關堡巡榆等戰

존전마벽여룡(尊氈磨壁余龍)과 편촉(便囑) 등이 명마를 헌상하고는, 부족을 동원하여 귀부하지 않은 자들을 토벌하는 것을 돕겠다고 자원하였다. 또한 서량(西涼)에서 말을 사 들이는 길이 본 부족을 경유하는지라 앞으로는 아무런 사고가 없도록 보증하겠다고 상언하였다. 조서를 내려 말 값을 하사하였고, 편촉 등을 낭장(郞將)으로 삼았다. 석주(石州)129)·습주(隰州)130)에서도 하서(河西) 제번(諸蕃) 45족이 내부(內附)해왔다고 상언하였다. 그해에 [이계]천 도당이 영녕(永寧)131)으로 침입했는데, 약령족(藥令族)132) 합소(合蘇)가 격퇴하고, 100여 급을 참수하였다. 진융군(鎭戎軍)133)에서 과거 이반하였던 번관(蕃官) 가라(茄羅)·올장(兀臧)·성왕(成王)134) 등 세 부족과 자이군주(孖移軍主)가 속민들을 거느리고 귀순하면서 말을 헌상하고 속죄를 청한다고 상언하여 특별히 조서를 내려 용서하였다.

二年, 廝鐸督其甥呵昔來貢, 仍上與趙德明戰鬪功狀; 又言蕃帳周斯那支有智勇, 久參謀議, 請授以六谷都巡檢使. 上嘉獎, 從其請. 仍賜茶綵. 又追錄潘羅支子失吉爲歸德將軍, 厚賜器幣; 者龍七族首領有捍寇之勞, 並月給千錢. 舊制, 弓矢兵器不入

不利, 死者幾百人."이라는 기사가 있다.
128) 懶家族: 蘭州 동남의 龕穀 일대에 기거했던 토번의 일족을 말한다. 『宋會要輯稿』<西涼府>조에 "集贊上言: 昨離渭州, 至龕穀懶家族."이라는 기록이 보인다.
129) 石州: 西夏에 의해 설치되며, 치소는 현재 섬서성 橫山縣 동북 일대이다.
130) 隰州: 隋 開煌 4년(585)에 西汾州를 습주로 개칭하여 설치되는데, 治所는 현재 山西省 隰縣인 隰川縣이다. 『元和志』卷12의 <隰州>에는 "『爾雅』曰'下濕曰隰', 以州帶泉泊下濕, 故以隰爲名."이라고 지명의 유래를 설명하고 있다. 大業 연간 초에 龍泉郡으로 개명하였다가 唐 武德 원년(618)에 隰州로 복원하며, 관할 범위는 현재 山西省 石樓·交口·永和·隰縣·蒲縣·大寧 일대로 비정된다. 天寶 원년(742)에는 大寧郡으로 잠시 개칭하였다가 乾元 원년(758)에 다시 隰州로 고쳤다.
131) 永寧砦: 北宋 建隆 2년(961)에 처음 설치되는 성채로 처음에는 秦州에 속하다가 후에 通遠軍 관할로 편입된다. 현 甘肅省 龕穀縣 서쪽 40리 지점에 위치했던 것으로 추정되며, 崇寧 3년(1104)에 永寧縣으로 승격된다.
132) 藥令族: 秦州 永寧砦 일대에 기거했던 토번부락을 가리킨다. 『長編』卷57에 "秦州言, 李繼遷蕃部寇永寧砦, 爲裕勒陵族和蘇擊敗之"라는 기사가 보이는데, 여기서 언급하는 裕勒陵族을 약령족으로 추정하기도 한다(湯開建, 2006: 36).
133) 鎭戎軍: 北宋 至道 원년(995)에 처음 설치되며, 治所는 현재 영하자치구 固原縣에 있었으며, 관할 범위는 영하자치구의 固原·彭陽縣 일대이다.
134) 茄羅·兀臧·成王: 熟嵬族에 속해 있던 세 부족이다.

外夷. 時西涼櫟丹族上表求市弓矢, 上以樣丹宣力西陲, 委以捍蔽, 特令渭州給賜. 因別賜廝鐸督, 以重恩意.

[경덕] 2년(1005), 시탁독은 그의 조카인 가석(呵昔)을 보내 진공하며, 조덕명(趙德明)[135] 과의 전투에서 공을 세운 정황도 상주하였다. 또한 번장(蕃帳) 주사나지(周斯那支)가 지혜와 용기가 있을 뿐 아니라 일을 도모하고 상의하는데 오랫동안 참여하였다고 상언하면서, 육곡도순검사(六谷都巡檢使)를 제수해줄 것을 청하였다. 황상께서 가히 여겨 상을 내리고 그의 청을 들어주었다. 차와 비단(綵)도 하사하였다. 또한 반라지(潘羅支)의 아들인 실길(失吉)을 귀녁상군(歸德將軍)으로 추록(追錄)하고, 기물(器物)과 화폐를 후사해주었다. 자롱(者龍) 7족[136]의 수령이 적의 침입을 막는데 공로가 있으므로 또한 매월 1,000전(錢)을 주었다. 구제(舊制)는 궁실(弓矢) 병기가 외족(外夷)에 들어가는 것을 금지했는데, 당시 서량(西涼) 양단족(樣丹族)이 표를 올려 궁실을 구매할 수 있게 해달다고 요구하였다. 황상께서는 양단이 서부의 변강에서 진력하고 있으니 방어의 임무를 맡기고, 위주(渭州)에서 하사해줄 것을 특별히 명령하였다. 이어서 별도로 시탁독에게도 하사하여 은혜로운 뜻을 더하였다.

三年, 又以者龍族合窮波·黨宗族業羅等爲本族首領·檢校太子賓客, 皆鐸督外姻也. 鐸督遣安化郎將路黎奴來貢. 黎奴病于館, 特遣尙醫視療. 及卒, 上憐之, 厚加賵給.

---

135) 趙(李)德明: 李繼遷 사망 후 24살의 나이로 계위하여 국내정치를 안정시키고, 대외적으로는 遼, 宋 양국을 오가는 등거리 외교를 구사하면서 영토를 확장했다. 이러한 외교정책으로 景德 2년(1005)에는 遼가 이덕명을 西平王에 책봉했으며, 다음 해에는 宋이 定難軍節度使 겸 西平王에 분봉하고, 銀 1만 냥, 絹 1만 필, 錢 2만 냥, 차 2만 근을 하사했다. 李德明은 서쪽으로 진격하며 吐蕃 대수령 潘羅支를 대파한 뒤 西涼府를 탈취했으며, 甘州 回鶻을 치기 위해 출병했다가 실패하자 감주 회골과 宋朝를 연결하는 루트를 단절시켰다. 결국 후에 李元昊를 파병하여 甘州回鶻도 무너뜨리며, 瓜州·沙州 일대를 점령하면서 결국 玉門關에 이르는 河西走廊 전 지역을 장악하게 된다. 이밖에도 宮室을 조영하고, 의례제도를 확립하는 등 서하제국의 기반을 확립하였다.
136) 者龍七族: 앞의 본문내용에서 언급한 바처럼, 자룡족은 원래 13부족으로 구성되었는데, 이 가운데 6개 부족은 이계천의 동종부락인 迷般嘱과 日逋吉羅丹에 귀속하였고, 나머지 7개 부족이 송조에 귀부했다.

五月, 鐸督又言部落疾疫. 詔賜白龍腦・犀角・硫黃・安息香・白紫石英等藥, 凡七十六種. 使者感悅而去. 又制加鐸督檢校太傅, 其族帳李波逋等四十九人爲檢校太子賓客, 充本族首領. 鐸督遣所部波機進賣馬, 因言積官奉半歲, 乞就京給賜市所須物, 從之. 渭州言妙娥・延家・熟嵬等族率三千餘帳, 萬七千餘口及羊馬數萬款塞內附. 詔遣使撫勞之, 賜以袍帶茶綵, 仍以折平族首領撒逋渴爲順州刺史, 充本族都軍主. 是年, 宗家・當宗・章迷族來貢, 移逋・撰父族歸附. 九月, 詔釋西面納質戎人. 先是, 諸蕃有鈔劫爲惡嘗經和斷者, 恐異時復叛, 故收其子弟爲質, 乃有禁錮終身者. 上憫而縱之, 族帳感恩, 皆稽顙自誓不爲邊患. 四年, 邊臣言趙德明謀劫西涼, 襲回鶻. 上以六谷・甘州久推忠順, 思撫寧之, 乃遣使諭廝鐸督令援結回鶻爲備, 並賜鐸督茶藥・襲衣・金帶及部落物有差. 鐸督奉表謝.

[경덕] 3년(1006)에 자룡족 합궁파(合窮波)와 당종족(黨宗族)137) 업라(業羅) 등을 해당 부족의 수령(首領)이자 검교태자빈객(檢校太子賓客)으로 삼았는데, 모두 [시]탁독의 사돈이다. [시]탁독이 안화낭장(安化郞將) 노여노(路黎奴)를 보내 진공하였다. [노]여노가 빈관(賓館)에서 병이 났는데, 특별히 어의[尙醫]를 파견하여 살펴서 치료하게 하였다. 결국 죽게 되자, 황상은 그를 가련히 여겨 후하게 재물을 보냈다. 5월에는 [시]탁독이 또한 부락에 역병이 돈다고 상언하였다. 조서를 내려 백용뇌(白龍腦)・서각(犀角)138)・유황(硫黃)・안식향(安息香)139)・백자석영(白紫石英) 등 무려 76종의 약을 하사하게 하였다. 사신이 감격에 겨워 기뻐하며 돌아갔다. 또한 제(制)를 내려 [시]탁독에게는 검교태부(檢校太傅)를 더하였고, 족장(族帳) 이파포(李波逋) 등 49인은 검교태자빈객(檢校太子賓客)으로 삼고 본족의 수령으로 충임

---

137) 黨宗族: 渭州 일대에 기거한 토번부족 가운데 하나로 당시 수령은 위에서 언급한 바와 같이 業羅였다. 진종 시기에 涼州 육곡연맹에 예속되며, 시탁독의 인척이기도 하다(湯開建, 2006: 40).

138) 犀角: 무소의 뿔로『漢書』「南粵王 趙佗傳」에서 언급될 정도로 일찍부터 중요한 조공품목으로서 주로 약재나 고급 장신구로 사용되었다.『諸蕃志』卷下「志物」에 의하면, 사냥꾼이 원거리에서 활로 사냥하여 채취한 뿔은 '生角', 스스로 죽은 무소의 뿔은 '倒山角'이라고 부르며, 포말과 같은 문양을 가지고 있으면서 흰색이 많고 흑색이 적은 뿔을 上級으로 친다고 한다.

139) 安息香: 아라비아반도와 이란고원에서 자생하는 Balsamo-dron mukul나무의 樹脂로 6~7월쯤 채취해서 향으로 피운다. 이 향을 피우면 신과 소통할 수 있을 뿐 아니라 사악한 기운을 막을 수 있다고 해서 남해를 거쳐 수입되었다.

하였다. [시]탁독이 부하인 파기(波機)를 보내 말을 진헌하였다.140) 이어서 상언하기를 녹봉이 반년이나 쌓였으니 경성에 가서 필요한 물건을 구매할 수 있도록 하사해 달라고 요구하여 이를 허락하였다. 위주(渭州)에서 묘아(妙娥)141)·연가(延家)·숙외(熟嵬)142) 등 부족이 삼천여 장(帳), 만 칠천 구(口)와 양(羊)과 말[馬] 수만 마리를 이끌고 내부(內附)해 왔다고 상언하였다. 조서를 내려서 사절을 파견해 안무하고 위로했으며, 평상복과 허리띠, 차, 비단을 하사하였다. 또한 절평족(折平族)의 수령인 살포갈(撒逋渴)을 순주자사(順州刺史)로 삼아 해당 부족의 도군주(都軍主)로 충임하였다. 그해에143) 종가(宗家)·당종(當宗)·장미(章迷) 족144)이 내공했으며, 이포(移逋)·찰부(擦父) 족도 귀부하였다. 9월에는 조서를 내려서 서면(西面)에 인질로 잡혀 있던 융인(戎人)을 풀어주게 하였다. 이전에는 제번(諸蕃)들이 강도질이나 나쁜 짓을 하게 되면 협상을 거쳐서 판결했는데, 이후에 또다시 이반할 것을 두려워하여 그 자제들을 인질로 구류했기 때문에 평생을 금고상태로 지내야 하는 경우도 있었다. 황상은 그들을 가련히 여겨 석방하니 족장(族帳)들이 은혜에 감격하여, 머리가 땅에 닿도록 절을 올리고 변방에서 다시는 환란을 일으키지 않겠다고 스스로 맹서하였다. [경덕] 4년(1007)에 조덕명(趙德明)이 서량(西涼)을 약탈한 뒤 회골을 급습하려 한다고 변신(邊臣)들이 상언하였다. 황상은 육곡(六谷)과 감주(甘州)가 오랫동안 충성스럽게 순종하여 그들을 안무하려 생각하였다. 이에 사신을 파견하여 시탁독(廝鐸督)에게 회골(回鶻)과 연합하여 방비할 것을 통지

---

140) 『宋史』 「校勘記」에서는 "鐸督遣所部波機賣馬" 부분에 대해 『宋會要輯稿』 「方域」21-22에서 "廝鐸督遣蕃部波機進馬"라고 기록하고 있어서, '賣'字가 잘못 쓰여진 것으로 보고 있다.
141) 妙娥族: 주로 鎭戎軍일대에 기거하던 종족으로 명칭은 인근에 있는 妙娥山에서 유래한 것으로 추정된다. 『臨川文集』 卷90과 『西夏書事』 卷8에서 모두 "夏州大族"으로 언급하고 있어서 탕구트계로 파악하기도 한다(湯開建, 2006: 41).
142) 熟嵬族: 『西夏書事』 卷8에서는 묘아족과 더불어 숙외족을 "夏州大族"으로 언급하고 있다. 진융군 일대에 거주하던 대족으로 추정된다. 그런데 본문 앞부분의 내용에서 "鎭戎軍上言, 先叛去蕃官茄羅·兀臧·成王等三族及孥移軍主率屬歸順, 請獻馬贖罪, 特詔宥之."을 언급한 바 있는데, 『宋史』 「党項傳」에 "鎭戎軍言, 熟嵬族酋長茄羅·兀臧·成王等三族應詔撫諭."라고 기록하고 있는 것으로 보아 熟嵬族은 예하에 茄羅·兀臧·成王 등 3부족을 거느리고 있었던 것으로 추정된다.
143) 『宋史』 「校勘記」에서는 본 조목의 내용에 대해서 『宋會要輯稿』 「方域」21-21과 『長編』 卷63에서 모두 "景德三年五月"로 기록하고 있어서 '是年'을 '是月'로 잘못 쓴 것으로 의심하고 있다.
144) 章迷(族): 渭州 武延川 일대에 기거하던 토번의 일족으로 章埋族, 章默特으로 표기되기도 한다. 『宋史』 「曹瑋傳」에는 조위가 知渭州 시절에 秦翰과 무연천에서 章埋族을 격파했다는 기록이 전한다("知渭州與秦翰破章埋族於武延川.").

했으며, 더불어 [시]탁독에게는 차약(茶藥)145)·습의(襲衣)146)·금대(金帶)147)와 부락마다 차등을 둔 물품들을 하사하였다. [시]탁독은 표(表)를 올려 감사를 표하였다.

大中祥符元年十一月, 宗哥族大首領溫逋等來貢. 三年, 西涼府覓諾族瘴疫, 賜首領溫逋等藥. 四年, 廝鐸督遣增蘭氈單來貢, 賜紫方袍. 五年, 又遣其子來貢. 其年, 者龍族都首領捨欽波遣使詣闕獻馬, 求賜印. 詔從其請, 仍優賚之. 七年, 知秦州張佶置大落門新砦. 先是, 佶欲近渭置采木場, 蕃族聞之, 卽徙帳去, 佶不能遂撫之, 戎人輒悔, 因鄕導鈔劫, 佶深入掩擊, 悉敗走. 至是求和, 佶不許.

[진종] 대중상부 원년(1008) 11월, 종가족(宗哥族)의 대수령인 온포(溫逋) 등이 내공하였다. [대중상부] 3년(1010)에는 서량부 멱약족(覓諾族)148)들한테 풍토병[瘴疫]이 발생하여 수령 온포 등에게 약을 하사하였다. [대중상부] 4년(1011)에는 시탁독이 증린전단(增蘭氈單)을 파견하여 내공한지라, 자방포(紫方袍)149)를 하사하였다. [대중상부] 5년에는 다시 아들을 보

---

145) 茶藥: 차와 향약을 일컫는 말로『舊五代史』「晉書」<高祖紀>5에서 "壬申, 詔朝臣覲省父母, 依天成例頒賜茶藥."이라 언급하고 있고,『十國春秋』「前蜀」2 <高帝紀>下에 "帝幸龍華禪院, 召僧貫休坐, 賜茶藥·綵段."라고 기록하고 있는 것으로 보아 오대 시기에도 이미 황제의 중요한 하사품이었음을 알 수 있다. 차약은 송대에 들어서도 군신이나 주변민족에 대한 주요한 하사품으로 애용되는데,『宋史』「西蜀孟氏世家」에도 "昶與母至襄漢, 復遣使齎詔賜茶藥, 所賜詔不名, 仍呼昶母爲國母."라는 내용이 보인다.

146) 襲衣: 古代에는 行禮시에 裼衣 위에 걸치는 상의를 가리켰는데, 후대에는 주로 완전히 갖춘 정장이라는 의미로 사용된다. 역시 황제의 중요한 하사품 가운데 하나였다.『長篇』<宋高宗 紹興 27년>조에도 "詔尙書左司郞中汪應辰宴國於玉津園 …… 加賜襲衣, 金帶, 器, 幣有差."라는 내용이 보인다.

147) 金帶: 금 도금한 腰帶. 고대에는 帝王, 后妃, 文武百官이 요대를 착용하는데 있어서 신분에 따라 각각 金·玉·銀 등 차이가 있었다. 송대 梅堯臣이 지은 <十一日垂拱殿起居聞南捷>이라는 詩에는 "腰佩金魚服金帶, 榻前拜跪稱聖皇."이라는 내용이 보인다.

148) 覓諾族:『長編』卷49 <咸平 4년 10월 丁未>조를 보면 "六谷은 서북의 遠蕃으로 羌夷 가운데 雄豪이다(六谷者, 西北之遠蕃也, 羌夷之內, 推爲雄豪)"라고 일컫고 있는데, 멱락부도 宗家, 當尊, 閤藏, 樣丹族 등과 함께 西涼府 六谷部를 구성하는 토번부족 가운데 하나이다.

149) 紫方袍: 方袍는 승려들이 입는 袈裟처럼 펼치면 네모난 모양의 복장을 의미하는데, 紫色은 가장 존귀한 색이기 때문에 주로 군신들이나 주변민족들에게 하사되었다. 당송 시기에는 관복에 있어서 三品이상은 紫色, 五品이상은 緋色 등 규정상 차이가 있었지만, 官位가 낮아도 皇帝가 총애할 경우에는 紫色이나 緋色을 하사하곤 했다.『新唐書』「牛叢傳」에도 "卽賜金紫, 謝曰: '臣今衣刺史所假緋, 卽賜紫, 爲越等.'"라

내 내공하였다. 그해에 자롱족 도수령(都首領) 사흠파(捨欽波)가 사신을 보냈는데 궁궐에 도착하여 말을 헌상하고는 인장을 하사해줄 것을 요구하였다. 조서를 내려 요청을 허락하고 또한 각별하게 대우해주었다. [대중상부] 7년(1014)에 지진주(知秦州) 장길(張佶)이 새로운 대락문(大落門) 성채를 설치하였다. 이전에 [장]길은 위주(渭州) 근처에 채목장(采木場)을 설치하려 했는데 번족들이 소식을 듣고는 부락을 옮겼으나 [장]길이 그들을 안무할 수 없게 되었다. 융인들은 바로 후회하고 향도를 따라서 공격해왔는데, [장]길이 깊숙하게 들어가 불시에 습격을 가하자 전부 패하여 퇴각하였다. 이때 이르러서야 화평을 청했는데, [장]길은 허락하지 않았다.

> 三月, 秦州曹瑋言熟戶郭廝敦·賞樣丹皆大族, 樣丹輒作文法謀叛, 廝敦密以告, 約半月殺之, 至是, 果攜樣丹首來. 上以廝敦陰害樣丹, 不欲明加恩獎, 以疑懼諸族. 時方議築南使城, 遂以廝敦獻地爲名, 詔授順州刺史. 先是, 張佶深入蕃境, 邊事數擾. 及瑋破魚角蟬, 戮賞樣丹二酋, 由是前拒王師者伏匿避罪, 瑋誘召之, 許納罰首過. 既而至者數千人, 凡納馬六十四, 給以匹綵, 或以少爲訴者, 瑋叱之曰:「是贖罪物, 汝輩敢希利耶!」戎族聞之, 皆畏服. 八月, 曹瑋言伏羌砦廝雞波與宗哥族李磨論聚爲文法, 領兵趣之, 悉潰散, 夷其城帳. 九月, 瑋又言宗哥唃廝囉·羌族馬波叱臘魚角蟬等率馬銜山·蘭州·龕谷·氁毛山·洮河·河州羌兵至伏羌砦三都谷, 卽率兵擊敗之, 逐北二十里, 斬馘千餘級, 擒七人, 獲馬牛·雜畜·衣服·器仗三萬三千計. 吹麻城張族都督首領張小哥以功授順州刺史. 瑋又言永寧砦隴波·他廝麻二族召納質不從命, 率兵擊之, 斬首二百級. 十一月, 詔給秦州七砦熟戶首領·都軍主以下百四十六人告身.

[대중상부 7년] 3월,[150] 진주(秦州)의 조위(曹瑋)가 상언하기를, 숙호(熟戶) 곽시돈(郭廝

는 내용이 보인다.

150) 『宋史』「校勘記」에서는 위에 보이는 3월부터 11월까지의 기사가 『長編』卷86에 '大中祥符 9년'에 기록되어 있다는 사실에 의거하여, 내용 앞부분에 '九年' 두 글자가 빠진 것으로 보고 있다. 또한 앞 단락에 보이는 '七年' 이하의 내용들은 모두 大中祥符 7년 12월 기사로 파악하고 있다.

敦)151)과 상양단(賞樣丹) 모두 대족(大族)인데, [상]양단이 제멋대로 조문과 법령을 만들고 반란을 꾀한다고 [곽]시돈이 밀고하며 보름 안에 그를 죽이겠다고 약정했는데 지금에 이르러 과연 [상]양단의 머리를 가지고 왔다고 하였다.152) 황상은 [곽]시돈이 [상]양단을 음해한 것에 대해서는 공개적으로 은상을 가하지 않으려고 함으로써, 제족(諸族)들로 하여금 의심스러우면서도 두렵게 하였다. 그때 마침 남사성(南使城)의 축조에 대해 상의했는데, 바로 [곽]시돈이 헌상한 땅으로 이름을 짓고, 조령을 내려 순주자사(順州刺史)에 제수하였다. 이전에 장길이 번인들의 경계[蕃境]로 깊숙이 침입하여 변방사무가 여러 차례 어려웠다. [조]위가 어각선(魚角蟬)153)을 격파하고 상양단의 두 두목[二酋]을 살해하자, 이로 인해 종전에 황제의 군대[王師]에 항거하던 자들이 은닉하여 죄를 피하려 했다. [조]위는 그들을 끌어 모아서 벌금을 납부하고 과실을 자수해오는 것을 윤허해주었다. 얼마 되지 않아 몰려 온 사람들이 수천 명에 달했으며, 모두 60필154)의 말을 납부하여, 비단 한 필씩을 주었다. [이에] 너무 적다고 불평하는 사람이 있어서, [조]위는 "이는 속죄의 물건이거늘, 너희들은 감히 이익을 탐하는 구나!"라고 질타하여 일렀다. 오랑캐[戎族]들이 이를 듣고는 모두 두려워 복종하였다. [대중상부 7년] 8월에 조위는 부강채(伏羌砦)155)의 시계파(廝雞波)와 종가족(宗哥族) 이마론(李麽論)이 함께 모여 조문과 법령을 제정하려하여, 병사들을 이끌고 공격해서 모두 궤멸시켜 흩어지게 하고 그들의 성채를 평정하였다고 상언했다. 9월에는 [조]위가 다시 상언하기를, 종가족

---

151) 郭廝敦: 토번 六谷部의 대수령이었던 潘羅支의 동생으로 景德 원년(1004)에 반라지가 살해된 육곡부 호강들의 추대로 수령직을 계승한다. 수 차례 전투에서 이름을 떨치며, 여러 차례 宋에 方物을 조공하여, 송조에서 鹽州防禦使, 靈州西面沿邊都大巡檢使, 朔方軍節度, 西涼府六谷大首領 직을 제수하였다.

152) 賞樣丹: 토번 六谷部의 대족을 이끌던 중심인물 가운데 한 명으로 唃廝囉의 외숙부이다. 당시 상양단은 원문내용에 보이는 바처럼 공개적으로 조문과 법령을 세우면서 육곡부의 독립을 꾀하는데, 결국 반대 입장에 있던 곽시돈이 상양단을 살해하게 된다. 그런데 상양단 제거는 송조 측에 의해 면밀하게 기획된 것인데, 조위가 이 사건을 주도했음이 『長編』卷86 <眞宗 大中祥符 9년 춘정월>조에 보인다. 관련 내용은 아래와 같다. "…… 廝囉使與熟戶廓廝敦謀立文法於離王族, 謂廝敦曰: "文法成, 可以侵漢邊, 復蕃部舊地." 曹瑋知之, 厚結廝敦, 嘗解寶帶予焉. 廝敦感激, 求自效, 謂瑋曰: "吾父何所使? 欲得吾首, 猶可斷以獻." 瑋察其誠, 謂曰: "我知賞樣丹時至汝帳下, 能爲吾取賞樣丹乎?" 廝敦愕然曰: "諾." 後十餘日, 果斬其首以至. ……"

153) 魚角蟬: 渭州 吹葬城 일대에 기거하던 토번의 일족.

154) 『宋史』「校勘記」에 의하면, '六十匹'은 판본에는 원래 '六千匹'로 판각되어 있었지만, 『宋史』卷258 「曹瑋傳」과 『長編』卷88의 관련내용에 의거하여 60필로 수정하였다.

155) 伏羌砦: 현재 甘肅省 臨洮縣 부근에 있었던 송대의 성채.

곡시라(唃廝囉)와 강족 마파질납(馬波叱臘), 어각선(魚角蟬) 등이 마함산(馬銜山)156)·난주(蘭州)·감곡(龕谷)·전모산(氈毛山)·조하(洮河)157)·하주(河州)158)의 강병(羌兵)을 이끌고 부강채(伏羌砦) 삼도곡(三都谷)159)으로 몰려 와서, 병사들을 이끌고 그들을 격퇴하여 북으로 이십여 리를 쫓아내고, 천여 급을 참수했으며, 7명을 사로잡았으며, 말, 소, 기타 가축과 의복, 무기 등이 총 33,000에 달한다고 했다. 취마성(吹麻城)160) 장족(張族)161)의 도독 수령인 장소가(張小哥)에게 전공에 따라 순주(順州) 자사를 제수하였다. [조]위는 또한 영녕채(永寧砦)의 농파(隴波)·타시마(他廝麻) 두 종족을 불러 인질을 보내라 했으나 명령에 따르지 않아 병사들을 이끌고 공격하여 200급을 참수하였다고 상언하였다. 11월에 조(詔)를 내려서 진주(秦州) 7개 성채(七砦)의 숙호(熟戶) 수령과 도군주(都軍主)이하 46인에게 고신(告身)162)을 수여하였다.

天禧元年, 詔以冶坊砦都首領郭廝敦爲本族巡檢, 賦以奉祿. 又補大馬家族阿廝鐸爲本族軍主. 十月, 秦州部署言鬼留家族累歲違命, 討平之. 二年, 又言吹麻城及河州

---

156) 馬銜山: 현재 甘肅省 臨洮縣 北馬啣山과 楡中縣 접경지대에 위치한 산.
157) 洮河: 조하는 원래 감숙성에 위치한 하천이다. 행정구역상 '조하'는 두 지역을 지칭하는데, 먼저 북주 시대에 洮河縣이 설치되는 治所는 현재 청해성 貴德縣 남쪽 일대에 해당하며, 開煌 初에 河津縣에 병합된다. 북주 宣政 원년(578)에는 洮河郡이 설치되는데, 治所는 현재 감숙성 岷縣 동북 文斗鄕 일대를 지칭한다.
158) 河州: 甘肅省 臨夏縣 일대이다.
159) 三都谷: 현 감숙성 甘谷縣 서부 일대를 지칭한다. 『水經』 「渭水注」에 "渭水又東, 徑落門西山東流三府谷水注之.", "三府谷後訛爲三都谷."이라는 기록이 있고, 『宋史』 「曹瑋傳」에서도 "大中祥符九年(1016), '唃廝囉率衆數萬大入寇, 瑋迎戰三都穀.' 卽此."에도 언급된다.
160) 吹麻城: 渭州에 있던 성곽으로 吹莽城으로도 일컬어진다.
161) 張族: 渭州 일대에 기거하던 청당 토번의 대족으로 張家族 혹은 張香兒族 등으로도 불린다. 『宋史』 「張升傳」에는 "靑唐蕃部蘭氈, 世居古渭"라고 기록하고 있는데, 張小哥, 張香兒, 張納支蘭氈 三代가 古渭 지역에 기거하며 張(家)族의 세력을 키워왔다(湯開建, 2006: 53).
162) 告身: 古代에 관직을 주던 증서이다. 『北齊書』 「傅伏傳」에 "周克幷州, 遣韋孝寬與其子世寬來招伏 …… 授上大將軍·武鄕郡開國公, 卽給告身."라 하였고, 唐 元稹의 <爲蕭相謝告身狀>에는 "右, 中使某乙至, 奉宣進止, 賜臣某官告身一通."이라 하였다. 『朱子語類』 卷127에도 "方圍閉時, 降空名告身千餘道, 令其便宜補授."라는 내용이 보인다.

> 諸族皆破宗哥文法來附: 唃廝囉少衰, 數爲囉瞎力骨所困, 今還舊地. 諸砦羌族及空俞・廝雞波等納質者凡七百五十六帳.

[진종] 천희(天禧) 원년(1017), 조서를 내려 야방채(冶坊砦)163)의 도수령(都首領) 곽시돈(郭廝敦)을 본족의 순검(巡檢)으로 삼고, 봉록을 급여하였다. 또한 대마가족(大馬家族)164) 아시탁(阿廝鐸)도 본족의 군주(軍主)로 삼았다. 10월에는, 진주의 부서에서 귀류가족(鬼留家族)165)이 몇 해째 명령을 위반하여 토벌하여 평정하였다고 상언하였다. [천희] 2년에는, 취마성(吹麻城)과 하주(河州)의 제족(諸族)들 모두 종가(宗哥)의 조문과 법령을 타파하고 내부해 왔다. 곡시라(唃廝囉)가 점차 쇠약해지면서 수차례 나할력골(囉瞎力骨)에게 포위되자, 근자에 들어 옛 땅을 반환해왔다. 제 성채의 강족(羌族)과 공유(空俞), 시계파(廝雞波) 등이 인질을 보내 귀부한 자가 총 756장(帳)에 달하였다.

> 唃廝囉者, 緒出贊普之後, 本名欺南陵溫籛逋. 籛逋猶贊普也, 羌語訛爲籛逋. 生高昌磨楡國, 既十二歲, 河州羌何郞業賢客高昌, 見廝囉貌奇偉, 挈以歸, 置鄢心城, 而大姓聳昌廝均又以廝囉居移公城. 欲於河州立文法. 河州人謂佛「唃」, 謂兒子「廝囉」, 自此名唃廝囉. 於是宗哥僧李立遵・邈川大酋溫逋奇略取廝囉如廓州, 尊立之. 部族寖彊, 乃徙居宗哥城, 立遵爲論逋佐之.

곡시라(唃廝囉)는 그 세계가 찬보(贊普)166)의 후예로부터 나왔는데 본명이 기남릉온전포

---

163) 冶坊砦: 北宋 太平興國 4년(979)에 처음 설치되며 秦州에 속했다. 현재 감숙성 清水縣 黃門鄉 일대에 해당되며, 熙寧 5년(1072)에는 冶坊堡로 바뀐다.
164) 大馬家族: 小馬家族과 더불어 秦州 永寧砦 일대에 기거하던 토번부족이다. 『長編』 卷89에서는 "永寧砦 大馬家族軍主阿錫達 ……"이라고 기록하고 있다.
165) 鬼留家族: 秦州 일대에 기거하던 토번의 일족을 말한다. 『皇宋十朝綱要』 卷3에서는 '鬼留族'으로, 『長編』에서는 '珪律家族'으로 표기하였다.
166) 贊普: 찬보는 티베트어 '젠뽀(btsan po)'를 음차한 것으로, 젠(贊)은 '강한 자', 뽀(普)는 '대장부'라는 의미이다. 토번의 최고 통치자를 지칭하는 존칭으로 중국의 황제에 해당한다. '젠뽀' 앞에는 흔히 '化現한 神('phrul gyi lha)'이라는 수식어를 붙여 사용한다.

(欺南陵溫籛逋)이다. 전포(籛逋)는 찬보(贊普)와 같은 말로, 강어(羌語)를 와전하여 '전포(籛逋)'가 된 것이다. [그는] 고창(高昌)167)의 마유국(磨楡國)168)에서 출생했는데, 만 12살 때 하주강(河州羌) 하랑업현(何郞業賢)이 고창에 객으로 왔을 때 [곡]시라의 용모가 매우 출중한 것을 보고는 데리고 돌아가서 공심성(鬫心城)에 머물게 했는데, 대성(大姓)인 용창시균(聳昌廝均)이 또한 [곡]시라를 이공성(移公城)에 거하게 하고, 하주(河州)169)에서 조문과 법령을 세우길 희망하였다. 하주 사람들은 부처를 '곡(唃)'이라 부르고, 아들을 '시라(廝囉)'라고 일컫는데, 이로부터 곡시라로 명명되었다. 그러자 종가(宗哥)의 승려 이립준(李立遵)과 막천(邈川)의 대추장 온포기(溫逋奇)170)가 [곡]시라를 빼앗아 곽주(廓州)171)로 데려가서, 그를 추존하여 [수령으로] 세웠다. 부족들이 점차 강대해지자, 종가성(宗哥城)172)으로 옮겨 거했으며, [이]립준을 논포(論逋)로 삼아서 그를 보좌하게 하였다.

---

167) 高昌: 현재 신강 위구르자치구 吐魯番市 일대를 지칭한다. 한대에 처음으로 高昌壁이 세워지며 東晉 咸和 2년(327)에는 前涼이 高昌郡을 설치한다. 北魏 太平眞君 3년(442)에는 北涼의 잔여세력인 沮渠氏가 이 지역을 점거하며, 和平 원년(460)에는 柔然이 沮渠氏 정권을 궤멸시키고, 闞伯周를 高昌王으로 세웠다. 그러나 북위 太和 5년(481)에 高車가 감씨 정권을 멸망시키고 張孟明을 왕으로 삼았는데, 국인들에게 살해되었고, 태화 21년(497)에는 麴嘉가 왕으로 등극하였다. 唐 貞觀 14년(640)에 태종은 고창을 공격하여 麴氏 정권을 멸망시켰고, 이곳을 西州로 편입시킨다. 9세기 중엽에는 回鶻의 지파가 서천하여 이곳에 거하면서 西州回鶻 혹은 高昌回鶻이라 칭하였다.

168) 磨楡國: 北宋 시기 藏族 지방정권의 할지이다. 현재 曖藏 阿里 지역의 서북부와 캐시미어 동부의 라다크 일대를 가리킨다. 10세기에 吐蕃王朝의 황실후예 가운데 한 지파가 토번 서부 羊同 지역에 3개의 지방정권을 건립하고 그 지역을 아리(영주의 할지)로 지칭했는데, 그중 하나가 密楡이며 현재 라다크 지역을 관할했다.

169) 河州: 5호16국 시기 前涼 정권에 의해 처음 설치되며, 치소는 현 감숙성 臨夏市 서남단에 위치했다. 隋 大業 3년(607)에 잠시 梔罕郡으로 개명했다가, 唐初에 다시 河州로 복원된다. 寶應 初에는 吐蕃에 함락되며, 北宋 熙寧 6년(1073)에 다시 河州가 설치된다.

170) 『宋史』「校勘記」에 의하면 溫逋奇는 원래 '溫逋哥'로 되어 있었는데, 『宋會要』「蕃夷」6-1과 『太平治蹟統類』卷16에 의거하여 수정한 것이다. 『長編』卷82에서는 '溫布且'로 기록하였다.

171) 『宋史』「校勘記」에 의하면 廓州는 원래 '郭州'로 되어있었는데, 『宋史』卷87「地理志」와 『長編』卷82에 의거하여 수정한 것이다. 廓州는 北周 때 吐谷渾을 쫓아낸 후 처음 설치하였다고 한다(『資治通鑑』卷175). 北周 武帝 乾德 5년(576)에 澆河의 古城에 설치했으며, 治所는 지금의 靑海省 貴德縣 남쪽에 있었다. 隋 煬帝 大業 초기 澆河郡으로 고쳤다가 唐 高祖 武德 2년(619)에 다시 廓州라 하였다.

172) 宗哥城: 당대에 吐蕃이 처음 설치하며 현재 靑海省의 平安縣城이다. 北宋 元符 2년(1099)에 龍支城으로 개명하기도 한다.

> 立遵或曰李遵, 或曰李立遵, 又曰郢成蘭逋叱. 論逋者, 相也. 立遵貪, 且喜殺戮,
> 國人不附. 旣與曹瑋戰三都谷不勝, 又襲西涼爲所敗. 廝囉遂與立遵不協, 更徙邈川,
> 以溫逋奇爲論逋, 有勝兵六七萬, 與趙德明抗, 希望朝廷恩命. 知秦州張佶奏請拒絶.
> 涇原鈐轄曹瑋上言, 宜厚啗廝囉以扼德明. 而立遵屢表求贊普號, 朝議以贊普戎王也.
> 立遵居廝囉下, 不應妄予, 乃用廝鐸督恩例, 授立遵保順軍節度使, 賜襲衣·金帶·
> 器幣·鞍馬·鎧甲等.

[이립준을 혹자는 이준(李遵)으로, 혹자는 이립준(李立遵) 또는 영성란포질(郢成蘭逋叱)로 부르기도 한다. 논포(論逋)는 재상이다. [이]립준은 탐욕스러울 뿐 아니라, 살육하는 것을 좋아해서 국인들이 따르지 않았으며, 조위(曹瑋)와 삼도곡(三都谷)[173]에 싸워 패한 후, 다시 서량(西涼)을 습격하였다가 패한 바 있다. [곡]시라는 [이]립준과 갈등이 생기자, 다시 막천으로 옮기고는 온포기(溫逋奇)를 논포(論逋)로 삼았는데, 정병(精兵) 6만~7만으로 조덕명과 서로 겨루면서도 조정의 은명(恩命)을 받기 원하였다. 지진주(知秦州) 장길이 주청했지만 거절당하였다. 경원(涇原)[174] 영할(鈐轄)인 조위(曹瑋)는 마땅히 곡시라를 후대함으로써 [조]덕명을 견제해야한다고 상언하였다. 그러나 [이]립준은 수차례 표를 올려 찬보(贊普)의 봉호를 청했는데, 조정에서는 논의를 통해 찬보를 융왕(戎王)으로 확정하고, [이]립준의 위상을 [곡]시라 아래에 두고, 함부로 수여하지 않았으며, 시탁독(廝鐸督)의 은례(恩例)에 의거하여, [이]립준에게 보순군[175]절도사(保順軍節度使)를 수여하고, [이에 준하는] 습의(襲衣)·금대(金帶)·기폐(器幣)·안마(鞍馬)·개갑(鎧甲) 등을 하사하였다.

---

173) 三都谷: 현재 감숙성 甘谷縣 서부에 위치했다. 『宋史』 「曹瑋傳」에도 大中祥符 9년(1016)에 "唃厮啰率衆 數萬大入寇, 瑋迎戰三都谷."이라는 기사가 보인다.

174) 涇原: 원래 당대 方鎭의 명칭이었다. 大曆 3년(768)에 涇原節度使가 설치되는데, 治所는 涇州(현재 甘肅省 涇川縣 북쪽 5리)로 涇·原 2주를 관할하였다. 현재 甘肅省 淸水河 상류 일대와 涇水 상류 일대에 해당된다. 貞元 6년(790)부터는 四鎭 北庭行軍節度使를 함께 관할하게 되며, 元和 연간 이후에는 渭州와 武州까지 관할한다. 乾元 원년(758)에 彰義軍이라고 부르다가 光化 2년(899)에 風翔帶度使 李茂貞에게 병합되었다.

175) 保順軍: 五代 後周 顯德 5년(958)에 설치된 방진으로 滄州에 속하며 治所는 현재 山東省 無橡縣 일대이다.

大中祥符八年, 廝囉遣使來貢. 詔賜錦袍·金帶·器幣·供帳什物·茶藥有差, 凡中金七千兩, 他物稱是. 其年, 廝囉立文法, 聚眾數十萬, 請討平夏以自效. 上以戎人多詐, 或生他變, 命周文質監涇原軍, 曹瑋知秦州兼兩路沿邊安撫使以備之. 宗哥城東南至永寧九百一十五里, 東北至西涼府五百里, 西北至甘州五百里, 東至蘭州三百里, 南至河州四百一十五里, 又東至龕谷五百五十里, 又西南至青海四百里, 又東至新渭州千八百九十里. 九年, 廝囉·立遵等獻馬五百八十二匹. 詔賜器幣總萬二千計以答之. 數使人至秦州求內屬.

대중상부 8년(1015), [곡]시라에서 사절을 파견하여 내공하였다. 조서를 내려 금포(錦袍)·금대(金帶)·기폐(器幣)176)·공장십물(供帳什物)177)과 차약(茶藥)을 차등을 두어 하사했는데, 모두 합쳐 금 7,000량에 상당했으며 여타 물품도 이와 비슷하였다. 그해에, [곡]시라는 법제를 확립한 뒤, 수십만 중민(衆民)을 모아서, 최선을 다해 [서]하를 토벌하겠다고 청해왔다. 황상께서는 융인들이 속임수가 많아서 혹시나 다른 변란이 생길 수 있기에, 주문질(周文質)에 명하여 경원군(涇原軍)을 감독하게 하고, 조위(曹瑋)로 하여금 지진주(知秦州) 겸 양로연변안무사(兩路沿邊安撫使)를 맡게 하여 이를 방비하도록 하였다. 종가성(宗哥城)은 동남쪽 영녕(永寧)까지 915리, 동북쪽 서량부(西涼府)까지 500리, 서북쪽 감주(甘州)까지 500리, 동쪽으로 난주(蘭州)까지 300리, 남쪽으로 하주(河州)까지 415리에 달하고, 또한 동으로 감곡(龕谷)까지는 550리, 서남으로 청해(青海)까지는 400리, 동으로 신위주(新渭州)까지는 1,890리에 이른다. [대중상부] 9년(1016), [곡]시라·[이]립준 등이 말 582필을 헌상하였다. 조서를 통해 총 12,000점을 헤아리는 기폐(器幣)를 하사하여 이에 답하였다. 수차례 진주(秦州)에 사람을 보내서 내속하기를 청하였다.

明道初, 卽授廝囉寧遠大將軍·愛州團練使, 授邈奇歸化將軍. 已而邈奇爲亂, 囚廝

---

176) 器幣: 원래는 천자가 제후 왕에게 내리는 禮器와 玉帛을 일컫는 것으로, 宋의 황제도 주변민족으로부터 조공을 받을때 마다 의례적으로 기폐를 하사하였다. 註)108참조.
177) 供帳什物: 揮帳, 用具, 飮食 等 주로 연회 때 사용하는 열 가지 물품을 가리키는 것으로 추정된다.

囉置穽中, 出收不附己者, 守穽人間出之. 廝囉集兵殺逋奇, 徙居青唐.

[인종] 명도(明道) 초년(1032)에, [곡]시라에게 영원대장군(寧遠大將軍)[178]·애주단련사(愛州團練使)[179]를 제수하고, [온]포기(溫逋奇)에게는 귀화장군을 제수하였다. 얼마 지나지 않아서 [온]포기가 반란을 일으켰는데, 곡시라를 함정 속에 가두어 놓고, 자신을 따르지 않는 사람들을 거두었지만, 함정을 지키는 사람들 사이에서 곡시라를 내보내주었다. [곡]시라는 병사들을 모아서 [온]포기를 살해하고는 청당(青唐)[180]으로 거처를 옮겼다.

景祐中, 以廝囉爲保順軍節度觀察留後, 歲以奉錢令秦州就賜. 元昊侵略其界, 兵臨河湟, 廝囉知衆寡不敵, 壁鄯州不出, 陰間元昊, 頗得其虛實. 元昊已渡河, 插幟志其淺, 廝囉潛使人移植深處以誤元昊. 及大戰, 元昊潰而歸, 士視幟渡, 溺死十八九, 所鹵獲甚衆. 自是, 數以奇計破元昊, 元昊遂不敢窺其境. 及元昊取西涼府, 潘羅支舊部往往歸廝囉, 又得回紇種人數萬. 廝囉居鄯州, 西有臨谷城通青海, 高昌諸國商人皆趨鄯州貿賣, 以故富強.

---

178) 寧遠大將軍: 晉代에 처음 설치되어 唐代에 武散官으로 확정된다. 北宋 前期에는 무산관 29階 가운데 제 12階로 從五品上이었다.
179) 團練使: 당 숙종 건덕 원년(758)에 처음 설치되며, 특별한 직무가 없는 武臣이나 宗室, 內侍 등에게 수여되었다. 『宋詔令』 卷163에 의하면 駙馬都尉에 오르기 전에 먼저 단련사를 수여한다고 한다. 元豐 이후 五品官으로 확정되며, 직위는 防禦使보다 낮고 刺史보다 높았다.
180) 青唐: 현재 青海省 西寧에 해당되며 唐代에는 이곳을 鄯城이라 불렀다. 安史의 亂 이후 吐蕃이 唐軍을 따라 鄯城을 탈취하였는데, 그때 城의 연못 주변의 산에서 수풀이 하늘을 가리면서 푸른빛으로 가득했기 때문에 吐蕃族들이 青唐城이라 칭하게 되었다. 이후 青唐城은 실크로드 남로와 당의 '唐蕃古道'의 중요한 지역이 되었다. 그런데 吐蕃의 青唐은 唃厮囉 都城이었던 '青唐' 한 곳만 가리키는 게 아니라 古渭寨의 북쪽에도 '青唐'이 있다. 『長編』 卷226 <神宗 熙寧 4년 8월 辛酉>조에는 "自古渭寨接青唐·武勝軍"이라하였고 『宋史』 卷331 「馬仲甫傳」에는 "古渭介青唐之南"이라 하였다. 또한 『宋會要』 186册 「兵」 29에는 "文州在蜀之西北, 接連生蕃, 知州涂尙友鑿開管下青唐嶺道路"라고 하였고, 이외에도 문헌 가운데 볼 수 있는 青唐谷, 青唐峽 등으로 볼 때 青唐族은 青唐城(西寧)에 거주하는 吐蕃族만을 지칭하는 것은 아니다. 즉 古渭寨 경내의 青唐族을 의미한다. 青唐은 하나의 大族으로서 가장 강한 것은 俞龍珂로 그 부에는 약 12만 명이 있었다고 되어있다(湯開建, 2006, 51~52).

[인종] 경우(景祐) 연간(1034~1037) 중에, [곡]시라를 보순군(保順軍) 절도관찰유후(節度觀察留後)[181]로 삼고, 해마다 진주(秦州)로 하여금 현지에서 봉록을 사여하게 하였다. [이]원호(李元昊)[182]가 경계를 침략하여 군사들이 하황(河湟)[183]으로 접근해오자, [곡]시라는 중과부적임을 깨닫고 선주(鄯州)[184] 벽루(壁壘)에서 나오지 않은 채 몰래 [이]원호를 염탐하여 그 허실을 샅샅이 파악하였다. [이]원호는 이미 강을 건너면서 깃발을 꽂아서 얕은 곳을 표시해 두었는데, [곡]시라는 몰래 사람을 보내 이를 깊은 곳에 옮겨 꽂게 하였다. [이로써] [이]원호군을 오도하게 하였고 결국 큰 싸움이 벌어지자 [이]원호는 궤멸당한 채 돌아가야 하였다. 병사들 가운데 깃발을 보고 건너려다가 익사한 자가 열 명 가운데 여덟, 아홉에 달했고, 생포된 사람들도 매우 많았다. 이로 부터 수차례 기묘한 계략으로 [이]원호를 대파하여 [이]원호는

---

181) 節度觀察留后: 唐 開元 16년(738) 이후 節度使가 入朝하거나 직책만 수령 하고 임직하지 못할 경우, 親信으로 하여금 업무를 대행하게 했는데, 이를 '節度留后' 혹은 '觀察留后'라고 불렀다. 북송은 당과 오대의 직제명을 계승하여 절도관찰유후를 정식 관직으로 삼았다. 徽宗 政和 7년(1117)에 이르러 節度觀察留后를 承宣使로 바꾼다.

182) 李元昊(景宗, 1003~1048): 西夏의 개국황제이다. 党項족이며, 원래는 拓跋氏였다. 李氏 姓은 唐으로부터 하사받은 것이다. 李繼遷의 손자, 李德明의 큰 아들이며, 生母는 衛慕氏이다. 어릴 때부터 기골이 장대했을 뿐 아니라 학문에도 힘썼는데, 특히 법률서와 병서를 좋아했으며, 漢·蕃 언어에 능통하고 繪畫에도 조예가 깊었다고 한다. 1032년 부친의 제위를 계승하며 송에 稱藩했지만, 이후 독립을 표시하면서 唐과 宋으로부터 하사받은 李氏 姓과 趙氏 姓을 버리고 嵬名씨로 개명한다. 西夏 大慶 3년(1038)에 자립하여 황제가 되었으며, 국호를 '大夏'라 하였고 수도를 興慶府에 정했다. 大臣 野利仁榮에게 명하여 西夏 문자를 만들도록 하여 크게 西夏의 문화를 발전시켰다. 또한 교육을 발전시키고 蕃學을 창달하면서 文敎의 풍조를 열었다. 또한 '李王渠'를 개착하여 농경을 촉진시켰다. 三川口(陝西 延安 일대), 好水川(寧夏 隆德 일대) 및 定川砦(甘肅 固原 서북쪽) 전투에서 北宋軍을 대파했으며, 遼夏 간의 첫 번째 전투인 賀蘭山 전투에서도 요에 대승을 거두어, 서하가 요송 양국과 정립하는 계기를 마련했다. 원래 이원호는 關中 지역을 공격하여 長安을 점령하려는 뜻을 가지고 있었지만 송군의 완강한 저항으로 실현하지 못하였다. 이렇듯 여러 차례에 걸친 전쟁으로 서하의 경제와 국력 등이 훼손되자 慶曆 4년(1044) 마침내 북송과 慶曆和議를 맺고 宋에 대해 칭신하고 하국왕으로 책봉을 받는다.

183) 河湟: 靑海省 黃河와 湟水 유역을 일컫는 지명이다. 『後漢書』「西羌傳」에 아래와 같이 설명하고 있다. "河湟間少五谷, 多禽獸, 以射獵爲事. 爰劍敎之田畜, 遂見敬信, 廬落种人依之者日益衆." 漢武帝 "乃度河·湟, 筑令居塞." 『新唐書』「吐蕃傳」에는 "世擧謂西戎地曰河湟."로 언급하였다.

184) 鄯州: 北魏 孝昌 2년(526)에 鄯善鎭을 바꾸어 선주를 처음 설치하며, 唐 天寶 연간에 西平郡이라 하였다가 乾元 연간 초에 鄯州라고 하였다. 일찍이 隴右道 采訪使 및 隴右 節度使가 다스렸다가, 上元 2년(761)에 吐蕃에 함락된다. 北宋 元符 2년(1099)에 다시 설치되는데 치소는 현재 靑海省 置寧市 일대이다. 주를 설치한 이듬해에 바로 吐蕃에 함락되었고, 崇寧 3년(1104)에 수복된 뒤 西寧州로 개명하였다.

감히 그 경계를 엿볼 수 없었다.185) [이]원호가 서량부(西涼府)를 취하자 반라지(潘羅支)의 옛 부족들이 종종 [곡]시라에 귀부하였고, 회흘 종족 수만 명도 얻었다. [곡]시라가 선주(鄯州)에 있을 때 서쪽에는 임곡성(臨谷城)이 있어서 청해(靑海)로 통하였다. 고창(高昌) 여러 나라의 상인들까지 모두 선주로 몰려와 무역을 했고 이로 인해 부강해졌다.

寶元元年, 加保順軍度使, 仍兼邈川大首領. 時以元昊反, 遣左侍禁魯經持詔諭廝囉, 使背擊元昊以披其勢, 賜帛二萬匹. 經還, 以勞擢閤門祗候. 廝囉奉詔出兵嚮西涼, 西涼有備, 廝囉知不可攻, 捕殺遊邏數十人亟還, 聲言圖再擧. 元昊旣屢寇邊, 仁宗召對魯經, 欲再遣, 經固辭, 貶經爲左班殿直. 募敢使者, 屯田員外郎劉渙應詔. 渙至, 廝囉迎導供帳甚厚, 介騎士爲先驅, 引渙至庭. 廝囉冠紫羅氊冠, 服金線花袍・黃金帶・絲履, 平揖不拜, 延坐勞問, 稱「阿舅天子安否」. 道舊事則數十二辰屬, 曰兔年如此, 馬年如此. 渙傳詔, 已而廝囉召酋豪大犒, 約盡力無負, 然終不能有大功. 後累加恩兼保順河西節度使・洮涼兩州刺史, 又加階勳檢校官・功臣・食邑, 賜器幣鞍勒馬.

[인종] 보원(寶元) 원년(1038)에는 보순군도사(保順軍度使)가 더해졌고 여전히 막천대수령(邈川大首領)을 겸하였다. 당시 [이]원호가 반란을 일으키자, 좌시금(左侍禁)186) 노경(魯經)에게 조서를 갖고 가서 [곡]시라에게 배후에서 [이]원호를 습격하여 그 병력을 분산시킨다면, 비단[帛] 2만 필을 수여하겠다고 알리게 하였다. [노]경이 [조정에] 돌아 오자 그 공로로 합문지후(閤門祗候)187)로 발탁되었다. [곡]시라는 조서를 받들어 출병하여 서량(西涼)으로 향하였다. 그러나 서량이 대비하고 있어서 [곡]시라는 공략이 불가함을 알고, 순찰병[遊邏]188)

---

185) 『宋史』「校勘記」에 의하면 판본에는 '元昊遂不敢窺其境'에서 '元昊' 두 글자가 탈루되어 있었는데, 『長編』 卷117 注와 『文獻通考』 卷335 「四裔考」에 의거하여 보충하였다.

186) 左侍禁: 武官名이다. 北宋 淳化 2년(991) 정월에 처음 설치되며, 右侍禁 바로 위에 해당된다. 송대 전기까지는 8품관이었다가, 元豊 官制 개혁 때 正9품으로 확정된다.

187) 閤門祗候: 眞宗 咸平 4년(1001)에 처음 설치되며, 閤門通事舍人과 함께 합문의 직무를 수행하며, 從8品이다.

188) 遊邏: 巡邏와 같은 뜻이다. 『資治通鑑』 <齊東昏侯 永元元年>조의 "遙光遣人掩取之, 蕭坦之露袒踰牆走,

수십 명을 포살(捕殺)하고 바로 귀환해서는 다시 거병을 꾀하겠다고 공언하였다. [이]원호가 누차에 걸쳐 변경을 노략질해오자 인종은 노경을 소환하여 대면하고는 다시 파견하려했으나, [노]경이 고사하여 [노]경을 좌반전직(左班殿直)으로 경질하였다. 사신으로 감히 나서겠다는 자를 모집하자 둔전원외랑(屯田員外郞) 유환(劉渙)이 응하였다. [유]환이 도착하자 [곡]시라는 영접과 숙박을 매우 후하게 대접했으며, 한 명의 기사(騎士)를 선도자로 삼아서 [유]환을 관아로 인도하였다. [곡]시라는 자색 비단과 양모로 짠 관[紫羅氊冠]을 쓰고, 금색 선과 꽃무늬의 도포[金線花袍]를 입었으며, 황금관대[黃金帶]와 비단신[絲履]을 착용했는데, 평읍(平揖)례189)를 취하고 절은 하지 않았다. [유환에게] 앉게 한 뒤 위로하며 묻기를, "외삼촌 천자께서는 안녕하신지요[阿舅天子安否]"라고 일컬었다. 옛일을 언급할 때는 12간지를 헤아렸는데, 토끼해에는 이러이러하였다, 말해에는 이러이러하였다는 식으로 말하였다. [유]환이 조서를 전달하자 [곡]시라는 바로 추장과 호강들을 불러 잔치를 열어 위안하면서, 절대 패하지 않도록 온 힘을 다할 것을 약조했지만 결국 커다란 전공은 얻지 못하였다. 하지만 후에도 누차에 걸쳐 은상이 가해졌는데, 보순하서절도사(保順河西節度使)·조량양주자사(洮涼兩州刺史) 등이 더해졌으며, 다시 계순검교관(階勳檢校官)·공신(功臣)·식읍(食邑)을 더 했고, 기폐(器幣)·안륵마(鞍勒馬) 등이 하사되었다.

嘉祐三年, 擠羅部阿作等叛廝囉歸諒祚, 諒祚乘此引兵攻掠境上, 廝囉與戰敗之, 獲酋豪六人, 收橐駝戰馬頗衆, 因降隴逋·公立·馬頰三大族. 會契丹遣使送女妻其少子董氈, 乃罷兵歸.

[인종] 가우(嘉祐) 3년(1058), 제라부(擠羅部)의 아작(阿作) 등이 [곡]시라에게 반기를 들고 [이]양조(李諒祚)190)에게 귀부하자, [이]양조는 이 기회를 이용하여 병사를 이끌고 경내를

道逢遊邏主顔端, 執之."부분에 대해서 胡三省은 "遊邏主에 대해 병사가 臺城 밖에서 순라하는 것(遊邏主, 將兵在臺城外巡邏者也.)"이라고 주를 달았다.
189) 平揖: 상대방과 지위가 같을 때, 허리는 굽히지 않고 두 손을 모아서 예를 표함으로서 서로가 평등함을 표시하는 인사 의례이다.
190) 李諒祚(毅宗, 1047~1067; 재위 1048~1067)으로 서하의 2대 황제이다. 景宗의 사생아였으며, 생모는 沒藏氏이며 党項族이다. 1048년에 景宗이 피살되자 毅宗은 1살의 어린 나이로 재위를 이었는데, 그

공략해왔는데, [곡]시라는 이들을 교전 끝에 패퇴시키고는 추장과 호강 6인을 생포했는데, 수확한 낙타와 전마도 매우 많았고, 이에 따라 투항해 온 농포(隴逋)[191]·공립(公立)[192]·마파(馬頗) 등 3대족도 수용하였다. 마침 거란(契丹)에서 사신을 통해 딸을 보내 [곡]시라의 작은아들 동전(董氈)의 처로 삼게 한지라, 이에 병사를 거두어 돌아가게 하였다.

治平二年夏, 羌邈奔及阿叔·溪心以隴·珠·阿諾三城叛諒祚歸廝囉, 廝囉不禮, 乃復歸諒祚, 請兵還取所獻地, 諒祚不之罪, 爲出萬餘騎隨邈奔·溪心往取, 不能克, 但取邈川歸丁家五百餘帳而還. 廝囉其年冬死, 年六十九, 第三子董氈嗣.

[영종] 치평(治平) 2년(1065) 여름, 강[족](羌族) 막분(邈奔) 그리고 아숙(阿叔)·계심(溪心)이 농(隴)·주(珠)·아약(阿諾) 등 세 성에서 [이]양조에게 반기를 들고 [곡]시라에 귀부해 왔다. [곡]시라가 예로써 대접하지 않자 다시 [이]양조에게 복귀하여 [곡시라에게] 헌상한 땅을 다시 찾아오겠다며 병사를 청하였다. [이]양조는 그들의 죄를 처벌하지 않고 만여 기병을 출격시켜 막번(邈奔)과 계심(溪心)을 따라 가서 찾아오게 하였다. 하지만 함락할 수 없어

모친인 沒藏太后 및 그 가족들이 전권을 휘둘렀다. 즉위한 다음해(1049)에 景宗이 사망한 틈을 타서 서하와 遼 사이에 두 번째 賀蘭山의 전쟁이 벌어졌는데, 서하가 대패하면서 요에 칭신하게 되었다. 서하 의종 福聖承道 4년(1056), 太后가 피살되자 외삼촌인 沒藏訛龐이 집정하였다. 12살이 되어서 비로소 정치에 참여하게 되었다. 의종 奲都 5년(1061), 訛龐 父子가 그를 해치려고 모의하자 마침내 訛龐 및 皇后(訛龐의 딸)를 죽이고, 梁氏를 皇后로 삼았으며, 국정을 친히 장악하였다. 그리고는 蕃禮를 폐하고 漢儀로 개혁하여 사용하였다. 아울러 각 部의 尙書, 侍郞 등 각종 관직을 두어 중앙행정체제를 완비하였다. 州軍을 조정하여 지방통치를 강화하였다. 이러한 조치는 황제의 군정에 대한 통제를 강화시켜주었다. 그는 여러 해 동안 송에 대해 군사를 일으켜 인근 주현을 약탈하였다. 그리고는 吐蕃의 수령인 瞎氈의 아들 木征과 靑唐 吐蕃部의 항복을 받았다. 그의 집권 후기에는 요와 송의 관계를 좋게 유지하여 전쟁이 적었다. 宋 英定 治平 3년(1066), 북송과 전투를 벌이다가 화살을 맞았다. 그 상처로 인하여 다음해에 사망했으니 향년 겨우 21살이었으며 諡號는 昭英皇帝이다.

191) 隴逋: 토번 大族 가운데 하나로 北宋 시기에는 주로 瑪曲, 迭部에서 舟曲 사이에 거쳐 살았다. 宋에서 金代까지 積石軍 경내에 속했다. 『宋會要輯稿』 199册 「蕃夷」6 <元祐 7년(1092) 6월>조에도 隴逋族 관련기사가 보인다.

192) 『宋史』 「校勘記」에서는 '公立'을 『文獻通考』 卷335 「四裔考」에 의거하여 '立功'으로 바꾸었다. 『長編』 卷188에는 '哩恭'로 되어있는데, '公立' 두 글자가 거꾸로 써진 것으로 추정된다.

서, 겨우 막천(邈川)[193]의 귀정가(歸丁家) 500여 장(帳)을 취하여 돌아갔다. 그해 겨울 [곡]시라가 사망했으니 나이는 예순 아홉이고, 세 번째 아들인 동전(董氈)이 뒤를 이었다.

> 董氈母曰喬氏, 廝囉三妻. 喬氏有色, 居歷精城, 所部可六七萬人, 號令明, 人憚服之. 方董氈少時, 擇酋長子年董氈相若者與之遊, 衣服飲食如一, 以此能附其衆. 董氈自九歲廝囉爲請于朝, 命爲會州刺史, 而喬氏封太原郡君. 其二妻皆李立遵女也, 生瞎氈及磨氈角. 立遵死, 李氏寵衰, 斥爲尼, 置廓州, 錮其子瞎氈. 磨氈角結母黨李巴全竊載其母奔宗哥, 廝囉不能制, 磨氈角因撫有其衆. 李氏以寶元二年恩賜紫衣. 磨氈角亦累奉貢, 初補嚴州團練使, 後以思州團練使卒. 所部立其子瞎撒欺丁, 李氏懼孤弱不能守, 乃獻皮帛·入庫稟文藉于廝囉, 廝囉因受之. 嘉祐三年, 命欺丁爲順州刺史. 瞎氈居龕谷, 屢通貢, 授澄州團練使, 先卒. 子木征居河州, 母弟瞎吳叱居銀川.

동전(董氈)의 어머니는 교씨(喬氏)로 [곡]시라의 세 번째 처였다. 교씨는 용모가 아름다우며, 역정성(歷精城)에 거주했는데, 따르는 부하가 가히 6만~7만에 이르렀고, 명령이 분명하여 사람들이 두려워하며 복종하였다. 동전이 어릴 때 추장의 자식들 가운데 나이가 동전과 비슷한 아이들을 뽑아 그와 함께 교유하게 했는데 의복과 음식을 똑같게 하여 이로써 능히 무리들을 따르게 할 수 있었다. 동전은 9살 때부터 [곡]시라에게 조정에 초청되었고 회주(會州)[194] 자사로 임명되었으며, 교씨는 태원군군(太原郡君)에 분봉되었다. 그의 두 처는 모두가

---

193) 邈川城: 현재 青海省 樂都縣 일대에 해당되며, 토번의 곡시라가 宗哥城에서 옮겨온 뒤 송조에서 그에게 邈川大首領을 제수한 바 있다. 元符 2년(1099)에 수복하여 湟州를 세운다. 『宋會要輯稿』「方域」6에서는 막천이 西夏, 宗家族, 青唐族과 인접해있는 지리적, 군사적 요충지임을 밝히고 있다("邈川繫古湟中之地, 北控夏國甘·涼, 西接宗哥·青唐部族 ……").

194) 會州: 西魏 廢帝 때 처음 설치되며, 治所는 會寧縣으로 현재 甘肅 靖遠縣 동북쪽이다. 唐 武德 2년(619)에 西會州로 개칭했다가, 貞觀 8년(634)에 다시 會州로 고쳤다. 관할 구역은 대략 현재의 甘肅省 靖遠·景泰·會寧과 寧夏回族自治區 海原 일대이다. 天寶 초에 會寧郡으로 개명했다가, 乾元 초에 다시 會州로 바꾼다. 廣德 2년(764) 吐蕃에 함락되어 폐지되었으며 北宋 初에 다시 설치된다. 天聖 연간 이후 西夏가 차지했으며, 元符 2년(1099) 다시 會州를 설치하였다. 崇寧 3년(1104)에 敷川縣을 州治로 삼았다. 관할 구역은 현재의 甘肅省 靖遠, 定西, 會寧 등의 縣지역이다.

이립준(李立遵)의 딸이었는데, 할전(瞎氈)과 마전각(磨氈角)을 낳았다. [이]립준이 죽자, 이씨는 총애를 잃었고, 쫓겨나서 비구니가 되어 곽주(廓州)195)에 안치되었으며,196) 그의 아들 할전도 갇히게 되었다. 마전각은 어머니의 당파인 이파전(李巴全)과 결탁하여 몰래 그의 모친을 빼돌려 종가(宗哥)에게 도망쳤지만, [곡]시라는 제압할 수 없었고, 마전각은 이에 따라 그의 무리들을 거느릴 수 있게 되었다. 이씨에게 보원(寶元) 2년(1039)에 은상(恩賞)으로 자의(紫衣)197)가 하사되었다. 마전각 역시 누차에 걸쳐 공납을 바쳤는데, 처음에는 엄주단련사(嚴州團練使)에 임명되었다가, 후에 죽을 때까지 사주단련사(思州團練使)를 역임하였다. 부하들이 그의 아들인 할살기정(瞎撒欺丁)을 세웠다. 이씨에게는 세력이 고립되고 취약하여 지킬 수 없는 것이 두려워서 [곡]시라에게 피백(皮帛)을 헌상하고 곳간 장부까지 진상하니 [곡]시라가 이를 받아들였다. 가우(嘉祐) 3년(1058)에 명을 내려 [할살]기정을 순주자사(順州刺史)로 삼았다. 할전(瞎氈)은 감곡(龕谷)에 거했는데 수차례 와서 진공하여, 징주단련사(澄州團練使)를 제수했는데 먼저 죽었다. 아들 목정(木征)은 하주(河州)에 거했으며, 같은 어머니의 동생(母弟)인 할오질(瞎吳叱)은 은천(銀川)198)에 기거하였다.199)

廝囉地既分, 董氊最彊, 獨有河北之地, 其國大抵吐蕃遺俗也. 懷恩惠, 重財貨, 無正朔. 市易用五穀·乳香·硇砂·氆毯·馬牛以代錢帛. 貴虎豹皮, 用緣飾衣裘. 婦

---

195) 廓州: 北周 建德 5년(576) 澆河 故城에 설치되었으며, 治所는 오늘날의 靑海 貴德縣 남쪽이다. 天寶 원년(742) 寧塞郡으로 고쳤다가 乾元 원년(758) 다시 廓州로 고쳤다. 이후 吐蕃의 수중에 들어갔다. 북송 熙寧 연간 이후에 송에서 수복했으며, 철종 元符 연간(1098~1100) 초에 다시 廓州를 설치하였다. 휘종 崇寧 연간(1102~1106)에 폐지하였다가 다시 설치했지만 大觀 연간 이후에 폐지하였다. 남송대 이후 서하의 영역으로 편입되었다.
196) 『宋史』 「校勘記」에서는 "置廓州"의 '廓'은 원래 '郭'으로 기록되어 있었으나, 『宋史』 卷87 「地理志」와 『文獻通考』 卷335 「四裔考」에 의거하여 개정하였다.
197) 紫衣: 문자 그대로 紫色衣服이라는 뜻이지만, 春秋戰國 시기에는 國君이 紫衣를 착복하였고. 南北朝 시기 이후에는 貴官의 公服이라는 의미로 사용된다.
198) 銀川: 오늘날 甘肅省 積石山 保安族·東鄕族·撒拉族自治縣 동남쪽 銀川河 일대를 가리킨다. 銀川은 원래 小積石山의 동쪽 山麓에서 黃河로 流入되는 하천 명에서 유래하였다.
199) 『宋史』 「校勘記」에서는 "瞎吳叱居銀川"의 '居'자가 원래 '歸'로 되어 있었으나, 『宋史』 「木征傳」과 『長編』 卷188·『文獻通考』 卷335 「四裔考」에 의거하여 바꾸었다.

人衣錦, 服緋紫青綠. 尊釋氏. 不知醫藥, 疾病召巫覡視之, 焚柴聲鼓, 謂之「逐鬼」. 信咒詛, 或以決事, 訟有疑, 使詛之. 訟者上辭牘, 藉之以帛, 事重則以錦. 亦有鞭笞杻械諸獄具. 人喜啖生物, 無蔬茹醯醬, 獨知用鹽爲滋味, 而嗜酒及茶. 取板屋, 富姓以氈爲幕, 多並水爲鞦韆戲. 貢獻謂之「般次」, 自言不敢有貳則曰「心白向漢」云. 其後, 河州・武勝軍諸族寖驕, 閉于闐諸國朝貢道, 擊奪般次. 詔邊將問罪. 已而董氈遣使奉貢入謝, 上慰納焉.

　　[곡]시라의 영지가 분할된 후, 동전(董氈)이 가장 강하여 황하북부의 땅을 독점했는데 이 나라는 대체로 토번(吐蕃)이 남긴 풍속을 계승하였다. 은혜(恩惠)를 회념(懷念)하고 재화(財貨)를 중시했지만 정삭(正朔)[을 기록한 역법(曆法)]은 없었다. 교역할 때는 오곡(五穀)・유향(乳香)・요사(硇砂)・계담(罽毯)200)・마소[馬牛] 등이 전백(錢帛)을 대신하였다. 호피나 표피(豹皮)를 귀중하게 여겨 이를 써서 옷의 가장 자리를 장식하곤 하였다. 부인들은 비단옷을 입었는데 붉은색[緋], 자색(紫), 청색(靑), 녹색(綠) 등을 입었다. 석가모니를 숭배하였다. 의약은 잘 알지 못해 질병에 걸리면 무당을 불러 보게 하고 장작을 태우고 북을 울렸는데 이를 "축귀(逐鬼)"라고 불렀다. [신의] 저주[咒詛]를 믿어서, 일을 결정할 때나 송사에 의심이 들 때는 [사람으로 하여금] 저주하게 하였다. 상소한 사람은 내용이 쓰여진 문건[辭牘]을 백(帛) 위에 올려놓았고, 일이 중대할 때는 금(錦)을 사용하였다. 또한 편(鞭)・태(笞)・뉴(杻)・계(械) 등 여러 형구가 있었다. 사람들은 날 것을 먹는 것을 좋아하고, 야채・식초・장은 없었으며, 오로지 소금으로 간을 맞추는 것만을 알았고, 술과 차를 좋아하였다. 목판으로 집을 지었는데, 부자들은 양탄자로 장막을 덧댔고, 많은 사람들이 물가에서 그네놀이를 즐겼다. 진공하는 것을 일컬어 '반차(般次)'201)라고 했는데 스스로 두 가지 마음을 갖지 않음을 가리켜 '심백향한(心白向漢)'202)이라고 일컬었다. 그 후 하주(河州)・무승군(武勝軍)203)의 제

---

200) 罽毯: 毛毯이다. 『宋史』 「禮志」 16에도 "凡大宴, 宰相・使相坐以繡墩; 參知政事以下用二蒲墩, 加罽毯."이라는 내용이 보인다.

201) 『宋史』 「外國傳」 <于闐>편에도 "于闐, 大食, 拂菻等國貢奉, 般次踵至, 有司憚於供費, 抑留邊方, 限二歲一進."라고 언급한 바 있다.

202) 心白向漢: 한을 향한 하얀 마음.

203) 武勝軍: 일반적으로 무승군은 五代에 하남 鄧州 일대 설치된 方鎭을 지칭하는 것인데, 전후의 맥락을

종족들이 점점 거만해져서, 우전(于闐)204) 각국이 조공하는 도로를 막고 있다가 습격하여 반차(般次)를 약탈하였다. 조서를 내려 변장(邊將)들로 하여금 죄를 묻게 하였다. 얼마 지나지 않아 동전이 사절을 파견하여 조공을 바치고 사죄하자 황상은 위로하며 받아들였다.

> 初, 廝囉死, 董氈嗣爲保順軍節度使·檢校司空. 神宗卽位, 加太保, 進太傅. 熙寧元年, 封其母安康郡太君, 以其子蘭逋比爲錦州刺史. 三年, 夏人寇環慶, 董氈乘虛入其境, 大克獲. 賜璽書袍帶獎激之. 王韶旣定熙河, 其首領靑宜結鬼章寇河州踏白城, 景思立死焉. 帝命邊臣招來之. 十年, 以鬼章及阿里骨皆爲刺史. 董氈貢眞珠·乳香·象牙·玉石·馬, 賜以銀·綵·茶·服·緡錢, 改西平節度使, 遣供奉官郭英齎詔書·器幣至其國.

 살펴볼 때 이곳보다는 현재 甘肅省 永登縣 서북 지역에 있었던 武勝堡 부근으로 추정된다.『方輿紀要』卷63에는 "武勝堡在衞西北三十里."라는 기록이 보인다.

204) 于闐: 고대 중앙아시아 지역에 있던 왕국이름으로 현재 타림 분지에 있는 호탄 오아시스에 해당한다. 동쪽으로는 且末, 鄯善으로 통하고, 서쪽으로는 莎車, 疏勒로 통하였다. 번성할 때에는 오늘날 和田, 皮山, 墨玉, 洛浦, 策勒, 于田, 民豐 등의 縣市를 포함하였다. 한대에 실크로드가 개통된 이후 西域都護府에 속하였다. 기원전부터 아리아인계 주민이 농경생활을 하였으며, 또한 동서무역의 거점으로 크게 번영한 서역 남부의 대표적인 국가로 이란과 인도 문화를 받아들여 높은 문화수준을 자랑하였다. 大乘佛敎가 번성하였으며,『화엄경』등 불교경전이 이곳을 거쳐 중국에 전래되었다. 11세기 말 이슬람의 침입으로 인종과 언어가 위구르화 되었고, 불교는 자취를 감춘다. 중국에서 于闐이라는 이름은 漢代부터 淸代까지 줄곧 사용되는데, 한대 于闐의 都城은 西城(현재 和田의 特干 유적지)이며, 長安에서 9,670리 떨어져 있었다고 하며, 戶口數는 3,300戶, 전투 병력은 2,400명이라고 하였다(『漢書』「西域傳」).『北史』<于闐>에 따르면, 高昌 以西의 사람들의 모습은 눈이 깊고 코가 높은데 于闐國 사람들은 중국 사람들과 비슷하다고 한다. 唐代 安西四鎭의 하나였으나 이후 唐 德宗 貞元 6년(790)에 吐蕃이 점령하였는데, 9세기 중반 토번에 내란이 발생하여 쇠하자 우전이 독립하여 尉遲氏가 정권을 장악하였다. 9세기 말엽, 돈황의 沙州歸義軍 정권과 교류하였다. 북송초 우전의 사신과 승려 등이 여러 차례 송에 진공하였다. 11세기 초 黑汗 왕조가 우전을 점거하였으며, 일부 백성들이 동쪽 沙州로 옮겼는데, 심지어는 멀리 청해까지 갔다고 한다. 黑汗 왕조의 통치 아래 언어와 인종이 위구르화되었고, 이슬람교를 믿게 되었다. 于闐이란 이름은 佉盧文書에는 Khotana, 梵語에는 Gostana, 西藏語에는 Li-yul이라고 되어 있다. 우전국명과 관련해서 많은 학설이 있으나 白鳥庫吉은 西藏語로 玉은 Gyu이며, 촌락은 Tang이므로 GyuTang은 玉城을 뜻한다고 하였다(『往五天竺國傳箋釋』, 2000). 玄奘은 '瞿薩旦那國'라 칭했는데, '瞿薩旦那'는 범어로 'Gostana'라고 한다(『大唐西域記校注』, 2000).

당초에 [곡]시라가 사망하자 동전이 계승하여 보순군절도사(保順軍節度使)・검교사공(檢校司空)으로 삼았다. 신종(神宗)이 즉위하고는 태보(太保)를 더해주고 태부(太傅)에 임명하였다. 희녕(熙寧) 원년(1068)에는 그의 모친을 안강군태군(安康郡太君)에 봉했으며, 그의 아들 난포비(蘭逋比)를 금주자사(錦州刺史)로 삼았다. [희녕] 3년(1070)에 [서]하 사람들이 환경(環慶)205)을 침략하자 동전은 빈틈을 타서 그 국경에 침입하여 크게 승리하고 노획하였다. 이에 새서(璽書)와 포대(袍帶)를 하사하여 상으로 그들을 격려하였다. 왕소(王韶)가 희하(熙河)206)를 평정한 후, 그 수령인 청의결귀장(靑宜結鬼章)이 하주(河州)의 답백성(踏白城)207)을 공격하여 경사립(景思立)이 죽었다. 황제는 변신(邊臣)들에게 명령하여 그들을 초무하게 하였다. [희녕] 10년(1077), [청의결]귀장과 아리골(阿里骨) 모두를 자사로 삼았다. 동전은 진주(眞珠)・유향(乳香)・상아(象牙)・옥석(玉石)・말 등을 진공하여, 은(銀)・채(綵)・차(茶)・복(服)・민전(緡錢) 등으로 하사하고, 서평절도사(西平節度使)에 임명했으며, 공봉관(供奉官)208) 곽영재(郭英齋)를 파견하여 조서(詔書)와 기폐(器幣)를 가지고 그 나라에 직접 가게 하였다.

方鬼章犯境時, 列帳訥兒溫及祿尊率部族叛附之, 既來降, 又陰與董氊通. 元豊初, 詔知岷州种諤集酋長斬之, 以妻女田産賜降將俞龍珂. 二年, 遣景靑宜黨令支貢方物,

---

205) 環慶路: 북송 康定2년(1041)에 陝西路를 분할하여 环庆路经略安抚使를 설치하는데, 치소는 현재 감숙성 慶陽縣에 해당되는 慶州에 설치하였다.
206) 熙河路: 北宋 熙寧 5년(1072)에 설치하였으며, 經略安撫使를 두었다. 治所는 熙州로 오늘날 甘肅 臨洮縣이다. 관할 영역은 熙, 河, 洮, 岷 등 4州 및 通遠軍이었으며, 오늘날 甘肅省 大夏河, 洮河 流域 및 渭河 上遊 甘穀縣 서쪽 지역, 西漢水와 白龍江 上流의 西和, 禮縣, 宕昌 등의 縣 지역이다. 이후 蘭・會 2州가 더해져, 熙河蘭會路로 되었다. 元祐 연간(1086~1093)에는 熙河蘭岷路라고 하였다가 元符 연간(1098~1100)에 다시 환원되었다. 이후 또 熙河蘭廓路로 되었다가 宣和 연간(1119~1126)에 다시 熙河湟廓路로 복귀되었다. 이후 湟州를 樂州로 바꾸었다가 다시 熙河蘭樂路로 하였고, 얼마 있다가 熙河蘭廓路로 고쳤다. 관할했던 영역은 서쪽으로는 오늘날 靑海 湟水 유역과 黃河 상류 貴德縣 일대이다. 金 皇統 2년(1142) 秦鳳路, 熙河路를 합하여 熙秦路로 되었다.
207) 踏白城: 북송 때 설치된 성곽으로 河州에 속한다. 현재 甘肅省 積石山 保安族・東鄕族・撒拉族 自治縣의 남부에 위치한다.
208) 供奉官: 측근에서 황제를 공봉하는 東西供奉官을 함께 일컫는 관직명으로, 무관 가운데 三班 小使臣에 해당한다.

> 以令支爲珍州刺史, 賜董氈錢萬緡, 銀綵千計. 三年, 邈川城主溫訥支郢成及叔溪心・弟阿令京等款塞, 以郢成爲會州團練使, 溪心內殿崇班, 令京西頭供奉官, 餘族人皆殿直奉職.

마침 [청의결]귀장(青宜結鬼章)이 국경을 침범해 왔을 때, 열장(列帳) 눌아온(訥兒溫)과 녹존(祿尊)이 부족을 이끌고 반란을 일으켜 그에게 귀부했는데, 와서 항복한 후에는, 또 다시 은밀하게 동전(董氈)과 내통하였다. 원풍(元豊) 연간(1078~1085) 초에, 지민주(知岷州) 충악(种諤)에게 조서를 내려 추장들을 모으고 그를 참수하게 하였고, 처와 딸의 재산(田産)은 항장(降將) 유용가(俞龍珂)에게 하사해주었다. [원풍] 2년(1079), 경청의당령지(景青宜黨令支)를 파견하여 방물을 입공하여, [경청의당]령지를 진주자사(珍州刺史)로 삼고, 동전에게 동전(銅錢) 10,000민(緡)과 은(銀), 채(綵) 수천을 하사하였다. [원풍] 3년(1080)에는 막천성주(邈川城主) 온눌지영성(溫訥支郢成)과 숙부 계심(溪心)・동생 아령경(阿令京) 등이 귀순하여 [온눌지]영성을 회주단련사(會州團練使)에, 계심을 내전숭반(內殿崇班)에,209) [아]령경은 서두공봉관(西頭供奉官)210)에 임명하고, 나머지 족인들은 모두 전직봉직(殿直奉職)으로 삼았다.

> 四年, 王師討夏, 會其兵. 董氈遣酋長抹征等率三萬人赴党龍耳江及隴・朱・珂諾, 又集六部兵十二萬, 約以八月分三路與官軍會. 帝以其協濟軍威, 事功可紀, 由常樂郡公進封武威郡王, 鬼章・阿里骨・党令支皆團練使, 心牟欽氈・阿星・李叱臘欽爲刺史.

[원풍] 4년(1081)에 왕사(王師)가 [서]하를 토벌할 때 그 군대와 회합하였다. 동전(董氈)은

---

209) 內殿崇班: 武官名이다. 北宋 太宗 淳化 2년(991)에 처음 설치하며, 東頭供奉官의 상급관에 해당된다. 일반적으로 東頭供奉官이나 閤門祇侯에서 승진하여 임명되는 경우가 많으며, 송 前期까지는 7품官이었다가 元豊官制에서는 正8품으로 조정된다.

210) 西頭供奉官: 당 고종 永徽 연간(650~655)에 황제의 거처를 대명궁으로 옮기면서, 대명궁의 황제시종관을 東頭供奉官이라 일컫게 되고, 태극궁의 시종관은 西頭供奉官이라 칭하게 되었다. 서열은 동두공봉관보다는 낮아졌고 左右侍禁보다는 높았는데, 송대 전기에는 8품관이었다.

추장 말정(抹征) 등으로 하여금 3만 명을 이끌고 당룡이강(党龍耳江)과 농(隴)·주(朱)·가낙(珂諾)에 이르게 하였다. 또 다시 여섯 부족의 병사 12만 명을 모아서 8월 경에 세 길[三路]로 나누어 관군과 회합하기로 약정하였다. 황제는 협조한 군대의 위세와, 공로를 기념하기 위해서 상락군공(常樂郡公)에서 무위군왕(武威郡王)으로 봉호를 승격했으며, 귀장(鬼章)·아리골(阿里骨)·당령지(党令支)를 모두 단련사(團練使)211)에 임명하고, 심모흠전(心牟欽氊)·아성(阿星)·이질납흠(李叱臘欽) 등은 자사로 삼았다.

> 夏人欲與之通好, 許割硻龍以西地, 云如歸我, 即官爵恩好一如所欲. 董氊拒絶之, 訓整兵甲, 以俟入討, 且遣使來告. 帝召見其使, 使歸語董氊盡心守圉; 每稱其上書情辭忠智, 雖中國士大夫存心公家者不過如此. 知邈川事力固不足與夏人抗, 但欲解散其謀, 使不與結和而已, 故終不能大有功.

[서]하인들이 그와 통교하기를 희망하여 작룡(硻龍)212) 이서 지역의 토지를 할양해주겠다고 약속하고, 만약에 우리 측에 귀부한다면 관작과 은상을 모두 원하는 바대로 해주겠다고 말하였다. [하지만] 동전은 이를 거절하고, 군대를 훈련시키고 정돈함으로써 진격하여 토벌해 오는 것을 대비하고, 사절을 파견하여 알려왔다. 황제는 그 사절을 직접 불러 알현하고, 사절에게 돌아가면 동전에게 마음을 다하여 변경을 수비하라고 알리게 하였다. 매번 그가 상서(上書)

---

211) 團練使: 唐에서 元代에 까지 설치되었던 地方 軍事長官이다. 唐代 團練使의 全稱은 團練守捉使로 都團練使와 州團練使 두 종류가 있었다. 唐朝 都團練使와 州團練使는 원래 方鎭 혹은 한 개 州의 軍事를 담당하는 것이었으나 觀察使가 都團練使를 겸임하기도 하였고 刺史가 州團練使를 겸임하기도 하여 실제로는 하나의 方鎭 혹은 州의 軍政長官이었다. 都團練使는 節度使 혹은 都防禦使와 관장 임무는 서로 같은 것이었다(州團練使는 州防禦使와 同一). 그 구별은 地位의 高低와 遷轉의 先後, 俸錢의 多少 및 旌節을 수여하는가의 여부였다. 따라서 節度使와 都防禦使가 설치된 지구에는 都團練使를 두지 않았다. 또한 州防禦使가 설치된 곳에도 州團練使를 두지 않았다. 宋은 諸州의 團練使를 武臣의 寄祿官으로 삼아 定員과 職掌이 없었고 本州에 거주하지 않도록 하였다. 遼는 南面 各州에 團練使司를 두어 團練使가 한 州의 軍政을 담당하게 하였다. 元末에 농민반란을 진압하는데 團練安撫使를 두기도 하였는데 明代에는 폐지하였다.

212) 硻龍: 硻龍川이나 硻龍城을 일컫는 것으로 추정된다. 硻龍川은 咯羅川으로도 불리는 甘肅省 중부의 황하지류인 壓浪河를 가리킨다. 硻龍城은 甘肅省 永登縣 경내에 위치하며, 11세기 초에 宋과 唃厮囉가 교역하던 곳이다.

를 올릴 때마다 정감과 언사에 충성과 지략이 가득하여서 비록 마음속에 사심이 없는 중국(中國) 사대부라도 이와 같지 못할 것이라고 칭찬하였다. 사실 막천(邈川) 세력으로는 [서]하인들과 항쟁하는 것은 부족하다는 것을 알고 있었기에 다만 그 계략을 분산시키고, [서]하인들과 결탁하지 않도록 하려고 했기 때문에 결국 큰 공은 세울 수 없었던 것이다.

> 哲宗立, 加檢校太尉. 元祐元年, 卒. 藺逋叱已死, 養子阿里骨嗣.

철종(哲宗)이 즉위하고 검교태위(檢校太尉)를 더해주었다. 원우(元祐) 원년(1086)에 죽었다. 인포질(藺逋叱)이 이미 사망한지라 양자인 아리골(阿里骨)이 계위하였다.

> 阿里骨本于闐人. 少從其母給事董氈, 故養爲子. 元豐蘭州之戰最有功, 自肅州團練使進防禦使. 董氈病革, 召諸酋領至青唐, 謂曰:「吾一子已死, 惟阿里骨母嘗事我, 我視之如子. 今將以種落付之, 何如?」諸酋聽命. 旣嗣事, 遣使修貢.

아리골(阿里骨)은 원래 우전(于闐) 사람이다. 어려서 그 모친을 따라서 동전(董氈)을 섬겼기 때문에 양자(養子)가 되었다. 원풍 [연간에] 난주(蘭州)의 전역에서 가장 [큰] 공을 세워서 숙주(肅州)213) 단련사(團練使)에서 방어사(防禦使)214)로 진[급]하였다. 동전은 병세가 위독해지자 청당(青唐)으로 여러 수령들을 소집하여 말하기를, "나의 아들 하나는 이미 죽었으며 오직 아리골의 모친이 일찍부터 나를 모신지라 나는 그를 아들과 같이 대우하고 있다. 지금 종족 부락을 그에게 주려고 하는데 어떠한가?"라고 하니 여러 수령 등이 명령을 따랐다.215)

---

213) 肅州: 隋 仁壽 2년(602) 甘州를 나누어 설치하였으며, 治所는 福祿縣인데, 隋末에 酒泉縣으로 고쳤으며, 현재 甘肅省 酒泉市이다. 大業 연간 초에 폐지하였다가 唐 武德 2년(619)에 다시 설치하였다. 관할 구역은 현재의 甘肅 疏勒河 이동이며, 高台縣 서쪽 지역이다. 天寶 원년(742) 酒泉郡이라 하였다가 乾元 원년(758)에 다시 肅州로 바꾸었다. 代宗 大曆 연간 이후 吐蕃에 함락되었으며, 宋代에는 西夏에 속하였다.

214) 防禦使: 官名으로, 唐代에 처음 設置된 地方의 軍事長官이다. 唐代의 명칭은 防禦守捉使였다. 都防禦使와 州防禦使의 두 종류가 있었다. 宋에서는 諸州에 防禦使를 두었지만 職掌이나 定員이 없었고, 本州에 머무르지도 않고 주로 武臣의 寄祿官 역할을 하였다.

[아리골은] 후사를 승계하였고, 사신을 보내 진공하였다.

> 元祐元年, 以起復冠軍大將軍·檢校司空爲河西軍節度使, 封寧塞郡公. 里骨頗峻刑殺, 其下不遑寧. 詔飭以推廣恩信, 副朝廷所以封立·前人所以付與之意. 二年, 遂逼鬼章使率衆據洮州. 羌結藥密者使所部怯陵來告, 里骨執怯陵, 結藥密懼, 攜妻子南歸. 鬼章又使其子結吡齦入寇, 心年欽氈·溫溪心不肯從, 詔以二人爲團練使. 八月, 鬼章就擒, 檻送京師; 尋赦之, 授陪戎校尉, 遣居秦州, 聽招其子以自贖.

[철종] 원우(元祐) 원년(1086), 기복관군대장군(起復冠軍大將軍)·검교(檢校)216)사공(司空)217)으로써 하서군(河西軍)절도사(節度使)를 삼고, 영새군공(寧塞郡公)에 봉하였다. [아]

---

215) 원문의 내용은 『宋史』 卷17 「哲宗紀」의 "(元祐元年二月)辛未, 董氈卒, 以其子阿里骨襲河西軍節度·邈川首領"이라고 한 기사와는 史實이 부합되지 않는다. 그런데 『宋史』 「吐蕃傳」을 비롯한 여러 史書에서는 董氈에게 아들이 오직 한 명이었다고 기록되어 있다. 『宋會要』 199册 「蕃夷」 6에는 "熙寧元年二月, 封西蕃邈川首領董氈子都軍主欺丁磨氈蘇南蘭逋叱爲錦州刺史"라고 하였고 그 아들은 阿里骨에게 죽음을 당하였다고 하였다. 또한 南宋代 楊仲良의 『皇宋通鑑長編紀事本末』 卷89 <撫遇蕃戶董氈>에서는 董氈에게 欺丁이라는 아들이 있었는데 阿里骨이 몰래 사람을 시켜 살해했으며, 董氈이 죽었을 때 阿里骨은 喬氏와 喪을 숨기고 董氈의 遺命을 위조하여 후계자가 되었다고 하였다.

216) 檢校: 사실을 조사한다는 뜻으로 檢校官이란 官員에 대해 존중을 표시하기 위한 虛銜(실제 직무가 없는 官銜)이었다. 檢校官 제도가 최초로 출현한 東晉 시기에는 職事官이었으나 唐 玄宗 이후 虛銜이 되어 지방의 使職에 三公·三師 및 臺省官 등을 檢校官으로 수여하게 되었다. 이때의 檢校官은 官職의 履歷을 표시하고 아울러 해당관원에 대한 존중을 의미하는 성격을 가지고 있었다. 송대에는 唐 후기의 제도를 이어서 太師, 太尉에서 國子祭酒 등 까지 19等에 모두 檢校의 官을 더하여 散官으로 삼아서 正職과 並存시켰다. 그러다가 神宗의 元豊 改制 이후 檢校太尉·司徒·司空의 6階를 남기고 나머지 13階는 모두 없앴다.

217) 司空: 古代의 官名이다. 西周에서부터 두기 시작하였는데 三公의 다음 서열로 六卿에 相當하고, 司馬·司寇·司士·司徒 등과 並稱하여 五官이라 하였다. 水利를 관장하고 건설하는 일을 담당하였다. 金文에서는 모두 司工이라고 기록되어 있는데 春秋戰國시대에도 계속 설치하였다. 漢에서는 원래 司空이 없었는데 成帝 때에 御史大夫를 바꾸어 大司空으로 삼았으나 맡은 임무는 周代의 司空과는 달랐다. 後漢 光武帝는 '大'字를 없애고 司空이라고 불렀다. 獻帝 建安 13년(208)에 司空을 폐지하고 다시 御史大夫를 두었는데 職掌은 司空과 같았다. 晉에도 司空을 '八公'의 하나로 지위가 특히 높았으나 때때로 權臣에게 주는 加官으로 사용되었다. 南北朝 때에도 이어서 두었다. 隋唐은 비록 司空을 三公의 하나로 두었지만, 일종의 높은 虛銜에 불과하였다. 宋代에도 역시 司空은 大官의 加銜이었고, 遼·金에서도

리골은 형벌과 살육을 매우 준엄하게 [집행]하여 그 부하들이 편안하지 못하였다. 은덕과 신의를 널리 확충할 것을 경계하는 조서를 내림으로써 조정이 봉립(封立)한 이유와 선인들이 부여한 뜻에 부합하고자 하였다. [원우] 2년(1087)에는 마침내 귀장(鬼章)을 핍박하여 무리들을 이끌고 조주(洮州)218)를 점거하도록 하였다.219) 강(羌)족 결약밀(結藥密)이라는 자가 부하 겁릉(怯陵)을 사신으로 보내 아뢰었는데, [아]리골이 겁릉을 잡아가두어, 결약밀은 두려워서 처자를 이끌고 남쪽으로 귀부하였다. 귀장은 또한 그의 아들 결와착(結呙齪)을 보내 공격하게 하였는데 심모흠전(心牟欽氈)·온계심(溫溪心)이 복종하지 않자, 조서를 내려 두 사람을 단련사로 삼았다. 8월에 귀장은 사로잡혀서 함거(檻車)220)로 경사(京師)에 압송되었다. 얼마 후에는 그를 사면한 뒤 배융교위(陪戎校尉)221)에 제수하고, 진주(秦州)로 보내어 거주하게 하였으며, 그 아들을 불러서 자신을 대신하여 속죄하도록 허락하였다.

> 明年, 里骨奉表謝罪. 詔熙河無復出兵, 許貢奉如故, 加金紫光祿大夫·檢校太保. 其廓州主魯尊欲焚析河橋歸漢, 熙州以聞. 哲宗以里骨旣通貢, 不可有納叛之名, 欲弗納, 又封其妻溪尊勇丹爲安化郡君, 子邦彪籛爲鄯州防禦使, 弟南納支爲西州刺史. 鬼章死, 詔焚付其骨.

이듬해(1087), [아]리골이 표를 올려 사죄하였다. 이에 조서를 내려 희하(熙河)에서 다시는

비슷하였다. 元 이후에 폐지되었는데 습관적으로 大司空을 工部尙書의 존칭으로 사용하기도 하였다.
218) 洮州: 北周 保定 원년(561)에 설치하였고, 治所는 美相縣(현재 甘肅省 臨潭縣)이었다. 관할 영역은 오늘날 甘肅省 臨潭縣 以西와 西頃山 以東의 洮河 유역에 해당한다. 隋 大業 3년(607) 臨洮郡으로 바꾸었다가 唐 武德 2년(619)에 다시 洮州라 하였다. 貞觀 4년(630)에 州縣이 洪和城(현재 臨潭縣 東新城)으로 옮겼다가 貞觀 8년(634)에 舊治로 환원되었다. 開元 17년(729)에 폐지, 開元 27년(739)에 다시 두었다. 天寶 원년(742)에는 臨洮郡으로 바꾸었다가 乾元 원년(758)에 다시 洮州로 되었다. 廣德 원년(763) 후에 吐蕃의 영역이 되었다. 宋 大觀 2년(1108)에 다시 설치하였는데 治所는 오늘날 臨潭縣(舊城)이었다. 宋代에는 이곳으로부터 蕃馬를 수입하였고, 金에서는 일찍이 権場을 설치하였으며, 明은 茶馬司를 두었다.
219) 『宋史』 「校勘記」에 의하면 "據洮州"의 "據"는 원래 "拒"로 되어있으나, 『東都事略』 卷129 「西蕃傳」과 『文獻通考』 卷335 「四裔」에 의거하여 고친 것이다.
220) 檻車: 죄인을 실어 나르던 수레.
221) 陪戎校尉: 從九品 上에 해당하는 武散官 중의 하나였다.

출병(出兵)하지 말라고 하고, 이전과 같이 공물을 바치도록 하였으며, 금자광록대부(金紫光祿大夫)·검교태보(檢校太保)222)를 더하여 주었다. 곽주(廓州)의 주(主) 노존(魯尊)223)이 [황]하의 다리를 태워 해체시키고 한(漢)에 귀부하려고 했다는 것을 희주(熙州)224)에서 [위에] 보고하였다. 철종(哲宗)은 [아]리골이 이미 조공으로 통하고 있을 뿐 아니라 배반의 징후도 있을 수 없기 때문에 받아들이지 않으려고 하였고 또한 다시 그의 처 계존용단(溪尊勇丹)을 안화군군(安化郡君)으로 봉하고, 아들 방표전(邦彪籛)을 선주(鄯州) 방어사(防禦使)로 삼았으며, 동생 남납지(南納支)를 서주(西州)225) 자사(刺史)로 삼았다. 귀장이 죽자 화장하여 그 유골을 돌려주라는 조서를 내렸다.

> 紹聖元年, 以師子來獻. 帝慮非其土性, 厚賜而還之. 三年, 卒, 年五十七. 瞎征嗣.

[철종] 소성(紹聖) 원년(1094), 내조하여 사자(師子)226)를 헌상하였다. [황]제는 그것이 풍토에 맞지 않는다고 걱정하여 후하게 [하사품을] 내리고 그것을 돌려보냈다. 3년(1096)에

---

222) 太保: 古代 官職名. 西周 때에 처음으로 설치하여 國君을 監護하고 輔弼하는 관직이었다. 고대 三公의 하나로 지위는 太傅 다음이었다. 혹은 太子를 보좌하고 이끄는 太子太保를 이르기도 한다.
223) 魯尊: 『宋史』「吐蕃傳」에는 '吐尊'으로 기록하고 있지만, 『長編』 卷426 <元祐 4년 5월 癸酉>조에서는 '羅遵'으로 음차하고 있다.
224) 熙州: 北宋 熙寧 5년(1072)에 설치하였고, 治所는 狄道縣(현재 甘肅省 臨洮縣)이었다. 관할 영역은 오늘날 甘肅省 臨洮·康樂·渭源 등 縣이다. 金에서는 臨洮府로 승격시켰다.
225) 河州: 十六國時代 前涼에서 설치하였고, 治所는 枹罕縣(현재 甘肅省 臨夏市 西南)이었다. 北魏 初에 枹罕鎭으로 바꾸었고 오늘날 臨夏市로 옮겼다. 太和 16년(492)에 다시 河州라 하였는데 관할 영역은 오늘날 洮河와 大夏河 中下流 유역, 湟水 下流 및 桑困岐 積石峽사이의 黃河 유역 일대이다. 隋 大業 3년(607)에 枹罕郡으로 바꾸었다가 唐初에 다시 河州라고 하였다. 天寶 원년(742)에는 安鄕郡으로 바꾸었다가 乾元 원년(758)에 河州라 하였다. 寶應 연간 初에 吐蕃의 영토가 되었다. 北宋 熙寧 6년(1073) 다시 河州를 두었고, 蒙古 至元 6년(1269)에는 河州路가 되었다. 明 洪武 3년(1370)에는 河州衛를 두었다가 洪武 5년(1372)에 河州府로 승격시켰다. 景泰 2년(1451) 또 다시 河州라 하고 臨洮府에 속하게 하였다. 淸代에는 蘭州府에 속하였다가 1913년에 導河縣이라 하였다.
226) 師子: 獅子와 통용되고 狻麑이라고도 한다. 『漢書』「西域傳」上 <烏弋山離國>에는 "烏弋地暑熱莽平 … 有桃拔·師子·犀牛."라 하였고, 唐 元稹의 <和李校書·西涼伎>에도 "師子搖光毛彩豎, 胡姬醉舞筋骨柔."라고 되어있다. 또한 章炳麟은 <漢土始知歐洲各國略說>에서 "開元七年, 因吐火羅大酋獻師子·羚羊."이라고 하였다.

죽으니 향년 57세였다. 할정(瞎征)이 계위하였다.

> 瞎征, 即邦彪籛也. 以紹聖四年正月爲河西軍節度使·檢校司空·寧塞郡公. 性嗜殺, 部曲睽貳. 大酋心牟欽氊之屬有異志, 忌瞎征季父蘇南党征雄勇多智, 共誣其謀逆, 瞎征不能察而殺之, 盡誅其黨, 獨籛羅結逃奔溪巴溫.

할정(瞎征)은 바로 방표전(邦彪籛)이다. [철종] 소성(紹聖) 4년(1097) 정월에 하서군절도사(河西軍節度使)·검교사공(檢校司空)·영새군공(寧塞郡公)이 되었다. 천성이 살육을 좋아해서 부곡(部曲)들은 두 마음을 품게 되었다. 대수령[大酋] 심모흠전(心牟欽氊)에 속한 무리들이 딴 마음이 있었으나, 할정의 계부(季父) 소남당정(蘇南党征)이 뛰어나게 용감하고 지모가 많은 것을 꺼려서, 그가 역모를 모의하였다고 무고하였다. 할정은 조사하여 살펴보지도 않고 그를 죽이고 그의 [도]당까지 모두 죽여버렸는데 유일하게 전라결(籛羅結)만이 도망하여 계파온(溪巴溫)에게로 달아났다.

> 溪巴溫者, 董氊疎族也. 自阿里骨之立, 去依隴逋部, 河南諸羌多歸之. 籛羅結奉溪巴溫長子杓拶據溪哥城. 瞎征討殺杓拶, 籛羅結奔河州, 說王贍以取青唐之策. 已而溫入溪哥城, 自稱王子.

계파온(溪巴溫)은 동전(董氊)과 관계가 비교적 먼 부족[疎族]227)이다. 아리골(阿里骨)이 즉위하면서부터 농포부(隴逋部)228)로 가서 의탁하고 있었는데, 하남(河南)의 많은 강족 부족들이 그에게 귀부하고 있었다. 전라결은 계파온의 장자인 표찰(杓拶)을 받들고 계가성(溪哥城)229)에 머물고 있었다. 할정이 표찰을 토벌하여 죽이니, 전라결은 하주(河州)로 도망가서

---

227) 疎族: 遠族 혹은 遠親을 뜻한다. 漢 蔡邕의 <濟北相崔君夫人誄>에는 "推恩中外, 施洝疎族."이라고 한 바 있다.
228) 隴逋部: 吐蕃대족 가운데 하나로서 북송시기에는 주로 瑪曲, 迭部와 舟曲사이에 거주했으며, 積石軍 경내에 속했다.
229) 『宋史』「校勘記」에는 "已而溫入溪哥城"을 『通考』卷335「四裔考」에 의거하여 "已而溪巴溫入溪哥城"으

왕첨(王瞻)에게 청당(靑唐)을 공격하여 취할 수 있는 계책을 말해주었다. 머지않아서 [계파]온은 계가성에 들어가서 스스로 왕자(王子)를 칭하고 있었다.

> 元符二年七月, 瞻取邈川. 八月, 瞎征自靑唐脫身來降. 欽氈迎溪巴溫入靑唐, 立木征之子隴拶爲主. 九月, 瞻軍至靑唐, 隴拶出降. 以邈川爲湟州, 靑唐爲鄯州. 二酋雖降, 然其種人本無歸漢意. 議者謂:「今不先修邈川以東城障而遽取靑唐, 非計也. 以今日觀之, 有不可守者四: 自炳靈寺渡河至靑唐四百里, 道險地遠, 緩急聲援不相及, 一也; 羌若斷橋塞隘, 我雖有百萬之師, 倉卒不能進, 二也; 王瞻提孤軍以入, 四無援兵, 必生他變, 三也; 設遣大軍而靑唐·宗哥·邈川食皆止支一月, 內地無糧可運, 難以久處, 四也. 官軍自會州還者皆憔悴, 衣屨穿決, 器仗不全, 羌視之有輕漢心, 旦夕必叛.」

원부(元符) 2년(1099) 7월, [왕]첨은 막천(邈川)230)을 [공략하여] 취하였다. 8월에 할정(瞎征)이 청당(靑唐)으로부터 몸을 빼[脫身] 항복해왔다. [심모]흠전은 계파온이 청당으로 들어온 것을 맞이하여 목정(木征)의 아들 농찰(隴拶)을 주(主)로 삼았다. 9월, [왕]첨의 군대가 청당에 들어오자 농찰은 [성에서] 나가서 항복하였다. 막천(邈川)을 황주(湟州)라 하고, 청당을 선주(鄯州)라 하였다. 두 수령이 비록 투항했어도 그 종족 사람들은 본래 한(漢)에 귀부하려는 마음이 없었다. 논자들은 다음과 같이 말하였다. "오늘날 막천 이동(以東)의 성장(城障)을 먼저 수리하지 않고 급히 청당을 [공격하여] 취하는 것은 [좋은] 계략이 아니다. 오늘날 그것을 보면 지킬 수 없는 이유가 4가지가 있다. 즉 병령사(炳靈寺)231)에서 [황]하를 건너서

로 고쳐야 한다고 기록하고 있다. 원문의 下文에는 "欽迎溪巴溫入靑唐", "瞻棄靑唐歸, 巴溫與其子溪瞵羅撒據之"라고 하였는데 여기에서 '溫'字 앞에 아마도 '巴'字가 빠져있는 것으로 보인다. '巴溫'은 곧 '溪巴溫'의 簡稱이다.

230) 邈川城: 오늘날 靑海省 樂都縣 남쪽 湟水의 南岸에 위치한다. 北宋 때 吐蕃의 唃廝囉가 宗哥城에서 이곳으로 이주하여 宋 王朝는 그를 邈川大首領으로 삼았다. 元符 2년(1099)에 修復하여 湟州(후에 樂州로 改稱)라고 하였다. 『宋會要輯稿』「方域」6에는 "邈川系古湟中之地, 北控夏國甘·涼, 西接宗哥·靑唐部族 ……"이라고 되어있다. 靑海에서 蘭州·河州로 통하는 門戶로써 交通의 요충지이다. 또한 역대 전쟁에서 서로 차지하려고 다투던 군사적인 요새였다.

231) 炳靈寺: 甘肅省 臨夏 永靖縣 서남쪽에 위치한 小積石의 山中에 있다. 약 1,600여 년 전인 西晉시대에

청당까지 4백 리인데 길은 험하고 지역이 멀어서 완급(緩急)에 [따라] 성원(聲援)이 서로 미칠 수 없는 것이 그 하나이다. 강(羌)[인]들이 만약 다리를 끊고 좁은 길목을 막아버린다면, 우리는 비록 백만의 군사가 있다 해도 미처 어찌할 사이도 없이 진군할 수 없는 것이 그 둘이다. 왕첨은 고립된 군대를 이끌고 들어가게 되니 사방에는 원병(援兵)이 없는데 반드시 그에게 변고(變故)가 발생할 수 있는 것이 그 셋이다. 만약 대군을 파견한다고 해도 청당·종가(宗哥)232)·막천의 양식이 모두 한 달을 버틸 수 있을 뿐이고 내지(內地)에서는 운반할 양식이 없으니 오랫동안 버티기 어려운 곳이라는 것이 그 넷이다. 회주(會州)233)에서 돌아온 관군(官軍)들은 모두 피곤에 지쳤을 뿐 아니라 의복과 신발도 망가지고 무기[器仗]마저 온전하지 않을테니 강[족]들이 이 꼴을 보면 한인들을 무시하는 마음이 생겨 조만간에 반드시 반란을 일으킬 것이다."

> 閏九月, 欽氈等果與青唐城中人相結, 謀復奪城. 山南諸羌亦叛. 瞻遣將破之, 戮結呱齜及欽氈等九人. 青唐圍解而邈川益急, 夏人十萬助之. 總管王愍以死戰固守, 乃得免. 瞻棄青唐歸, 巴溫與其子溪賒羅撒據之. 朝論請幷棄邈川, 且謂董氈無後, 隴拶乃木征之子·唃廝囉嫡曾孫, 最爲親的. 於是以隴拶爲河西軍節度使·知鄯州, 封武威郡公, 充西蕃都護, 依府州折氏世世承襲. 尋賜姓名曰趙懷德; 其弟邦辟勿丁呱

창건되어 北魏, 西魏, 北周, 隋, 唐, 元, 明, 淸 등 각 시대에 걸쳐 규모가 확장되었다. 초기에는 唐述窟이라고 불렸는데, 이는 羌族 언어로 鬼窟을 뜻한다. 唐代에는 龍興寺, 宋代에는 靈岩寺로 불렸으며, 明代에 비로소 티베트어로 십만의 彌勒佛이 모습을 드러낸다는 의미의 '十萬佛洲'를 음역한 현재의 炳靈寺라는 명칭을 정하였다. 이곳에서는 석조상과 부조가 있는 불탑, 密宗의 벽화 등이 남아 있다. 이곳에 현존하는 석굴 佛龕은 183개이며, 造像은 약 800개에 이른다. 또한 면적 900㎡에 걸쳐 석가모니, 관세음보살, 무량수불, 미륵불 등을 그린 벽화도 있다. 이 부근은 隋代에 일찍이 商船이 停泊하는 곳으로 번창했으며, 또한 Silk Road의 南쪽에서 吐蕃이 반드시 거쳐야 하는 곳이었다. 하지만 Silk Road가 쇠퇴하면서 炳靈寺 역시 점점 쇠락하였다.

232) 宗哥城: 唐代 吐蕃이 龍支縣에 설치하였는데 오늘날 青海省 平安縣城이다. 北宋 元符 2년(1099)에 龍支城으로 이름을 바꾸었다.

233) 會州: 현재 甘肅省 靖遠·景泰·會寧과 寧夏回族自治區 海原 일대이다. 唐 廣德 2년(764) 吐蕃에 함락되어 폐지되었다가 北宋初에 다시 설치되었다. 天聖 연간 이후에는 西夏가 차지했으며 元符 2년(1099)에 다시 會州를 설치하였다.

曰懷義, 爲廓州團練使・同知湟州, 加瞎征檢校太傅・懷遠軍節度使.

[원부 2년] 윤9월, [심모]흠전 등은 과연 청당성 안에서 사람들과 서로 결탁하여 다시 [청당]성을 탈환할 것을 모의하였다. 산남(山南)²³⁴)의 여러 강족들 역시 반란을 일으켰다. [왕]첨은 장령들을 파견하여 그들을 패배시키고 결와착(結呱齪) 및 [심모]흠전 등 아홉 명을 죽였다. 청당의 포위가 풀어지면서 막천(邈川)의 [형세가] 더욱 급해졌는데 하인(夏人) 10만 명이 그들을 도와주었다. 총관(總管) 왕민(王愍)이 죽을 힘을 다해 싸워서 지켰는데 겨우 [패배를] 면하였다. [왕]첨은 청당을 포기하고 돌아왔으며, [계]파온은 그 아들 계사라살(溪賒羅撒)과 그 곳을 점거하였다. 조정에서는 아울러 막천을 포기하도록 청할 것을 논의하였다. 또한 동전은 후사가 없지만 농찰(隴拶)이 목정(木征)의 아들이자 곡시라(唃廝囉)의 적계 증손이므로 가장 근친이라고 생각하였다. 그래서 농찰(隴拶)을 하서군(河西軍) 절도사・지선주(知鄯州)로 삼고, 무위군공(武威郡公)에 봉하였으며, 서번(西蕃) 도호(都護)에 충임하여, 부주(府州) 절씨(折氏)를 도와 대대로 이어 받도록 하였다. 머지 않아서 성명을 하사하여 조회덕(趙懷德)이라 하였고, 그의 동생 방벽물정와(邦辟勿丁呱)를 [조]회의(懷義)라 하여 곽주(廓州) 단련사・동지황주(同知湟州)를 삼았으며, 할정(瞎征)에게는 검교태부(檢校太傅)²³⁵)・회원군(懷遠軍) 절도사를 더해 주었다.

三年三月, 懷德及所降契丹・夏國・回鶻公主入見, 各賜冠服, 退易之, 于邇英閣前後立班謝, 賜食於橫門. 徽宗命輔臣呼與語, 問何以招致溪巴溫, 對曰:「譬如乳牛, 繫其子即母須來, 繫其母即子須來. 俟至岷州, 當遣人往諭, 使之歸漢.」遂與瞎征俱還湟州. 溪賒羅撒謀襲殺懷德, 懷德奔河南. 瞎征不自安, 求內徙, 詔居鄧州. 崇寧元年, 卒. 三年, 王厚復湟・鄯. 懷德至京師, 拜感德軍節度使, 封安化郡王.

---

234) 山南:『宋會要』「兵」9에 의하면 "李遠 …… 部押降羌部落守東城, 討山南族, 解安兒圍."라 하였는데 安兒省은 西寧의 동쪽에 있으므로 山南族 역시 鄯州를 중심으로 활동했던 부족이다.

235) 『宋史』「校勘記」에 의하면 "加瞎征檢校太傅"의 "檢校"는 원래 "校尉"로 되어있으나, 『宋會要』「蕃夷」6-38과 『文獻通考』卷335 「四裔」에 의거하여 고친 것이다.

[철종 원부] 3년(1100) 3월, [조]회덕 및 항복한 거란(契丹)·하국(夏國)·회골(回鶻) 공주가 조정에 들어와 알현하였다. 각기 관복(冠服)을 내려주고 물러난 다음에 그것을 바꾸도록 하였다. 이영각(邇英閣)236)에서 전후에 위계에 따라 세워서 [은혜에] 감사하도록 하고, 횡문(橫門)237)에서 음식을 내려주었다. 휘종(徽宗)238)은 보신(輔臣)에게 [그들을] 불러 말하겠다고 명하고, 어떻게 계파온(溪巴溫)을 불러오게[招致] 했냐고 질문하였다. 대답하여 말하기를, "젖소[乳牛]에 비유한다면, 그 새끼를 매어서 [끌어]오면 어미는 반드시 오게 되고, 그 어미를 매어오면 새끼가 반드시 오는 것입니다. 민주(岷州)239)에 이르러 기다리면 마땅히 사람을 보내어와 알려줄 테니 그들을 한(漢)으로 귀복하게 하는 것입니다"라고 하였다. 마침내 할정(瞎征)과 모두들 황주(湟州)로 돌아갔다. 계사라살(溪賒羅撒)이 [조]회덕을 습격하여 죽일 것[襲殺]240)을 모의하자 [조]회덕은 하남(河南)으로 도망갔다. 할정은 스스로 불안하게 여겨서 내지로 [천]사(遷徙)할 것을 구하였다. 등주(鄧州)241)에 거주하라는 조서를 내렸다. 숭녕

---

236) 邇英閣: 宋代 禁苑 宮殿의 명칭으로, 邇英이란 親近한 英才를 가까이한다는 의미이다. 宋 蘇軾은 『東坡志林』「記講筵」에서 "祕書監侍講傅堯俞始召赴資善堂, 對邇英閣."이라 하였고 宋 승려 文瑩의 『湘山野錄』卷中에서는 "皇祐中, 楊待制安國邇英閣講『周易』至'節卦', 有'愼言語, 節飲食'之句."라 기록하였다. '邇英閣' 혹은 '邇英殿'이라고도 한다. 宋 宋祁 <馮侍講行狀>에는 "中人馳入, 明日上坐邇英閣."이라고 했고, 宋 陸遊의 <程君墓志銘>에는 "紹興初, 尙書以給事中勸講邇英殿."이라는 구절이 보인다.

237) 橫門: 柵欄門 혹은 營門을 뜻한다. 혹은 門을 지키는 軍吏를 의미하기도 한다.

238) 元符 3년(1100) 정월에 철종이 죽고 휘종이 즉위하였기 때문에 철종 때의 연호를 그대로 사용하고 있는 것이다.

239) 岷州: 西魏 大統 10년(544)에 설치하였고, 治所는 同和郡(현재 甘肅省 岷縣)이었다. 『元和志』卷39에는 "南有岷山, 因以爲稱."라고 했는데 관할 영역은 현재 甘肅省 岷縣이다. 隋 大業 연간 初에 폐지하였다가 義寧 2년(618)에 다시 두었다. 唐 天寶 원년(742)에 和政郡으로 개명하였는데 乾元 원년(758)에 다시 岷州라 하였다. 上元 2년(675)에는 吐蕃의 영토가 되었다. 北宋 熙寧 6년(1073)에 다시 설치하였고, 관할 영역은 甘肅 西和·禮縣·宕昌·岷縣과 甘甫藏族自治州의 東南部 지역이었다. 金代에 祐州로 바꾸었다가 후에 폐지하였다. 南宋 紹興 9년(1139)에 따로 長道縣 白石鎭(현재 西縣 西南部)에 岷州를 두고, 소흥 12년(1142)에 西和州라 개명하였다. 元은 故地에 다시 岷州를 두고 처음에는 鞏昌路에 속하도록 하였다가 至元 8년(1271)에 분할하여 脫思麻路에 속하게 하였다. 明 洪武 4년(1371)에는 岷州千戶所를 설치하고, 洪武 11년(1378)에 岷州衛로 바꾸었다. 淸 雍正 8년(1730)에 岷州로 회복시키면서 鞏昌府에 소속시켰다. 1913년에 岷縣으로 강등되었다.

240) 襲殺: 사람이 예상하지 않고 대비하지 않은 상태에서 殺害하는 것을 말한다. 『史記』「伍子胥列傳」에 "越王句踐襲殺吳太子, 破吳兵."이라 하였고, 『新唐書』「竇建德傳」에는 "'郭絢'兵懈不設備, 建德襲殺其軍數千人, 獲馬千匹."이라고 기록하였다.

241) 鄧州: 西魏 廢帝 원년(552)에 鄧至羌의 땅에 설치하였다. 治所는 尙安縣(현재 四川 南坪縣 西北)이었다.

(崇寧) 원년(1102)에 죽었다. 3년(1104)에 왕후(王厚)가 황·선[주](湟·鄯州)를 수복하였다. [조]회덕이 경사에 이르러 감덕군(感德軍) 절도사를 배수하고 안화군왕(安化郡王)에 봉해졌다.

趙思忠卽瞎氈之子木征也. 瞎氈死, 木征不能自立, 靑唐族酋瞎藥雞囉及僧鹿遵迎之居洮州, 欲立以服洮岷·疊宕·武勝軍諸羌. 秦州以其近邊, 逐之, 乃還河州, 後徙安江城, 董氈欲羈屬之, 不能有也. 母弟瞎吳叱, 別居銀川聶家山, 至和初, 補本族副軍主. 嘉祐中, 爲河州刺史. 王韶經略熙河, 遣僧智緣往說之, 啗以厚利, 因隨以兵; 前後殺其老弱數千, 焚族帳萬數. 得腹心酋領十餘人, 又禽其妻子, 皆不殺. 遂以熙寧七年四月擧洮·河二州來降, 賜以姓名, 拜榮州團練使. 封其母郢成結遂寧郡太夫人, 妻包氏咸寧郡君. 弟董谷賜名繼忠, 補六宅副使. 結吳延征賜名濟忠, 瞎吳叱曰紹忠, 巴氈角曰醇忠, 巴氈抹曰存忠; 長子邦辟勿丁呕曰懷義, 次蓋呕曰秉義: 皆超拜官. 以思忠爲秦州鈐轄, 不涖事, 而乞主熙河羌部, 經略司以爲不可. 詔以二州給地五十頃. 後遷合州防禦使, 卒, 贈鎭洮軍節度觀察留後.

조사충(趙思忠)은 할전(瞎氈)의 아들 목정(木征)이다. 할전이 죽자 목정은 자립할 수 없었다. 청당족(靑唐族) 추[장] 할약계라(瞎藥雞囉)와 승려 녹준(鹿遵)이 그를 맞이하여 조주(洮州)에 거주하도록 하였는데, 그를 세워 조민(洮岷)·첩탕(疊宕)·무승군(武勝軍) 등 여러 강(羌)[족]들을 복속시키려고 한 것이다.242) 진주(秦州)는 그들과 가까이 있어서 그들을 쫓아내었으며, 이에 하주(河州)로 돌아왔다가 나중에 안강성(安江城)으로 옮겨갔는데, 동전이 그를 기속(羈屬)243)하려고 하였지만 그렇게 하지 못하였다. 모제(母弟)인 할오질(瞎吳叱)은 따로

『元和志』卷22 <扶州>에는 "舊置鄧州, 因鄧至羌爲名也."라고 되어있다. 관할 영역은 四川 南坪縣 및 甘肅 舟曲·文縣의 일부분 지역이었다. 隋 開皇 7년(587)에 扶州로 고쳤다.

242) 『宋史』「校勘記」에 의하면 "欲立以服洮岷疊宕武勝軍諸羌"의 '服'은 원래 '復'으로 되어 있었으나, 『長編』卷188과 『通考』卷335 「四裔考」에 의거해 고친 것이다.

243) 羈屬: 羈縻하여 從屬시키는 것을 의미한다. 『史記』「大宛列傳」에는 "國衆分爲三, 而其大總取羈屬昆莫, 昆莫亦以此不敢專約於騫."라 하였고, 『漢書』「匈奴傳」上에는 "又重以餓死, 人民死者什三, 畜產什五, 匈奴大虛弱, 諸國羈屬者皆瓦解, 攻盜不能理."라 되어 있다. 『資治通鑑』<唐 高祖 武德 3년>조에 "曹旦,

은천(銀川) 섭가산(聶家山)에 기거했는데,244) [송 인종] 지화(至和) 연간(1054~1055) 초에 본족(本族)의 부군주(副軍主)로 보임되었다. 가우(嘉祐) 연간(1056~1063) 중에는 하주(河州) 자사(刺史)가 되었다.245) 왕소(王韶)246)가 희하(熙河)를 경략할 때 승(僧) 지연(智緣)을 보내서 그들을 설득하도록 하였는데,247) 커다란 이익으로써 유인하자 군사를 내어서 따라왔다. 전후하여 그 노약자 수천[명]을 죽이고 족장(族帳) 수만(數萬)을 불태웠다. 심복 수령[酋領] 10여명을 얻고 또한 그 처자를 사로잡았으나 모두 죽이지 않았다.

마침내 희녕(熙寧) 7년(1074) 4월에 조(洮)·하(河) 2주(州)를 가지고 항복하니 성명(姓名)을 하사해주고, 영주(榮州)248) 단련사(團練使)를 배수하였다. 그 모친 영성결(郢成結)을

建德之妻兄也, 在河南, 多所侵擾, 諸賊羈屬者皆怨之."라는 구절이 있다.

244) 『宋史』「校勘記」에 의하면 "別居銀川聶家山"의 '銀川' 아래에 원래 '有'字가 더 있었으나, 『長編』卷188과 『通考』卷335 「四裔考」에 의거해 삭제하였다.

245) 『宋史』「校勘記」에 의하면 "爲河州刺史"의 '爲'字는 원래 없었는데 『東都事略』卷129 「西蕃傳」·『通考』卷335 「四裔考」에 의거해 보충한 것이다.

246) 王韶(1030~1081): 송조의 명신이다. 字는 子純이며 江州 德安(현재는 江西에 속함)사람이다. 진사 급제 출신으로, 담력과 지략이 있었다고 한다. 熙寧 원년(1068) 神宗에게 西夏를 제압해야 한다는 상소문을 올렸다. 그러기 위해서는 먼저 河州와 湟州를 회복해야 한다고 하였고, 이 두 주를 회복하기 위해 연변의 諸 羌族들을 招撫하는 방략을 제시하여 秦鳳路經略司機宜文字로 임명되었다. 희녕 4년(1071)에 王韶는 洮河安撫司가 되었다. 희녕 5년(1072) 5월에는 招撫의 대책을 채택하여 靑唐 羌族의 신임을 얻었다. 部族 首領인 俞龍珂가 12만 명을 데리고 귀부하자 通遠軍(현재 甘肅省 隴西)을 설치하였는데, 王韶가 知軍事를 겸하였다. 7월에는 熙, 河 지역의 羌族 수령인 木征이 西夏와 몰래 통하면서 招撫에 저항하였다. 王韶는 병력을 두 路로 나누어 기습적으로 熙州를 공격하여 취하였고, 그 공으로 晉熙河路都總管, 經略安撫使가 되었다. 희녕 6년(1073)에는 河州로 군사를 돌리자 木征이 도망갔으며, 그 部將인 結彪가 城을 바쳐 항복하였다. 9월에는 승세를 타고 洮(甘肅省 臨潭), 疊(甘肅省 迭部), 岷(甘肅省 岷縣), 宕(甘肅省 宕昌) 등 州로 나아가 羌族 30여만 帳을 초무하였다. 희녕 7년(1074) 초에 王韶가 경사로 간 틈을 타서 木征이 河州를 포위하였다. 왕소는 이를 듣고 신속하게 熙州로 돌아와 部將 王君萬을 파견하여 結河砦로 병사를 보내 그 구원선을 끊어버리고 또한 部將으로 하여금 南山으로 들어가 귀로 길을 차단하도록 하여 木征이 싸워보지도 못하고 무너지게 되었다. 왕소가 군대를 이끌고 추격하여 木征을 압박하여 항복하게 하니 그 공으로 樞密副使에 임명되었다. 元豐 4년(1081)에 사망하였다.

247) 『宋史』「校勘記」에 의하면 "智緣"은 원래 "智圓"으로 되어 있었으나 『宋史』卷462 「方技傳」·『東都事略』卷129 「西蕃傳」·『宋會要輯稿』「蕃夷」6-12에 의거해 고친 것이다.

248) 榮州: 唐 武德 원년(618)에 설치하였고, 治所는 公井縣(현재 四川省 自貢市 西쪽 貢井)이었다. 『元和志』卷33 <榮州>에는 "取榮德山爲名."이라 되어있다. 武德 6년(623)에 치소를 大牢縣(현재 四川省 榮縣 西쪽)으로 옮겼다가 永徽 2년(651)에 旭川縣(현재 四川省 榮縣)으로 다시 옮겼다. 天寶 원년(742)에는

수녕군태부인(遂寧郡太夫人)에 봉하고, 처 포씨(包氏)는 함녕군군(咸寧郡君)에 봉하였다. 동생 동곡(董谷)에게는 계충(繼忠)이라는 이름을 내리고, 육택부사(六宅副使)249)에 보임하였다. 결오연정(結吳延征)에게는 제충(濟忠)이라는 이름을 하사했으며, 할오질(瞎吳叱)은 소충(紹忠)이라 하였고, 파전각(巴氈角)은 순충(醇忠), 파전말(巴氈抹)은 존충(存忠)이라고 불렀다. 장자(長子)인 방벽물정와(邦辟勿丁呱)는 회의(懷義), 차자(次子) 개와(蓋呱)는 병의(秉義)라 하였는데 모두 배관(拜官)250)의 [예(例)]를 넘어선 것이다. [조]사충을 진주(秦州) 검할(鈐轄)251)로 삼았는데, 그 일을 맡지 않고 희하(熙河) 강부(羌部)의 주인이 되기를 청하였으나 경략사(經略司)252)는 불가하다고 생각하였다. 조서를 내려서 2주에 토지 50경(頃)253)을

和義郡으로 바꾸었다가, 乾元 원년(758)에 다시 榮州라 하였다. 관할 영역은 四川省 自貢·榮縣·威遠 등 市縣 地域이었다. 南宋 紹熙 연간에 紹熙府로 승격되었다가 寶祐 연간 후에 폐지되었다. 元末에 다시 설치하여 嘉定府路에 소속시켰는데 明 洪武 9년(1376)에 榮縣으로 강등되었다.

249) 六宅使: 官職의 명칭이다. 唐代에는 諸王府에 두었다. 五代에도 두었는데 諸司使의 하나였다. 宋初에는 西班諸司使에 속했는데 대부분 本職을 배정하지 않고 다만 武臣의 지위를 표시하는 것이었다. 眞宗 咸平 원년(998)에 六品으로 정했고, 神宗 元豐 연간(1078~1085)에 改制하여 正七品이 되었다. 徽宗 政和 2년(1112)에 다시 武臣의 官名으로 정하여 武節大夫로 바꾸었다. 西夏 初期에는 宋朝를 본떠서 두었는데 內侍官이었다. 또한 唐宋 때에 皇帝의 아들들이 나이가 많아지면 황궁 밖에서 居住하는데 아울러 十宅·六宅使를 두고 宅院의 事務를 관리하는 책임을 맡았으며, 후에 六宅使라고 줄여서 불렀다. 宋 高承의 『事物紀原』「橫行武列」<六宅>에는 "『宋朝會要』曰 唐置十宅·六宅使, 以諸王所屬爲名, 或總云十六宅, 後止云六宅. 宋朝因之."라 하였다. 또한 『資治通鑑』<後周 太祖 廣順 3년>조에 "高紹基屢奏雜虜犯邊, 冀得承襲, 帝遣六宅使張仁謙詣延州巡檢, 紹基不能匿, 始發父喪."라 하였는데 이에 대한 胡三省의 注에는 "『職官分紀』曰 唐置十宅·六宅使, 以諸王所屬爲名, 或總云十六宅, 後止曰六宅."이라 되어있다.

250) 拜官: 관직을 받는 것. 唐 李頎의 <送五叔入京兼寄綦毋三>라는 詩에는 "吏部明年拜官後, 西城必與故人期."라는 구절이 있고, 宋 沈括은 『夢溪筆談』「故事」1에서 "唐制: 丞郎拜官即籠門謝. 今三司副使已上拜官, 則拜舞於階上, 百官拜於階下而不舞蹈, 此亦籠門故事也."라 하였다.

251) 鈐轄: 官名으로 兵馬鈐轄이라고도 한다. 朝官으로부터 諸司使 이상으로 充任하였다. 北宋 전기에는 원래 임시로 위임하여 파견한 統兵官이었다가 후에 固定인 差遣이 되었다. 路分鈐轄, 州鈐轄을 두었는데 그 관할 구역은 一州, 一路, 兩路, 三路 등으로 달랐다. 軍旅의 屯戍를 맡거나 守禦 등을 운영하였다. 관위가 높고 자질이 훌륭하면 都鈐轄, 都鈐轄使와 副都鈐轄이라 하였고, 관위가 낮고 자질이 적으면 鈐轄과 副鈐轄이라 칭하였다. 知州兼安撫使, 經略安撫使兼路分鈐轄 등이 있었고, 知州兼州鈐轄도 있었다. 王安石 變法 후에 將兵法이 실행되면서 鈐轄의 地位는 점점 낮아져 南宋代에는 虛銜 내지는 閑職이 되었다.

252) 經略使: 관직의 명칭으로 經略이라고 약칭하기도 하고, 安撫使·宣慰使·宣撫使 등으로도 불렀다. 원래 朝廷에서 派遣하여 地方 事務를 보던 官員이었다. 후대에는 대부분 높은 직급의 軍官이 되었고 심지어 少數民族의 수령에게 加職으로 주기도 하였다. 최초로 隋代에 安撫大使라는 명칭이 있었는데 唐代

공급해 주었다. 후에 합주(合州)254) 방어사(防禦使)로 옮겼다가 죽었는데, 진조군(鎭洮軍) 절도관찰유후(節度觀察留後)를 추증하였다.

    初에는 經略使는 各道에 事務를 처리하는 大臣을 임시로 파견하였다. 그러나 唐 중기 이후에는 두지 않았다. 宋代는 中央集權을 위해 地方의 節度使・觀察使를 폐지하고 중앙에 직속되는 知州를 파견하였는데 知州의 관할범위가 비교적 좁아서 넓은 지역의 사무를 처리하기가 어려웠다. 따라서 필요할 때 朝廷에서 中央 官員을 經略使로 파견하여 비교적 넓은 지역의 관리를 맡겼다. 예를 들어 宋 眞宗 때 당시 翰林學士였던 王欽若을 四川安撫使로 보냈고, 仁宗 대에 范仲淹은 陝西經略副使를 지낸 바 있다. 이렇게 北宋 때에는 많은 沿邊 地區에 經略使를 두어 邊境의 방어를 맡겼다. 南宋에서는 各地에 파견한 經略使의 권력 또한 비교적 강하고 邊區에서는 經略安撫使라고 부르기도 하였다. 元代에는 安撫使 또는 宣慰使・宣撫使라고도 하였는데 路의 行政長官을 겸하기도 하였다. 明淸代에는 중요한 軍事의 任務가 있을 대 經略을 특별히 두기도 했는데, 官位는 總督보다 높았다.

253) 頃: 논밭의 넓이를 재는 단위로 1頃은 100畝, 즉 10,000m²에 해당한다.
254) 合州: 西魏 恭帝 3년(556)에 설치하였고, 治所는 墊江郡 石鏡縣(현재 四川省 合川市)이었다. 『元和志』 卷33 <合州>에는 "以涪江自梓・遂州來, 至州南與嘉陵江合流, 因名合州."라고 하였다. 隋 開皇 末에 涪州라 고쳤고, 大業 3년(607)에는 涪陵郡으로 바꾸었다. 唐 武德 원년(618)에 다시 合州라 하였고, 天寶 원년(742)은 巴川郡으로 바꾸었다가 乾元 원년(758)에 다시 合州라고 하였다. 관할 영역은 오늘날 四川省 合川・銅梁・武勝・大足 등 市縣 지역이다. 南宋 淳祐 3년(1243)에 치소를 釣魚山城(현재 合川市 동쪽의 釣魚城)으로 옮겼다. 元 至元 22년(1285)에 치소를 현재 合川市로 옮기고 重慶路에 속하게 하였다. 明代에는 重慶府에 속하였다. 1913년에 合川縣으로 강등되었다.

참고문헌

동북아역사재단 편, 『譯註 中國 正史 外國傳 1~15』, 동북아역사재단, 2009~2012
脫脫 等, 『宋史』, 北京: 中華書局, 1977
李燾, 『續資治通鑑長編』, 北京: 中華書局, 1979~1995
『宋會要輯稿』, 北京: 中華書局 影印本, 1957
司馬光, 胡三省 音注, 『資治通鑑』, 北京: 中華書局, 1976
楊仲良, 『皇宋通鑑長編紀事本末』, 哈爾濱: 黑龍江人民出版社, 2006
李心傳, 『建炎以來繫年要錄』, 北京: 中華書局, 1988
熊克, 『中興小紀』, 福州: 福建人民出版社, 1984
陳邦瞻, 『宋史紀事本末』, 北京: 中華書局, 1977
馬端臨, 『文獻通考』, 北京: 中華書局 影印本, 1986
杜佑, 『通典』, 北京: 中華書局, 1988
王欽若 等, 『册府元龜』, 北京: 中華書局, 1982
彭百川, 『太平治迹統類』, 四庫全書本
『宋史全文』, 哈爾濱: 黑龍江人民出版社, 2005
劉建麗・湯開建 輯校, 『宋代吐蕃史料集』1・2, 成都: 四川民族出版社, 1989
羽田明・佐藤長 譯註, 「吐蕃傳(舊唐書, 新唐書)」, 『騎馬民族史-正史北狄傳3』, 東京: 平凡社, 1973

劉建麗, 『宋代西北吐蕃研究』, 蘭州: 甘肅文化出版社, 1998
王堯・陳慶英 主編, 『西藏歷史文化辭典』, 拉薩: 西藏人民出版社, 浙江人民出版社, 1998
漆俠 主編, 『遼宋西夏金代通史(周邊民族與政權卷)』, 北京: 人民出版社, 2010
湯開建, 『宋金時期安多吐蕃部落史研究』, 上海: 上海古籍出版社, 2006
三崎良章, 『五胡十六國の基礎的研究』, 東京: 汲古書院, 2006
佐藤長, 『チベット歷史地理硏究』, 東京: 岩波書店, 1978
佐藤長, 『古代チベット史硏究』上下, 東京: 東洋史硏究會, 1958-59
加藤九祚・前嶋信次 編, 『シルクロード事典』, 東京: 芙蓉書房, 1993

高自厚, 「五代以來西北民族文化交流的縮影-從"吐蕃已微弱回鶻・党項諸羌夷分侵其地而不有其人民"談起」, 『西北民族學報』, 1992-2

杜建錄,「論西夏與周邊民族關係及其特點」,『民族研究』, 1996-2

馬泓波,「『宋史·吐蕃傳』辨誤」,『西藏研究』, 2004-4

石碩,「佛教對吐蕃王朝政權体制的影響－兼論吐蕃王朝前·後期政權形態的變化」,『青海民族學院學報』, 2002-4

孫潁慧·余目,「宋夏吐蕃間的西凉府」,『西夏研究』, 2011-4

岩崎力·王鉞, 湯開建,「西凉府潘羅支政權始末考」,『西北民族大學學報』, 1984-3

岩崎力·梁化奎,「關于宋代靑唐族的史料」,『靑海民族研究』, 1991-1

楊銘,「吐蕃經略西北的歷史作用」,『民族研究』, 1997-1

連菊霞·劉建麗,「西北吐蕃對北宋的軍事影響」,『西北史地』, 1998-4

吳以寧,「唐蕃交聘制度考述」,『學術月刊』, 1994-10

溫夢煜,「凉州折逋氏政權考」,『西安社會科學』, 2011-2

王德利·王鵬,「試論宋徽宗時期的西部拓邊」,『黑龍江史志』, 2010-3

王曉暉·李艷,「凉州土豪折逋氏考」,『西北史地』, 1999-1

于賡哲,「疾病與唐蕃戰爭」,『歷史研究』, 2004-5

劉建麗,「宋代吐蕃的商業貿易」,『西北師範大學學報』, 1992-2

劉建麗,「略論宋代西北吐蕃與周邊政權的關係」,『西藏研究』, 2004-4

劉建麗,「略論西北吐蕃與北宋的關係」,『蘭州大學學報』, 2002-6

劉志敏,「李德明經略河西地區條件的考察」,『東北師范大學碩士論文』, 2005

陸離,「關于唐宋時期龍家部族的幾個問題」,『西域研究』, 2012-2

李吉和,「吐蕃在西北地區的遷徙活動」,『西藏研究』, 2003-4

李峰,「唃廝囉的交換貿易及貨幣形態」,『中國藏學』, 1994-3

李烈輝,「角厮羅與稅收」,『草原稅務』, 1997

李蔚·湯開建,「論唃廝囉政權興起的原因及其歷史作用」,『靑海民族學院學報』, 1981-4

李華瑞,「論北宋與河湟吐蕃的關係」,『河北靑年管理干部學院學報』, 2000-2

李華瑞,「論宋夏戰爭」,『河北學刊』, 1999-2

李華瑞,「北宋朝野人士對西夏的看法」,『安徽師大學報』, 1997-4

李華瑞,「貿易與西夏侵宋的關係」,『寧夏社會科學』, 1997-3

李華瑞,「論西夏聯遼·聯吐蕃抗宋」,『固原師專學報』, 1998-5

李華瑞,「北宋末期及南宋與西夏的關係」,『寧夏大學學報』, 1998-3

林冠群,「漢文史料記載唐代吐蕃社會文化"失實部分"之研究」,『中國藏學』, 2003-2

任樹民,「宋代蕃部對西北邊疆的開發」,『西藏民族學院學報』, 1998-2·3合刊

任樹民, 「北宋緣邊吐蕃部族保衞鹽井及反鹽稅鬪爭」, 『西藏研究』, 1995-1
魏贤玲, 洲塔, 「唃廝囉及其政權考述」, 『中國邊疆史地研究』, 2006-4
張雅靜, 「北宋前期宋夏關係對北宋吐蕃招撫政策的影響」, 『寧夏社會科學』, 2011-6
張云, 「兩唐書吐蕃傳及其史料價值」, 『中國西藏』(中文版), 1998-3
錢伯泉, 「西夏對絲綢之路的經營及其強盛」, 『西北民族研究』, 1993-2
齊德舜, 「吐蕃斥候考」, 『中國藏學』, 2009-3
齊德舜·洲塔, 「吐蕃政權的傳統軍事思想初探」, 『西藏研究』, 2008-1
趙曉星, 「吐蕃統治敦煌時期的落蕃官初探」, 『中國藏學』, 2003-2
陳楠, 「吐蕃時期佛敎發展與傳播問題考論」, 『中國藏學』, 1994-1
陳武強, 「北宋後期吐蕃內附族帳考」, 『西藏研究』, 2012-2
陳柏萍, 「北宋政權與西北吐蕃各部的關係」, 『青海民族學院學報』, 2003-4
陳守忠, 「北宋時期秦隴地區吐蕃各部族及其居地考」 上, 『西北師大學報』, 1996-2
陳守忠, 「北宋時期秦隴地區吐蕃各部族及其各居地考」 下, 『西北師大學報』, 1996-3
秦永章, 「唃廝囉政權中的政教合一制統治」, 『青海民族學院學報』, 1988-1
祝啓源, 「唃廝囉政權對維護中西交通線的貢獻」, 『中國藏學』, 1998-1
祝啓源, 「唃廝囉政權形成初探」, 『西藏研究』, 1982-2
湯開建·楊惠玲, 「宋·金時期安多藏族部落包家族考述」, 『民族研究』, 2006-1
湯開建, 「關于唃廝囉統治時期青唐吐蕃政權的歷史考察」, 『中國藏學』, 1992-3
湯開建, 「唃廝囉家族世係考述」, 『青海社會科學』, 1982-1
湯開建·楊惠玲, 「宋金時期安多藏族人口的數據與統計－兼談宋金時期安多藏族人口發展的原因」, 『西北民族研究』, 2007-3
湯開建, 「五代遼宋時期党項部落的分布」, 『西北民族研究』, 1993-1
湯開建, 「党項民俗述略」, 『西北民族研究』, 1986-9
湯開建, 「關于公元十一－十三世紀安多藏族部落社會經濟的考察」, 『西北民族研究』, 1990-10
湯開建, 「党項源流新證」, 『西北民族研究』, 1995-2
湯開建, 「關于唃廝囉統治時期青唐吐蕃政權的歷史考察」, 『中國藏學』, 1992-3
湯開建, 「李繼遷卒年再辨正」, 『寧夏大學學報』(社會科學版), 1982-2
湯開建, 「唃廝囉家族世係考述」, 『青海社會科學』, 1982-1
何耀華, 「西北吐蕃諸部與五代·宋朝的歷史關係」, 『雲南社會科學』, 1999-6
韓毅, 「西北藏族史研究的新收獲－『宋代西北吐蕃研究』評價」, 『中國藏學』, 1999-2
黃兆宏, 「七至九世紀吐蕃與党項關係述論」, 『青海民族研究』, 2004-2

長澤和俊, 「五代・宋初における中繼貿易について」, 『東西文化交流史』, 雄山閣, 1975

長澤和俊, 「遼代吐蕃遣使考」, 『史觀』 57・58, 1959

岩崎力, 「宋代河西チベット族と佛教」, 『東洋史研究』 46-1, 1987

岩崎力, 「西涼府吐蕃支政權の滅亡と宗歌族の發展」, 『鈴木俊先生古稀記念東洋史論叢』, 東京: 山川出版社, 1975

岩崎力, 「宋代靑唐族に對する史料について－特に靑唐錄の問題をめぐって」, 『中央大學大學院論究』 5-1, 1973

Don Y. Lee, *The History of Early Relations between China and Tibet, From Chiu T'ang-shu, a Documentary Survey*, Eastern Press, Bloomington, IN, 1981

Fang Kuei Li, "A Problem in the Sino-Tibetan Treaty Inscription", *Acta Orientalia Hungaricae*, 34(1-3), 1980

Karmay, H., "Tibetan Costume, Seventh to Eleventh Centuries", *Essais sur l'art du Tibet*, Maisonneuve, Paris, 1977

Karmay, H., *Early Sino-Tibetan Art*, Aris & Phillips, Warminster, 1975

Matthew T. Kapstein, *The Tibetans*, Blackwell Publishing, 2006

Vitali, R., *Early Temples of Central Tibet*, Serindia Publications, London, 1990

Kwanten, Luc, "China and Tibet during the Northern Sung", Oriens Extremus XXII, 1975

Laufer, "Origin of the Tibetan Writing", *Journal of the American Oriental Society*, 1918

S. W. Bushell, "The Early History of Tibet, from Chinese Sources", *Journal of the Royal Asiatic Society*, 1881

Wylie, Turrell V., "A Standard System of Tibetan Transcription," *Harvard Journal of Asiatic Studies 22*, 1959

세계표

• 당항·서하(탁발씨·이씨) 세계표

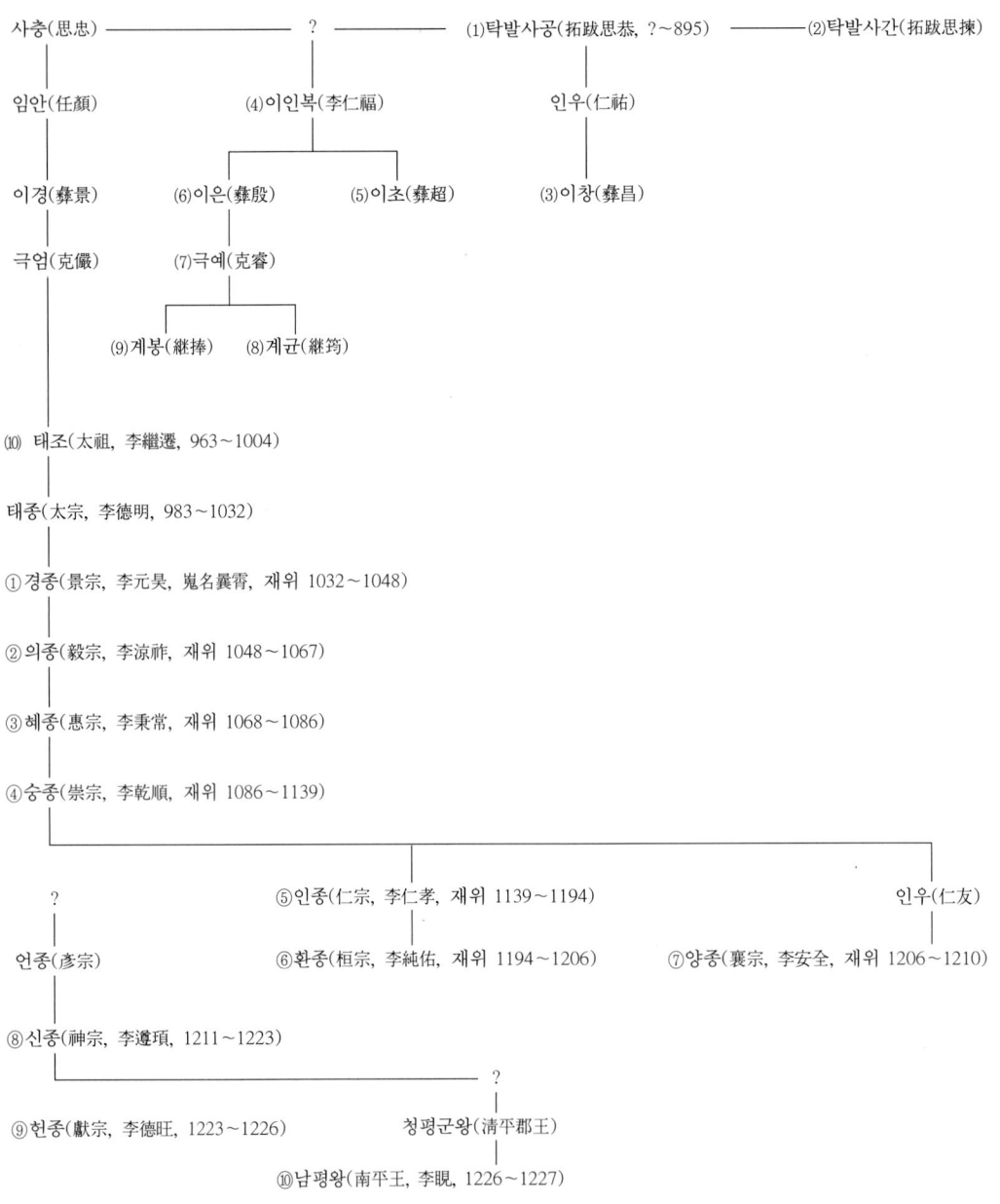

* (1)~(10) 하주정난군절도사(夏州定難軍節度使)
　①~⑩ 서하왕(西夏王)

• 이조 베트남(이씨) 세계표

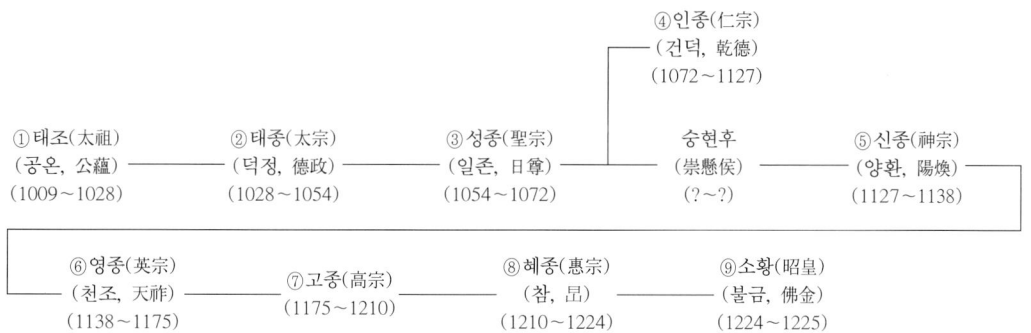

• 대리국(단씨) 세계표

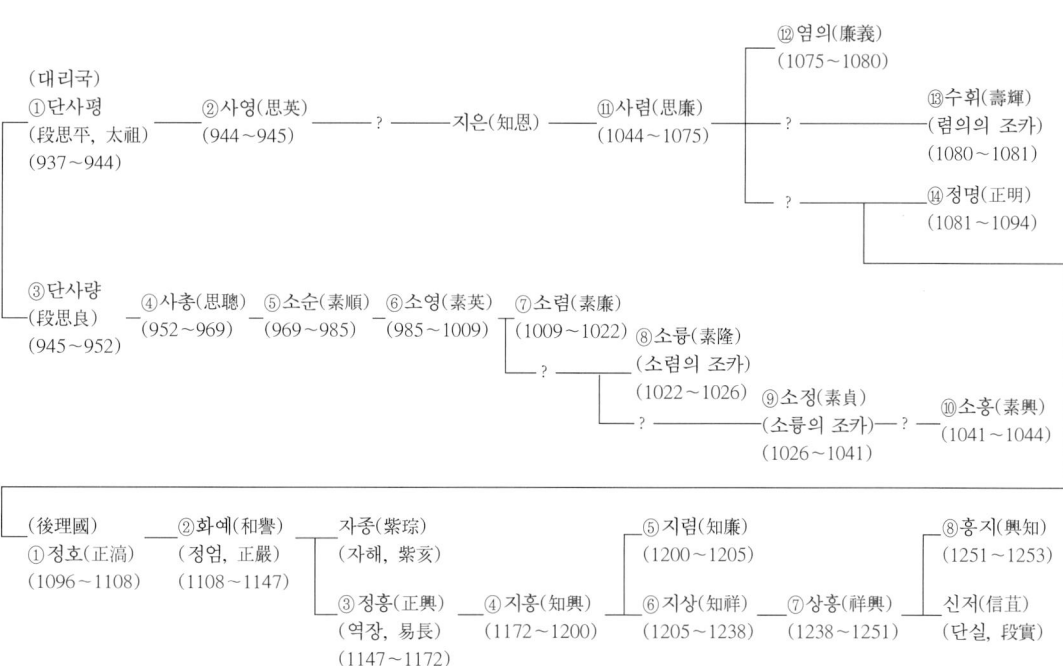

• 진랍 세계표

(앙코르 기)

①자야바르만 II(802~850)　　　　　　　⑦자야바르만 IV(928~941)
　　│　　　　　　　　　　　　　　　　　│
　　├─②자야바르만 III(850~877)　　　　├─⑧하사바르만 II(941~944)
　　│女　　　　　　　　　　　　　　　女│
　　│男　　　　　　　　　　　　　　　　├─④야소바르만 I(889~900)──┬─⑤하사바르만 I(900~922)
　　├─③인드라바르만 I(877~889)　　　　│　　　　　　　　　　　　　│
　　│女　　　　　　　　　　　　　　　女│　　　　　　　　　　　　　└─⑥이사나바르만 II(925)
　　│　　　　　　　　　　　　　　　　　├─⑨라젠드라바르만──────⑩자야바르만 V
　　?　　　　　　　　　　　　　　　　　男　(944~968)　　　　　　　　(968~1001)
　　│　　　　　　　　　　　　　　　　　　　　　　　　　　　　　　　　│女
　　│　　　　　　　　　　　　　　　　　　　　　　　　　　　　　　　　└─女──⑪유다야두챠바르만 I ···*
　　└─女　　　　　　　　　　　　　　　　　　　　　　　　　　　　　　　　　　　　(1001)
　　　　│
　　　　├─⑬유다야두챠바르만 II(1066~1080)
──⑫수리야바르만 I(1002~1050)　　└─⑭하사바르만 III(1066~1080)──女
*···⑫자야비라바르만(1002~1011)　　　　　　　　　　　　　　　　　　│
　　　│　　　　　　　　　　　┌─男──⑱다라닌드라바르만(ca. 1160)···⑲야소바르만 II
　　　├─女　　　　　　　　　　│　　　　　　　　　　　　　　　　　　　(?~?)
　　　│　　　　　　　　　　　└─女──⑰수리야바르만 II(1113~1145)
　　　├─⑮자야바르만 VI(1080~1107)
　　　└─⑯다라닌드라바르만 I(1107~1113)　└─⑳트리부바나디챠바르만(1165~1177)

──㉑자야바르만 VII(1181~ca.1220)···㉒인드라바르만 II(?~1243)···㉓자야바르만 VIII(1243~1295)──女
　　　　　　　　　　　　　　　　　　　　　　　　　　　　　　　㉔스린드라바르만(1295~1307)···

···㉕스린드라자야바르만(1307~1327)─── ㉖자야바르마디파라 메스바라(1327~?)

• 파간 세계표

①Anawrahta
(1044~1077)
②Sawlu
(1077~1084)
Sawyun
③Kyanzittha
(1084~1112)
Shwe-einthi
④Alaungsithu
(1112~1167)
⑤Minshinsaw(1167)
⑥Narathu(1167~1170)
⑦Naratheinhka(1170~1173)
⑧Narapatisithu
(1173~1210)
⑨Htilominlo
(1210~1234)
⑩Kyaswa
(1234~1250)
⑪Uzana
(1250~1254)
⑫Narathihapate
(1254~1287)
Kyawswa

• 촐라 세계표

①Vijayālaya
(ca.846~871)
②Āditya I
(871~907)
③Parāntaka I
(907~955)
④Rājāditya
(949)
⑤Gaṇdarāditya
(949~957)
⑥Ariñjaya
(956~957)
⑨Uttamachōḷa
(969~985)
⑦Parāntaka II
(956~973)
⑧Āditya II
(956~969)
(Karikāla)
⑩Rājarāja I
(羅茶羅乍)
(985~1016)
⑪Rājēndra I
(尸離囉茶印佗
囉注囉?)
(1012~1044)
Kundavā
Vịmalāditya
⑫Rājadhirāja
(1018~1054)
⑬Rājēndra II
(1052~1064)
⑮Vīrarājēndra
(1063~1069)
Ammaṅgādēvī
Rājarāja Narēndra
⑭Rājamahēndra
(1060~1063)
⑯Adhirājēndra
(1067/8~1070)
Ammaṅgādēvi
⑰Kulōttuṅga
(地華加羅?)
(1070~1118)
Rājarāja
Mummadichōḷa
Vīrachōḷa
⑱Vikramachōḷa
(1118~1135)
⑲Kulōttuṅga II
(1133~1150)
⑳Rājarāja II
(1146~1173)
㉑Rājadhirāja II(1163~1179)
㉒Kulōttuṅga III(1178~1218)
㉓Rājarāja III(1216~1246)
㉔Rājēndra III(1246~1279)

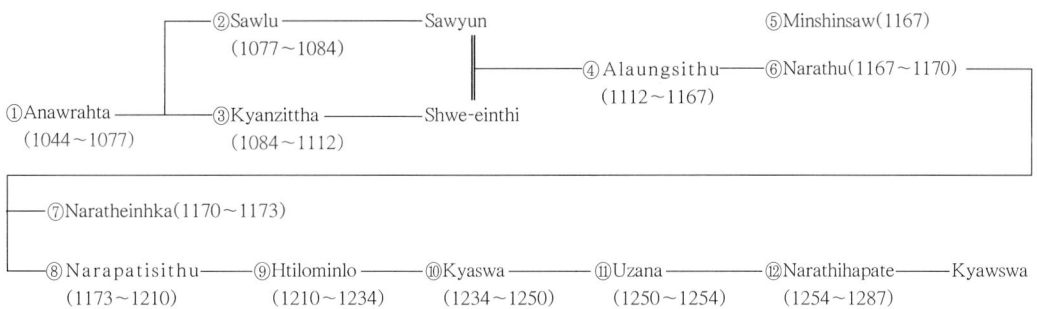

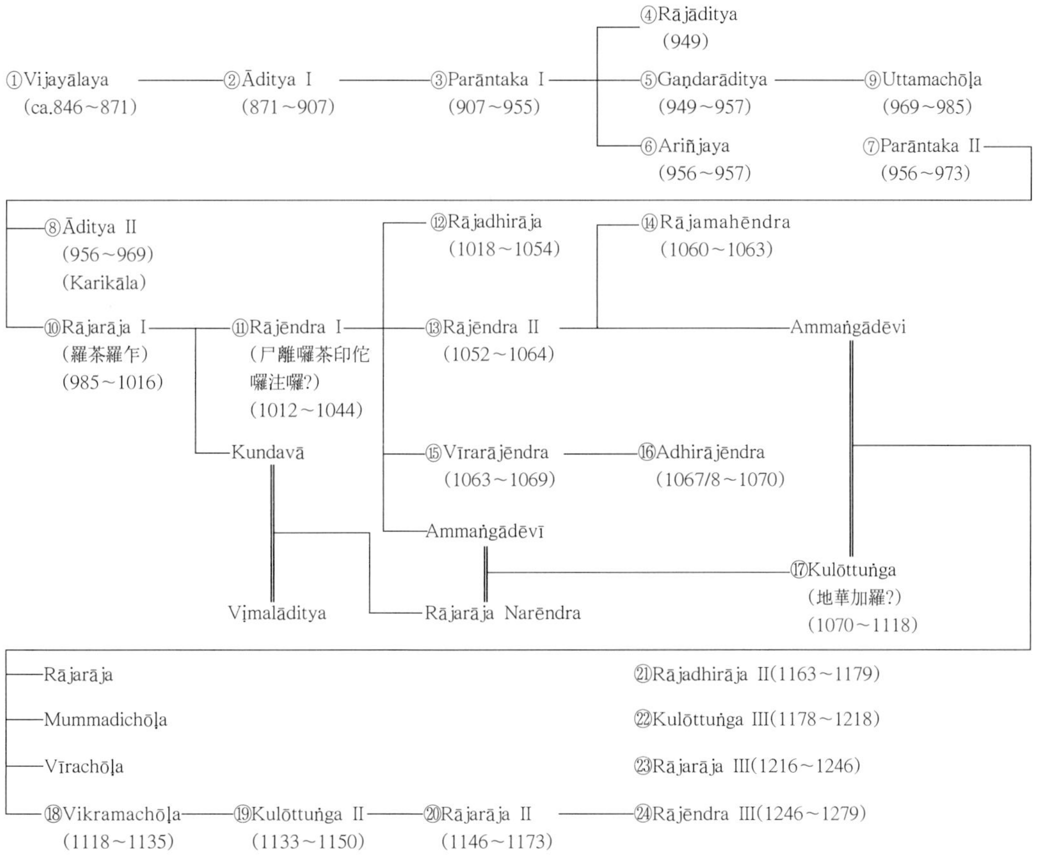

• 사주 세계표

장의조(張義潮, 851년 즉위)──────장유심(張淮深)┈┈┈┈┈조의금(曹義金)──────조원충(曹元忠, 955년 즉위?)
└──조연록(曹延祿, 980년 즉위)──────조종수(曹宗壽, 1002년 즉위)──────조현순(曹賢順)

• 일본 세계표

㉒村上天皇(946~967)──────㉓冷泉天皇(967~969)──────㉔圓融天皇(969~984)──────㉕花山天皇(984~986)
└──㉖一條天皇(986~1011)──────㉗三條天皇(1011~1016)──────㉘後一條天皇(1016~1036)
└──㉙後朱雀天皇(1036~1045)──────㉚後冷泉天皇(1045~1068)──────㉛後三條天皇(1068~1072)
└──㉜白河天皇(1072~1086)──────㉝堀河天皇(1086~1107)──────㉞鳥羽天皇(1107~1123)
└──㉟崇德天皇(1123~1141)──────㊱近衞天皇(1141~1155)──────㊲後白河天皇(1155~1158)
└──㊳二條天皇(1158~1165)──────㊴六條天皇(1165~1168)──────㊵高倉天皇(1168~1180)
└──㊶安德天皇(1180~1185)──────㊷後鳥羽天皇(1185~1198)──────㊸土禦門天皇(1198~1210)
└──㊹順德天皇(1210~1221)──────㊺仲恭天皇(1221)──────㊻後堀河天皇(1221~1232)
└──㊼四條天皇(1232~1242)──────㊽後嵯峨天皇(1242~1246)──────㊾後深草天皇(1246~1259)
└──㊿龜山天皇(1259~1274)──────㉑後宇多天皇(1274~1287)

• 서량부·토번·육곡연맹 세계표

손초(孫超, 926~930)──────이문겸(李文謙, 934~?)──────오계흥(吳繼興, 942)
└──진연휘(陳延暉, 943)──────절포가시(折逋嘉施, 948~950)──────신사후(申師厚, 952)
└──절포지(折逋支, 954~991)──────절포아유단(折浦阿喻丹, 991~993)──────절포유룡파(折浦喻龍波, 994~1001)
　　　　　　　　　　　　　　　　　　　　　　　　　　　　　　　　　　　　　정유청(丁惟清, 996~1003)
└──반라지(潘羅支, 996~1004)──────────────────────────시탁독(廝鐸督, 1004~1015)

연표

연도	서하	동남아
939		[교지] 오권(吳權)이 자립하여 왕을 칭함. 중국의 지배에서 벗어나 독립
944		[진랍] 진랍군이 점성 침략
950		[교지] 오권의 차남 오창문(吳昌文)이 양삼가(楊三哥)를 추방하고 정권 회복 [진랍] 진랍이 점성에 침략하여 여신상 약탈
951		[교지] 오창문이 형인 오창급(吳昌岌)을 맞아들여 함께 통치
954		[교지] 오창급 사망, 오창문이 재차 정권 장악
960		[삼불제] 이차제(李遮帝)를 파견하여 조공
961	[토번] 진주(秦州) 상파우(尙波于)가 복강(伏羌) 땅을 헌상	[삼불제] 여름에는 포멸(蒲蔑)을, 겨울에는 차야가(茶野伽)와 가말타(嘉末吒)를 파견하여 조공 [말류] 삼불제의 속국 말류(Malayu)의 사신이 삼불제를 따라서 조공
962		[삼불제] 삼불제왕 실리오야가 이여림(李麗林)을 파견하여 조공
963		[교지] 오창문, 봉주(峰州)의 교씨(矯氏)를 공격. 십이사군(十二使君)시대 개막
965		[교지] 오창문이 교씨를 공격하다가 전사
966		[교지] 정부령(丁部領), 칭제(稱帝)하고 국호를 대구월(大瞿越)이라 함
967	[서하] 9월 정난(定難) 절도사(節度使) 이이흥(李彝興) 사망. 12월 아들 이극예(李克睿)가 뒤를 이음	
970		[교지] 정부령이 중국 연호를 버리고 새 연호를 제정
971		[교지] 정부령의 아들 정련(丁璉)을 남월왕(南越王)에 봉함 [삼불제] 이하말(李何末)을 파견하여 조공
972		[삼불제] 송에 조공
973	[대식] 사신을 파견하여 토산품 조공 [대식] 국왕 가려불(訶黎佛)이 사신 불라해(不囉海) 파견	[교지] 정부령의 아들 정련을 보내 송에 조공

974		교지 정부령, 송에 대비하기 위해 군제를 개편. 삼불제 상아·유향·장미수·백사탕·산호수 등을 송에 조공
975	천축 겨울에 동인도(東印度) 왕자 양결설라(穰結說囉) 입공	교지 정부령, 송에 조공 삼불제 포타한(蒲陁漢)을 사절로 보내 조공
976	서하 이극예가 군대를 이끌고 북한(北漢)의 오보채(吳堡砦)를 공격하여 함락시킴 대식 사신 포희밀(蒲希密)을 파견 토산품 조공	
977	토번 진주(秦州) 대석족(大石族), 소석족(小石族), 안가족(安家族)이 공격해 옴 대식 사신 포사나(蒲思那)와 부사 마가말(摩訶末), 판관 포라(蒲囉) 등을 파견하여 조공 회골 전직(殿直) 장찬재(張璨齋)를 감주 사주회골에게 보내어 조유(詔諭)	발니국 용뇌(龍腦)·대모각(玳瑁殼)·단향(檀香) 등을 진공
978	서하 5월 정난절도사 이극예 죽음. 아들 아내지휘사(衙內指揮使) 이계균(李繼筠)이 뒤를 이음	
979	대식 조공 사절단이 송에 옴	교지 정령부에 의해 후계자로 지명된 항랑(項郞)이 암살됨 점성 점성이 교지의 수도를 침공했다 패퇴함
980	서하 7월 정난군 절도관찰유후(節度觀察留後) 이계균 죽음. 동생 이계봉(李繼捧)이 뒤를 이음 회골 감주 사주회골의 가한이 배일적(裴溢的) 등 4명을 보내 송에 조공	교지 두석(杜釋), 정부령과 정련 부자를 살해. 여환(黎桓)이 제위에 올라 전려(前黎) 왕조 개창 삼불제 번상(蕃商) 이보회(李甫誨)가 향약·서각(犀角)·상아를 싣고 왔다가 폭풍을 만나 60일간 표류
981	고창 고창국왕, "서주외생(西州外生) 사자왕(師子王) 아시란한(阿厮蘭漢)"이라고 스스로 칭함. 도독 맥색온(麥索溫)을 파견해 송에 조공. 5월에 공봉관(供奉官) 왕연덕(王延德)과 전전승지(殿前承旨) 백훈(白勳)이 고창에 사신으로 감	교지 송 태종, 베트남 정벌을 위해 侯仁寶(후인보)가 지휘하는 대군을 파견하였으나 참패
982	서하 6월 하주(夏州)의 이계봉이 송에 입조(入朝)하여 은(銀), 하(夏), 수(綏), 유(宥) 등 4주(州)를 바침. 이계봉의 동생 이계천(李繼遷)은 송에 반기를 들고 지근택(地斤澤)으로 들어감. 송과 불화(不和)하기 시작 당항 하주(夏州) 순검사(巡檢使) 양형(梁迥)이 풍주(豊州) 대수령(大首領) 황나(黃羅)를 토벌 천축 익주(益州) 승려 광원(光遠)이 천축국왕	교지 여환, 참파에 원정하여 약탈 후 귀환 마일국 마일국 사신이 보화를 싣고 광주(廣州)에 도착

	몰사낭(沒徙曩)과 승통(僧統)의 표서를 가지고 돌아옴. 천축 승려 시호(施護)가 번역	
983	[서하] 하주(夏州) 지주 윤헌(尹憲)과 도순검(都巡檢) 조광실(曹光實)이 이계천을 습격하여 패배시킴. 이계천은 그의 동생과 도망가서 피함 [고창] 고창 사자 안골로(安鶻盧) 송에 입공. 4월 왕연덕(王延德)이 귀국 여정을 서술하여 아룀 [천축] 승려 법우(法遇)가 천축에서 돌아옴. 그가 삼불제(三佛齊)에서 만난 천축 승려 미마라실려어불다령(彌摩羅失黎語不多令)이 중국에서 경전 번역할 것을 허락. 법우가 다시 천축으로 갈 때, 지나갈 국가의 군주들에게 칙서를 보냄	[교지] 여환, 권교주삼사유후(權交州三司留後)라 자칭하며 송에 사신을 보냄 [삼불제] 사신 포압타라(蒲押陀羅)를 파견하여 수정불(水晶佛)·서각·향약 등을 조공
984	[당항] 송의 군대가 이계천(李繼遷)과 함께 침입했던 여러 부족의 수령들을 토벌하고 초유(招諭)함 [천축] 위주(衛州) 승려 사한(辭澣)이 외국승 밀달라(密怛羅)와 함께 북인도왕의 서신을 가져와 황제에게 바침 바라문(婆羅門) 승려 영세(永世), 파사(波斯) 외도(外道) 아리연(阿里烟) 일동이 바라문 정보를 송 황제에게 보고함 [회골] 영세(永世), 아리연(阿里烟)과 함께 서주 회골이 송에 입공함 [대식] 대식인(大食人) 화차(花茶)가 사치품 헌상	[교지] 새로운 궁궐을 건축, 최초의 화폐인 천복전(天福錢)을 주조 [일본] 승려 조연(奝然), 송에 들어와 태종 알현
985	[토번] 절평족(折平族) 주독연파(鑄督延巴) 내공. 양주(涼州) 번부 당존(當尊)이 양마(良馬)를 진공하여 황제가 친견 [당항] 4월 왕선(王侁) 등은 은주(銀州)의 북쪽에서 실리(悉利)의 여러 부족을 패배시킴. 6월 하주의 윤헌(尹憲) 등은 오이(吳移)·월이(越移) 등 4족(族)이 와서 항복하자 안무함	[삼불제] 박주(舶主) 김화차(金花茶)가 방물을 헌상 [일본] 조연, 일본으로 귀국함
986	[서하] 거란은 의성공주(義成公主)를 이계천에게 시집보내고, 이계천을 하국왕(夏國王)으로 책봉	[교지] 군제를 개혁하여 친위군을 강화
987	[회골] 합라천(合羅川) 회골 제4족 수령이 사자를 보내 송에 조공	[교지] 송에서 국자박사 이각(李覺)을 사절로 파견
988		[삼불제] 사신 포압타려(蒲押陀黎)를 파견하여 조공 [일본] 조연의 제자 가인(嘉因), 송에 들어와 표를 올림
989	[당항] 10월 이계천이 회주(會州)의 숙창족(熟倉族)을 침입하였으나 격퇴함 [회골] 회골 도독, 마라왕자 등 4개 족(族) 각기	[교지] 환주(驩州)와 애주(愛州)에서 반란이 일어났으나 여환(黎桓)에 의해 평정됨

		송에 입공	
990	토번	진주(秦州) 대·소 마가족(馬家族)이 토지를 바치고 귀부해 옴	
991	대식	대식 선주(船主) 포압타려(蒲押陀黎)가 포희밀(蒲希密)의 표문과 사치품 헌상	
	당항	8월 조보충(趙保忠)이 왕정진(王庭鎭)에 살고 있던 이계천(李繼遷)을 습격하자 이계천은 철근택(鐵斤澤)으로 도망	
992	토번	권지서량주(權知西涼州) 절포아유단(折逋阿喩丹) 내공	삼불제 포압타려가 본국이 사파(闍婆)에게 침략 당한 소식을 듣고 남해(南海)에서 1년간 체류
			사국 정사 타담(陀湛)을 보내 조공
			점성 송은 점성 국왕에게 백마, 무기 등 하사
			점성 승려 정례(淨戒)가 송에 용뇌, 여의 등 바침
993	당항	강족(羌族) 44명의 수령들이 보병과 기병 1만 3천여 명을 이끌고 환주(環州) 석창진(石昌鎭)에 침입하였으나 격퇴함	교지 송, 여환을 교지군왕(交阯郡王)에 봉함
	대식	부추장(副酋長) 이아물(李亞勿)을 파견하여 조공, 대식 선주(船主) 포희밀이 토산물을 바침	
994	서하	정월 이계천이 수주(綏州)의 백성들을 평하(平夏)로 이주시키자, 부장 고문비(高文岯) 등이 그를 공격하여 패배시킴. 이계천이 영주(靈州)를 공격하자 송에서는 이계륭(李繼隆) 등에게 토벌하라는 조서를 보냄	
	토번	절포아유단(阿喩丹)이 죽고 동생 절포아유용이 보순랑장(保順郎將)을 계승	
995	당항	4월 늑랑(勒浪)의 외녀아문(鬼女兒門) 16부(府) 대수령 마미(馬尾) 등이 내부(內附)함	점성 송에 사신 보내 조공 표문을 올림. 점성왕의 요청대로 남해의 점성 유민을 귀환시킴. 사신 귀국 때 백마 2필 하사, 상제(常制)가 됨
			일본 등원도장(藤原道長)의 전권 시대 시작
996	당항	이계륭(李繼隆)은 이계천을 토벌하고, 인(麟)·부주(府州)의 10족(族)에게 칙서(敕書)를 내려서 그들이 귀순하도록 회유함	
	토번	서량부(西涼府) 절포유룡파(折逋喩龍波)가 이계천의 침략을 알림	
997			교지 송, 여환을 남평왕(南平王)에 봉함
998	서하	이계천은 송에 귀순하겠다는 표를 다시 올림. 송 진종은 이계천에게 하주자사, 정난군절도사 등을 수여. 이계천의 모친 위모씨(衛慕氏)	

	를 위국태부인(衛國太夫人)으로 봉함. 이덕명을 정난군절도행군사마(節度行軍司馬)로 삼음 토번 하서군(河西軍) 절포유룡발(折逋游龍鉢)이 직접 내조하여 말 2천여 필을 헌상	
999	토번 의주(儀州) 연몽팔부(延蒙八部)의 도수령(都首領)인 갈가(渴哥)를 화주자사(化州刺史)에 임명 대식 관관(判官) 문무(文戊)를 파견	점성 송에 사신을 보내 조공
1000	대식 선주(船主) 타파리(陀婆離)가 조공	교지 오조(吳朝)의 후손이 반란을 일으킴 점성 인타라보라(因陀羅補羅)를 버리고 남쪽 비도야(毘闍耶)로 천도 일본 이무렵 『침초자(枕草子)』가 저술됨
1001	서하 인부(麟府)의 부부서(副部署) 조찬(曹璨)이 숙호병(熟戶兵)을 이끌고 유발천(柳撥川)에서 이계천을 공격하여 승리 9월 이계천이 정주(定州), 회원현(懷遠縣) 및 보정(堡靜), 영주(永州) 등을 공격 토번 서량부 육곡 도수령 반라지가 이계천 토벌을 자청 회골 가한왕(可汗王) 녹승(祿勝)이 사자 조만통(曹萬通)을 보내 송에 진공. 송은 회골가한왕에게 당항과의 전쟁 독려. 가한왕에게 하사품, 사신 조만통에게 좌신무군대장군(左神武軍大將軍) 제수 가한왕, 당항족과의 전쟁을 송에 약속	단미류 단미류왕 다수기(多須機)가 정사 타길마(打吉馬) 등 9인을 보내 조공
1002	서하 3월 이계천은 번부(蕃部)들을 모아 영주(靈州)를 함락시키고 서평부(西平府)로 삼음 당항 늑궐마(勒厥麻) 등 세 부족의 1천5백 장(帳)이 황하를 건너서 내속(內屬)하여 헌주(憲州) 누번현(樓煩縣)에 이주시키고 위무함 사주 조연록(曹延祿)이 아들인 조종수(曹宗壽)에게 시해됨. 조종수를 권지유후(權知留後)로 삼고 동생인 조종윤(曹宗允)을 권지과주(權知瓜州)로 삼음 토번 육곡연맹 반라지가 말 5천 필을 진공. 11월 서하군이 서번(西蕃)과 서량부(西涼府)를 침략하자 반라지가 대파	일본 자식부(紫式部), 『원씨물어(源氏物語)』 저술. 건주(建州)의 해상(海商) 주세창(周世昌)이 일본에 표류하였다가 일본인 등목길(滕木吉)과 함께 귀국함
1003	서하 이계천은 영주에 도읍을 정함. 송에서는 강화를 논의하고 하서(河西)의 은(銀), 하(夏) 등 다섯 주를 이계천에게 할양 당항 3월 미포족(咩逋族)의 수령 이매(泥埋)를 선주(鄯州) 방어사(防禦使)로 삼고, 영주(靈	삼불제 이가배(李加排)를 보내 조공. 불사(佛寺) 축조를 위해서 사명(寺名)과 종(鐘)을 하사해줄 것을 요청

	州) 하외(河外)의 5진(鎭) 도순검사(都巡檢使)로 충임 [대식] 사신을 보내 토산품 조공	
1004	[서하] 이계천이 죽고 아들 이덕명(李德明)이 뒤를 이음 [고창] 사신 김연복(金延福)이 송에 입공 [토번] 이덕명이 당항계의 미반축(迷般嘱)과 일포길라단(日逋吉羅丹)을 이용하여 반라지를 공격. 반라지 전사. 동생 시탁독(廝鐸督)이 육곡부락의 새로운 수령으로 등장 [회골] 야락흘(夜落紇)이 사자를 보내 송에 조공 [대식] 송에 사신을 보내옴	[점성] 송에 사신 보내 조공. 양마(良馬), 갑주, 병기 하사 받음 [일본] 승려 적소(寂昭) 등 8명이 송에 옴
1005	[토번] 시탁독(廝鐸督) 진공. 반라지의 아들 실길(失吉)을 귀덕장군(歸德將軍)에 추록(追錄)	[교지] 송에 사신 파견 대장경을 받아옴. 여환(黎桓)이 사망하고 용성(龍鉞)이 즉위했다가 3일 후 살해되고, 다시 용정(龍鋌)이 즉위
1006	[서하] 이덕명이 귀관(歸款)하자 정난군 절도사를 제수하고 서평왕(西平王)에 봉함 [토번] 자룡족(者龍族) 합궁파(合窮波)와 당종족(黨宗族) 업라(業羅)를 수령 겸 검교태자빈객(檢校太子賓客)으로 임명. 위주(渭州) 묘아(妙娥), 연가(延家), 숙외(熟嵬)족 등이 귀부	
1007	[회골] 비구니 법선(法仙) 등을 파견, 송에 입공하고 말을 바침. 법선의 오대산 여행 허락받음. 승려 적(翟)을 보내 송에 입조 [대식] 송에 사신을 파견	[점성] 송에 사신 보내 조근하고 표를 올림
1008	[서하] 요(遼)에서 이덕명을 대하국왕(大夏國王)에 책봉 [당항] 올니족(兀泥族) 대수령 명애(名崖)가 부주(府州) 절유창(折惟昌)과 함께 입공 [토번] 종가족(宗哥族) 대수령 온포(溫逋)가 내공 [회골] 당항과의 전쟁에서 승리 [대식] 진종(眞宗)이 태산에서의 동봉(東封)때 선주(船主) 타파리(陀婆離) 등 조공	[교지] 송의 관제와 조복(朝服) 채용 [삼불제] 삼불제왕 사리마라피(思離麻囉皮)가 이미지(李眉地)를 보내 조공. 진종의 태산 봉선에 참례
1009	[서하] 이덕명은 회골(回鶻)에 출병하였다가 회군 [우전] 흑한왕(黑韓王)이 회골인 나시온(羅廝溫) 등을 보내 조공	[교지] 용정(龍鋌)이 사망. 전전지휘사(殿前指揮使) 이공온(李公蘊)이 제위에 올라 이조(李朝) 개창
1010	[구자] 구자국 왕가한이 사신 보내 송에 조공	[교지] 전국의 불사(佛寺)와 도관(道觀)을 조사하여 수리하게 함
1011	[회골] 송의 분음(汾陰) 제사에 참여.	[점성] 송에 사신 보내 조공

	진주(秦州)회골에서 송에 조공. 회골 공훈자들에게 고칙을 내림 **대식** 분음(汾陰)의 제사 때 귀덕장군(歸德將軍) 탁라리(陀羅離)가 사신으로 파견	**교지** 산지족인 거융(苣隆)의 반란 **점성** 송에 사신 보내 사자(獅子)를 바침. 송은 점성에서 조공한 사자를 궐내 원중(苑中)에서 기르는 조령을 반포 **포파중** 송의 분음(汾陰) 제사에 사신을 보내 조공
1012	**토번** 시탁독(廝鐸督)이 증린전단(增藺氈單)을 파견하여 내공 **회골** 진주회골이 지휘사(指揮使) 양지진(楊知進)과 통역자 곽민(郭敏)을 송에 파견 **대식** 광주(廣州)의 대식인(大食人) 무서홀로로화(無西忽盧華)에게 금포(錦袍) 등을 하사	
1013	**토번** 시탁독이 다시 아들을 보내 내공. 자룡족 도수령 사흠파(捨欽波)도 사신 파견 **회골** 구자(龜玆)의 진봉사가 송의 장춘전(長春殿)에 초대됨	
1014	**당항** 경원(涇原) 검할(鈐轄) 조위(曹瑋)가 북계(北界) 만자족(萬子族)을 막아 천마천(天麻川)에서 크게 패배시킴 **토번** 진주(秦州)의 조위(曹瑋)가 곽시돈(郭廝敦)과 상양단(賞樣丹)의 반란을 진압. 8월 복강채(伏羌砦)의 시계파(廝雞波)와 종가족(宗家族) 이마론(李磨論)의 반란을 평정	
1015	**토번** 이덕명이 공격하여 시탁독 대패. 육곡연맹 멸망(930~1015). 곡시라가 사절을 파견하여 내공	**주련국** 국왕 나다라사(羅茶羅乍)가 사리삼문(娑里三文)을 파견하여 조공 **점성** 송에 사신을 파견해 조공
1016	**토번** 곡시라, 이립준 등이 말 582필을 헌상하고 내속 요청 **회골** 감주 사자 송에 조공 야락격귀화(夜落隔歸化)가 가한왕으로 추대됨. 송 곽민(郭敏)을 보내 감주 가한에게 기물과 전폐를 줌	
1017	**토번** 야방채(冶坊砦) 도수령(都首領) 곽시돈(郭廝敦)을 순검(巡檢)에, 대마가족(大馬家族) 아시탁(阿廝鐸)을 군주(軍主)에 임명	**삼불제** 포모서(蒲謀西) 등을 파견하여 금자표(金字表)를 올리고 조공 **일본** 이 무렵 섭관정치(攝關政治)가 전성기를 맞이함
1018	**당항** 경원로(涇原路)에 번가족(樊家族) 9문(門)의 도수령 객시탁(客廝鐸)이 내속(內屬)하여 그를 군주로 삼음 **토번** 취마성(吹麻城)과 하주(河州)의 제족들이 귀부. 강족(羌族)과 공유(空俞), 시계파(廝雞波) 등 총 756장(帳)이 귀부	**교지** 송에 사신을 보내어 삼장경(三藏經)을 요청 **점성** 송에 사신 보내 조공

	회골 야락격귀화(夜落隔歸化)가 도독 등 보내 송에 조공	
1019	당항 부연로(鄜延路)에서 도망해갔던 숙호 위걸(委乞) 등 695명과 골미(骨咩)·대문(大門) 등 부족이 와서 귀순 대식 포마물타파리(蒲麻勿陀婆離)와 부사(副使) 포가심(蒲加心) 등을 파견하여 조공	점성 점성왕에게 은, 무기, 안마(鞍馬)를 하사 포단 사신을 보내 점성과 같이 안륵마(鞍勒馬) 등을 하사해줄 것을 요청. 송은 포단국에게 점성보다 등급 낮춰서 하사
1020	서하 요 흥종이 친히 50만 대군을 거느리고 양전(涼甸) 공격. 이덕명이 패배시킴 회골 감주회골의 사자 송에 옴 구자국 가한왕 지해(智海)의 사자 송에 옴	주련국 파란득마렬저(琶欄得痲烈吒)를 사신으로 보내 조공했으나 광주(廣州)에서 병사
1021	당항 북계 나골(羅骨) 등이 숙호를 약탈, 환경(環慶) 부서(部署) 전민(田敏)이 그들을 추격하여 전공을 올림	점성 교지와 전쟁
1023	서하 이덕명이 경주(慶州) 유원채(柔遠砦)를 공격. 이덕명은 회원진(懷遠鎭)에 성을 쌓고 거주 회골 감주의 야락격통순(夜落隔通順)이 사절을 보내 송조에 조공하고 귀충보순가한왕(歸忠保順可汗王)에 책봉됨 대식 대식에게 해로(海路)를 이용하여 조공하라고 조치함.	
1024	천축 서인도 승려 애현(愛賢), 지신호(智信護) 등 범어경전을 송조에 바침 회골 도독 등 14명 사절단 송에 조공	
1025	우전 주사, 부사, 감사 포함한 사절단이 옥안비(玉鞍轡), 단봉낙타 등 송에 조공 회골 가한왕, 공주, 재상이 송에 조공	
1026		일본 일본의 대재부(大宰府)에서 조공하고 사람을 파견하였다는 명주(明州)의 보고가 올라옴
1027	회골 사신 안만동(安萬東) 등 14명을 송조에 보내 조공	
1028	서하 이덕명은 아들 이원호(李元昊)를 보내 감주(甘州)를 공격 회골 감주 회골 서하에 멸망당함	교지 이공온(李公蘊, 태조)이 사망하고 장자인 불마(佛瑪, 태종)가 즉위 삼불제 포압타라헐(蒲押陀羅歇)과 아가로(亞加盧) 등을 보내 입공. 금대를 하사
1030	서하 과주왕(瓜州王)이 서하에게 항복	점성 송에 사신 보내 조공
1032	서하 이덕명이 죽고 아들 이원호가 뒤를 이어 현도(顯道) 원년이라 칭함. 이원호는 검교태사겸시중(檢校太師兼侍中), 정난군(定難軍)	

	절도(節度), 서평왕(西平王) 등을 제수 받음. 지휘와 명령체계를 세우고 병법으로 각 부를 통솔. 국내의 의관제도를 정비함 토번 곡시라가 온포기를 살해하고 청당(靑唐)으로 거처를 옮김	
1033		주련국 포압타리(蒲押陁離)를 파견하여 진주와 상아 등을 조공
1034	서하 서하의 경종(景宗) 이원호는 개운(開運)으로 개원하였다가 다시 광운(廣運) 원년으로 바꿈. 이원호는 환경로(環慶路)를 공격하는 등 국경지역에서 송과 여러 차례 전투 토번 이원호(李元昊)가 침략해오자 곡시라가 대파. 반라지(潘羅支)의 구세력이 곡시라에 귀부	
1035	서하 이원호가 묘우성(貓牛城) 등 곡시라(唃厮囉)를 공격하여 승리. 또한 청당, 안이(安二), 종가(宗哥), 대성령(帶星嶺) 등 여러 성을 공격하여 곡시라 부장 안자라(安子羅)를 패배시킴. 하(夏), 은(銀), 수(綏), 유(宥), 정(靜), 영(靈), 염(鹽), 회(會), 승(勝), 감(甘), 량(涼), 과(瓜), 사(沙), 숙(肅) 등을 전부 점령. 대규모로 관직을 설립하기 시작	
1036	천축 승려 선칭(善稱) 등 9명이 범어 경전, 불골(佛骨) 등을 송에 진공	
1037	대식 셀주크 투르크 건국	
1038	서하 이원호가 하주(夏州)에서 칭제(稱帝)함. 천수예법연조(天授禮法延祚)로 개원. 낭소(曩霄)로 개명 토번 이원호가 수차례 변경을 침략. 곡시라가 공격하게 했으나 전공을 세우지 못함	교지 중국식 사직단을 만들고 친경의식(親耕儀式)인 적전례(籍田禮)를 행함 교지 광원주(廣源州)의 농존복(儂存福) 반란, 소성황제(昭聖皇帝)라 자칭
1039	서하 이원호가 사신을 보내 황제 즉위를 고하자 송은 이원호의 사성(賜姓)과 관작(官爵)을 삭탈함	교지 농존복(儂存福)의 반란 진압됨
1040	서하 이원호가 연주(延州)에 침입하여 유평(劉平)과 석원손(石元孫) 등이 전사. 이원호는 새문(塞門)의 여러 채(砦)를 함락. 이원호가 삼주(三州)에 침입하자 한기(韓琦)는 임복(任福)에게 백표성을 공격하도록 하여 승리	
1041	서하 이원호는 위주(渭州)를 공격하여 임복 등	교지 농존복(儂存福)의 둘째 아들 농지고(儂智

	과 호수천(好水川)에서 전투하여 송이 패배하고 임복은 전사	高)의 반란 점성 송이 점성에 있는 악린(鄂鄰)을 잡아들이고, 일당은 현지에서 주살함
1042		교지 베트남 최초로 형서(刑書) 제정 점성 송에 사신 보내 조공
1043	서하 이원호가 송에 사신을 보내 화의를 청함 송에서는 이원호를 하국주(夏國主)로 책봉함	교지 18세~20세 황남(黃男)을 노비로 삼는 행위 금지
1044	서하 요(遼) 협산(夾山)의 부락 태아족(呆兒族) 800호가 이원호에게 귀부. 요의 흥종(興宗)은 돌려줄 것을 요구하였지만 이원호가 보내지 않자 흥종이 친히 기병 10만 명을 이끌고 출병하였으나 패함	교지 대대적으로 참파를 원정하여 수도를 함락시킴 교지 점성에 태종이 친정 점성 교지의 침략 받아 비자야 함락
1048	서하 이원호가 죽고 아들 이양조(李諒祚)가 즉위. 이양조는 어려서 모족 몰장와방(沒藏訛龐)에게 양육되었고 와방은 국정을 장악, 송은 이양조를 하국주(夏國主)로 책봉	교지 농지고(儂智高)가 다시 반란을 일으킴
1049	서하 서하가 다시 거란에게 신복(臣服)	교지 일주사(一柱寺) 건립
1050	대식 셀주크 투르크의 토그릴 베그, 술탄 칭호 획득	점성 송에 사신 보내 조공하고 표서 올림
1052		교지 농지고(儂智高), 송에 대한 무장투쟁을 개시
1053		교지 송, 적청(狄青)을 파견하여 농지고(儂智高)의 반란 진압 점성 송에 사신 보내 방물 바침 일본 평등원(平等院)의 봉황당(鳳凰堂) 완공
1055	대식 셀주크 투르크, 바그다드 점령	
1056		점성 송, 행낭 잃은 점성 사신에게 은 1천 량 하사
1057	서하 이양조는 와방의 전횡을 두려워하여 죽이고 그 족을 주멸	교지 수도 승룡(昇龍)에 힌두교 사찰 두 곳을 건립
1058	토번 제라부(擠羅部)가 곡시라에 반기를 들고 이양조(李諒祚)에게 귀부. 이양조가 곡시라를 공격했다가 대패. 거란(契丹)에서 공주를 곡시라의 삼남 동전(董氈)에게 출가시킴	
1060		점성 송에 사신 보내 조공
1061	서하 이양조는 송에 중국의 의관(衣冠)을 따르겠다고 상서함	점성 송에 훈상(訓象) 바침
1062		점성 송에 사신 보내 방물 바침

1063	우전 8월 사신 나산온(羅撒溫)이 송에 입공. 11월 우전국왕을 귀충보순석후린흑한왕(歸忠保順石后鱗黑韓王)으로 책봉	점성 점성왕의 요구로 백마 1필 하사받음
1065	토번 곡시라 사망. 삼남 동전(董氈)이 계승	
1066	서하 송의 경주(慶州)와 대순성(大順城)을 대거 공격	
1067	서하 이양조 사망, 이병상 즉위 대식 바그다드에 마드라사(이슬람 신학교) 건립	
1068	서하 이병상 건도(乾道) 원년으로 개원, 고애사(告哀使)로 설종도(薛宗道)를 송에 파견. 8월에 서하군 환경로 침공 우전 (1068~1077) 빈번히 송에 조공 회골 송에 입공, 『대반야경』 구입을 요청하여 묵본을 하사받음	점성 송에 사신 보내 조공, 역마(驛馬) 구입 요청. 광주에서 노새를 사가지고 감 점성 교지에 침공함. 송에서 백마 1필 하사받음
1069	서하 송이 하남감목사(河南監牧使)인 유항(劉航) 등을 파견하여 이병상을 하국주(夏國主)로 책봉	교지 참파에 원정, 수도를 함락시키고 왕을 포로로 잡아 귀환 교지 점성에 반격하여 비자야 함락, 3개 주를 할양 받음
1070	서하 천사례성국경(天賜禮盛國慶)으로 개원 토번 서하가 환경(環慶)을 침략. 동전이 원군을 보내 서하군을 격파하고 송군을 지원함	교지 베트남 최초로 문묘(文廟)를 세움
1071	서하 서하의 연이은 공격으로 나올성(囉兀城) 함락 대식 페르다우시가 대 서사시『샤 나메』완성 구자 사신 이연경(李延慶), 조복(曹福)이 입공 층단 송에 처음 입공	
1072	서하 12월에 송에 사신(使臣)을 파견하여 말을 바치자 대장경(大藏經)을 하사 회골 재상, 추밀사 등이 송에 조공 구자 사신 노대명(盧大明), 독고(篤都)가 입공	교지 성종(聖宗)이 사망하고 건덕(乾德)이 제위에 오름(仁宗) 점성 송에 유리와 산호, 술잔 등 조공 일본 승려 성심(成尋)이 송에 들어와 조공
1073	회골 송에 조공 방문한 회골 수령 5명을 보임하고 군주(軍主)로 삼음. 송에서 회골 군대의 서하 공격을 명함 대식 도번수보순랑장(都蕃首保順郎將) 포타파리자(蒲陀婆離慈)가 아들 마물(麻勿)로 하여금 조공하게 함	
1074		교지 참파가 송의 사주를 받아 침공해 옴 교지 송에 점성의 항복을 보고함
1075	서하 대안(大安)으로 개원	교지 베트남 최초로 과거제도 실시. 10만 대군

연도		
1076		으로 송의 광서지방을 공격, 흠주(欽州), 염주(廉州), 옹주(邕州)를 함락시킴
1076		교지 곽규(郭逵)가 지휘하는 송의 대군이 침범, 광원주(廣源州) 등 5개 주를 할양하고 강화. 국자감 설치 점성 국가상황 보고하고, 교지를 협공하라는 조칙을 받음. 송과 교지 전쟁에 송조를 지지하여 병사 7천 파견
1077	토번 청의결귀장(靑宜結鬼章)과 아리골(阿里骨)을 자사(刺史)에, 동전을 서평절도사에 임명	삼불제 대수령인 지화가라(地華伽囉)가 내조하여 보순모화대장군(保順慕化大將軍)에 분봉 주련국 진주, 유리, 유향 등을 진공. 전(錢) 81,800민(緡)과 은(銀) 52,000량을 하사
1078	서하 송의 수덕(綏德)을 공격 우전 (1078~1085) 원풍 초, 우전 조공단의 입궐 제한, 유향 진공 불허함	점성 교지 송에 함께 조공 대리 송에 사신을 파견함
1079	서하 6월 서하가 송의 대회평(大會平)에 들어와 방전(防田)의 사람들과 말을 살상	삼불제 삼불제 조공단에게 전 64,000민과 은 10,500량을 하사
1080	서하 송이 서하(西夏)를 공격, 영주(靈州)의 전역(戰役)	진랍 점성의 비자야를 침공 점성 점성이 진랍 군대를 몰아냄 삼불제 광주 남번(南蕃) 강수(綱首)가 삼불제 왕의 친서를 제거시박사에게 전달. 피말(皮襪)과 함께 입공한 판관 지화가라(地華加羅) 병사 일본 고려와 외교 단절
1081	서하 서하의 장군인 이청이 주살됨. 영주(靈州) 등의 전투에서 송의 군대를 크게 패배시킴 불름 왕인 멸력이개살(滅力伊靈改撒)이 대수령(大首領) 이시도령시맹판(你廝都令廝孟判)을 파견하여 말, 도검(刀劍) 진주(眞珠)를 바침 우전 아신(阿辛)을 송에 파견해 표서를 올림 토번 송군이 서하를 토벌. 동전(董氈)이 말정(抹征)에게 3만 병사를 주어 송군을 지원하게 함	
1082	서하 송과 영락성(永樂城)의 전역에서 송군을 크게 패배시킴	발니국 국왕 석리마야(錫理麻喏)가 사절을 보내 방물을 조공
1083	서하 2월 서하가 송의 난주(蘭州)를 공격, 윤6월 사신으로 모개(謨箇)와 양미걸우(咩迷乞遇)을 송으로 파견 상표(上表) 함 층단 보순랑장(保順郎將)인 층가니(層伽尼)가 두 번째로 입공하여 백금(白金) 2천 량 하사함	삼불제 조공단 파견. 정사 살타화만(薩打華滿)에게 장군직 제수
1084	서하 송의 난주(蘭州) 등 변경 주현을 공격	교지 송에 할양했던 광원주(廣源州) 등 5개 주를 회복

연도		
1085	서하 3월 신종이 붕어하자 서하에게 신종의 물품을 하사해줌. 10월 파량(芭良), 외명제(嵬名濟) 등을 파견하여 산릉(山陵)에 예물(禮物)을 바침 우전 9월 입공한 우전 사신이 신종을 위해 반승(飯僧) 베풀고 추복(追福)함	
1086	서하 천안예정(天安禮定)으로 개원, 추7월에 이병상 사망, 장자인 이건순(李乾順) 즉위 토번 동전(董氈) 사망. 양자 아리골(阿里骨)이 계위 우전 (1086~1093) 우전 사신의 입궐을 격년제로 제한하는 명령을 내림	교지 두 번째 과거 시험이 실시됨 일본 원정(院政)이 시작됨
1087	서하 천의치평(天儀治平)으로 개원	
1088	서하 서하군이 덕정채(德靖砦)를 공격 송의 장수 미윤(米贇), 학보(郝普)가 전사, 감곡채(龕谷砦)도 공격	교지 승려 고두(枯頭)를 국사로 삼음
1089	서하 송에 사신을 보내어 책봉(册封)에 감사를 표하고, 영락성의 전역에서의 포로들을 돌려줌. 송이 가로(葭蘆), 미지(米脂), 부도(浮圖), 안강(安疆)의 4채(砦)를 서하에게 줌	교지 관직을 송과 유사하게 재편
1090	서하 겨울에 난주(蘭州)의 질과(質孤), 승여보(勝如堡)를 공격	막려국 반차령이(般次泠移)를 우전국(于闐國) 흑한왕(黑汗王)에게 파견하여 함께 입공
1091	서하 9월 인주(麟州), 부주(府州)를 공격 포위 불름 사신이 두 번 옴. 조를 내려 그 왕에게 비단 200필, 백금병(白金瓶), 습의(襲衣), 금속대(金束帶)를 하사	
1092	서하 송의 환주(環州)를 공격	점성 송에 표서를 보내 교지 협공을 제안함. 송에서는 거절함
1093	우전 우전이 서하 토벌을 요청했는데 송이 불허함	
1094	우전 (1094~1097) 우전왕이 서하 지역 공격, 이에 대해 철종이 후사. 우전에 대한 격년제 입공 제한을 해제 토번 아리골이 내조하여 사자(師子)를 헌상	대리 권신 고승태(高昇泰), 왕위를 찬탈(1094~1096)
1096	서하 송과 금명채(金明砦)의 전역 구자 사신으로 대수령(大首領)인 아련살라(阿連撒羅) 등 세 명이 표장(表章)과 옥불(玉佛)을 가지고 조서(洮西)에 옴 토번 아리골이 57세로 사망. 할정(瞎征)이 계위	

1097	서하 송을 공격, 제1차 평하성(平夏城)의 전역 토번 할정을 하서군절도사・검교사공에 임명하고 영새군공(寧塞郡公)에 분봉 대식 제1차 십자군, 예루살렘 장악	
1098	서하 송을 공격, 제2차 평하성(平夏城)의 전역, 이건순(李乾順)이 국중(國中)에 사면령을 내림	
1099	서하 국모인 양씨(梁氏)가 사망. 정관(貞觀)으로 개원, 송의 신퇴(神堆)를 공격 토번 왕첨이 막천(邈川)과 청당(靑唐)을 정복했다가 서하가 10만 군대로 원조하자 이 지역을 포기함	
1100	토번 조회덕과 거란, 하국(夏國), 회골 공주가 입조. 계사라살(溪賒羅撒)이 조회덕을 살해하려 하자 하남으로 도망	
1102	토번 할정(瞎征) 사망	
1103		교지 연주(演州)의 이각(李覺)이 반란을 일으켰다 실패하고 참파로 망명
1104	서하 경원(涇原)을 공격, 송의 군사가 은주를 수복. 요의 성안공주(成安公主)가 이건순(李乾順)에게 시집옴 토번 왕후(王厚)가 황주(湟州)・선주(鄯州)를 수복. 조회덕이 개봉에 도착. 감덕군(感德軍) 절도사를 배수하고 안화군왕(安化郡王)에 분봉	점성 교지를 북벌했으나 격파 당함
1105	서하 송과 선위성(宣威城)의 전역	
1106		포감국 사신을 보내 입공. 예질(禮秩)을 주련(注輦)과 동일하게 대우 일본 이 무렵 전악(田樂) 유행
1108	서하 정성원(丁星原)을 포위. 송이 조주(洮州)를 수복, 계가성(溪哥城)을 격파	교지 홍하(紅河)의 범람을 막기 위해 기사(機舍)에 제방 건설
1109	서하 통안성(統安城)의 전투에서 송의 군대를 대패시킴	사파국 송에 대한 조공을 교지(交阯)와 동등하게 예우함
1114	서하 송의 정원(定遠)을 공격	
1115	서하 옹녕(雍寧)으로 개원, 영녕(永寧)이라고도 함. 송의 군대가 장저하성(臧底河城)을 공격하였지만 패퇴시킴	대리 광주(廣州)를 경유, 송 조정에 입공 허락을 요청 점성 송은 점성왕을 금자광록대부(金紫光祿大夫)에 제수

1116	서하 송의 장수 유법(劉法), 유중무(劉仲武)가 서하의 인다천성(仁多泉城), 장저하성(臧底河城) 함락, 11월에 서하가 송의 정하성(靖夏城) 공격	대리 송에 진봉사(進奉使) 이자종(李紫琮) 등을 파견 진랍 송에 사신단 파견해 조공, 조복(朝服)을 하사받고 입을 것을 허가받음
1117		대리 이자종(李紫琮) 등이 송의 개봉에 도착하여 말과 사향 등을 바침
1119	서하 송과 통안(統安)의 전역, 송의 대장(大將) 유법(劉法)이 전몰 회골 (1119~1125) 회골의 중국 왕래 금지시킴	점성 송이 점성왕을 책봉함
1120	서하 송, 서하가 연합하여 금을 공격 서하 원덕(元德)으로 개원	일본 『금석물어집(今昔物語集)』 완성
1124	서하 금에 칭번(稱藩)함. 서하군이 송의 주현을 공격	
1127	서하 정덕(正德)으로 개원	교지 인종(仁宗)이 사망하고 조카인 이양환(李陽煥, 神宗)이 즉위
1128	서하 송이 사량(謝亮) 등을 서하에 사신으로 파견, 서하의 군대가 정변군(定邊軍)을 기습 공격	교지 앙코르 왕조가 대대적으로 침입
1129	서하 송이 사량(謝亮)을 임시로 태상경(太常卿)으로 삼아 다시 하국에 사신으로 파견 대식 사신을 파견하여 송에 조공	사파국 남교(南郊) 의례에 참례. 군주에게 회원군절도(懷遠軍節度)직과 식읍(食邑) 및 실봉(實封) 제수 점성 송에 조공, 점성왕 관직과 식읍을 더함. 진랍 송에 사신 보내 조공, 진랍 왕에게 관봉주고, 또 관직과 식읍을 더함
1130	서하 송의 환경로(環慶路)의 통제(統制)인 모유(慕洧)가 서하에 투항	진랍 점성을 침략
1131	서하 송의 동주(同州) 관찰부사(觀察副使)인 유유보(劉惟輔)가 덕순군(德順軍)을 서하에 귀순하려 하였지만 받지 않음	
1132		교지 앙코르 왕조가 참파와 연합하여 다시 침입 사파국 사파국 군주에게 식읍과 실봉을 더해줌
1133		대리 광서를 경유하여 송 조정에 조공을 요청하였으나 거부됨
1135	서하 대덕(大德)으로 개원	
1136		대리 송에 입공하여 코끼리와 말 등을 바침
1138		교지 신종(神宗)이 사망하고 영종(英宗)이 세 살의 나이로 즉위. 앙코르 왕조가 세 번째로 침입

1139	서하 이건순(李乾順)이 죽고, 아들 이인효(李仁孝)가 계승 서하 금의 부주(府州)를 공격 함락시킴	
1140	서하 대경(大慶)으로 개원	
1141	서하 서하의 추밀사(樞密使)인 모유(慕洧)의 동생인 모준(慕濬)이 모반을 일으켜 주살 당함	
1145		진랍 점성을 공격해 비자야 점령
1147	서하 천성(天盛)으로 개원. 거인(擧人)을 뽑는 책시(策試)를 시행, 창명법(唱名法)제정	점성 빈동룡(賓童龍) 국왕이 진랍을 물리치고 점성국왕으로 자립함
1148	서하 정신율(鼎新律) 제정	교지 세 번째 과거 시험이 실시됨
1150		교지 앙코르 왕조가 다시 침입하였으나 패퇴
1152		교지 세 번째 과거 시험이 실시됨
1155		점성 송에 사신을 보내고, 책봉 받음
1156		삼불제 송에 사절을 보내 입공
1157	대식 셀주크 투르크 멸망	
1158	서하 통제감(通濟監) 설립하여 처음으로 동전 주조	
1159		일본 평청성(平淸盛)이 군사 패권 장악
1160	서하 재상 임득경(任得敬)을 초왕(楚王)으로 책봉	
1164		교지 영종(英宗)이 송에 의해 안남국왕(安南國王)에 책봉됨
1165		교지 네 번째 과거 시험이 실시됨
1167		점성 대식국의 방물을 노략하여 조공하고 봉작을 요구했으나 거절당함 점성 점성의 추아나(鄒亞娜) 즉위
1168	서하 건우(乾祐)로 개원, 임득경이 찬탈 모의로 인해 복주(伏誅) 당함	
1170		점성 진랍을 침공하여 대승 점성 교지와 화의를 이룸
1171		점성 진랍과 전쟁 점성 진랍과의 전쟁을 위해 해남에서 말을 사가서 이김
1172		교지 대월사기 완성

		점성 해남 경주(瓊州)에서 말을 사려다 거부 당하자 약탈
1173		일본 명주(明州)의 강수(綱首)를 따라와 조공하였다 함
1175		점성 송에서 말 수출금지령 내림. 일본 법연(法然), 정토종(淨土宗) 개창. 일본인 등태명(滕太明)의 중국인 정작(鄭作) 살인 사건 발생
1176		교지 고종(高宗) 세 살의 나이로 즉위 점성 송에 포로 귀환시키고 통상 요청하나 불허됨 점성 점성이 진랍에 침공함 일본 일본의 선박이 명주(明州)에 표착
1177	서하 이인효(李仁孝)가 죽고 아들 이순우(李純佑)가 대를 이음	점성 진랍의 수도 오가(吳哥)를 침략, 진랍국왕 살해
1178		삼불제 송에 조공. 천주(泉州)의 관(館)에 체류
1180		일본 원씨(源氏)와 평씨(平氏)의 전쟁 개막
1181		진랍 도야발마(闍耶跋摩) 7세가 점성 군대를 진랍에서 몰아냄
1183		일본 일본인 73명이 수주(秀州) 화정현(華亭縣)에 표착 일본 겸창막부(鎌倉幕府) 시작
1187	대식 살라흐, 예루살렘을 수복함	일본 원뢰조(源賴朝), 정이대장군(征夷大將軍) 칭호 획득
1190		점성 점성 다시 진랍에 침공 진랍 점성을 침공해 수도 비자야 점령, 점성왕 생포 점성 빈동롱에 진랍의 괴뢰국 수립됨 점성 빈동롱에 반발하여 불서국(佛逝國) 건립
1191		점성 빈동롱과 불서국의 내전에서 빈동롱이 승리 점성 빈동롱국 진랍에서 독립을 선언함
1193	서하 이인효(李仁孝) 사망, 아들 이순우(李純祐) 계승 대식 콰레즘 샤 왕조, 호라산 정복 시작	일본 태주(泰州) 및 수주(秀州) 화정현(華亭縣)에 일본인이 표착
1194	서하 천경(天慶)으로 개원	
1199		점성 진랍 진랍이 점성을 멸망시킴
1200		진랍 송에 사신을 보내 조공, 표서를 올림. 거리

		가 멀어 입공하지 말라는 조서를 내림. 일본 평강부(平江府)에 일본인이 표착
1202		일본 정해현(定海縣)에 일본인이 표착
1203		진랍 점성 공격해 진랍에 병합 일본 북조씨(北條氏)의 집권정치 시작
1205	서하 몽고 서하공격, 정주(定州) 풍주(豐州)의 전역	
1206	서하 이순우(李純祐) 폐립, 이안전(李安全) 자립. 응천(應天)으로 개원	
1208		교지 예안(乂安)의 관리 범유(范猷)가 반란을 일으켰다 진압됨
1209	서하 몽고 서하 공격, 흥경성(興慶城)의 전역	
1210		
1211	서하 이안전(李安全) 사망, 조카 이존욱(李尊頊) 계승, 광정(光定)으로 개원	교지 혜종(惠宗) 즉위, 어머니 담씨(譚氏)와 함께 통치
1212		
1213	서하 금의 보안(保安) 등 지역을 공격	
1214		
1215	서하 금의 임조(臨洮)를 취하고, 환주(環州) 등을 공격	
1216	서하 금의 안새보(安塞堡)를 공격	
1217	서하 몽고 흥주(興州)를 포위, 이존욱(李尊頊)이 달아남	
1218	서하 몽고 서하의 흥경성을 공격, 서하는 금의 감곡을 공격 대식 콰레즘 샤 왕조, 몽골 사절단 학살	일본 승구(承久)의 난
1219	대식 칭기스칸, 콰레즘 원정 시작	일본 정영식목(貞永式目) 공포
1220		점성 진랍을 공격해 점성국 회복
1223	서하 이존욱이 아들 이덕왕(李德旺)에게 제위를 물려줌. 건정 원년으로 개원. 금의 적석성(積石城)을 공격	교지 권신 진사경(陳嗣慶)이 사망, 진수도(陳守度) 권력 장악
1224		교지 베트남 최초의 여자 황제 소황(昭皇) 즉위
1225	서하 몽고 서하를 공격, 감(甘), 숙(肅), 서(西), 양(涼), 영(靈), 염주(鹽州)를 취함	교지 이조(李朝) 멸망, 진조(陳朝) 건국

1226	서하 이덕왕(李德旺)이 죽고 조카 이현(李睍)이 계승	
1227	서하 이현(李睍)이 보경으로 개원, 6월 몽고가서 서하를 멸망시킴	
1228		교지 청화(淸化) 지방의 장적(帳籍)을 다시 작성함
1230		교지 형서(刑書) 제정
1231		교지 진수도(陳守度), 역정(驛亭) 마다 불상을 세우라는 조칙을 내림
1232		교지 진조(陳朝) 최초의 과거시험 실시
1237		교지 광안(廣安)의 산속으로 도망쳤던 태종이 수도로 돌아옴
1243		교지 전국의 호구대장을 전면적으로 보완함
1246		교지 부정기적이던 과거시험을 7년마다 시행하기로 규정
1253		교지 군관학교인 강무당(講武堂) 설립하고 국학원 설치 대리 몽골의 우리야카다이에 의해 멸망 일본 일련(日蓮), 일련종(日蓮宗) 개창
1257		교지 몽골의 우리양카다이가 사절을 보내 송 공격을 위한 길을 빌려달라고 요청, 이를 거절하자 대거 침공
1258	대식 압바스조 멸망	교지 성종(聖宗) 즉위
1260		교지 몽골의 쿠빌라이가 사자를 보내 공납 요구
1267		교지 몽골의 쿠빌라이가 베트남에 왕의 친조 등을 요구
1272		교지 대월사기 완성
1274		일본 원의 제1차 침공
1278		교지 인종(仁宗) 즉위
1281		일본 원의 제2차 침공

송대 남아시아 지역도

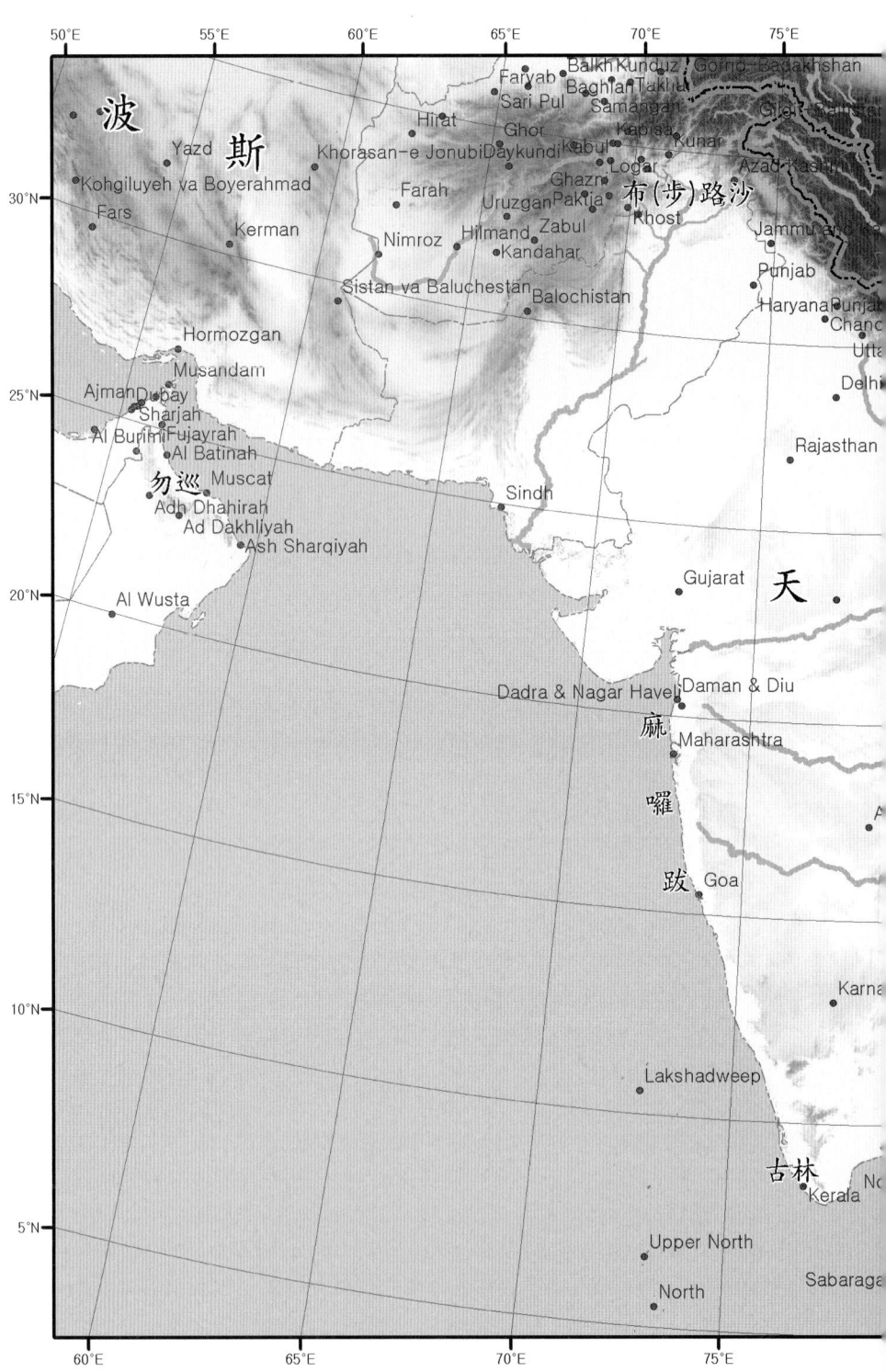

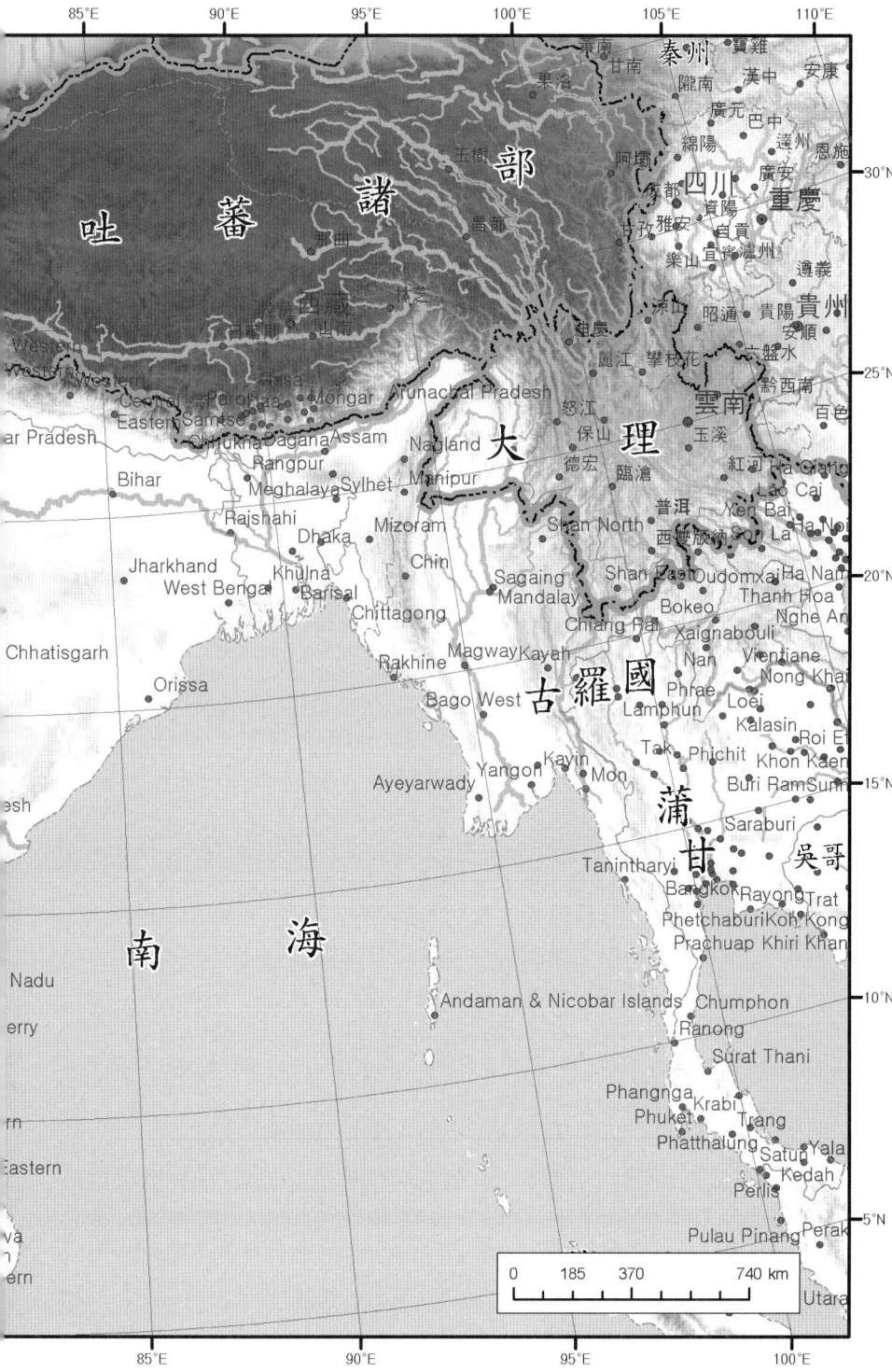

송과 교류한 서아시아 지역도

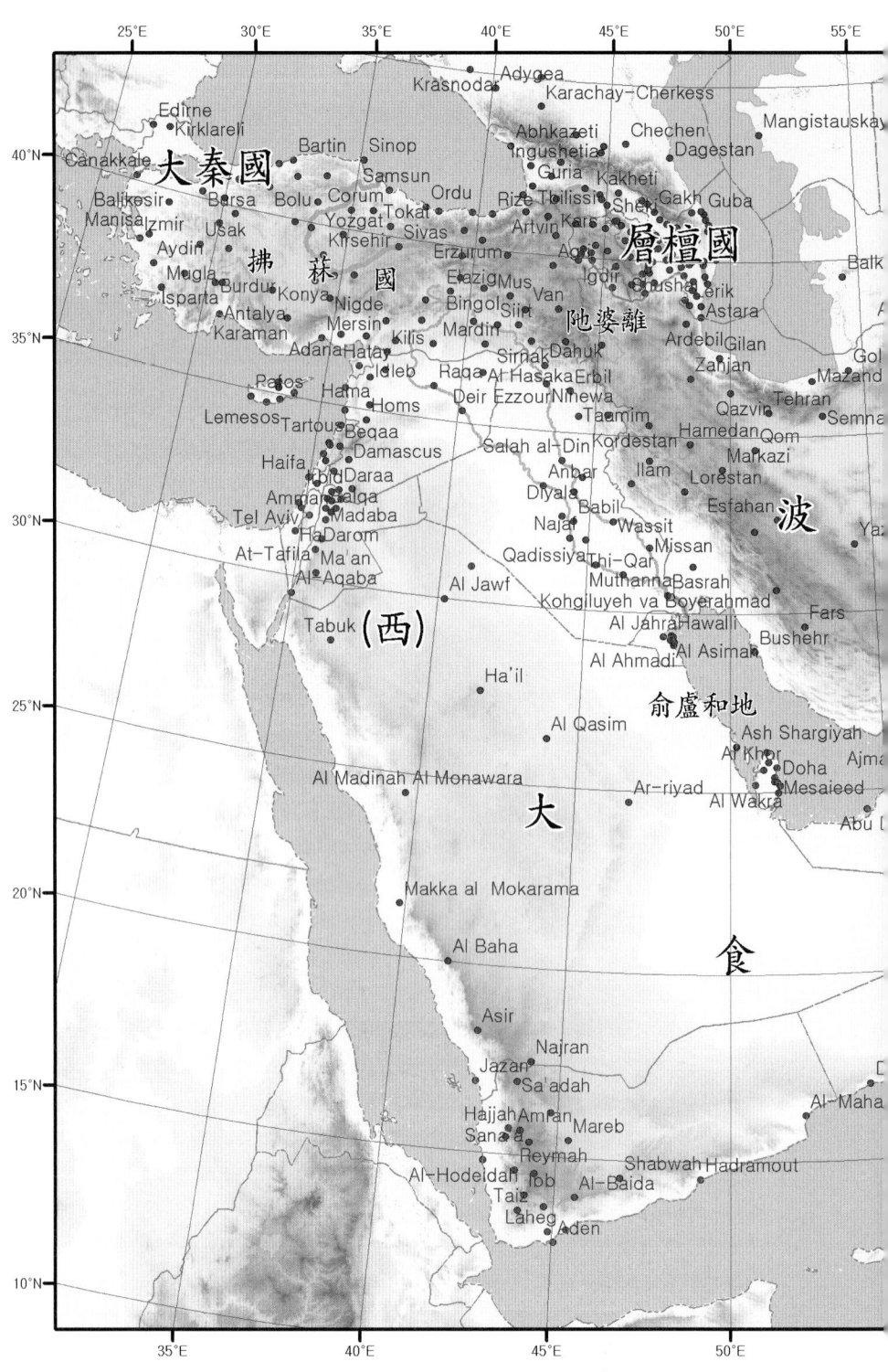

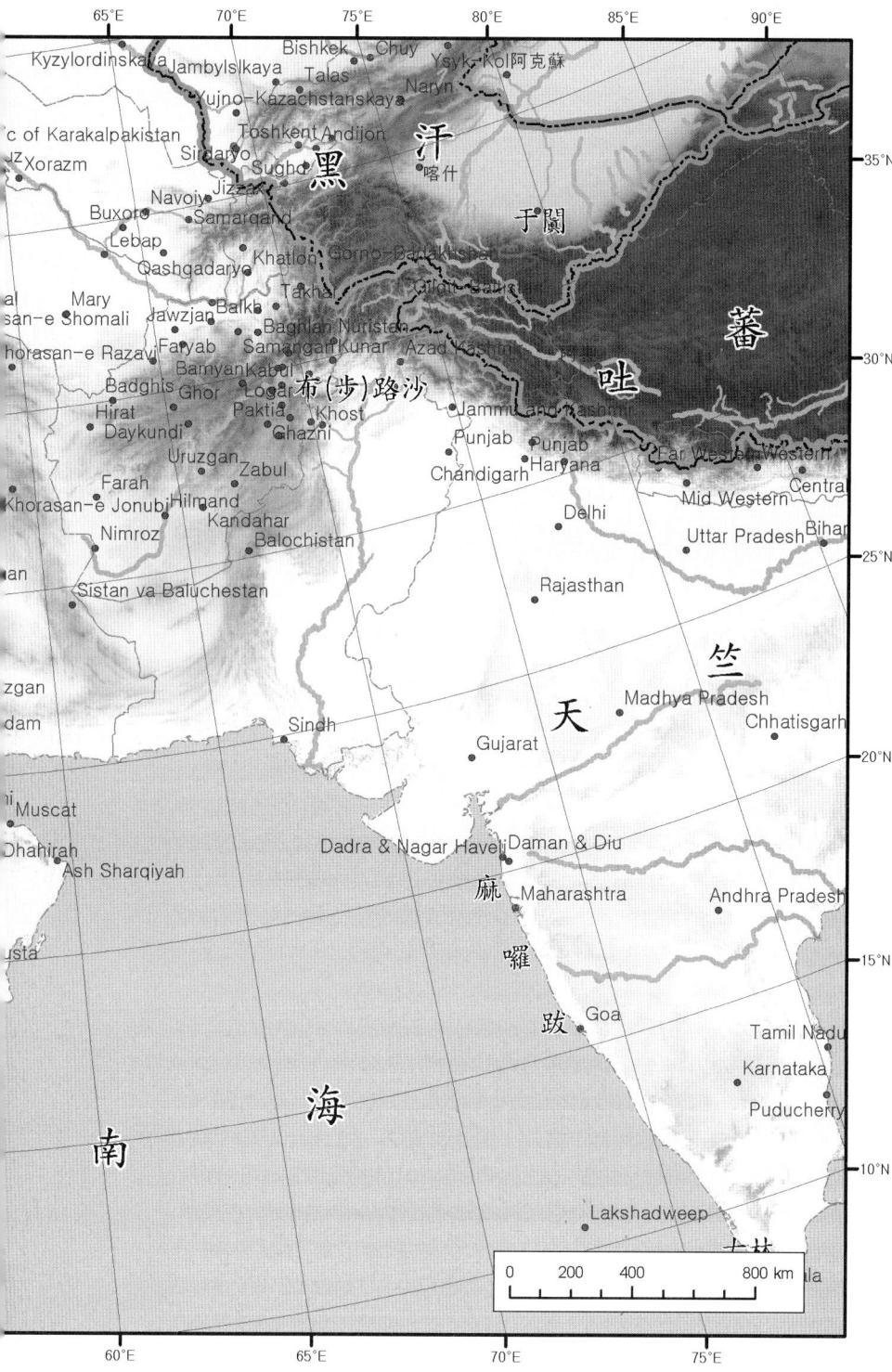

송대 동남아 지역도

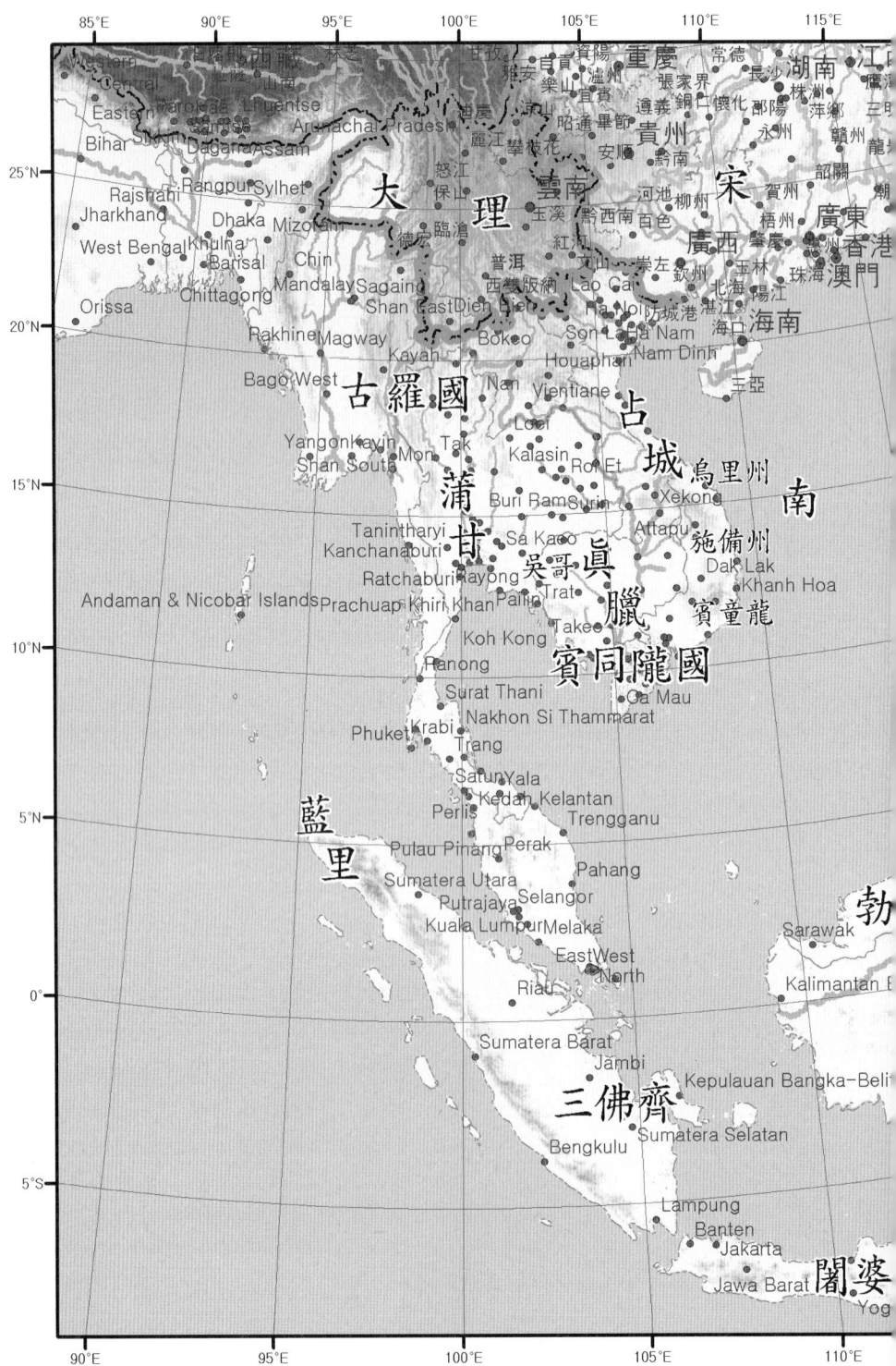

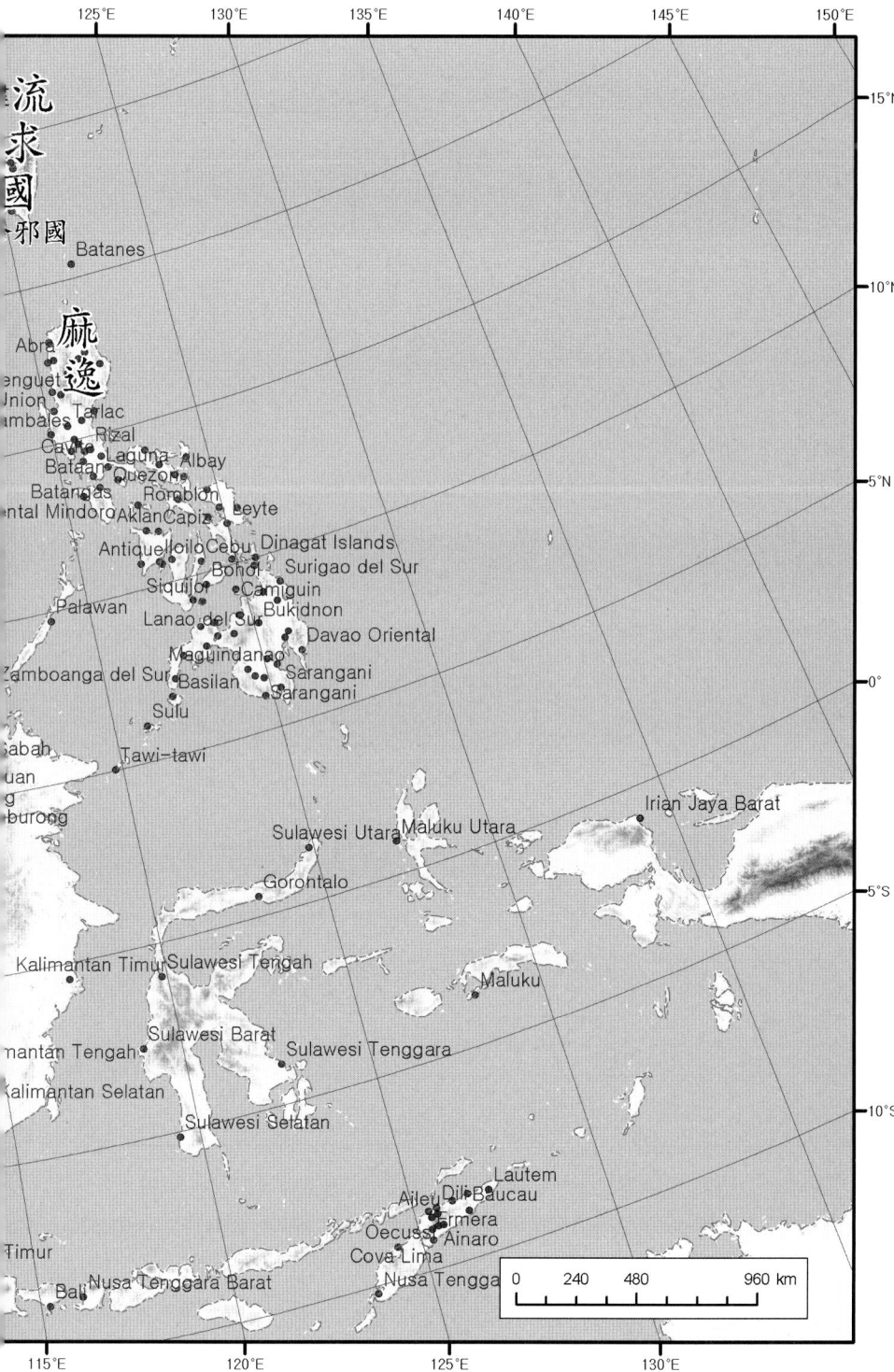

송대 토번·회골·흑한

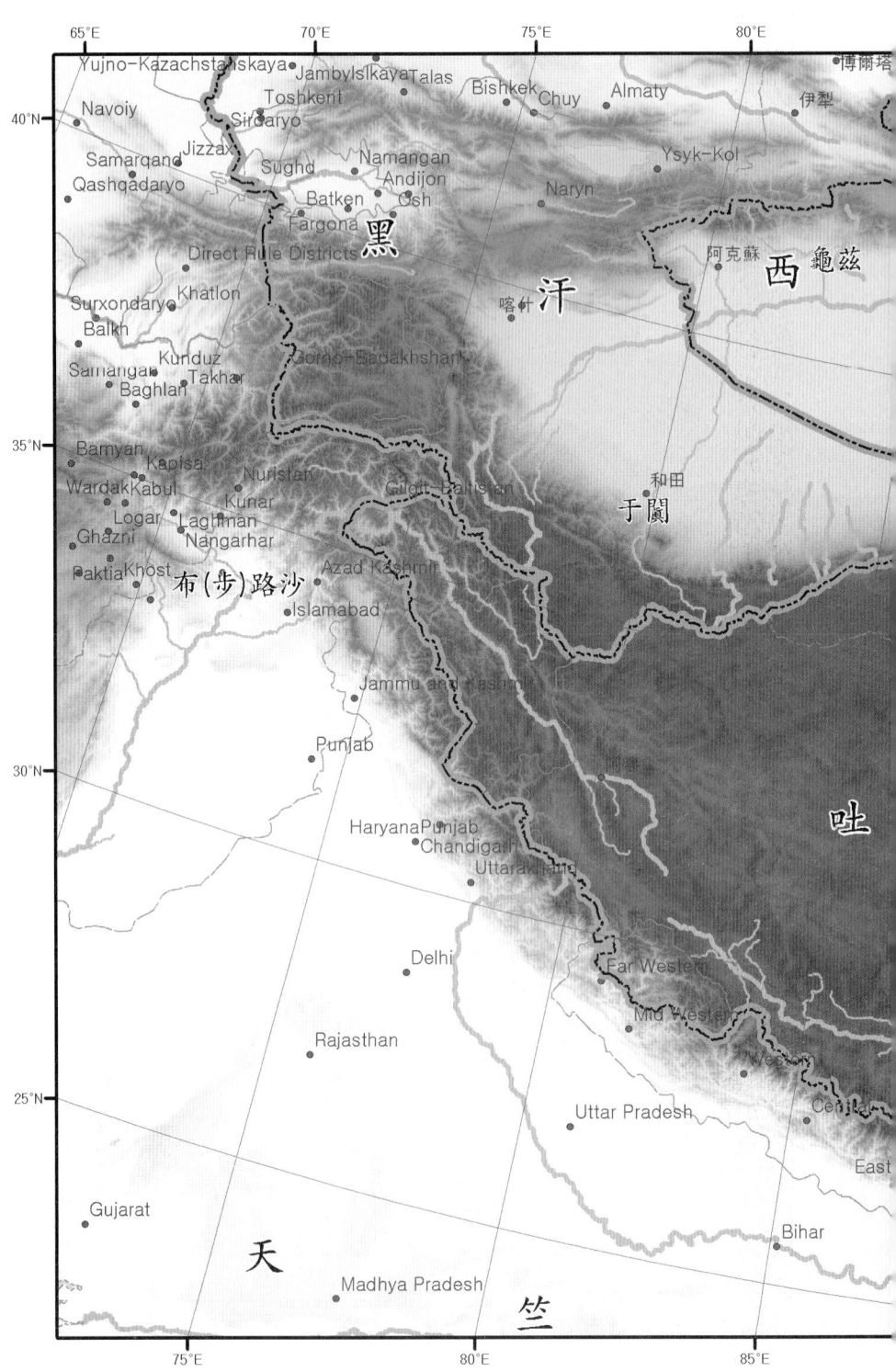

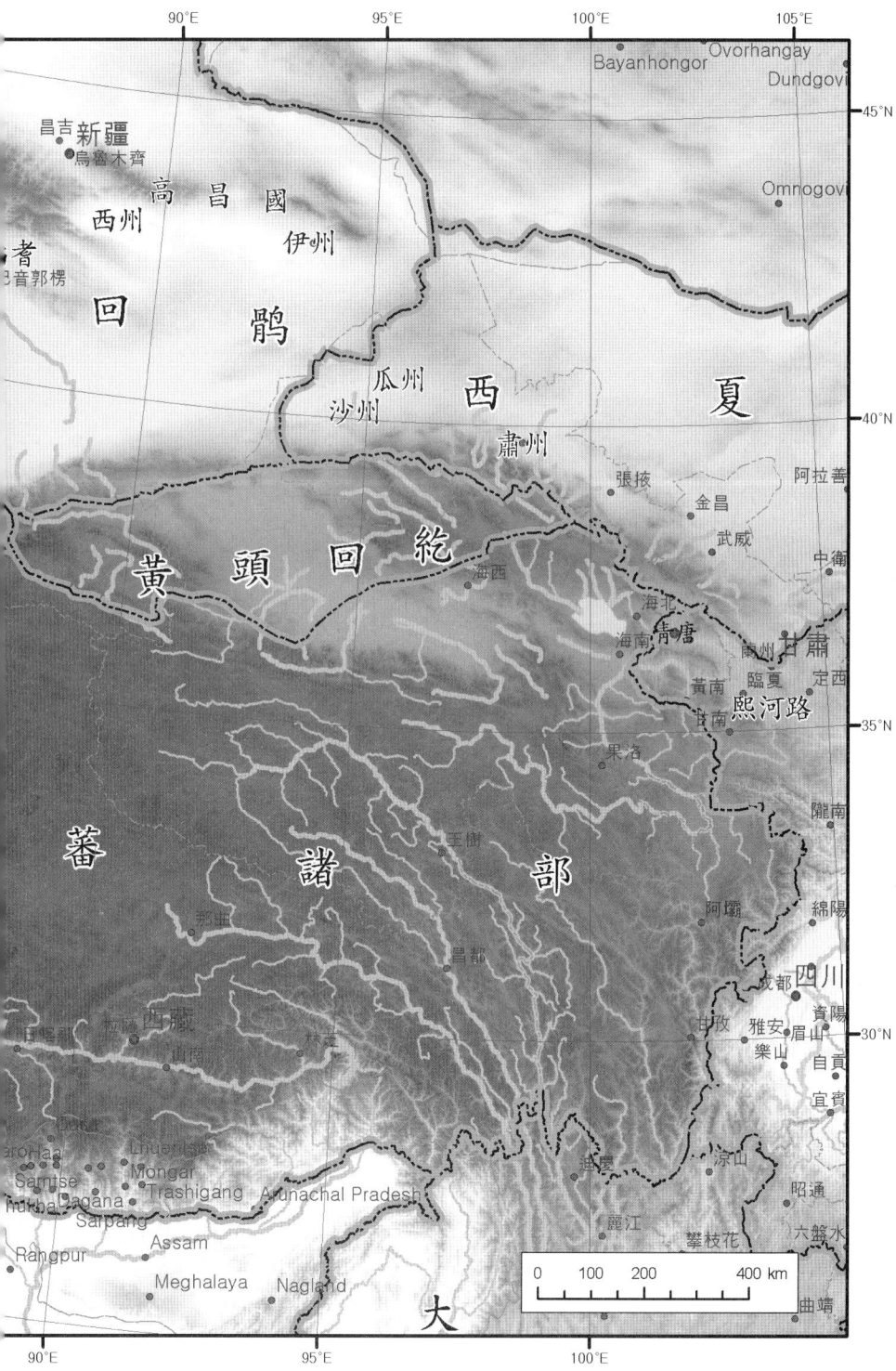

색 인

【ㄱ】

가로(葭蘆)　151, 157, 655
갈회민(葛懷敏)　105, 106
감곡(龕谷)　595, 596, 604, 608, 615
감곡족(龕谷族)　151
감곡채(龕谷砦)　156, 655
감군사(監軍司)　92, 117, 198
감주(甘州)　78, 83, 86, 196, 199, 383~385, 388, 393, 417, 434, 443, 444, 465, 574, 580, 588, 600, 608
감주회골(甘州回鶻)　384, 385, 440, 442, 566, 650
강수(綱首)　336, 509, 654, 659
강족(羌族)　31, 73, 90, 135, 528, 536, 549, 553, 605, 625, 628, 646, 649
개갑(鎧甲)　607
거란(契丹)　93, 415, 422, 431, 533, 535, 545, 546, 549, 567, 613, 629, 645, 652, 656
결승(結勝)　132
경사립(景思立)　133, 618
경원(涇原)　80, 120, 142, 158, 161, 162, 169, 170, 176, 481, 540, 552, 607, 649, 656
경종(景宗)　31, 32, 112, 113, 651
경주(慶州)　68, 83, 89, 97, 130, 140, 481, 531, 534, 573, 582, 650, 653
계다약(洎茶藥)　467
계동(溪洞)　234
계동(谿峒)　247
계성선원(啓聖禪院)　358
계파온(溪巴溫)　625, 626, 629
고라국(古羅國)　339, 358, 400, 456

고려(高麗)　25, 26, 39, 176, 209, 281, 479, 654
고림(古林)　461
고신(告身)　385, 604
고영년(高永年)　166
고오연성(古烏延城)　143
고준유(高遵裕)　122, 139
고창(高昌)　26, 39, 381, 383, 384, 419, 421, 425, 427, 428, 431, 567, 606, 611, 645
곡시라(唃厮囉)　26, 40, 90, 442, 567, 605~607, 609, 613, 628, 649, 651~653
곡찰사왕(曲撒四王)　134
곤륜국(崑崙國)　338
곤륜노(崑崙奴)　329, 334
공자(孔子)　36, 184, 202
공후(箜篌)　387, 426, 469
과주(瓜州)　199, 409, 466, 572, 573
곽규(郭逵)　127, 654
곽시돈(郭廝敦)　602, 605, 649
광원주(廣源州)　249, 251, 651, 654
광주(廣州)　269, 289, 301, 302, 332, 336, 339, 345, 351, 358, 359, 362, 386, 450, 452, 461, 644, 649, 650, 656
교주(交州)　214, 216, 217, 225, 228, 232, 233, 235, 237, 239, 243, 246, 247, 254~256, 258, 260, 262, 290, 292, 300, 302, 303, 310, 311, 316, 317
교주총관부(交州總管府)　214
교지군왕(交阯郡王)　211, 232, 241, 244, 248, 252, 261, 646
교하주(交河州)　428
구자(龜茲)　26, 381, 393, 463, 649

구자회골(龜玆回鶻)　387, 464
국청사(國淸寺)　508
국학(國學)　36, 165, 202
굴야하(屈野河)　114
귀의군(歸義軍)　382, 465, 565
금(金)　23, 173, 175, 179, 187, 188, 192, 340, 460, 469, 479
금대(金帶)　247, 262, 268, 336, 412, 414, 444, 601, 607, 608, 650
기내(畿內)　140, 498
기폐(器幣)　58, 65, 75, 247, 265, 268, 331, 414, 436, 441, 448, 455, 528, 535, 554, 592, 607, 608, 612, 618

【ㄴ】

난주(蘭州)　149, 151, 152, 157, 158, 159, 169, 587, 595, 604, 608, 621, 654, 655
남번(南蕃)　336, 654
남비국(南毗國)　286, 346
남월(南越)　7, 9, 213
남월왕(南越王)　211, 242, 248, 252, 261, 643
남조(南詔)　211, 268, 269, 565
남평왕(南平王)　195, 211, 236, 247, 250, 255, 260~262, 638
남해도(南海道)　499
낭소(曩霄)　84, 107, 651
내학(內學)　36, 185
농종단(儂宗旦)　254
농지고(儂智高)　210, 251, 651, 652
농지회(儂智會)　258
뇌승섭(賴昇聶)　151
누정와우-(淚丁訛遇)　162

【ㄷ】

단화예(段和譽)　271
당항(党項)　31, 32, 40, 510, 584
대리(大理)　9, 26, 42, 211, 212, 262, 268, 269, 271, 272, 274, 479, 639
대석아림(大石牙林)　188
대석족(大石族)　580, 644
대순성(大順城)　121, 129, 653
대승왕(大勝王)　217
대식(大食)　26, 39, 237, 284, 293, 321, 326, 338, 381, 385~387, 402, 418, 425, 446~452, 455~459, 461, 464, 565
대연(大燕)　147
대원(大元)　195
대월(大越)　255
대장경(大藏經)　134, 426, 502, 648, 653
대진국(大秦國)　452
도라중(都羅重)　128
도번장(都蕃長)　330
돈황(燉煌)　465, 466
동관(童貫)　168, 170, 171
동대사(東大寺)　503
동박선(艟舶船)　355
동봉(東封)　243, 455, 648
동산도(東山道)　498
동전(董氈)　40, 652~655
동전(董氊)　26, 139, 415, 567, 613, 614, 616, 619, 621
동해도(東海道)　498

【ㅁ】

미제애(糜臍隘)　141
막려국(邈黎國)　286, 327
막천(邈川)　163, 567, 606, 607, 614, 621, 626, 628, 656
만경의용(萬慶義勇)　192
말제(末帝)　215
망맹와(罔萌訛)　128
망예장(罔豫章)　152
망율모(罔聿謨)　154
멸력사(滅力沙)　468
멸력이령개살(滅力伊靈改撒)　468
명주(明州)　343, 507~509, 650, 659
모개(謨箇)　149, 654
모시율(毛示聿)　156
모유(慕洧)　177, 182, 657, 658
모인국(毛人國)　487
모준(慕濬)　182, 658
목연(穆衍)　154, 158
몰장씨(沒藏氏)　113
몰장와방(沒藏訛龐)　112, 113, 117, 652
묘복(苗履)　163
무감(武戡)　116
무녕(撫寧)　131
문사원(文思院)　87, 262
문언박(文彦博)　154
물순(勿巡)　457, 458, 461
물순국(勿巡國)　312
미륵불(彌勒佛)　470
미반촉(迷般嘱)　566, 595, 648
미지(米脂)　141, 144~146, 152, 157, 655
미포족(咩逋族)　536, 537, 539, 541, 591, 647

【ㅂ】

비리문(婆羅門)　436, 645
박주(舶主)　332, 344, 645
박주(亳州)　70
반라지(潘羅支)　72
반차(般次)　616, 617
발니국(勃泥國)　285, 286, 339, 347
발희(潑喜)　198
방적(龐籍)　104, 114
백등(白藤)　228, 291
백의대식(白衣大食)　446
번병(蕃兵)　129
번서(蕃書)　33, 35, 93
번장(蕃長)　386, 450
번장사(蕃長司)　386, 457
범성대(范成大)　264
별첨군(別瞻軍)　171
보안군(保安軍)　104, 109, 122, 126
보오(保伍)　273
보진(堡鎭)　92
봉선　76, 285, 286, 355, 390, 440, 648
부도차(浮圖岔)　163
부연(鄜延)　80, 94, 140, 158, 160, 161, 169, 174, 175, 180, 481, 550
부주(府州)　139, 158, 180, 482, 516, 519, 524, 527, 530, 533~535, 544~547, 549, 550, 628, 648, 655, 658
부주(鄜州)　66
북륙도(北陸道)　498
북정(北廷)　428~430, 565
분니말환(盆泥末換)　446
분음(汾陰)　355, 441, 455, 648, 649
불름(拂菻)　26

불름국(拂菻國)　468
비사야국(毗舍邪國)　485
빈동롱국(賓同隴國)　453, 659
빈랑(檳榔)　229, 291, 329, 339, 348, 354

【ㅅ】

사량(謝亮)　174, 177
사리삼문(裟里三文)　286, 355, 649
사마광(司馬光)　153
사섭(士燮)　226
사자왕(師子王)　383, 384, 387, 420, 428, 463, 644
사주(沙州)　26, 381, 382, 393, 409, 417, 434, 456, 465, 565, 572, 642
사파(闍婆)　26, 285, 328, 332, 347, 361, 447, 646
산릉(山陵)　134, 151, 159, 655
산음도(山陰道)　499
살리갈(撒里曷)　179
살모(撒拇)　172
삼불제(三佛齊)　26, 283, 284, 289, 325, 327, 328, 332, 337, 344, 346~348, 400, 454, 461, 643, 645, 648, 654
삼천구(三川口)　35, 98
상라와걸(賞囉訛乞)　162
상양단(賞樣丹)　603, 649
상역(桑懌)　100
상파우(尙波于)　577, 578, 643
상포평(賞逋嶺)　131
새문(塞門)　98, 128, 127, 146, 159, 160, 651
새문채(塞門砦)　94, 103
생호(生戶)　530, 573
서강(西羌)　569
서대식(西大食)　387, 468
서량(西涼)　590, 592, 597, 598, 600, 607, 611
서주(西州)　402, 419, 425, 434, 624
서주구자(西州龜玆)　387, 464
서주회골(西州回鶻)　384, 387, 420, 436, 464, 645
서평왕(西平王)　50, 74, 86, 156, 201, 648, 651
서해도(西海道)　499
서희(徐禧)　144
석리인덕만(釋利因德漫)　296
석리인타반(釋利因陁盤)　297
석전례(釋奠禮)　36, 184
석주(石州)　79, 117, 141, 198, 597
선풍포(旋風砲)　198
섭자술(聶子述)　193
성덕태자(聖德太子)　492
성심(成尋)　480, 653
성심(誠尋)　507, 508
성안공주(成安公主)　166, 656
성조(聖祖)　79, 245
소고(蕭固)　253
소덕숭(蕭德崇)　162
소륵(疏勒)　406
소무주(蘇茂州)　232, 249, 251
소석족(小石族)　580, 644
소성(昭聖)　266
소양도(小陽道)　499
소철(蘇轍)　152
소홍(紹洪)　215
손전흥(孫全興)　220
손초(孫超)　566, 574, 575, 642
송(宋)　9, 34~36, 39, 48, 101, 106, 138, 210, 214, 282, 283, 285, 286, 487, 517, 535, 567, 577, 587, 631, 644~646, 649, 656, 657, 661
송호(宋鎬)　211, 227

수덕(綏德)　132, 137, 161, 654
수덕성(綏德城)　131, 140, 158
수일신(帥日新)　248
수주(綏州)　64, 122, 126~128, 132, 157, 530, 541, 646
숙주(肅州)　198, 383, 393, 417, 572, 621
숙창족(熟倉族)　526, 527, 532, 535, 645
숙호(熟戶)　78, 120, 121, 125, 132, 481, 546, 551~554, 573, 602, 604, 650
순녕채(順寧砦)　131
숭종(崇宗)　32, 181, 182, 190
습의(襲衣)　56, 74, 82, 247, 262, 387, 412, 431, 448, 453, 470, 601, 607, 655
승천절(承天節)　358
시력정(柴歷亭)　339
시리률다반마상양부(施里律茶盤麻常楊溥)　315
시리타반오일환(施利陀盤吳日歡)　302
시묵배마첩(尸嘿排摩㦿)　312
시탁독(厮鐸督)　567, 596, 598, 600, 601, 607, 642, 648, 649
신무천황(神武天皇)　491
신소태(申紹泰)　254
신승귀(申丞貴)　247
신종(神宗)　32, 122, 124, 142, 151, 194, 210, 255, 282, 315, 335, 350, 360, 383, 385~387, 413~416, 445, 457, 461, 462, 464, 480, 507, 508, 567, 618, 639, 655, 657
실리다반(悉利多盤)　299
실리인타반(悉利因陁盤)　298
심괄(沈括)　143

【ㅇ】

아남가(阿南舸)　134
아리골(阿里骨)　26, 445, 567, 568, 618, 620, 621, 622, 625, 654, 655
아포라발(阿浦羅拔)　446
안가족(安家族)　581, 644
안남국왕(安南國王)　264~268, 658
안남도호부(安南都護府)　214, 255
안마(鞍馬)　247, 262, 268, 454, 607
안원(安遠)　98, 127, 128
압반(押伴)　120, 359
야리인영(野利仁榮)　92, 93, 187
양다릉(梁哆㖫)　167
양목륭성(羊牧隆城)　101, 102
양미걸우(咩迷乞遇)　149, 654
양보고시리피란덕가발마첩(陽補孤施離皮蘭德加拔麻㦿)　313
양보구비다일시리(楊普俱毗荼逸施離)　307
양복마첩(楊卜麻㦿)　319, 320
양정(楊定)　122, 125, 126
양정예(楊廷藝)　215, 216
양종(襄宗)　32, 191
양주(涼州)　196, 573, 574, 576, 580, 584, 586, 587, 645
양현무(養賢務)　165, 202
언기(焉耆)　393
여명창(黎明昶)　240, 242, 244
여명호(黎明護)　238, 239
여석진　233
여용월(黎龍鉞)　238
여용정(黎龍廷)　238~241
여원보(荔原堡)　129, 132
여이호(呂頤浩)　177

여정(余靖)　253
여지충(黎至忠)　241~244
여혜경(呂惠卿)　161
여홍진(如洪鎭)　232, 235
여홍채(如洪砦)　243, 246
여환(黎桓)　222, 223, 226~236, 238, 239, 242, 244, 300
연몽팔부(延蒙八部)　589, 647
연주(延州)　68, 98, 103, 104, 120, 160, 161, 166, 482, 651
염성(鹽城)　524
염주(鹽州)　529, 531, 590, 660
영락천(永樂川)　131
영무(靈武)　67, 69, 512, 574, 577
영분와우(令分訛遇)　141
영자녕(甯子寧)　193
영주(靈州)　65, 67, 71, 139, 141, 146, 147, 196, 199, 437, 517, 518, 532, 541, 573, 584, 586, 590, 591, 646, 647, 654
영주(永州)　59, 71, 647
오개(吳玠)　177~179
오대(五代)　7, 25, 31, 384, 387, 435, 481, 482, 501, 513
오대산(五臺山)　75, 94, 439, 495, 496, 504
오린(吳璘)　179, 187
오창급(吳昌岌)　216, 643
오창문(吳昌文)　216, 643
옥단(玉團)　467
옥대(玉帶)　51, 56, 235, 441, 459
옥문관(玉門關)　424
옥백(玉帛)　357
옥불(玉佛)　387, 464, 655
옥진원(玉津園)　263
온포기(溫逋奇)　567, 606, 607, 651

올출(兀朮)　173
와발라(訛勃囉)　162
왕단(王旦)　77, 241
왕문욱(王文郁)　132, 149
왕서(王庶)　174, 175
왕신(王侁)　520, 523
왕존(王存)　133
왕중정(王中正)　138, 139
왕후(王厚)　165, 169, 630, 656
왜노국(倭奴國)　486
외명(嵬名)　139
외명걸우(嵬名乞遇)　163
외명공보(嵬名公輔)　193
외명막탁(嵬名謨鐸)　151
외명유밀(嵬名諭密)　156
외명제(嵬名濟)　146, 151, 163, 655
요(遼)　23, 25, 26, 32, 36, 39, 77, 142, 166, 479, 648, 652
요사(硇砂)　412, 430, 467, 616
요화보(閙訛堡)　129
우전(于闐)　26, 39, 147, 327, 621, 654, 655
원주(原州)　93, 541, 547, 573
위소왕(衛紹王)　192
위주(渭州)　102, 105, 106, 573, 591, 592, 596, 598, 600, 602, 648, 651
위타(尉佗)　226
유계종(劉繼宗)　98, 302
유구국(流求國)　26, 479, 484
유법(劉法)　168~170, 657
유보(劉甫)　129
유봉세(劉奉世)　155
유원채(柔遠砦)　83, 89, 98, 121, 129, 650
유주(宥州)　60, 109, 134, 141, 144, 198, 201, 525~527, 553, 590

유중무(劉仲武)　168, 169, 171, 657
유징(劉澄)　221, 222
유창(劉鋹)　42
유창조(劉昌祚)　139, 146, 149, 156
유척(劉陟)　215
유향(乳香)　298, 360, 450, 467, 616, 618
육곡(六谷)　72, 584, 589, 600
은주(銀州)　60, 519, 521, 523, 645
은천(銀川)　615, 631
의종(毅宗)　31, 32, 123, 124
의주(儀州)　573, 585, 589, 647
이건덕(李乾德)　257, 259~262, 316
이건순(李乾順)　32, 36, 154, 156, 162, 165, 166, 168, 173~175, 179~181, 202, 655, 656, 658
이계균(李繼筠)　34, 52, 638, 644
이계륭(李繼隆)　57, 58, 65, 67~69, 523, 534, 646
이계봉(李繼捧)　34, 53~55, 60, 61, 63, 644
이계천(李繼遷)　32, 34, 54~58, 60~73, 95, 385, 438, 440, 482, 520, 522, 526, 527, 530, 532
이공온(李公蘊)　244~248, 255, 267, 639, 648, 650
이극예(李克睿)　51, 52, 638, 643
이덕명(李德明)　32, 64, 70, 73, 74, 77, 79~84, 86, 95, 201, 566, 648~650
이덕왕(李德旺)　194, 660, 661
이덕정(李德政)　94, 248~252, 639
이립준(李立遵)　567, 606~608, 615, 649
이병상(李秉常)　31, 32, 123~126, 128, 138, 142, 154, 653, 655
이복규(李復圭)　129
이사빈(李士彬)　98, 554
이세보(李世輔)　179~181
이소용(李昭用)　129

이순거(李舜擧)　144, 145
이순우(李純佑)　189~191, 659
이순우(李純祐)　659, 660
이숭귀(李崇貴)　123, 125, 126
이신(李信)　129
이아물(李亞勿)　449, 450, 646
이안전(李安全)　32, 190, 191, 660
이약졸(李若拙)　227, 234, 235
이양조(李諒祚)　31, 35, 112~114, 117, 120~123, 125, 126, 612, 613
이양환(李陽煥)　261, 262, 639, 657
이와이(李訛啼)　167
이용한(李龍翰)　265, 266
이원호(李元昊)　31~36, 73, 83, 85, 86, 88~91, 97, 99, 100, 103~107, 109~113, 135, 136, 201, 202, 567, 610, 612, 650, 651
이이흥(李彛興)　45, 48, 50, 51, 201, 643
이인효(李仁孝)　32, 36, 181~183, 189, 202, 658, 659
이일존(李日尊)　252, 253, 255, 256, 639
이존욱(李尊頊)　660
이주(伊州)　107, 393, 423
이준욱(李遵頊)　32, 191, 194
이천조(李天祚)　261~264
이청(李淸)　138
이헌(李憲)　138, 139, 142, 145, 151, 416, 445
이현(李睍)　195, 661
이호참(李昊旵)　266, 267
인다릉정(仁多唛丁)　142, 151
인부(麟府)　80, 103, 647
인종(仁宗)　32, 83, 94, 97, 99, 102, 113, 136, 189, 190, 247, 335, 382, 403, 444, 639, 657, 661
인주(麟州)　68, 71, 132, 139, 158, 160, 173, 522,

545, 655
일본(日本)　479~481, 483, 486, 488, 491, 501~503, 506~509, 642
일포길라단(日逋吉羅丹)　567, 595, 648
일향궁(日向宮)　490
임득경(任得敬)　186, 188, 658
임복(任福)　99~101, 651

【ㅈ】

자룡족(者龍族)　72, 566, 567, 593~595, 599, 602, 648, 649
장기(瘴氣)　225
장독(瘴毒)　255
장무(瘴霧)　257
장숭귀(張崇貴)　65, 71, 74, 79
장식(張栻)　212, 273
장율정(張聿正)　151
장의조(張義潮)　465, 572, 642
장저하성(臧底河城)　168~170, 657
장준(張浚)　176~178, 460
적잔(赤盞)　192
전약수(錢若水)　64, 529
절평족(折平族)　584, 586, 600, 645
절포유룡발(折逋游龍鉢)　587, 590, 647
점성(占城)　26, 42, 224, 225, 237, 250, 253, 255, 281~283, 289, 301~304, 307, 308, 310, 312~314, 316~319, 321~323, 328, 332, 348, 350, 447, 454, 643, 644, 646, 649, 650, 652~654, 657~660
점한(黏罕)　172, 178, 186
정공저(丁公著)　217
정난군(定難軍)　47, 49, 52, 55, 61, 70, 74, 86, 97, 644, 650

정련(丁璉)　643
정리(鼎利)　152
정문보(鄭文寶)　64, 66, 528
정변(靜邊)　46, 151
정부령(丁部領)　217, 643, 644
정선(丁璿)　223, 224, 226
정육(丁㷼)　193
정주(定州)　71, 647, 660
정천(定川)　106
정하성(靖夏城)　170, 657
정해군절도사(靜海軍節度使)　218, 226, 248, 252, 261
제거시박(提擧市舶)　336
조덕명(趙德明)　441, 456, 547~549, 598, 600, 607
조보충(趙保忠)　56, 57, 65, 526, 527, 646
조사충(趙思忠)　26, 568, 630, 632
조서(洮西)　387, 464, 655
조연(奝然)　480, 488, 499~503, 645
조위(曹瑋)　83, 548, 552, 593, 602, 603, 607, 608, 649
조의금(曹義金)　387, 466, 642
종가(宗哥)　90, 442, 595, 605, 606, 615, 627, 651
주련국(注輦國)　286, 351
지근택(地斤澤)　61
직탕족(直蕩族)　482, 516, 525, 528, 536
진리부(眞里富)　284, 324
진봉사(進奉使)　218, 242, 245, 269, 305, 306, 323, 355, 440, 442, 443, 649, 657
진율정(陳聿精)　151
진융(鎭戎)　93, 99, 166, 573, 591
진융군(鎭戎軍)　98, 156, 188, 440, 546, 548, 591, 597

색인 | 677

진일경(陳日熲)　267
진종(眞宗)　59, 69, 71, 72, 76, 81, 82, 236, 237, 239, 240, 243, 244, 282, 285, 286, 307, 310, 333, 334, 355, 359, 362, 382, 387, 409, 410, 432, 438~441, 444, 454~456, 464, 466, 467, 482, 483, 506, 507, 535, 537, 539, 566, 587, 594, 601, 605, 646, 648
진주(秦州)　78, 83, 126, 193, 385, 418, 443, 456, 548, 573, 577, 580, 581, 583, 584, 602, 604, 608, 610, 623, 630, 632, 643, 644, 649
진홍진(陳洪進)　42

【ㅊ】

차약(茶藥)　601, 608
찰가(察哥)　171
찰가랑군(察哥郎君)　170
창명법(唱名法)　184, 658
채경(蔡京)　165
천년조(千年棗)　387, 451, 455, 469
천도산(天都山)　142
천서(天書)　76, 242
천조대신존(天照大神尊)　490
천주(泉州)　286, 337, 350, 459, 480, 484, 486, 659
천축(天竺)　26, 39, 351, 381, 382, 384, 390~393, 395~397, 400, 403, 479, 580, 645
천태산(天台山)　496, 507
철근택(鐵斤澤)　527, 646
철기(鐵騎)　93, 145, 200, 486
철요자(鐵鷂子)　145
첨례(瞻禮)　360
청당(靑唐)　90, 387, 415, 468, 567, 609, 621, 626, 627, 651, 656

추고천황(推古天皇)　493
추시란파(鄒時闌巴)　320
추아나(鄒亞娜)　283, 320, 658
충사도(种師道)　170
충세형(种世衡)　104
충악(种諤)　122, 130, 131, 138, 619
충영(种詠)　129
층가니(層伽尼)　387, 462
층단국(層檀國)　386, 461

【ㅌ】

탁발사공(拓跋思恭)　31, 32, 46, 95, 638
탁발승회(拓拔承誨)　566, 574
탁발씨(拓跋氏)　201, 511, 483
탁발적사(拓跋赤辭)　31, 46
탁주(涿州)　142
태산(泰山)　285, 286, 333, 355, 455, 648
태재부(太宰府)　507, 508
태조(太祖)　51, 61, 73, 382, 392, 393, 405, 515, 639
태종(太宗)　46, 51, 52, 54, 55, 57, 58, 61~65, 84, 118, 210, 211, 219, 220, 222, 223, 227, 232, 234, 236, 245, 255, 282, 285, 300~304, 332, 342, 345, 349, 382, 391, 585, 639
태평흥국사(太平興國寺)　501
토번(吐蕃)　26, 31, 40, 96, 211, 382, 384, 406, 482, 565~568, 570~572, 576, 577, 583, 616
토욕혼(吐谷渾)　40, 587
통사(通使)　465
통원군(通遠軍)　156, 518
통제감(通濟監)　185, 658

【ㅍ】

파람(巴欖)　387, 469
파량(芭良)　151, 655
파미세게인차(波美稅褐印茶)　299
파미세양포인차(波美稅陽布印茶)　300
파사(波斯)　401, 425, 427, 446, 645
편관(編管)　137
평하(平夏)　64, 68, 93, 646
포단국(蒲端國)　289, 312, 313, 454
포압타라(蒲押陀羅)　332, 645
포압타려(蒲押陀黎)　285, 332, 452, 453, 645, 646
포희밀(蒲希密)　386, 447, 449, 451~453, 644, 646
풍주(豊州)　102, 482, 519, 521, 546, 644, 660

【ㅎ】

하관(何灌)　171
하국(夏國)　27, 32, 41, 45, 116, 122, 138, 150, 161, 165, 174, 209, 629, 656, 657
하국주(夏國主)　35, 107, 113, 126, 136, 142, 156, 652, 653
하국추요(夏國樞要)　33, 202
하란산(賀蘭山)　92, 385, 437, 539, 594
하양(何洋)　174
하주(夏州)　32, 45, 53, 55, 61, 62, 68, 74, 139, 141, 142, 144, 385, 387, 402, 422, 440, 442, 464, 481, 519, 526, 527, 530, 551, 573, 644, 645, 651
한기(韓琦)　35, 99, 123, 255, 651
한병(漢兵)　129
할정(瞎征)　26, 40, 568, 625, 626, 628, 629, 655, 656

합주위(盍朱崷)　171
향타(向打)　349, 350
현장(玄奘)　494
형복시리치성하불(刑卜施離値星霞弗)　314
호로하(葫蘆河)　142
호시(互市)　96, 243, 272, 536, 544
홍려시(鴻臚寺)　269
화시(和市)　116, 129, 260
화예포(花蕊布)　387, 441, 464
화유(火油)　331
화인(華人)　340
환주(環州)　64, 68, 69, 72, 162, 167, 528, 529, 532, 536, 542, 544, 545, 547, 553, 573, 646, 655, 660
황경집(黃慶集)　237, 238, 240
황성사(皇城使)　160
황성아(黃成雅)　233, 237, 240
황하(黃河)　32, 53, 92, 93, 103, 110, 138, 173, 174, 180, 195, 197, 198, 422, 438, 481, 535, 540, 546, 592, 647
회골(回鶻)　7, 39, 77, 85, 384, 385, 388, 409, 422, 432~437, 440, 444, 445, 463, 579, 594, 600, 629, 644, 645, 648
회령관(會靈觀)　334
회원역(懷遠驛)　262, 264, 320
회주(會州)　62, 67, 169, 526, 530, 532, 536, 614, 627, 645
회흘(回紇)　93, 433, 565, 611
횡산(橫山)　93, 130, 143, 144, 481
후인보(侯仁寶)　222, 223
후토(后土)　245
흑의대식(黑衣大食)　446
흑한왕(黑韓王)　384, 409, 444, 648
희하로(熙河路)　138, 383

동북아역사 자료총서 33

譯註 中國 正史 外國傳 13
宋史 外國傳 譯註·2−外國傳·下

초판 1쇄 인쇄 2012년 11월 30일
초판 1쇄 발행 2012년 12월 10일

엮은이   동북아역사재단
펴낸이   김학준
펴낸곳   동북아역사재단

등록   제312-2004-050호(2004년 10월 18일)
주소   서울시 서대문구 통일로 81(미근동 267) 임광빌딩
전화   02-2012-6065
팩스   02-2012-6189
e-mail   book@nahf.or.kr

ⓒ 동북아역사재단, 2012

ISBN 978-89-6187-295-9   94910

* 이 책의 출판권 및 저작권은 동북아역사재단에 있습니다.
  저작권법으로 보호를 받는 저작물이므로 어떤 형태나 어떤 방법으로도
  무단전재와 무단복제를 금합니다.
* 책값은 뒤표지에 있습니다. 잘못된 책은 바꾸어 드립니다.